灾害地理学

许武成 主编

科学出版社
北 京

内 容 简 介

本书系统阐述了灾害地理学的基本知识、基本理论和基本方法。全书共分为十章，第一章对灾害的概念、特征、分类进行了分析与阐述；第二章详细阐述并分析了灾害的成因；第三章至第八章详细论述了地质灾害、气象灾害、水文灾害、生物灾害、天文灾害和人为灾害等各类灾害的特征、主要类型、形成机理、危害方式与防治措施；第九章介绍了灾害的区域分异与区划方面的知识；第十章对防灾与减灾方面的内容进行了介绍。

本书可作为全国高等院校地理专业的教材，也可供地质学类、水利类、土木类、环境与安全类等相关专业的教师、本科生和研究生及科技人员参考，还可作为中学地理教师自学或培训的教材。

图书在版编目（CIP）数据

灾害地理学/许武成主编. —北京：科学出版社，2015.12

ISBN 978-7-03-046596-2

Ⅰ.①灾…　Ⅱ.①许…　Ⅲ.①灾害学—地理学—高等学校—教材　Ⅳ.①X4

中国版本图书馆 CIP 数据核字（2015）第 290819 号

责任编辑：文　杨/责任校对：胡小洁
责任印制：吴兆东/封面设计：迷底书装

科学出版社 出版
北京东黄城根北街 16 号
邮政编码：100717
http://www.sciencep.com

北京富资园科技发展有限公司印刷
科学出版社发行　各地新华书店经销

*

2015 年 12 月第　一　版　开本：787×1092　1/16
2024 年 12 月第十次印刷　印张：20 1/2
字数：520 000

定价：68.00 元

（如有印装质量问题，我社负责调换）

《灾害地理学》编委会

主　编： 许武成（西华师范大学）

副主编： 管　华（江苏师范大学）

刘守江（西华师范大学）

鲜　洁（四川师范大学）

编　委： 许武成（西华师范大学）

刘守江（西华师范大学）

鲜　洁（四川师范大学）

管　华（江苏师范大学）

岳云华（成都师范学院）

文星跃（绵阳师范学院）

庞有智（内江师范学院）

前　言

灾害自古以来就与人类相伴共存，它不仅损毁人类赖以生存的资源与环境、破坏人类的生产活动，甚至危害人类的健康及生命。随着科学技术的进步，人们对灾害的认识日益深化，防灾抗灾能力不断增强，逐步摆脱着听天由命、无能为力的被动局面。但是，由于人口的剧增、资源的不合理利用、环境的破坏、经济财产密度的加大、城镇人口的密集化以及致灾因子的增多和增强，直到今天，自然灾害依然是人类生存的大敌。灾害已成为世界各国生存与发展面临的重大问题，防灾减灾是全人类的共同使命。中国是世界上灾害频发而又严重的国家之一，在社会经济迅速、持续发展的进程中，特别是进入21世纪以来，各种灾害问题日趋严重。因此有效地防灾减灾，对于提高人民生活质量与水平、促进生产以及巩固社会安定团结都有举足轻重的作用。

“灾害地理学”是全国高等师范院校地理科学专业的专业限选课，也是高校地学类其他专业以及资源、环境、农林、水利等方面的专业选修课。但长期以来可选的教科书较少，目前全国高校还缺乏系统的“灾害地理学”教材，致使许多高校面临有课无教材的局面。目前众多高校只能是将“灾害学”“自然灾害学”“自然灾害”等方面的书作为主要参考书。可见，出版一本“灾害地理学”教材势在必行。

本教材主要根据全国高等师范院校地理科学专业培养目标和要求，依据课程大纲，突出特色，力求创新。但同时也兼顾地学类其他专业以及水利类、土木类、环境与安全类等专业对灾害知识的相关需求。全书共分为十章，第一章对灾害的概念、特征、分类进行了分析与阐述；第二章详细阐述并分析了灾害的成因；第三章至第八章详细论述了地质灾害、气象灾害、水文灾害、生物灾害、天文灾害和人为灾害等各类灾害的特征、主要类型、形成机理、危害方式与防治措施；第九章介绍了灾害的区域分异与区划方面的知识；第十章对防灾与减灾方面的内容进行了介绍。

本教材由西华师范大学许武成教授担任主编。第一、二、五、七章由许武成编写，第三章由鲜洁编写，第四章由管华编写，第六章由刘守江编写，第八章由许武成、岳云华编写，第九章由许武成、庞有智编写，第十章由文星跃编写。初稿完成后，管华、刘守江和鲜洁对部分章节进行了审阅修改。全书由许武成通编、修改和定稿。

本教材为“西华师范大学2013年度校级规划教材立项”重点建设项目。本教材的出版得到了西华师范大学教务处、科研处、教材发行中心、国土资源学院等单位的关心和支持，科学出版社为本教材的编辑出版做了大量的工作，在此向所有关心和支持本教材的单位和个人表示诚挚的谢意。同时，在编写过程中参阅了大量文献，在此谨向原作者表示由衷的感谢。

由于本教材涉及学科领域较多，加上编者水平所限，书中不足之处在所难免，欢迎广大读者不吝赐教。

编　者

2015年8月

目　　录

第一章　绪　论

自然界的雄伟与壮丽确实令人赞美，然而各种各样的自然和人为灾害却又非常冷酷无情，它给人类带来物质财富的巨大损失，使无数生命在瞬息间毁灭，并留下无数的痛苦与悲哀。人类对大自然不屈不挠的求索，在很大程度上都是与自然灾害的抗争。人类的历史，在某种意义上可视为人类与自然灾害作斗争的历史。诚然，随着科学技术的进步，人们对灾害的认识日益深化，防灾抗灾能力不断增强，逐步摆脱听天由命、无能为力的被动局面。但是，由于人口的剧增、资源的不合理利用、环境的破坏、经济资产密度的加大、城镇人口的密集化以及致灾因子的增多和增强，直到今天，自然灾害依然是人类生存的大敌。严重的灾害已引起了全球各方面人士的极大关注，许多相应的研究机构和国际组织纷纷成立。1972年年底召开的第27届联合国大会决议，把每年的6月5日定为世界环境日。1987年第42届联合国大会一致通过了169号决议：确定1990～2000年为“国际减轻自然灾害十年”（International Decade for Natural Disaster Reduction，IDNDR）。自此以后，国际减灾已在全世界形成一个有意义、有声势、有目的的国际行动，国际减灾研究机构日益增强和壮大，国际减灾活动越来越频繁。

灾害学（catastrophology）是20世纪80年代发展起来的以灾害及灾害系统为研究对象的一门新兴学科，是对自然灾害和人为灾害及其防治进行专门研究的综合性学科，我国1992年出版的国家标准（GB/T13745-92）“学科分类与代码”中正式把“灾害学”列为一门学科。

第一节　灾害的概念与特征

一、灾害的概念

（一）灾害的涵义

“灾”，原指自然发生的火灾。《左传·宣公十六年》中有这样一段话：“凡火，人火曰火，天火曰灾。”后来泛指各种自然灾害，如水灾、旱灾、火灾、虫灾、风灾等。“天灾人祸”是古人对灾害的概括，“天灾”涵盖各种自然灾害，“人祸”即各种人为灾害。表明中国古代已把灾害分为自然灾害和人为灾害两大类，而自然灾害则构成灾害的主体部分。故人们说灾害时常指自然灾害。人类社会发展进入工业化时代之后，出现了重大工业灾害、环境公害、交通事故、放射性事故等人为灾害，并且日益突出。这样一来，灾害的内涵与外延均被加深和拓宽。

由于研究领域或思考角度的不同，灾害（disaster，catastrophe，calamity）的定义多种多样，迄今为止还没有一个规范性解释。代表性的定义主要有以下11种。

（1）《辞海》、《中国大百科全书》、《现代汉语词典》中将灾害定义为旱、涝、虫、雹、地震、战争、瘟疫等自然或人为造成的祸害。

(2) 马宗晋在其《灾害学导论》中认为灾害是："由于自然变异、人为因素或自然变异与人为因素相结合的原因所引发的对人类生命、财产和人类生存发展环境造成破坏损失的现象或过程。"

(3) 全国重大自然灾害调研组（1990）在《自然灾害与减灾600问》中指出："凡危害人类生命财产和生存条件的各类事件通称为灾害。'天灾'是指自然灾害，'人祸'是指人为灾害"。

(4) 联合国减灾组织（United Nation Disaster Reduction Organization，UNDRO，1984）："一次在时间和空间上较为集中的事故，事故发生期间当地的人类群体及其财产遭到严重威胁并造成巨大损失，以至家庭结构、社会结构也受到不可忽视的影响。"联合国灾害管理培训教材："自然或人为环境中对人类生命、财产和活动等社会功能的严重破坏，引起广泛的生命、物质或环境损失；这些损失超出了受影响社会靠自身资源进行抵御的能力。"

(5) 李永善（1986）在《灾害学》杂志创刊号"灾害系统与灾害学探讨"一文中指出："灾害的定义应有狭义与广义之分。从狭义上讲，灾害经常被理解为给人们造成生命、财产损失的一种自然事件，而且多属突发过程；从广义角度看，一切对人类繁衍生息的生态环境、物质和精神文明建设与发展，尤其是生命财产等造成或带来较大（甚至灭绝性的）危害的自然和社会事件均可称为灾害。"

(6) 延军平（1990）在其著作《灾害地理学》中指出："灾害是指给人类生存带来灾祸的现象和过程，它包括自然灾害与人为灾害两类。"

(7) 杨达源和闾国年（1993）在《自然灾害学》著作中，将灾害定义为由反常（unusual，abnormal，perverse）（意外）事件导致人类社会遭受的损害，仅有反常事件不足以称为灾害，唯有它使人类社会遭受了损害才称为灾害。

(8) 申曙光（1994）在《灾害学》专著中提出："灾害是指自然发生或人为产生的、对人类和人类社会具有危害性后果的事件与现象。在这里，我们强调灾害的后果。凡是对人类与人类社会产生危害作用的事件，不论它是自然发生的，还是人为产生的；也不论是突发的，还是缓慢的，都是灾害"。

(9) 刘树刚（2008）在《灾害学》著作中指出："所谓灾害是指某一地区，由内部演化或外部作用所造成的，对人类生存环境、人身安全与社会财富构成严重危害，以至超过该地区抗灾能力，进而丧失其全部或部分功能的自然-社会现象。其中，地区承灾力是指某地区对一种或多种灾害的抗御能力、救助能力与恢复能力的综合，它反映了该地区抗御灾害的综合水平"。

(10) 灾害是由自然原因、人为原因或二者兼而有之的原因而给人类生存和社会的发展带来不利影响的祸害。灾害并不是单纯的自然现象或社会现象，而是一种自然-社会现象，是自然系统与人类物质文化系统相互作用的产物（周祖德，1990；蒋维等，1992）。

(11) 灾害是由某种不可控制或未予控制的破坏引起的，突然或在短时间内发生的，超越本地区防救力量的大量人群伤亡和物质财富毁损的现象（朱克文，1986）。

对"灾害"概念的认识一直存在许多误区。首先，在很长一段时间内，有些学者将"自然灾害"与"灾害"两个概念等同起来，而忽视对"人为灾害"的研究。"自然灾害"仅是"灾害"中的一个类型，除了"自然灾害"以外，还包括社会灾害、经济灾害与工业灾害等人为灾害。其次就是"灾害"的衡量尺度模糊不清，危害到什么程度才可称为"灾害"？美国政府的海外救灾局（the Office of U. S. Foreign Disaster Assistance，OFDA）将自然灾害定义为："受灾金额在100万元以上或死伤人数在100人以上。"显然，同等强度的自然灾害，按这一评估准则，不同地区的评判结果必定相差甚远。一次同等强度的地震，在发达国家足以造成百万元以上的损失，而在发展中国家造成的绝对损失要少得多，但遭到的苦难却要严重得多。

综上所述，灾害可以定义为：由于自然变异、人为因素或自然变异与人为因素相结合的原因所引发的对人类生命、财产和人类生存发展环境造成危害，并超过地区承灾能力，进而丧失当地全部或部分功能的各类事件与现象。按其发生的主导因素分为自然灾害（natural disaster）与人为灾害（man-induced disaster）两大类。通常把以自然变异为主因产生的灾害称为自然灾害，如地震、风暴潮；将以人为影响为主因产生的灾害则称为人为灾害，如人为火灾、生产事故、交通事故、生活事故、环境污染等。

任何灾害都有两种基本要素，即导致灾害发生的各种诱因和承受灾害的各种客体。前者称为致灾因子（hazard-formative factor），后者称为承灾体（hazard-affected body）。自然灾害和人为灾害的承灾体都是人类和人类社会，但是致灾因子分别以自然因素和人文因素为主。灾害是致灾因子（灾源）与承灾体的对立统一体。只有当致灾因子异变强度超过承灾体的承受力，打破承灾体内的有序结构，出现灾情时，方能称为灾害。例如，洪水和区域积水是洪涝灾害的直接原因和致灾因子，为洪涝致灾提供了必要条件之一，有水方能成灾。但其本身是一种自然现象，无所谓灾害问题。但自从地球上有了人类和人类社会以后，改变了洪水和区域积水的纯自然性质，赋予它们以社会性和社会经济性，即发生了利害关系。可见，洪涝灾害是由致灾因子（洪水和区域积水）作用于承灾体（人类和人类生态经济系统），并超过人们正常的抗御能力时形成的。再如，崩塌、滑坡、泥石流等，它们本身是部分坡地物质在给定的条件下，以这几种运动方式进行的自然运动，在人类出现之前的地质时期以及人类尚未涉足的荒野地区的地貌发育过程中，始终存在着这几种运动方式进行的部分坡地物质的自然运动，只有当它们摧残了其物质运动所及范围内的人员、城镇村舍、农田、道路桥梁和其他工程设施等，给人类社会造成了一定的损害，才分别形成崩塌灾害、滑坡灾害、泥石流灾害。可见，灾害的本质是给人类造成损害（生命伤亡、物质财富的毁损、精神上的损害）的自然或人为事件与现象。

（二）事故的涵义

事故（accident）是意外的损失或灾祸，指在人们生产、生活活动过程中突然发生的、违反人意志的、迫使活动暂时或永久停止，可能造成人员伤害、财产损失或环境污染的意外事件。显然，事故是人为因素所致，主要包括工矿商贸等企业的各类安全事故，交通运输事故，公共设施和设备事故，环境污染和生态破坏事件等。根据生产安全事故（以下简称事故）造成的人员伤亡或者直接经济损失，事故一般分为以下等级：

（1）特别重大事故，是指造成30人以上死亡，或者100人以上重伤（包括急性工业中毒，下同），或者1亿元以上直接经济损失的事故；

（2）重大事故，是指造成10人以上30人以下死亡，或者50人以上100人以下重伤，或者5000万元以上1亿元以下直接经济损失的事故；

（3）较大事故，是指造成3人以上10人以下死亡，或者10人以上50人以下重伤，或者1000万元以上5000万元以下直接经济损失的事故；

（4）一般事故，是指造成3人以下死亡，或者10人以下重伤，或者1000万元以下直接经济损失的事故。

二、灾害系统

灾害系统是由孕灾环境、致灾因子、承灾体和灾情共同组成的、具有复杂特性的地球表层变异系统。它是地球表层系统的重要组成部分。

（一）孕灾环境

孕灾环境是由大气圈、水圈、岩石圈、物质文化技术圈（人类文化圈）所组成的综合地球表层环境，但不是这些要素的简单叠加，而体现在地球表层过程中一系列具有耗散特性的物质循环和能量流动以及信息与价值流动的过程-响应关系。从广义角度看，孕灾环境的稳定程度是标定区域孕灾环境的定量指标。这就是为什么只有用全球变化、区域环境演变的研究才能够深入揭示灾害系统动态以及动力机制的根本原理。地球表层之孕灾环境对灾害系统的复杂程度、强度、灾情程度以及灾害系统的群聚与群发特征起着决定性的作用。

孕灾环境的区域差异，决定了灾害时空分布特征的背景。任何灾害都发生在一定的孕灾环境之中，如各大江河流域是洪涝灾害的易发区，滑坡泥石流则多发生在植被破坏较严重或地质条件不稳定的山区，旱灾则出现在降水量偏少，且人类需水较多的地区（农业、工矿企业及城镇等），风暴潮灾只发生在沿海地区等。孕灾环境状况的变化，往往能直接影响到灾害发生的频率、强度及损失情况。例如，大规模的植树造林、种草，扩大植被覆盖率，能有效地保持水土，改善局地气候，减少水旱、水土流失、滑坡、泥石流等灾害。反之，对森林乱砍滥伐，则会加剧水土流失，使各种灾害增多，大量的水利工程设施能部分改变水的时空分配环境条件，亦有利于减轻水旱灾害；沿海岸的生态护岸（红树、米草等）可以起到促淤、消浪护堤作用，减少风暴潮的危害；各类建筑物及生命线工程的设防加固，也是对孕灾环境某些环节的改善，虽不能减少地震的发生及其强度，但能有效减少次生灾害、人员伤亡和财产损失。所以，人们能够对孕灾环境的一些环节施以某种积极的影响，这是减轻灾害的一个重要方面。

孕灾环境是由自然与社会的许多因素相互作用形成的，各种因素之间有着非常复杂的响应、相关反馈、连锁等过程，任何一个环节的改变都可能导致整体系统状态的变化。这一方面为我们改变局部因素而使整个环境系统向良性化方面发展提供了机遇；另一方面，人类超大型工程和改造自然的计划，也存在使孕灾环境恶化的可能，这个问题需要予以特别的重视。

（二）致灾因子

致灾因子是指可能造成财产损失、人员伤亡、资源与环境破坏、社会系统混乱等孕灾环境中的异变因子。致灾因子大多是自然界物质能量交换过程中出现的某种异常，它们导致强大自然力的突然释放，如地震、台风等；或者使某种自然现象的时空规律的异常变化，如降雨少时所招致的干旱、通常多雨地区内发生少雨和通常少雨区内发生的多雨，将分别发生干旱和洪涝等。致灾的自然因子分别存在于外层空间、地球内部、大气圈、水圈、岩石圈和生物圈。与自然规律不协调的人类活动也是一种致灾因子，水土流失、沙漠化、土壤盐渍化以及环境污染等渐进性灾害，一般都是人类活动引起的，或者至少是由于人类活动而加剧的。灾害的致灾因子，可以存在于天外，如陨石击中地面上经济发达、人口密集地区；也可存在于地球内部，如对人类造成巨大灾害的强烈地震和火山喷发；但大多数致灾因子存在于地球表层，即大气圈、水圈、生物圈和浅表岩石圈中。

（三）承灾体

承灾体是致灾因子作用的对象，通常是指人类所创造的物质财富和人类本身，如人口、城镇、道路、厂矿、农田、牧场、林场、水库、仓库、居民点、学校等，广义的承灾体还包括森林、草原、矿藏等各种自然资源。需要指出的是，人类既是承灾体，同时又可成为致灾因子，如人为灾害、环境灾害中的人为过度利用等。由于各地承灾体不同，同样强度的致灾因子造成的灾情可相差悬殊。

（四）灾情

灾情是指在一定的孕灾环境和承灾体条件下，致灾因子（灾源）与承灾体相作用发生灾害而导致某个区域内一定时期生命和财产损失的情况。它是孕灾环境、承灾体、致灾因子综合相互作用的结果，是对灾害社会属性的度量。

灾情可以划分为直接灾情和间接灾情。前者是致灾因子直接作用于承灾体的结果，常表现为财产的损失和人员的伤亡；后者是由于直接灾情发生后引起一定范围内社会经济系统的一系列反应，其结果表现为社会系统失稳、生产系统失调、生命线系统失控，形成灾后的灾情链，它所造成的损失和给人类带来的影响甚至比直接损失更为严重。

三、灾害的基本特征

灾害之所以称为灾害，是因为它对人类生存环境、生存空间与社会财富构成严重威胁，造成大量人员伤亡、物质财富损失以及严重破坏人类生存环境。因此衡量是否成为灾害，仅以灾害强度（几级地震或多大流量的洪峰等）而论是不够的，必须强调灾害的最终结果，即损害是否超过该地区承受能力，该地区是否丧失其全部或部分功能。灾害的最根本的共同点就是对人类与人类社会造成危害作用，离开人类社会这一承灾体，就无所谓灾害。灾害并非是单纯的自然现象或社会现象，而是自然-社会现象，兼有自然与社会双重属性。

（一）灾害的基本属性

1. 灾害的产生及其基本属性

从哲学上讲，灾害是自然生态因子和社会经济因子变异的一种价值判断与评价，是相对于一定的主体而言的。灾害是指这种变异对这种主体的有害影响，离开这一主体，无所谓害与利。这个主体就是人类和人类社会。撇开这一主体，不存在灾害这个概念。所谓的纯自然灾害只不过是自然生态系统的一些运动过程和现象。在人类产生的漫长年代里，地球系统（包括地球表层空间的大气）完全按照自己固有的规律演化和发展。在这种演化和发展过程中，地壳运动和大气运动起着至关重要的作用。地震、火山喷发、滑坡、山崩、泥石流、海啸、陆沉、干旱、热带气旋、暴雨、洪水和冰雹等频频发生，但是，这些不是灾害事件，而是地球系统演化和发展的动力、机制与方式。地球系统正是通过漫长年代的各种变化，逐步形成适宜于生物形成和生存的环境条件，产生了各种生物乃至人类本身。人类和人类社会的产生和发展并不能根本改变地球系统的自然进程，也不能在多大程度上改变地壳运动和大气运动。但是，人类和人类社会的存在却改变了这些运动的纯自然性质，赋予它们社会性和社会经济性。地震、火山喷发、山崩、滑坡、泥石流、海啸、陆沉、干旱、热带气旋、暴雨、洪水和冰雹这些原本自然的、正常的现象由于对人类和人类社会产生某些不利性后果而被称为灾害。由此可见，灾害产生于自然生态环境和社会经济环境，兼有自然与社会双重属性。从灾害形成的原因来看，不仅有自然生态因素的作用，也有社会经济因素的作用，这两类因素相互交织、协同作用，形成新的灾害或加剧原有的灾害。

2. 灾害的后果及其基本属性

灾害是指对人类和人类社会产生危害性后果的事件，这种危害是多方面的。灾害造成人员伤亡；灾害破坏工农业生产和交通运输等国民经济各部门；灾害引起巨大的经济损失，破坏城市建设，从而阻碍社会的进步和文明的发展。因此，灾害的后果具有社会经济性质。

尽管灾害专指对人类和人类社会产生危害性后果的事件与现象，但灾害的后果不仅仅如此。灾害还可以对自然生态系统产生各种影响。例如，地震、滑坡和泥石流的发生能够改变地质地貌状况，使自然环境产生深刻的变化；暴雨、洪涝、干旱、环境污染和资源衰竭等灾害对土壤、各类水体、大气和生物系统产生影响，改变生态系统的结构与功能；森林火灾还会改变森林生态系统的演化进程。因此，灾害的后果具有自然生态性质。

灾害对社会经济和自然生态不是孤立地、分别地产生作用，而是综合性的。这两种影响又可以相互重叠、交织，产生更进一步的影响。例如，人类活动产生过量CO_2气体，这些气体对大气产生作用，形成温室效应；温室效应又改变全球气候状况，产生和加剧各类气象灾害，对社会经济发生影响。这就是人类活动产生具有自然生态后果的人为灾害。这些自然生态后果又产生各种自然灾害而进一步影响社会经济的复杂过程。

由上述分析可知，灾害后果具有自然生态和社会经济双重性。

（二）灾害的基本特点

灾害是一种过程，也是一种现象，具有自己的特性。在这里，灾害特性是指由各类灾害所组成的灾害总体的特性，即各类灾害的共同性质，而不是单个灾害种类的特征。

1. 有害性

灾害种类繁多，其成因、过程、特性及发生的方式及后果的强度千差万别，但有一个最基本的共同点，就是对人类和人类社会产生危害作用，包括对人类生命和物质财产的危害、对人类生活环境与生态环境的破坏。例如，1968～1973 年，非洲萨赫勒地区发生持续 6 年的干旱，由于缺少粮食和牧草，牲畜被宰杀，因饥饿致死者超过 150 万人；1976 年 7 月 28 日，中国唐山地震，震级 7.8，死亡 24.2 万人，重伤 16.4 万人；2008 年 5 月 12 日四川汶川大地震，震级 8.0，截至 2008 年 10 月 8 日，四川省遇难人数达到 69227 人，失踪 17923

人，受伤374640人，受灾4624万人，重灾区面积达10万km^2，经济损失超过10000亿元。

随着人口的增长和社会经济的发展，灾害造成的损失不断加大。由于人口的剧增、资源的不合理利用、环境的破坏、经济资产密度的加大、城镇人口的密集化以及致灾因子的增多和增强，自然灾害发生的数量、频度、强度和造成的损失不断增多增强。防灾工程的兴建、减灾措施的实施，以及政府对有关灾害的救济、低息贷款和保险补助等政策的执行，让人产生安全的错觉，刺激了人口和经济向洪泛区、地震活动区、滑坡多发区等灾害易发生区迁移，使得人们冒险行为增加，这样反而可以加重灾害的实际损失。

2. 灾害的普遍性与恒久性

灾害是天文系统、地球系统和人类社会经济系统物质运动的一种特殊形式。而这些系统的物质运动具有普遍性与恒久性，因此灾害在天地生系统中普遍发生，不断地发生，直到永恒。

人类的发展史就是人类与灾害抗争的历史，灾害与人类相伴而生。人类社会的发展历史已经证明了灾害的普遍性与恒久性，历史的发展也将证明这一点。在各方面都取得长足进步的当今世界，灾害不但没有减少、减弱，反而越来越多、越来越严重。可以预见，随着社会的发展，还会有新的灾害出现。这一点完全符合天地生系统的发展规律。物质世界变得越来越复杂，在其有序化程度增高的同时，无序化也越来越强。只不过，在灾害加剧的同时，人类对灾害的防治水平也越来越高。

灾害的普遍性与恒久性在实质上是一致的，都是指灾害发生的必然性。这种必然性在时间序列上表现为恒久性，在空间序列上表现为普遍性。

灾害的普遍性与恒久性在客观上要求人们充分认识灾害发生的必然性，并持之以恒地开展灾害防治工作。

3. 灾害的多样性与差异性

世界上的灾害多种多样，并且这些灾害在形成的原因与机理、产生的过程、方式与后果及其影响所及的时空范围等方面都存在着极大的差异。这就产生了灾害的多样性与差异性。

即使是同一种灾害，其形成的原因及过程、后果在不同的时空范围内也是不同的，具有明显的多样性和差异性。例如，泥石流可以由冰川活动引起，也可以由暴雨洪水引起，还可以由地震引起，这些不同途径形成的泥石流在其后果方面差异很大。

成因相同或相似的灾害可以有不同的后果。例如，暴雨、冰雹和龙卷风、雷暴大风都是强对流灾害性天气。它们有许多成因上的共性，如天气尺度比较小、生命史比较短，都出现在大气场具有气旋性涡旋的区域内，低空非常潮湿，风向风速有明显的垂直切变，还要求有较强的中尺度融化机制等。但是，它们引起的后果却很不一样。暴雨在某一地区持续，会引起洪涝水灾，造成人员伤亡和物质毁损；而冰雹的主要后果是砸烂成片的农作物；雷暴大风和龙卷风则主要是造成建筑物的破坏。

不同灾害在其后果影响所及的时空范围方面差异极大。一次雷电灾害的影响范围一般较小，而一次地震灾害、洪涝灾害影响的范围往往很大，一次干旱或世界大战的范围更大。同一种灾害的不同事件所波及范围也可以相差很远。一次洪涝灾害可能影响几个村庄，也可能影响几个乡镇，或者影响几个县市，还可能影响几个省或几个国家。灾害影响范围的差异也反映了灾害发生方式与强度的差异。

灾害的多样性与差异性是造成灾害复杂性与模糊性的一个重要因素。这就要求人们对各类灾害进行分门别类的专门研究，在此基础上才可能进行灾害总体的研究。

4. 灾害的全球性与区域性

灾害的全球性是指灾害在地球的每一个角落都可能发生。有人类居住的任何一块地方都不能逃脱灾害的袭击。人类掠夺性开发造成的全球范围内的自然资源枯竭，乱砍滥伐森林所造成的水土流失，滥垦草原造成土地沙漠化与物种灭绝等资源型环境灾害，以及“温室效应”与酸雨等污染型环境灾害的危害性后果已遍及世界各个角落。

灾害的区域性是指灾害发生范围的局限性。从空间分布上看，任何一种灾害，其发生和影响的范围都是有限的，都有其特定的分布区域。火山和地震主要集中在板块交界地带。中国的旱涝灾害最严重的地区是海河平原，其次是黄淮平原、东北平原和海南岛南部，且多发区随季节的交替而变化。中国的暴雨也表现出明显的区域性，主要发生在从辽宁半岛南部起，沿燕山、阴山经河套、关中、四川到广西这条界线以东以南地区。我国的沙漠化灾害主要发生在西北、东北和华北的部分地区，在沿海地区几乎不存在此种灾害。对于其他灾害，如台风灾害的区域性也很明显。地球由于气候带的存在，土壤、水文、生物分布因此具有地带性，有害生物的分布与危害因此具有明显的区域性。

灾害的区域性与全球性并不矛盾。灾害的区域性是就单个灾害种类而言的，而灾害的全球性是就各种灾害即灾害总体而言的。灾害的全球性说明了地球上任何一个地方都有可能发生灾害，而并不是说任何一个地方都会发生所有的灾害；灾害的区域性说明了单个灾种总是发生于一定的地方，而不能发生于所有的地方。可见，二者具有一致性。

灾害的全球性源自灾害的普遍性与恒久性，而灾害的区域性是由于灾害的形成同任何其他事物、现象的发生与形成一样，需要特定的条件（特定的发生基础、诱发因素和成灾条件）。只有特定的地区，具有特定的条件，才发生特定的灾害。例如，台风只发生在热带高温洋面上，其中尤以北太平洋上发生最多，因此台风灾害只危害这些地方的沿海国家。之所以发生这种现象，是由于这些地区的环境满足台风发生的必要条件：具有高温高湿、强烈对流、强烈旋转和强大风力的天气系统。

不同灾害的区域性强弱不同，因为它们对各种条件要求的范围与严格性不同。研究灾害的区域性是认识灾害的一条重要途径，因为不同灾害的区域性特征与其形成的原因、机理和过程密切相关。

5. 灾害的随机性（不重复性）与可预测性

灾害的随机性是指灾害发生、发展与演变的时间、地点、强度与范围等因子的随机不确定性，它决定了灾害发生的时空范围与强度的不可预知性。灾害的随机性源于灾害形成环境与致灾因子在时空范围与强度等方面的不确定性以及灾害的模糊性、多样性与差异性。例如，台风灾害的发生，由于台风环境条件和台风本身状况的突变，台风路径经常发生急剧折向跳跃、停滞、旋转和摆动，台风强度也会出现突然加强或减弱的现象，这就导致台风侵扰地区、时间和强度的随机性（姚学祥等，1989）。

在这里，我们阐述灾害的随机性时，用了“似乎”这样的字眼。这是因为，灾害本身的发生发展过程是具有规律性的，是可以预测的。只是限于目前人类对各种灾害还不完全了解，不能准确地把握一切时刻和一切地区的各种灾害的形成与发展过程，灾害的发生对人类而言具有随机性。

灾害可预测性的一个具体的表现就是灾害的前兆。各种灾害都有一定的前兆，称为灾兆。例如，在发生地裂和地陷前，地中会首先冒烟、冒气，并发出雷鸣般的声音，或地面产生变形。地震灾兆较多，如地下水温的反常变化，动物行为异常，产生地声、地气、地光、地变形，并发生地磁、地电和重力的异常。

滑坡也有灾兆。最常见的是坡体顶部先裂开口子和临滑前发出的响声。另外还有以下灾兆：人感到山动，崖边掉土或小部分岩崩，山坡附近的洞孔变形，滑坡体附近泉水变浑，山坡冒气。

火山灾兆也较多。例如，地下的轰鸣，地震、山崩、泉水增减或枯竭，地裂缝，地形变，气体和热液的溢出。以地震最为常见。1883 年 8 月印度尼西亚喀拉喀托火山大喷发前，在苏门答腊和爪哇岛沿海一带发生了强烈地震，地震引起的海啸浪高达 30m 以上。1912 年 6 月 6 日，阿拉斯加的卡特迈火山大喷发，在此前几天就有强烈地震的发生。

冰雹的前兆也就是冰雹云的特征。冰雹云的特征是：雷声沉闷，延续不断，有点像磨房的推磨声；云的颜色是黑云黄边或黄云翻动；云中的闪电多是横闪，且闪电活动比其他雷雨云频繁得多。

至于暴雨洪涝、干旱、自然资源衰竭、环境污染、战争等灾害，因其过程性明显，从形成到成灾这一过程的时间较长，灾兆很多。

可见，灾兆实质上也是各种各样的物质运动，因此是可以研究和掌握的。正是利用灾害的前兆，人们在与灾害作斗争的历史上已经多次成功地对灾害的发生作出预测。1975 年中国海城发生 7.3 级地震，因事先根据震兆作出了准确预报，只死亡 1328 人（与此对照，1976 年唐山 7.8 级地震造成了 24.2 万人死亡）。1985 年，长江三峡新滩发生大滑坡，因事先作出了准确预报，及时撤离灾区居民，未造成大的伤亡。

如果人类对于灾害毫无认识，即使是灾兆客观存在着（事实也如此），那么灾害对于人类来说同样也是完全随机的、不可知的和无法预测的。相反，如果人类社会的科学技术已经发展到了这样一个水平，即对于各种灾害的成因、机理与过程都能彻底地了解和掌握，那么则可以及时地对各次灾害事件作出预测预报。因此，灾害的随机性与可预测性是相对于人类的认识水平而言的，可相互转化，具有对立统一的关系。

6. 灾害的突发性与迟缓性（缓发性）

从时间序列上看，灾害形成的过程有长有短，有缓有急，即有两种表现形式：一是突然暴发，二是缓慢形成。

突然性灾害，是指当致灾因子的变化超过一定强度时，灾害行为只在短时间内（几天、几小时、几分钟甚至几秒钟）表现出来的灾害。例如，地震、洪水、台风、冰雹、泥石流、龙卷风、火灾、交通事故和爆炸事故等。这类灾害常常在人们尚未意识到的时候突然降临，过程迅速，使人们猝不及防，因而往往造成大量的人员伤亡和巨大的经济损失，即带来惨重的后果。地震的发生过程一般只有数秒或几十秒，在这短短的时间里可造成无数建筑物的倒塌和人员伤亡。龙卷风发生的突然性也相当强，其过程一般只有几分钟或几十分钟。台风，其中心风速大，移动也快，所造成的灾害也具有明显的突发性，往往在几个小时内即可摧毁大量房屋、建筑、铁路和桥梁等，导致大量伤亡和严重经济损失。

迟缓性灾害（缓发性灾害），是指在致灾因子长期发展的情况下逐渐显现成灾的灾害，如干旱、水土流失、土地沙漠化、环境污染、房屋建筑的逐渐老化、资源衰竭等灾害以及地球动力灾害（如海平面升降、地质冰期、地磁场长期变化等），它们都是在一段较长的时间范围内逐渐形成，有着明显的过程性。迟缓性灾害（缓发性灾害）影响范围广泛，持续时间比较长，尽管发展缓慢，若不及时加以防治，同样也能造成巨大的经济损失，甚至人员伤亡。

显然，自然灾害系列和人为灾害系列中都有突发性灾害和迟缓性灾害。从灾害本身来看，突发性灾害也有其“迟缓性”，其形成也是有过程的，只不过这些灾害在形成过程中不能或难以被人们所察觉，或难以被直观地察觉。当然，随着科技的进步，社会的发展，对灾害和灾害的发生与发展的认识越来越深刻、细致，突发性灾害在其形成的早期阶段即能被察觉，因而也会失去其“突发”性。

同样，迟缓性灾害也有其突发性。迟缓性灾害在具有一定的强度和广度之前，未造成严重后果，难以被人们所察觉，待其强度和范围“突然”扩大到一定值，其后果明显，引起人们的注意，于是才认识到这种灾害。可见，在这种灾害面前，人们很容易丧失警惕。譬如，环境污染问题中的农药污染灾害就是这样。西方工业革命以来，农药的使用逐渐广泛。在开始，这一技术被认为完全“革命的”先进技术备受赞赏，因为它确实为农业生产的发展立下了汗马功劳。但是，随着农药的使用越来越广泛，农业动植物、农田和农产品受到强烈的污染，人们的身体健康受到极大伤害，直到这时，人们才公认农药的过量使用也是一种灾害。其实，在农药一开始进入农业生产领域时，农药的污染就存在了，只是强度不大、范围不广，未引起人们的注意而已。时至今日，农药的污染成为世人皆知的事实，但为时已晚，消除这一灾害已困难重重，由于农药的广泛使用造成了农业害虫和病菌抗药性的增强，迫使人们不断增加农药剂量，即形成了农业对农药的依赖性。要消除或避免这种灾害必须花费巨大的代价。

7. 灾害的迁移性、滞后性与重现性

灾害的迁移性是指发生于甲地的灾害能对乙地产生后果；灾害的滞后性是指灾害发生后，其后果不一定全部立即显现出来，有些后果可能会经过一段时间之后才能显现出来；灾害的重现性是指同一种灾害会在同一处地方多次地反复出现。

1）灾害的迁移性

蝗虫在一地发生后，常常成群迁飞，危害其他地方的农作物；台风在高温洋面上形成，常常会突然登陆，在陆地上产生危害作用；洪水常在山区或河流上游形成，但对平原和下游地区的危害比对山区和河流上游地区的更大；河流上游地区的污染往往造成下游地区污染事故；海啸不仅对发源地附近海岸带造成损失，还对源区非常远的地方造成危害。酸雨常常出现长程迁移现象。例如，陕西安康地区近年来发生酸雨频率高达24%，然而当地却无大气污染源，追溯其污染源则是从200多公里以外的四川省达州地区而来，这是大气运动的结果。国外废气排放以高架源为主，其酸雨灾害的长程迁移性更普遍。在挪威，每年因酸雨沉降而造成数亿美元的经济损失，但其污染源主要不在本国。挪威大气中80%的硫酸盐来自

2000km 外的德国和瑞典；在加拿大东部地区，每年要承受 40 亿 kg 二氧化硫的侵蚀，大片森林因此而被毁坏，大批湖泊因此而酸化，而美国则是这些二氧化硫的主要提供者。

2）灾害的滞后性

人为造成的环境污染的后果往往滞后显现。各种有毒物质通过各种途径最终进入人体，但并不立即产生危害作用，而这需要通过逐步积累，当毒物达到一定数量和浓度时，才对人体健康和生命构成重大威胁。

3）灾害的重现性

地震、滑坡、泥石流、雪崩和火山喷发等地质地貌灾害表现出明显的重现性，它们总是发生于特定的地区，这些地区的地质状况和地貌形态与结构适宜于它们的发生。火山在同一山口可一再爆发，世界各地都有死火山“复活”的事件，死火山“复活”比活火山一再爆发往往带来更大的灾难。台风、暴雨、洪涝、干旱、冰雹等各种气象灾害也具有强烈的重现性。这是由于天气与气候要素在一个地方进行周年或其他周期性变化的结果。

灾害的迁移性、滞后性和重现性都是关于灾害成因与后果相对关系的规律。灾害的迁移性是灾害在一地形成，在另一地产生危害，即成因与后果在空间上相分离；灾害的滞后性是指灾害在此时形成、爆发，后果在以后显现，即灾害的成因和后果在时间上相分离；灾害的重现性是指灾害在此时发生，但灾因未除，因而又在以后再度多次出现，即同一成因产生多次性后果。灾害成因与后果相对关系的规律在客观上要求我们有针对性地、因时因地制宜地分析每一种灾害的性质，掌握其发展变化规律，从而进行有效的灾害预防与治理。

8. 灾害的群发性和连发性（相关性）

自然灾害的发生往往不是孤立的，各种灾害常常在某一时间段或某一地区相对集中出现或相继频繁发生，形成“众灾丛生”的局面，这种现象称为灾害群发性。自然灾害的空间分布有的集中呈带状，叫灾害带，有的集中呈面状，叫灾害区。灾害群发的那一时段、地区，则称为灾害群发期（区）。例如，17 世纪中国华北地区发生了一次后果惨重的灾害群发事件。在这一时期，各种灾害接踵而来，频繁发生。17 世纪是华北地区近 2000 年来最强烈的一次地震活跃期，又是近 3000 年来气候最为恶劣的时期。在这种情况下，地震、干旱、洪涝、尘灾、蝗灾、疫灾、雪灾、严寒、饥荒接连不断，频繁发生，形成一次典型的灾害频发。20 世纪 70 年代也是一个自然灾害群发期，旱灾、水灾、农作物病虫害、滑坡、泥石流、风暴潮等灾害接连发生，1976 年发生了唐山 7.8 级和滦县 7.1 级地震及震群。任振球等（1986）指出，在近 6 亿年以来地球四大圈层的异常事件至少存在六种时间尺度的准周期的群发现象，并且它们都发生在天文参数相应变化的情况之下。地球系统各圈层的自然灾害群发性特征，特别是那些长时间尺度的群发现象，在地层记录中均存在明显的记录。由于致灾因子和承灾体在时间上的不规则性和在空间上的不均匀性，结果造成灾害在时间空间上的相对聚集和分散现象，使灾害在时间上时而众灾丛生，时而平静少发；在空间上有的地区多灾，有的地区无灾。在某一时期集中多灾的现象，便称灾害的群发性。

许多灾害，特别是等级高强度大的灾害发生以后，常常诱发出一连串的次生、衍生灾害。这种现象叫做灾害的连发性或连锁性，这一连串灾害就构成了灾害链。例如，地震往往带来火灾、海啸、滑坡、瘟疫以及社会动荡；飓风往往带来暴雨、洪水以及火灾；大旱还可带来蝗灾和火灾，等等。在灾害链中最早发生的起主导作用的灾害称为原生灾害；而由原生灾害所诱导出来的灾害则称为次生灾害；至于自然灾害发生之后，破坏了人类生存的和谐条件，由此还可能导生出一系列其他灾害，这些灾害泛称为衍生灾害。灾害链可以分成串发性灾害链和并发性灾害链，由某一原生灾害诱发一连串（系列）次生灾害形成串发性灾害链，由同一原因同时诱发多种其他灾害形成并发性灾害链。

灾害链还可分为因果链、同源链、混合链、互生链和互斥链五种。台风造成暴雨洪涝，洪涝又导致生态环境破坏，这种由先一灾害诱发后一灾害或为后一灾害的发生提供了有利条件，形成因果链。因果链又叫做次生链，因为后一灾害系由前一灾害次生而成的。因果链中的次生灾害的发生有的有潜伏期，有的则没有。例如，地震可直接造成滑坡，也可造成山地震松，后来遇暴雨形成滞后滑坡。因果链可以有多个成员，而不止两个成员。例如，台风造成暴雨，引起洪涝，进一步产生滑坡，引发泥石流，形成多节因果链：台风→暴雨→洪涝→滑坡→泥石流。

由同一原因而引发多种灾害形成同源链。例如，在太阳活动峰年，因磁暴或其他原因，心脏病人死亡增多，地震也增多，有时气象灾害也较多。又如大旱既可引起森林火灾，又可引起蝗灾和土地沙漠化。同源链又叫伴生链，即几种灾害相伴而生。

若一条灾害链既有因果链，又有同源链的环节，则称为混合链。如台风→风灾→风暴潮→建筑物破坏→无家可归，台风→暴雨→洪涝→崩塌、滑坡、泥石流等。

若几种灾害之间相互引发可形成互生链，如滑坡←→泥石流，地震←→火山爆发。

互斥型灾害链是指某一种灾害发生后另一灾害就不再出现或者减弱的情形。民间谚语“一雷打九台”就包含了互斥型灾害链的意义。历史上曾有大雨截震的记载，这也是互斥型灾害链的例子。

9. 灾害后果的双重性

灾害的后果具有双重性，即对人类和人类社会而言，某些灾害既能产生破坏性作用，也有可能产生有利的作用。即有可能增加社会物质财富，改善人类的生态环境和生活环境，甚至增强人类生命的安全性。

在地球系统发展的最初阶段，就已经具有地震、滑坡、陆沉、干旱、暴雨、台风、冰雹、泥石流、森林大火等现象。由于人类还没有产生，它们不是灾害，而是“自然的”“正常的”现象；但是，人类的产生却改变了这一点，由于它们对人类的某些方面具有不利性，因而由自然的、正常的事件转变为“灾害”。但是，尽管如此，灾害也不是纯粹的“灾害”。由于灾害事件的多向性（多后果性），它的某些后果可能有益于人类。同样一种后果，可以由低科技水平时期的有害性转变为高科技水平时期的无害性甚至有利性。例如，地壳的演化过程形成和提供了人类不可或缺的、赖以生存的资源与环境。地震，作为地壳运动中最凶猛的灾变过程，可以使人类经过上百年苦心经营建立起来的城市毁于一旦，使成千上万无辜的生命消亡于一瞬间，是一种危险性极大的灾害。但是，地震也有有利的一面，它可以使深埋于地下的矿藏和贵重元素上移到人类可以开采的地表与地面层；它还可以将高山夷为平地，湖泊化为陆地；还可以构建溪沟、河流，从而形成可供人类栖息的环境。

台风是我国沿海地区一种主要的自然灾害，每次台风都会带来重大的经济损失，有时还会造成人员伤亡。但是，正是由于台风，每年都带来充足的雨水，才使沿海许多地区，特别是近海的广东珠江三角洲成为举世闻名的鱼米之乡。此外，台风带来的雨水对解除内陆部分地区的伏旱也有重大的意义。

在洪涝年度里，水库蓄水多，相应地水力发电量大。伏旱的高温对水稻等作物的快速生长发育具有一定的积极作用。寒潮带来的大雪覆盖于越冬作物上，可保证作物的安全越冬并杀死害虫病菌，有利于来年的农业丰收。

与自然灾害一样，某些人为灾害也可能产生有利于人类的作用。例如，温室气体CO_2浓度的升高在一定程度上有利于农业生产，CO_2浓度升高会增强作物的光合作用，使作物的生长期缩短，一年中作物可栽植期延长，提高作物的单产。

研究灾害后果的双重性，并不是要淡化对灾害危害性的认识，而是要根据灾害固有的特性和规律性，在进行灾害的防治过程中避害趋利，抑害扬利，甚至化害为利。必须认识到，灾害后果的不利性作用总是大于其有利作用，否则，即不称其为灾害。

第二节　灾害的分类

灾害分类是指根据不同分类标志，将具有相同特征的灾害现象归为一类，以便研究其特有个性，以及特有的灾害发生、发展与演变规律与致灾过程，针对不同类型灾害的特点，制定防灾、减灾与抗灾策略。灾害分类是灾害学研究的基础。

一、灾害分类的目的意义

灾害分类在灾害学中占据举足轻重的地位，它是灾害学研究的基础，对灾害致灾机理、灾情分析，以及灾害危机管理等方面均具有重要的指导意义。

（1）在灾害共性研究的基础上，更好地研究与总结各类灾害的个性特征。不同类型灾害的成因、演变规律与致灾过程有其共性，同时也有其个性，分类的目的就在于更好地总结各类灾害的个性；只有在此基础上，研究不同类型灾害的致灾机理与成灾过程才有实际意义。

（2）灾害分类是各类灾情评估的基础。不同类型灾害的成灾过程、危害范围与强度有很大差异，由此导致灾情评估与方法的不同；只有在建立灾害分类体系的基础上，分门别类地研究灾情评估指标与方法，才能使灾情评估更准确，更切合实际。

（3）有助于灾害的危机管理。不同类型灾害的致灾机理与成灾过程的不同，决定了其防灾、减灾与抗灾的策略有很大差异，不可能有放之四海而皆准的策略。因此，灾害危机管理必须分门别类，它包括各灾害管理部门的分工合作，以及针对不同类型灾害个性，制定防灾、减灾与抗灾的策略。

（4）灾害分类是灾害定量化研究的基础。不进行灾害分类，便不能有效地对灾害进行定量化研究。

二、灾害分类原则

1）科学性与合理性原则

灾害分类必须依照科学合理的分类原则，分类标志必须明确，不能含糊不清。任何一种灾害均应根据分类标志，归于相应的灾害类型之中，避免出现交叉分类或模糊不清的分类概念。

2）层次性与同质性原则

灾害系统是一个异常复杂的大系统，具有显著的多元与多层次特性，由此决定了灾害分类体系的层次性。灾害分类层次可分为二级（灾类与灾种）、三级（灾型、灾类与灾种）与多级，通常选择二级或三级分类体系。每一灾害分类层次，根据其分类标志，应具有相同特性，不能将性质不同的灾害归为一类。

3）概括性与唯一性原则

根据不同分类标志及研究目的，灾害分类有很多方案，每种方案应既概括所有可能的灾害种类，同时每种灾害在各类型中出现的次数必须是唯一的。

4）沿袭性与时效性原则

灾害系统处于变异中，随着社会的发展，人类认识水平与生存需求的不断提高，灾害系统也会不断发展壮大。因此，所建的灾害系统要有前瞻性，能适用较长时间。同时，新的分类体系应兼顾传统的分类习惯，沿袭传统灾害分类体系的合理之处。

5）规范化原则

规范化原则是前几项原则的综合概括，它包括分类标志的规范化与分类方法的规范化，只有在一定规范化基础上，建立规范的灾害分类体系，才能确保灾害分类的实用性与可操作性，否则会出现大量模糊概念与交叉分类等，这必将阻碍灾害学的发展，造成灾害管理的混乱。

三、灾害的成因分类

灾害分类是一个较为复杂的问题。人们从不同角度、不同目的出发，有多种分类方法。根据成因，灾害主要有“二分法”和“三分法”。

（一）灾害成因的二元分类方案

从整个人类历史上来看，造成灾害的主要原因来自两个方面：一是自然因素；二是人为因素。根据灾害发生的主导因素可将灾害分为自然灾害（natural disaster）与人为灾害（man-induced disaster）两大类，即灾害成因的二元分类法。通常把以自然变异为主因造成人员伤亡、财产损失、社会秩序混乱、资源环境破坏等事件或现象称为自然灾害，或“天灾”，如地震、滑坡、洪水、海啸等；则将以人为影响为主因造成的灾害称为人为灾害，或“人祸”，如战争、内乱、人为火灾、生产事故、交通事故、生活事故、环境污染等。

自然灾害的致灾因子可以是纯自然作用，也可以是由人类活动所诱发的自然作用。例如，地震、滑坡、泥石流等灾害主要是由自然作用造成的，但是水库蓄水等人类活动也可能诱发地震，而大多数滑坡、泥石流灾害都与人为改变山坡形态和覆盖状况有关。过量采伐森林引起的水土流失、过量开采地下水引起的地面沉降等灾害显然是由人类活动造成的，但是它们的发生发展过程仍然受到自然规律的控制。

申曙光（1994）把灾害按成因分成自然灾害和人为灾害两大类。把自然灾害分成地质灾害、地貌灾害、气象灾害、生物灾害、天文灾害；把人为灾害分成生态灾害、工程经济灾害和社会生活灾害，如图 1.1 所示。

自然灾害和人为灾害之间没有绝对的界限，许多灾害的起因可能是自然诱发的，也可能是人为引发的，或者两者兼有，由自然与人为因素共同作用产生的灾害，如水土流失、土地沙漠化、火灾、病虫害等灾害的形成既有自然因素的作用，又有人为因素的影响。

- 灾害
  - 自然灾害
    - 地质灾害：地震、地火、火山爆发、地下毒气、海啸等
    - 地貌灾害：山崩、滑坡、泥石流、沙漠化、水土流失等
    - 气象灾害：暴雨、洪涝、热带气旋、冰雹、雷电、龙卷风、干旱、酷热、低温等
    - 生物灾害：病害、虫害、有害动物灾害等
    - 天文灾害：天体撞击、太阳活动与宇宙射线异常等
  - 人为灾害
    - 生态灾害：自然资源枯竭、环境污染、人口过剩等
    - 工程经济灾害：工程塌方、爆炸、工厂火灾、有害物质失控等
    - 社会生活灾害：交通事故、火灾、战争、社会暴力与动乱等

图 1.1　灾害成因二元分类体系（申曙光，1994）

（二）灾害成因的三元分类方案

曾维华等根据成因将灾害分成自然灾害、人为灾害（纯人为灾害）和环境灾害（自然-人为灾害、准自然灾害、混合型灾害）（表 1.1）。自然-人为灾害是由自然与人为因素共同作用产生的灾害，即在纯自然灾害与人为灾害两大极端灾害现象间有若干过渡态，有的学者称为环境灾害，而有的学者又称为混合型灾害、准自然灾害。由图 1.2 可知，不同的灾害类型中人为的调控性不同。图中两条曲线的变化表明，自然灾害的人为可控性最小，曲线的变化幅度窄；人为灾害的可控性最大，曲线的变化幅度最宽；环境灾害的可控性居二者之间。

表 1.1　以成因为标志的灾害三元二级分类体系（曾维华和程声通，2000）

灾害类型	灾　种
自然灾害	陨石与太阳风等天文灾害；旱灾、飓风、暴雨、龙卷风、寒潮、热带风暴与暴风雪、霜冻等气象灾害；洪水与海侵等水文灾害，地震、火山、滑坡与泥石流等地质灾害；病虫害与瘟疫等生物灾害等
环境灾害	资源枯竭、重大环境污染事故、酸雨、水土流失、土壤沙化、温室效应、臭氧层破坏、物种灭绝；人为诱发地震、滑坡、泥石流与地面沉降等地质灾害等
人为灾害	战争、犯罪与社会动乱等政治灾害；人口爆炸、能源危机与经济危机等经济灾害；计算机病毒、交通事故、空难、海难与火灾等技术灾害；社会风气败坏与文化技术落后等文化灾害等

从灾害的形成机制上来看，无论是发生原因还是表现形式显然可以归属为两大类，一是自然类；二是社会类（人为类）同时，环境中也存在着许多由人类作用所导致的灾害，这类灾害是人类与自然相互作用的结果，同样是影响环境中的自然作用力。因此灾害可以分为三大类，即自然灾害、环境灾害、人为灾害（图 1.3）。

1. 自然灾害

自然灾害的分类很多，目前尚不统一，然而从成因上看，自然灾害是由于天文系统以及地球和它的各个圈层运动变化引起的，因此可分为天文灾害和地球灾害两类。

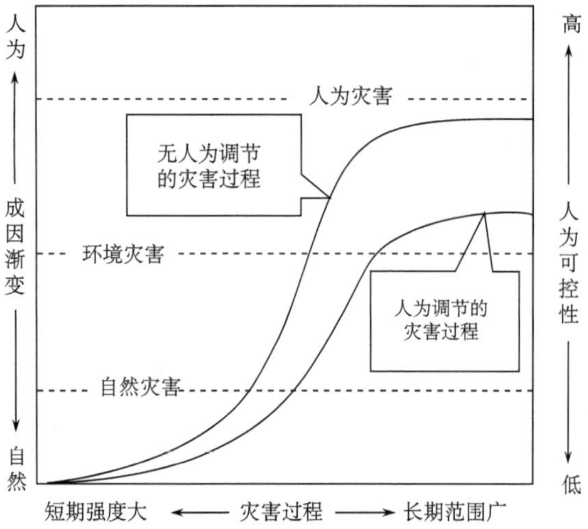

图 1.2　灾害过程与可控性比较（张丽萍和张妙仙，2008）

- 灾害
  - 自然灾害
    - 地质灾害 (含地貌灾害)：地震、地火、火山爆发、山崩、滑坡、泥石流等
    - 气象灾害：气温异常灾害 (酷热、寒潮、低温、霜冻等)、降水异常灾害 (干旱、暴雨、雹灾、暴风雪、连阴雨等) 气流异常灾害 (大风、台风、龙卷风、沙尘暴等) 和其他气象灾害 (如雷电等)
    - 水文灾害：陆地水文灾害 (洪水、涝灾、淡水荒等)、海洋水文灾害 (风暴潮、海啸、海冰、厄尔尼诺、海平面上升等)
    - 生物灾害：病害、虫害、有害动物灾害等
    - 天文灾害：天体撞击、太阳活动与宇宙射线异常等
  - 环境灾害
    - 环境污染灾害：水污染、大气污染、土壤污染、海洋污染、噪声污染、垃圾污染等
    - 生态破坏灾害：自然资源枯竭、物种灭绝与生物多样性锐减、土地退化、臭氧层破坏、酸雨等
  - 人为灾害
    - 行为过失灾害：海难、空难、车祸、核泄漏、工程事故、医疗事故、生产事故、人为火灾等
    - 认识灾害：决策失误、观念老化等
    - 政治灾害：政治动荡、战乱、道德沦丧等
    - 犯罪灾害：纵火等
    - 社会失控灾害：经济失控、通货膨胀、人口失控、治安失控等

图 1.3　灾害成因分类

天文灾害是指来自地球以外宇宙天体和太阳系统的变异和活动而形成的灾害。主要包括太阳活动异常（黑子爆发、耀斑等）、新星爆发、陨击（陨石流）、彗星碰撞、电磁异爆、粒子流冲击、天体引力场变化、太阳辐射变化、宇宙射线异常、地球轨道或者姿态改变等。天文灾害致灾原因主要在于来自宇宙空间的能量和物质，尽管发生概率极低，但如果发生的话，那么后果是毁灭性的，而且随着时间的推移，其威胁将越来越大。地史学和古生物学的

研究表明，在地球的漫长演化过程中，已经遭遇过多次地外天体的碰撞，使地表环境发生巨大变化，由此导致地球上生物的大规模绝灭，如许多学者推断恐龙的绝灭源于一颗小行星与地球的强烈碰撞。20 世纪初发生于俄罗斯西伯利亚地区的“通古斯大爆炸”，曾使大片森林被毁；1976 年，我国吉林市附近发生罕见的陨石雨，覆盖数十平方公里的面积，幸好未造成严重损害；还有科学家广泛描绘过的小行星撞击地球事件，这尽管是小概率事件，但比较大的小行星（直径在 5km 以上）就足以对地球造成毁灭性的灾害。对这类灾害，人类目前难以抵御，只能加强观测与研究，尽早预报，尽早做准备。

地球灾害按发生圈层位置分为大气圈灾害（气象灾害）、水圈灾害（水文灾害）、岩石圈灾害（地质灾害）和生物圈灾害（生物灾害），按地理属性可分为地质灾害、地貌灾害、气象灾害、水文灾害、生物灾害等。

地质灾害狭义指由地球内营力作用引起的地壳变形、位移及地表物质运动所产生的有害现象和过程，主要包括地震（构造地震、火山地震、陷落地震、人工地震）、地陷、地火或地下火、火山爆发等。广义地质灾害指岩石圈的异常变异造成的灾害，包括内、外地质作用形成的灾害，指由于自然和人为诱发引起的地壳变形、位移及地表物质运动所产生的对人民生命和财产安全造成危害的地质现象和过程，主要包括地壳活动灾害，如地震、火山喷发、断层错动等；斜坡岩土体运动灾害，如崩塌、滑坡、泥石流等；地面变形灾害，如地面塌陷、地面沉降、地面开裂（地裂缝）等；矿山与地下工程灾害，如煤层自燃、洞井塌方、冒顶、偏帮、鼓底、岩爆、高温、突水、瓦斯爆炸等；城市地质灾害，如建筑地基与基坑变形、垃圾堆积等；河、湖、水库灾害，如塌岸、淤积、渗漏、浸没、溃决等；特殊岩土灾害，如黄土湿陷、膨胀土胀缩、冻土冻融、沙土液化、淤泥触变等。我国《地质灾害防治条例》(2003）所称地质灾害，包括自然因素或者人为活动引发的危害人民生命和财产安全的山体崩塌、滑坡、泥石流、地面塌陷、地裂缝、地面沉降等与地质作用有关的灾害。

地貌灾害又叫地表灾害，是指由外营力作用导致的地表固体物质运动所产生的有害现象和过程，根据地貌灾害形成的外营力条件分为重力地貌灾害（滑坡、崩塌等）、流水地貌灾害（水土流失、泥石流等）、风力地貌灾害（沙漠化等）、岩溶地貌灾害（陷落等）。属广义地质灾害。

气象灾害或大气圈灾害是指大气圈发生异常变化产生的灾害，即异常的天气、气候事件产生的灾害，包括气温异常灾害（酷热、寒潮、低温、霜冻、干热风等）、降水异常灾害（包括干旱、暴雨、雹灾、暴风雪、连阴雨、湿害）、气流异常灾害（大风、台风、龙卷风、沙尘暴等）和其他天气异常灾害等。在《中华人民共和国气象法》和《气象灾害防御条例》中，气象灾害是指台风、暴雨（雪）、寒潮、大风（沙尘暴）、低温、高温、干旱、雷电、冰雹、霜冻和大雾等所造成的灾害。

水文灾害指水圈水体异常变化产生的灾害，包括陆地水文灾害（洪水、涝灾、内渍、地下水位下降、泥沙淤积、淡水荒等）、海洋水文灾害（风暴潮、海啸、海浪、海冰、海侵、厄尔尼诺现象、海平面升高等）。

生物灾害指生物圈异常变化现象和过程带来的灾害，主要指自然界中有害生物或其毒素的大量繁殖扩散对人类造成的危害，主要包括病害（农作物病害、养殖业病害、森林病害）、虫害（农作物虫害、养殖业虫害、森林虫害）、草害（农作物草害、养殖业草害、森林草害）、鼠害（农作物鼠害、森林鼠害）等。

2. 环境灾害

环境灾害就其内涵可有广义和狭义两大区别。广义环境灾害包括自然变化引起的环境灾害和人为因素诱发环境变化引起的环境灾害。但通常按狭义理解，指由于人类的经济和社会活动超过自然环境的承载能力，导致环境污染和资源、生态、环境破坏，甚至对人类生命财产构成威胁的事件，包括环境污染灾害（包括水污染、大气污染、土壤污染、海洋污染、噪声污染、垃圾污染等）、生态破坏灾害（自然资源枯竭、物种灭绝与生物多样性锐减、土地退化、臭氧层破坏、酸雨等）。

环境灾害与自然灾害不同，是由人为因素和自然因素两部分致灾因子共同作用形成的灾害，是由于人类有意或无意的不恰当行为，致使自然环境系统处于不稳定状态（出现环境问题），并进一步通过累积由量变到质变，最终在外界或内部小的扰动作用下造成环境系统结构的突变，而丧失其为人类服务的功能，甚至对人类生命财产构成严重威胁的灾害现象。尽管环境灾害是人为因素造成的，但其后果（人类生命财产损失）则是由于自然环境系统结构的破坏，反作用于人类所致，它是人与自然因素共同作用的产物。这是环境灾害不同于战争、犯罪与交通灾害等人为灾害的根本所在。

3. 人为灾害

人为灾害是以人为因素为主导因素造成的灾害，主要包括各种生产事故、交通事故、生活事故以及战争和社会动乱等造成的灾害。人为灾害通常分成行为过失灾害（如海难、空难、车祸、核泄漏、工程事故、医疗事故、生产事故、人为火灾、瓦斯爆炸等），认识灾害（如领导决策失误、思想观念僵化、忽视生态平衡、科技副作用等），社会失控灾害（如宏观经济失控、人口失控、城市失控、环境监测失控、治安失控等），政治灾害（如政治动荡、战争、社会腐败、道德沦丧等），以及生理灾害、犯罪灾害（纵火、人为破坏等），等等。

若按人的活动范围和行为主体分，人为灾害又大致分为以下3类：①生产活动型。人类为了生存、繁衍和发展要从事各种各样的生产性活动来创造人类生命及生活所需的物质财富和精神财富，由于人的生理特性和心理特性、人的科技文化素质、掌握生产技能的水平、认识事物判断能力的所限，难免产生人为失误。无论是技术性的、生理性的、心理性的失误都可能使灾害的风险在生产及其经营活动中诱发成灾难，如工业企业及矿山生产中常见的意外伤亡事故等。②社交活动型。也称非生产活动型，它指生活、生存活动领域由于人或群体的失误，破坏了社会活动的正常秩序，危害了和谐的人文环境而诱发了社会性的灾害，如交通车辆伤害、火灾、环境污染、流行疾病等。③人为致灾型。也称人祸天灾型或天灾人祸型，由于人为因素引发了自然灾害。例如，矿山不合理开采，引起地陷或坍塌；错误的开采和堆积诱发了山体滑坡或泥石流灾害；尾矿库垮坝或水库垮坝等。

可见，由于灾害成因异常复杂，同一种灾害在不同时空范围内其成因常常是不同的，甚至许多灾害可以由自然因素引起，也可以是人为因素产生，或者同时作用产生，如许多地质灾害可以由纯自然因素引起，但工程地质灾害却由人类活动诱发；火灾有自然因素引起的天然火灾，但人为火灾也常常出现。同一原因也可以引发多种灾害，如暴雨、冰雹和龙卷风、雷暴大风都是强对流灾害性天气。不同灾害之间还可能互为因果、彼此叠加，由原发灾害引发次生灾害，形成灾害链。所以灾害成因分类存在分歧也是十分正常的。

此外，还有学者把由自然变异为主因，并表现为自然态的灾害称为自然灾害，如地震、洪水、滑坡、海啸、风暴潮等；将由人为因素为主因，并表现为人为态的灾害称为人为灾害，如战争、内乱、人为纵火、交通事故、技术事故等；把由自然变异引起的但表现为人为态的灾害称为自然人为灾害，如太阳活动峰年发生的传染病大流行；把人为影响产生的但表现为自然态的灾害称为人为自然灾害，如过量采伐森林引起的水土流失、过量开发地下水引起的地面沉降、水库地震等。

总之，灾害类型的一级划分按成因有“二分法”和“三分法”，甚至“四分法”，其各有一定的依据。

（三）现行我国政府部门灾害分类

科学技术部、原国家计划经济委员会、原国家经济贸易委员会自然灾害综合研究组根据自然灾害的成因和我国灾害管理现状将自然灾害分成气象灾害、海洋灾害、洪水灾害、地质灾害、地震灾害、农业灾害和生物灾害七大类（表 1.2）。

表 1.2 我国政府现行灾害分类及主管部门

灾害类型	主要灾种	主管部门
气象灾害	暴雨、干旱、寒潮、热带风暴、龙卷风、雷暴、雹灾、大风、干热风、暴风雪、冻害、霜冻等	国家气象局
海洋灾害	风暴潮、海啸、潮灾、海浪、赤潮、海冰、海水入侵、海平面上升等	国家海洋局
洪水灾害	洪水、雨涝等	水利部
地质灾害	崩塌、滑坡、泥石流、地裂缝、地陷、矿井突水、突瓦斯、冻融、地面沉降、土地沙漠化、水土流失、土地盐碱化等	国土资源部
地震灾害	地震及由地震引起的各种次生灾害	国家地震局
农业灾害	农作物病虫害、鼠害、农业气象灾害、农业环境灾害等	农业部
林业灾害	森林病虫害、鼠害、森林火灾等	国家林业局

在我国 1998 年制定的《中华人民共和国减灾规划（1998—2010 年）》（2008 年 8 月 14 日终止执行）中，将我国的主要自然灾害分为四大类，即大气圈和水圈灾害：主要包括洪涝、干旱、台风、风暴潮、沙尘暴以及大风、冰雹、暴风雪、低温冻害、巨浪、海啸、赤潮、海冰、海岸侵蚀等。地质地震灾害：主要包括地震、崩塌、滑坡、泥石流、地面沉降、塌陷、荒漠化等。生物灾害：农作物病虫鼠害、草原和森林病虫鼠害，还有一大类是森林和草原火灾。可以看出，其部分采用的是我们前面所说的依据地球圈层进行灾害分类的方式。

而在 2006 年制定的《国家综合减灾“十一五”规划》中，仅仅直接列举了洪涝、干旱、台风、冰雹、雷电、高温热浪、沙尘暴、地震、地质灾害、风暴潮、赤潮、森林草原火灾和植物森林病虫害 13 类灾害，而没有再作大类的归纳。可以说这是一种注重实操性的表述方式。

四、灾害的其他分类

（一）按灾害发生的地理位置分类

按灾害发生的地理位置可分为海洋灾害与陆地灾害。

1. 陆地灾害

陆地灾害主要包括以下 7 类。

（1）地质灾害：发生在地壳中，主要有地震、火山、沉陷等。

（2）地貌灾害：发生在地表，主要有水土流失、泥石流、沙漠化、滑坡等。

（3）气象灾害：主要有干旱、暴雨、台风、龙卷风、热浪、寒流、冰雹等。

（4）水文灾害：主要有洪水、地下水位下降、水污染等。

（5）土壤灾害：主要有土壤盐碱化等。

（6）生物灾害：主要有物种减少、农林病虫害、森林火灾等。

（7）环境污染：主要有大气污染、温室效应、酸雨、化学烟雾等。

2. 海洋灾害

海洋灾害主要包括：风暴潮、海浪、海冰、海啸、赤潮、海底滑坡、海底火山、海温异常等。

（二）根据灾害波及范围分类

根据灾害波及范围可分为以下 3 类。

（1）全球性灾害：地震、火山、沙漠化、环境污染等灾害，还有人口、粮食、能源危机等。

（2）区域性灾害：水土流失、火灾、盐碱化等。

（3）局域性灾害：呈点、线状分布的灾害，如滑坡、地裂缝、地陷等。

（三）根据灾害持续时间的长短分类

根据灾害持续时间的长短可分为以下 3 类。

（1）突发性灾害：如地震、火山、台风等，其发生具有突发性。

（2）缓变性灾害：如沙漠化、水土流失等，长期持续产生影响。

（3）偶然性灾害：森林火灾、交通事故等。

（四）根据地貌类型分类

根据地貌类型可分为以下 3 类。

（1）山地灾害。

（2）平原灾害。

（3）滨海灾害。

（五）根据灾害出现时间的先后（主次）顺序分类

根据灾害出现时间的先后（主次）顺序可分为以下3类。

（1）原生灾害：灾害链中最早发生的起主导作用的灾害称为原生灾害，是最先出现的灾害。

（2）次生灾害：指原生灾害诱发形成的灾害。可进一步分为前导灾害、主灾害、次生灾害；还可分为控制性灾害、从属性灾害。例如，地震发生后引起的水灾、火灾、滑坡、泥石流、环境污染等。

（3）衍生灾害：由原生灾害、次生灾害衍生的间接灾害。例如，大地震的发生使社会秩序混乱，出现烧、杀、抢等犯罪行为，使人民生命财产再度遭受损失；再如，大旱之后，地表与浅部淡水极度匮乏，迫使人们饮用深层含氟量较高的地下水，从而导致了氟病，这些都称为衍生灾害。

（六）根据灾害过程及发生体的物理状态分类

根据灾害过程及发生体的物理状态可分为以下3类。

（1）固体灾害：地震、沙漠化、岩崩等。

（2）流体灾害：火山、洪水等。

（3）气体灾害：地气、废气等。

（七）根据灾害发生时间远近分类

根据灾害发生时间远近可分为以下4类。

（1）地史灾害：发生在地质时代，对人类没有影响。

（2）历史灾害：发生在人类较早历史时期。

（3）现今灾害：近百年来发生的灾害。

（4）未来灾害：未来可能出现的灾害。

此外，还有其他分类，如根据灾害与环境的关系，可以分为生态灾害和非生态灾害两类。前者指环境（包括气候、地理、海洋等环境）变化引起生态变化进而诱发灾害，如物种灭绝等；后者指与生态环境的变化无直接关系的灾害，如交通事故、医疗事故等。

根据灾害的不同现象，可以分为明灾和暗灾两类。前者指从发生到终止所造成的后果都是显现的灾害，如明显可见的水、旱、风、火灾等；后者则是指造成损害后果之前是潜在的各种灾害，如地震、火山爆发、生态环境方面的“三废”污染等灾害。

根据灾害的可防性，可以分为可避免性灾害和不可避免性灾害。前者通过人类自身的努力可以避免其出现，如污染灾害、卫生灾害等；后者则不以人类的意志而转移，只能防范或适度控制而不可避免，如地震、火山爆发、海啸等。

根据灾害的相关性，可以分为连带型灾害（如旱灾—蝗灾、毁林开荒水土流失—水旱灾害等）、并发型灾害（如风沙、雨—涝、台风等）、渐变型灾害（如碱荒、海侵、环境污染等）、突发型灾害（如地震、雪崩、建筑物倒塌等）4类。

根据灾害的不同危害对象，可以分为城市灾害、农村灾害、工矿灾害、农业灾害、林木灾害、卫生灾害、海洋灾害、其他灾害等。

根据灾害造成的损失程度，可分为特大灾害、大灾害、中灾害和小灾害 4 类。不同的灾害还有更加具体的划分。

第三节　灾害地理学研究对象与学科体系

一、灾害地理学研究对象

关于灾害地理学（disaster geography，hazard geography，catastrophic geography）的研究对象，不同学者、不同著作作过多种论述和说明，比较有代表性的有：

（1）上海辞书出版社 1983 年出版的《地理科学词典》一书的解释。灾害地理学，应用地理学分科。它是研究自然灾害（暴雨、洪水、台风、海啸、泥石流、地震、火山爆发等）的形成、分布、对人类生活和生产活动的影响，特别是人类对它的认识，以及采取的行为对策和进行预报等。

（2）吉林人民出版社 2003 年出版的《当代西方新兴学科词典》的解释。灾害地理学指研究灾害形成、分布及其防治的应用地理学分支学科。

（3）浙江人民出版社 2001 年出版的《新编文史地辞典》的解释。地理学的分支学科，研究地理环境中各类自然灾害（暴雨、洪水、台风、海啸、泥石流、地震、火山爆发等）的发生、发展和分布的地理规律，以及其对地理环境的影响和防治对策，是应用地理学与自然灾害学之间的交叉学科。

（4）科学出版社 2009 年出版的《现代地理科学词典》的解释。研究自然灾害的形成机制和分布的地理规律，是研究灾害对人类生产和生活的影响以及人类采取的防灾对策与措施的学科。灾害地理学的主要研究对象是灾害生态系统和区域自然灾害结构两个方面。它是运用地理学的理论、观点和方法，综合分析灾害的形成机理和分布规律，确定灾害要素和人的环境要素的类型，研究灾害要素之间以及与人的要素之间的关系，重点研究灾害要素、人的要素以及二者关系的演变规律，并通过对灾害形成要素的变化过程和条件分析，掌握灾害宏观和微观动态、探索预报和预防的途径和方法。

（5）延军平 1990 年在其《灾害地理学》著作中认为，灾害地理学是运用地理学的理论、观点和方法，来综合研究自然灾害的新兴学科，它主要研究地表自然灾害的地理规律，即关于自然灾害区域分布规律的新兴学科。

综上所述，广义灾害地理学是研究各类灾害（自然灾害、人为灾害、环境灾害）形成、分布及其防治的应用地理学分支学科，是灾害学与地理学的交叉学科，是运用地理学的理论、原理、观点和方法综合研究灾害的科学。但目前灾害地理学通常指研究地理环境中各类自然灾害的发生、发展和分布规律，探讨灾害对人类生产和生活的影响以及人类采取的防灾对策与措施的学科。

20 世纪 50～60 年代，灾害地理学主要集中于致灾因子（如泥石流、地震、台风等）的研究，创办了各种杂志。70 年代以来发展到注重区域灾害时空综合研究。80～90 年代随着“国际减灾十年”计划的展开，世界范围的灾害研究和合作把灾害地理学的研究推向了新的高峰。灾害地理学的研究内容有：①致灾因子研究。这是灾害地理学的传统内容，对火山、地震、泥石流、台风、海啸、洪涝、旱灾等的形成过程和机制作全面的研究。②区域自然灾害形成与演变的地理条件和背景研究。例如，主要自然灾害形成和发生的自然背景参数、临界条件、地表物质迁移和能量转换中的灾变现象及其与自然灾害的突发过程的相关研究，区域社会经济条件和主要承灾体的背景参数（如人口密度、经济密度等）及其易损性分析，区域自然环境演变与自然灾害趋势的相关分析等；区域自然灾害时空分布规律的研究，区域自然灾害空间关联相互作用、分异和集聚规律的研究；影响灾害时空分布的自然、社会、经济、技术及文化因素的分析等。③自然灾害地域类型与区划研究，如根据对自然灾害地域分异与空间分布和集聚规律的研究，进行灾害地域类型的划分、自然灾害区划等。④人类活动与自然灾害相互作用规律的研究。⑤区域社会经济系统承灾和减灾能力的分析与评价。⑥自然灾害灾情评估研究。⑦自然灾害制图研究。⑧自然灾害监测和预警信息系统的研究。⑨区域成灾对策研究包括：区域成灾宏观战略对策的研究，区域成灾规划的编制，典型地区小型成灾工程的试验示范等。

1980 年在第 24 届国际地理大会上专题讨论了地理环境中的灾害问题，提出灾害地理学研究的重点：①分析各类自然灾害区域分异规律、形成机制和本质联系、发生发展趋势，进行定量分析评定；②各种防御措施的效果分析，进行经济核算，提出最佳防御决策；③区域开发、国土整治中的灾害地理预测与评价研究。地域分异、时序演变、整体性规律、系统理论等仍将是灾害地理学的理论基础。除传统的地理学方法外，遥感技术进行大面积动态监测和监测网定位观测相结合仍是基本方法。现代地理学中引进的耗散结构论、突变论和协同论，对灾害地理学理论和实践有重要意义。目前灾害地理学仍处于理论和方法上的探索中。

二、灾害地理学的学科体系

灾害地理学可分为自然灾害地理学、人为灾害地理学和环境灾害地理学，自然灾害地理学按研究对象地理属性可分为地质灾害地理学、地貌灾害地理学、气象灾害地理学、水文灾害地理学、土壤灾害地理学和生物灾害地理学等，按研究区域可分为中国灾害地理学和世界灾害地理学，城市灾害地理学和乡村灾害地理学，陆地灾害地理学和海洋灾害地理学等。

三、灾害地理学的学科性质及其特征

灾害地理学是灾害学与地理学的边缘交叉学科，由于灾害地理学涉及的学科、专业门类众多，同时也是自然科学与社会科学，基础科学与应用科学的交叉学科。它具有以下特征。

1）综合性

它不仅从部门灾害学角度研究各种灾害，更重要的是综合研究各种灾害特点，进行内在功能联系研究，其中包括指导理论的多样性、研究方法的综合性和综合性的防治措施等。

各种灾害间具有内存功能联系性，形成各种灾害链。即各种灾害互为条件，以尺度不等层次不同的灾害系统存在。火山活动导致的灾害系统包括火山、冰雪融化、泥石流、大气污染等；地震活动导致的灾害系统包括地震、海啸、瘟疫等，只有把灾害作为一个系统，用动态的、联系的综合观点进行全方位的研究，找出各种灾害的内在联系性，才能从根本上掌握灾害的发生规律和减少灾害损失，而不能停留在头痛医头，脚痛医脚的水平上。

2）区域性

灾害系统是地球表层的异变系统，灾害本身是一种地理现象，由于地理环境的区域性决定了灾害的区域性，因此研究灾害的地域规律性和区域差异性及灾害的区域联系性是非常必要和可能的。各种灾害具有特定的分布规律，不同区域具有不同的灾害特点，同一区域不同灾害的特点不同。

亚洲是世界上自然灾害最多的大洲，地震、沙漠化、旱涝、台风、泥石流等各种自然灾害应有尽有，而澳大利亚大陆则是世界上自然灾害较少的一个大陆，少地震、火山。日本是世界上自然灾害频率最高的国家之一，而巴西的自然灾害却较少。我国的天灾人祸也不少见，北方有地震、旱涝、寒潮、沙漠化等；南方有台风、洪水、泥石流，且北方灾害多于南方。

过去偏重于部门灾害研究，对区域灾害研究不多，灾害地理学着重研究各种等级的区域灾害，即在特定区域内对灾害进行综合研究。

3）战略性

战略性即间接性和宏观性，是在部门灾害研究基础上进行高层次的综合系统研究。

4）应用性

应用性是将各种灾害理论、防治对策、措施落实到具体区域，指导人们的实践活动。

5）群众性

灾害面前，人人平等。广大群众必须为减少灾害损失作出自己的努力，特别要了解某些灾害的分布规律及所在区域内的灾害特征，爱护灾情监测设施，参与观测、记录异常现象，协助专业部门进行灾害调查。

本章主要参考文献

陈颙，史培军. 2008. 自然灾害（修订版）. 北京：北京师范大学出版社.

李树刚. 2008. 灾害学. 北京：煤炭工业出版社.

李永善. 1986. 灾害系统与灾害学初探. 灾害学（创刊号），1（1）：7～11.

罗祖德，徐长乐. 1998. 灾害科学. 杭州：浙江教育出版社.

马宗晋，高庆华，张业成，等. 1998. 灾害学导论. 长沙：湖南人民出版社.

毛德华，等. 2011. 灾害学. 北京：科学出版社.

全国重大自然灾害调研组. 1990. 自然灾害与减灾 600 问. 北京：地震出版社.

申曙光. 1994. 灾害学. 北京：中国农业出版社.

延军平. 1990. 灾害地理学. 西安：陕西师范大学出版社.

杨达源，闾国年. 1993. 自然灾害学. 北京：地质出版社.

曾维华，程声通. 2000. 环境灾害学引论. 北京：中国环境科学出版社.

第二章　灾害的成因

第一节　古代东方灾因论

古代东方灾因论指古代东方各国关于自然灾害成因的理论。这些理论的特点主要是：有些说法是带有猜测性的；有些理论是比较深奥的，至今还难以破译；这些理论包括有东方古代文化的精华，但也有不可取之处。在此根据郭增建先生的研究，对七种理论加以简单介绍。

一、穴位论

穴位论是我国古人观察山川的蜿蜒以及地下水通路（古人称地脉）而产生的思想，后来把此思想用于人体和兽体的诊病和治疗，于是发展成为“穴位论”或“经络学说”。

穴位论适用于研究那些整个外形是相对稳定的，其内部结构和运动以及各部分相互作用是极其复杂的客体。人体、兽体、地球如此，太阳也如此。穴位特征归纳为七点。

1. 内通性

穴位是复杂客体内部和外部环境交换物质、能量和信息的地方。对地球来说，已发现某些地方发生大震前，其外围较远的特定地点上有前兆反应。这种反应不只是地表的台址条件好，而更主要的是与地壳深部有通连关系。关于前兆穴位最有力的证据是地震迁移的始发点。这种始发点往往具有重复性，由于垂直运动强烈和玄武岩喷发皆是深部的反映，所以可以认为穴位地区具有内通性。

2. 外敏性

客体在外部环境因素作用下，穴位处最为敏感，并能把这种作用传送于客体内部。对人体和兽体来说，这种外部条件就是针灸。对于地球来说，这种外部条件就是日月引潮力、大气压力、太阳活动对地球的作用等。已经发现反映地震迁移的始发点和反映构造变动迁移的始发点（即穴位）易于在外因作用下发震或出现前兆变化。

3. 公度性

公度性就是穴位上的变动（这种变动可引起前兆异常）与别区地震的对应在时间上有某种相对确定的关系，这种关系往往是某一时段的倍数。因为穴位地区的变动是易于被外因调制的，而穴位地区的变动所触发的地下蠕滑断层的传播，其传播过程的间歇也是易于被外因调制的。

4. 遥联性

穴位的意义就在于它能反映甚远地区的事件动态。对地球来说，这一点是很有意义的。

按照立交模式，地下的经络是下部岩石圈中的蠕滑断层线，而这个蠕滑线是可以从上部岩石圈中的不同地质构造单元底下通进并串联上部不同地点上的事件的，这些事件包括地震、大的蠕滑和相应引起的类似前兆的变异。这就是穴位通进经络与别处事件相联系，而且是遥联关系。例如，1944 年辽宁丹东南发生地震，第二年即 1945 年地震迁至河北滦县，这一地震迁移显示了丹东可能是一穴位。有趣的是 1976 年滦县附近的唐山发生 7.8 级大震前两天，丹东地区有明显的喷水、喷气的前兆是地下变动所引起。上述丹东穴位与唐山大震区相距约 500km，它是一种遥联关系。这种纬向遥联关系可用三层模式来解释。

5. 选择性

这是用穴位反映别处事件的特殊之处，因为穴位通过经络与别处事件关联，而经络是有一定方向的，并与一定方向和一定部位的事件相通联的，所以穴位所反映的事件是有选择的。对于地球来说，这种关系也是存在的。例如，1976 年松潘 7.2 级地震之前，康定姑咱泉的水氡突跳很大，这是因为康定地区历史上常有地震向松潘地区迁移，它说明康定地区是反映松潘地区地震情况的穴位。因此，康定地区的前兆有选择地反映松潘地区的大地震。

6. 放大性

对于地球来说，穴位地区的放大性可能是那里地下易于松动，有不稳定的流体存在以及对热和力敏感的物质等。

7. 重复性

一个前兆穴位既然有内通性，那么它决不会在短时间内消失，因而它能重复地反映客体内的情况。对地球来说，由于地震迁移往往有大致稳定的始发地区即可了解穴位在反映地球内部变动方面有重复性。另外这种重复还可以以不同的形式来表现。例如，这一次穴位点以地震显示其构造变动，下一次可能以其他蠕滑和相应的前兆异常来显示其变动。在辽宁金县地区历史上，地震后震中曾迁至营口地区，1975 年辽宁营口海城发生 7.3 级大震前金县的短水准和氡气皆有明显变化，这就是以不同的变动形式在显示重复。

在太阳上也可能有类似的穴位存在。在太阳活动的低年期间黑子很少，但在此期间若太阳的高纬区有星星点点的黑子活动，则意味着低纬地区大量的规模巨大的黑子要活动了，即太阳活动高潮即将来临了。因此高纬区有可能存在穴位。在海洋上也有穴位，它是洋流分流的地方。

二、黑道论

我国古人把无灾的日子称为“黄道吉日”，灾害集中发生的日子称为“黑道日”。日本气象界也发现日本灾害性台风多集中在 9 月的两个日期。我们也注意到我国不少地区的破坏性地震也有相对集中发生的日期。气象学上把此类日期称为奇异点，也有人把这种奇异点扩大到各种灾害，包括飞机失事和火灾，称为危点日。

三、祸不单行论

这种灾害学观点在民间流传甚广。它可分为同类祸不单行和异类祸不单行。形成同类祸不单行的原因是现代统计物理学中的自催化过程和正反馈过程，即过程的后果对过程发生影响。例如，在大的风暴潮刚过去之后，又会发生“余震”，如果再逢天文潮两者叠加，会在刚刚遭灾的地方紧接着又遭第二次灾。异类祸不单行是这一灾害为另一灾源输入能量或改变另一灾害原来的稳定条件而使其活动并相继发生灾害问题。在日本曾经发生过台风引起大火灾的事件（一般认为台风引起暴雨）。这是因为台风在通过日本海时，这一地区由中部山地效应而造成焚风现象，一旦不慎失火，就会火借风势酿成巨大火灾。1938 年的冰见大火灾，1955 年的新潟大火灾，以及 1956 年的鱼津大火灾，都是在台风进入日本海后发展为低气压或深低压槽造成的。

祸不单行论是我国古人对灾害链的通俗描述，它对人们警惕灾害的接踵袭击有重大意义。现在有人称这种现象为灾害的群发性。如果把时间尺度放长，则似为群发，如果把时间尺度取小，则这些灾害就是时间紧靠的灾害链。

四、相克论

相克论就是这一事物存在时另一事物被排斥。在灾害科学中就是当这一灾害发生后，另一灾害就不发生了。这种现象即灾害链中的互斥链。例如，在我国华南和东南沿海各省都广泛流传着“一雷打九台”的谚语。根据我国广东、福建、浙江三省许多气象台站的研究，海上有台风但未影响本站时，如果本站有系统性雷暴出现（即不是局部地区雷暴）则台风一般不会影响本站。又如“大风无霜”的谚语也是一种互斥链。在地震方面，我国古人所指出的大雨截震的现象，即主震后余震较多，如遇大雨，则强余震就没有了。其原因古人说是“地气已纾”，就现代科学来说，可能是主震引起地下破裂，雨水进去使其易于蠕滑，因之不发生强余震。当然，这种解释只在大陆地震中适用。

五、跨时论

跨时论是我国古人预报灾害事件的一种观点。古代的跨时预报有以下三种情况。

1. 花甲跨时

中国古人认为 60 年为一花甲。现已发现，地球自转速度变化有 60 年一个周期。现在人们已经发现，地球自转的 60 年周期与一些天气参数之间有相关性。例如，西行台风次数、北太平洋高压南界位置以及北京降水累积距平大致也有 60 年的周期。

2. 120 年周期

120 年周期是花甲周期的两倍。我国古人已注意到陕西、山西两省交界地区，即汾、渭、黄三河交界地区的大地震大致有 120 年的周期。这是古人季元瀛的看法。据推算，这个周期可能是 18.6 年和 22 年的半周期。按季元瀛的观点推断，1935 年和其前后 10 年内在山西南部和关中地区应有一个大震发生。结果是预报区内并未发生大震，但在预报区同一纬度上的山东菏泽于 1937 年发生了 7 级和 6.7 级地震，震中与预报区有 300km 距离。

3. 属相周期

属相周期就是 12 年周期。这一周期后来在气象学上得到了一定的证实。例如，谢义炳在 1943 年用谐波分析的方法得出清代水旱灾害的周期，发现黄河流域有显著的 8 年周期；在长江流域旱灾的主要周期是 12 年，水灾为 9 年。就平均而言，他认为我国中部地区存在 10 年左右的水旱灾周期。后来张汉松用相同的方法研究我国明代水旱灾的周期也发现有类似现象，分析表明，在长江流域水旱灾害的主周期为 11 年左右，黄河流域 6～7 年。1984 年，黄嘉佑认为，长江流域的 11 年周期是由于受到热带高压影响的结果，而黄河流域主要受西伯利亚高压和赤道低压的影响。

六、劫数论

劫数论就是在自然界出现一定数目的小灾害后就要出现大灾害（劫灾）。我国古人对"七"这个数很重视。据研究，灾害发生中确实存在七兆数。七兆数就是较小灾害约达七次后，即跟随有一个较大的灾害，这样七个较小灾害就成为较大灾害的前兆了。下面举例说明这个问题。

（1）扑岸巨浪：海浪是相当复杂的，然而它在形成扑岸浪方面却有大致的规律，即大约 7 次小浪之后有 1 次大浪（$n\approx7$），连续 3～4 次大浪之后跟随一系列小浪。

（2）太阳活动：太阳的结构和其各层之中的运动是极其复杂的，然而太阳黑子的活动却有简单的规律，即 7 次较小的峰年之后，就有 1 次大的活动，即特高峰年。

（3）气象灾害：七兆数也在气象灾害方面一定程度上存在着。例如，西安地区大约有 7 次中小旱年之后就有 1 次大旱灾，河西地区出现 7 次干热风年之后就有 1 次较强烈的干热风年。新疆某些地区大约隔 7 次或 8 次中等和弱天气过程后就有 1 次强天气过程。当然气象灾害中七兆数所占的优势程度还需进一步研究。

（4）地震灾害：地震预报问题是很复杂的，但也存在七兆数或准七兆数。例如，1966 年 3 月 8 日，邢台大震后发生 8 次 5 级以上的余震后，7 月 2 日即发生 7.2 级强震。再如，1976 年 7 月 28 日 3 时唐山 7.8 级地震之后，当 5 级以上余震发生够 8 次时随即发生了当天 7.2 级强震，此后又发生了 8 次 5 级以上余震，随即于同年 11 月 15 日发生了 6.9 级强震。

七、回光返照论

回光返照论就是大灾难快要发生前刻，一些前奏现象反而消失了，出现了平安无事的正常时段。例如，1975 年海城 7.3 级大震前小震活动剧烈，但到大震快要发生前小震频次急剧下降，出现了平静。1966 年邢台 6.8 级大震和 1962 年广东河源 6.1 级地震前都出现过这种现象。在气象方面也有类似现象，如大风暴来临过程中，先是风力越来越强，但随即突然平静，紧接着特大的风暴就来临了。

回光返照是古人对不同灾害来临前刻平静现象的一种抽象，今后应当研究其形成机制。从直观上理解，其机制可能是：任何巨大能量释放前都需要克服最后的"阻塞"，正是这种最后的阻塞起到了大灾害前奏的暂停作用，而阻塞的克服就是伴随大能量释放。

第二节　灾害的成因

任何一种现象的形成与产生都是有一定的原因与过程的，作为生态经济现象的灾害也是如此。对灾害进行研究的最终目的是对灾害进行有效的预防与治理，而防治灾害的前提是弄清灾害的成因。因此，灾害成因的研究是灾害地理学的主要内容之一。下面依据灾害的生态经济性质，从自然灾害生态系统（包括地球及其外层空间系统）、社会经济系统及由这两者交织而成的生态经济系统的运动与状态来研究灾害的成因。

一、灾害的自然生态成因

灾害是一种生态经济现象，但它首先是一种自然生态现象。灾害的形成有自然生态方面的原因。

（一）自然生态系统的异常状态与运动

在一般情况下，自然生态系统都处于一定的状态并进行着有规律的运动。这种正常的状态与运动维持着系统的相对稳定，使之能正常地行使其功能。但是，任何系统的稳定都是相对的。由于系统的复杂性，其中任何一个元素的变化都可以引起其他元素的相应变化，从而引起整个系统的变化。当其中的某个或某些元素处于异常状态或发生异常运动时，整个系统也可能呈现出异常状态与运动，当这种异常达到或超过一定程度时，就有可能改变系统的结构，使之不能正常地行使功能，于是就有可能产生灾害。自然生态系统的异常可以在能量和物质的聚散、分布、运动与状态等方面表现出多种形式。

1. 能量和物质的异常积聚与释放、转化

多种灾害的实质是自然界部分物质以特殊方式的运动。而任何一种物质运动的形成与维持都需要一定的能量。灾害的发生是能量与物质异常聚散的结果。

（1）地震的产生必须具备三个条件：有能量在震源部位积聚，这种能量就是大地构造应力或热应力；应力在某个地方集中；在其他作用的触发或诱导下，应力快速释放，转化为热能和动能。可见，地震的产生是能量异常积聚与释放、转化的结果。

（2）森林中的落叶和腐朽的树干等可燃物在干燥的气候条件下因某些火源的引发，极易产生森林火灾。可见，可燃物的积聚可形成火灾。

（3）台风的形成与发生过程是一种典型的能量聚散过程。台风的发生需要三个基本条件：①有能源供给。台风形成和发展需要巨大的能量，这些能量主要是由大量水汽凝结释放的潜热转化而来，而潜热释放又是大气层结不稳定发展的结果。对流层低层大气层结不稳定的程度，主要取决于大气层中温度和湿度的垂直分布。在热带海洋上，大气温度和湿度的高低主要取决于海面水温的高低。因此，广阔的高温洋面是台风形成和发展的必要条件。一般讲，海温低于26.5℃的洋面不会有台风发生的形成，而海温达到29～30℃ 的洋面极易形成台风。②要有足够大的地球自转偏向力。地转偏向力使向内辐合的空气旋转，即需要能量维持这种旋转，所以赤道带上地转偏向力太小没有形成台风的条件，即必须有一定纬度条件。通常离开赤道5个纬度以上，才有利于台风的形成。事实上，大多数台风发生在纬度5～20

度，10～15 度最多。③高低空之间的风向风速差别要小即风的垂直切变要小。为了保持台风的暖心，需要使上升气流凝结释放的热量能聚集在有限的空气柱内，而不被扩散出去。如果风的垂直切变大，即高低空风速相差大或风向相反，则潜热会迅速平流出去，而不利于台风的形成。相反，若风的垂直切变小，即高低空风速或风向差别小，其下方释放的潜热可始终加热同一空气柱，容易形成台风暖心。以上三个条件是台风形成的必要条件，具备这些条件，不等于就有台风发生。台风的发生还需要其他条件。例如，低空有辐合的流场或高空有辐散的流场。总之，台风的形成条件实质上都是为了保证能量的积聚。当能量积聚到一定程度时台风形成，并进行转移和运动，在此过程中，能量被释放、转化，从而产生台风灾害。

（4）暴雨洪水、环境污染、土地沙漠化等灾害也都是物质异常积累的结果，同时也是能量异常积聚的结果。因为物质是能量的载体，能量寓于物质之中。同样，干旱、森林破坏也是如此，只是造成这两种灾害的能量和物质积聚的方向与前述灾害相反。干旱是水分积聚太少而散失（蒸发与蒸腾）太多的结果，森林破坏是林木补充（生长更新）太少而损失（砍伐与死亡）太多的结果。但不管怎样，都是能量与物质异常聚散与转化的结果。

能量和物质的超常积累是成灾的潜在因素，成灾的直接原因还是能量与物质的释放与转化。例如，地震的发生不仅要有能量的积累，还必须有能量的释放，二者缺一不可。超量的水储存于一定的空间不会产生危害作用，只有在它因某种原因快速释放时才形成洪涝灾害。火山内部储有大量的能量，在一般情况下并不产生危害，只有得以释放时才形成灾害。

2. 能量和物质的分布不均

在自然界中，不均匀现象是普遍存在的。电荷、密度、能量、应力、压力、温度和湿度等都可形成不均匀分布。这种不均匀分布必然造成物质沿梯度的运动和沿旋度的转动。不均匀性超强，则上述运动也越强烈，因此易于形成灾害。

雷电是一种常见的灾害性天气现象。雷电是天空中对流云团发生的云与云之间和云与地之间的放电现象，瞬间放电电压可高达上亿伏，冲击电流高达几万甚至几十万安培，雷电灾害严重危及生命和财产的安全。两个带异种电荷的物体相互接近时，会出现电火花，并发出噼啪声，这种现象叫做放电。放电现象是一种很普遍的、经常发生的现象。例如，你在用塑料梳子梳头、脱毛衣、摸金属把手时，会看到过类似的放电现象。而雷电是在特定的天气系统中正负电荷分布不均匀造成的，它是发生在天空中的大规模的放电现象。天空中的云是带电的，有的带正电，有的带负电，当两块带不同种电荷的云相互接近时，就会发生大规模的放电现象。放电时出现的电火花就是闪电，发出的声音就是雷声。电火花与雷声是同时产生的，由于发生放电的云块离我们很远，光传播得比较快（每秒约 30 万 km），声音传播得比较慢（每秒约 340m），所以常常是先看到闪电，后听到雷声。通常，在积雨云的上部形成正电荷区，积雨云的下部形成负电荷区。一旦形成这样的正负电荷中心且聚集的电荷量足够大时，在一定条件下异性电荷之间会发生击穿放电而形成雷电。带负电荷的云层向下靠近地面时，地面的凸出物、金属等会被感应出正电荷，随着电场的逐步增强，雷云向下形成下行先导，地面的物体形成向上闪流，二者相遇即形成对地放电 。这就容易造成雷电灾害。可见，雷电的形成是温度和电荷分布不均匀造成的。

就降水而言，全年降水量似乎是一个稳定的数值。如果一年之中，各地降水量是正常而适宜的，则各地都是风调雨顺，没有旱涝灾害。事实上，常见的是不正常的分布，即对于一定的地区，其降雨量显著地低于或高于正常年份，由此造成旱涝灾害。

分布不均实质上也是物质与能量的异常聚积。分布不均不单纯是空间上的，也可以是时间上的。例如，积聚于一定空间中的超量水分若能缓慢、均匀地泄漏出去，即在时间上呈均匀分布，则不会有洪灾的发生。只有当水分突然而快速地泄流出去，即在时间上呈不均匀分布时，才有可能形成洪涝灾害。

3. 协调破坏

协调是自然界普遍存在的现象。协调关系维系着系统中各要素之间的平衡关系，协调破坏使得系统远离平衡状态，从而发生异常运动，产生灾害。在生态系统中，食物链和食物网中的各种生物种成员间具有特定的量化关系，任何一级成员都能正常地生存下去，而不会被下一级成员取食而灭绝。但是由于某种原因，如人类的不合理干预，某个或某些物种异常地增多或减少，则这种协调关系遭到破坏，食物链和食物网断裂、破碎，则可引起一系列物种的消失，产生生物灭绝灾害。雨量和温度在世界各地的常态分布也是一种协调状态，当这种协调遭到破坏即雨量和温度在世界各地呈反常分布时，就会产生洪涝、干旱、严寒、酷热等灾害。

4. 物理状态异常

物理状态的异常也是灾害形成的一种常见原因。例如，高温高压容易产生爆炸和火灾；水坝软弱可导致水库溃决，形成洪水；山坡陡峭和岩体的不稳定容易导致滑坡和泥石流；岩洞洞穴和暗河等的存在容易导致地裂缝、地陷和滑坡。物理状态的异常一般只是灾害形成的潜在因素，其他因素的触发作用可以引起物理状态异常的系统产生灾害。

5. 特性和状态的突变

特性和状态的突变可以直接引发灾害。例如，光、热、水、气、风等气候因子的突变直接引起气象灾害；基因的突变可以引起遗传变异，有可能带来生物灾害。特性和状态的突变常常引起突发性灾害，其可预测性较低。

上述五种异常状态与运动形式在本质上有共同之处：它们都标志着系统由平衡态走向远离平衡态。而灾害的发生则可以认为是使系统由不平衡态恢复到平衡态的途径。当然这一转化过程不具有瞬时性，即灾害的发生不一定使系统立即恢复到平衡态。相反灾害的发生使系统显得混乱不堪，但从实质上看，由于灾害的发生，不平衡的紧张状态解除，系统才有可能回到平衡态，只不过这是一种新的平衡。

（二）自然生态系统之间的相互作用

自然生态系统内部各要素之间具有相互作用。同样，各种自然生态系统之间也具有相互作用。这种作用有多种方式和结果。一方面，一个子系统的变化可以引起大系统的良好变化，使之朝稳定、平衡的方向发展；但另一方面，一个子系统的变化也可以引起大系统的不良变化，使之向不稳定、远离平衡的方向发展，甚至使该系统的结构解体、功能丧失。在此过程中，可能产生多种灾害，或形成潜在性灾害。

地球岩石圈系统与大气系统之间存在物质、能量和能量的转换过程。火山喷发出的各种气体和尘埃，不但增加对流层的凝结核，而且对大气辐射状况、地面及平流层的气温都产生影响，从而扰乱了大气的正常运动过程，诱发多种气象灾害，如大降温。

地壳系统的运动也可引起气象变异。在地震的孕育过程中，有热、电、磁等物理、化学过程，使得地温增高，近地面出现干热特征。因此常常在地震前一段时间，广大地区出现干旱现象。中国 17 世纪一系列干旱就发生在大地震时期。相反，大气系统运动也可诱发地壳异变。大气运动速度的快慢会对地球自转速度的变化产生较大影响，从而触发地震和火山活动。雨量过多会触发崩塌和泥石流。

发生于海洋系统中的厄尔尼诺现象可引起大气系统的各种异变，形成一系列灾害。厄尔尼诺一旦出现，赤道东太平洋海温异常增暖，纬向的瓦克环流和经向的季风环流发生很大变化，进而影响全球气候，导致水旱、低温等灾害。1982～1983 年出现的厄尔尼诺现象是 20 世纪以来仅次于 1997～1998 年的强烈事件，造成全世界 1500 人丧生，近 80 亿美元的经济损失。

生物系统与其他系统之间也存在着类似的关系。例如，森林植被的破坏可以引起暴雨成灾，产生水土流失，加剧洪涝和滑坡、泥石流灾害。森林植被对大气湿度和温度具有调节作用，因此森林植被的破坏可以引起气象灾害。

任何一个系统都是其他系统的环境。因此，系统与系统之间的相互作用也可以说系统与环境之间的相互作用。环境可以对系统产生不利作用，即产生冲击力。在一定范围内，这种冲击力不足以引起系统过程与状态的变化。只有当环境的冲击力超出某一值（阈值）时，才会引起灾害的发生。因此灾害的发生与系统的阈值有关，阈值高的系统难以发生灾害。例如，某地的水体（江河、水库等）容量大，暴雨不一定引起洪涝灾害；如果山坡稳定性较强，洪水不一定引起滑坡；如果生态系统对污染物质的容纳吸收与转化能力较强，污染物的扩散不一定造成灾害性的环境污染。

二、天文因子与灾害的形成

在自然灾害科学的研究中，人们发现许多自然灾害现象与一些天文因素有密切的关系，并开展了天文因素与自然灾害的交叉研究，逐渐形成有特点的研究领域，如天文地震学、天文地质学等。实际上，这些研究正在形成一个新的具有交叉研究性质的分支学科“天文灾害学”。

（一）地球自转与灾害的发生

地球自转是指地球本身的一种周日绕地轴的旋转运动，它是地球运动的基本形式。地球自转的速度似乎是相当稳定的，但实际上是不均匀的。地球自转速度的变化有长期减慢、地质时期变化、周期变化和不规则变化四种类型。地球自转的周期变化又有周年变化、半年变化、半月变化及一个月变化等类型。地球自转理论认为，大气角动量的变化、地核运动、潮汐作用、海平面变化等因素都会引起地球自转速度的变化；另外，地球自转速度的变化对于地球系统及四大圈又会产生各种作用。

地球自转不等速运动所导致的纬向力和经向力，在岩石圈中形成了全球构造系统，包括巨型的纬向、经向、北东向和北西向构造带，以及隶属于它们的不同级序的构造成分。在海洋与天气中也形成了若干个环流系统，它们的共同特点是在北半球者作顺时针方向旋转，在南半球者做逆时针方向旋转，共同反映了赤道方向有更大、更突出的自东而西的纬向力的作用。

自然灾害在我国的空间分布显然受着构造系统、天气系统、海洋系统的控制。中国大陆的长白山—辽东—胶东—东南沿海诸山脉、大兴安岭—太行山—武陵山—十万大山、贺兰山—龙门山—横断山等北北东至近南北向的构造带和天山—阴山、昆仑山—秦岭、喜马拉雅—南岭等几条纬向山带，控制了我国自然灾害综合分区的大格局。这些地带是山地地质灾害、地震、水土流失、森林灾害、暴雨集中的地带；介于其间的广阔盆地和平原则是洪涝、干旱、平原地质灾害和农业生物灾害最集中的地区；两者之间的山地与平原交界或山地与盆地交界为地震活跃的地带。

1. 地球自转与地震活动

地球在时快时慢地转动着，当地球自转速度变快时，自东向西和自两极向赤道的挤压力增强，地壳中应力在积累；一旦地球自转速度变慢，积累的应力便得以迅速释放，于是便发生了地震。因此，地球自转速度变慢的时期是地震活动频次增多和强度增高的时期。

资料表明，在厄尔尼诺年的稍偏后时期，即地球自转急剧持续减慢的稍偏后时期，中国华北或云南、四川都发生 7.2 级以上地震。可见，地球自转速度减慢对地球板块的运动及其应力集中的过程具有重要影响，从而影响地震的发生。

2. 地球自转与 ENSO 的关系

ENSO（El Niño Southern Oscillation）（恩索）是厄尔尼诺现象（El Niño）和南方涛动（Southern Oscillation）的总称，是热带海洋和大气中的异常现象，是全球海气相互作用的强烈信号，也被认为是年际气候变化中的最强信号，它的发生往往造成全球许多地区的严重洪涝或干旱，因而备受全世界的普遍关注。

通过对最近几十年厄尔尼诺事件与地球自转速度的关系研究发现，所有厄尔尼诺都发生在地球自转速度减慢最大的年份或附近。并且，对地球自转速度的月变量（相邻年份同月数值之差）的研究发现，厄尔尼诺发生过程中海温迅速增暖时段大多数出现在地球自转速度急剧减慢期间之后或同时。另外，还发现两者在 3.3 年周期上关系最为密切，海温比地球自转落后 14 天，南方涛动也比地球自转落后 7 天。郑大伟（1988）在分析了 25 年间的地球自转变化资料后发现，在地球自转长期起伏过程中，存在着时间尺度为几年的非周期的年际波动，并且地球自转年际速率的减慢和加快与东太平洋赤道处海温的异常变化具有密切的相关性，每次 El Niño 事件总是出现在地球自转年际速率从加快变为减慢之后。

地球自转形成减慢引起厄尔尼诺事件的物理机制可归结为地球自转速度的大幅度持续减慢，使赤道附近的海水和大气获得较多的向东角动量，引起赤道信风和赤道洋流减弱，进而导致赤道东太平洋涌升流减弱，并最终造成赤道中、东太平洋大范围海表温度异常增暖的厄尔尼诺现象。

3. 地球自转与四大圈异常

海水入侵是滨海地区的严重灾害，它的发生一方面与地面沉降有关，另一方面与海平面上升有关。据研究，中国北部沿海海平面上升时期为地球自转速度变慢的时期，而南方海平面上升时期为地球自转速度加快时期。

与地球自转减慢厄尔尼诺现象的出现相一致，在生态上也出现反常。例如，在厄尔尼诺年，秘鲁沿海出现大批鱼类死亡，在许多国家和地区因干旱、洪涝、台风和低温而造成农作物的大幅度减产。

总之，与地球自转速度减慢的 3～4 年准周期变化相一致，在地球的大气圈、水圈、生物圈和岩石圈都出现大体同步的异常变化，产生一系列灾害。可以认为，地球自转速度变化对于灾害的产生是带有根本性的原因。地球自转速度的减慢可以直接引起厄尔尼诺等异常现象的出现，并通过厄尔尼诺增温及有关大气系统的变化而引发其他多种灾害。

（二）地球公转与灾害的发生

地球绕太阳系质心作每年一周的公转运动，其轨道偏心率是缓慢变化的，同时地球的赤道平面与轨道平面的夹角（黄赤交角）也在缓慢变化。地球公转的椭圆轨道的长轴也是不固定的，使得地球的近日点存在进动现象。1920 年，米兰科维奇开始较系统地研究地球轨道参数变化对气候变迁的影响，经计算得出，地球轨道偏心率（0.0005～0.0607）的平均周期约 9.6 万年，黄赤交角（22°2′～24°30′）的平均周期约 4.1 万年，分点岁差（－0.05～0.05）的平均周期约 2.2 万年。这些因素总起来使得日地距离、地球公转速率、季节长度、地球接收的太阳辐射量、日月在地球上产生的引潮力等呈现极其复杂的变化特征。

在历史时期，地球上各种自然环境都是不断变化的。这种环境变迁有着一个共同的特征：它们的发生往往是大体同步的，在某些历史时段，各种自然灾害如严寒、大旱、大涝、大地震等同时或相继频繁出现。据研究，历史时期自然灾害的这种群发现象存在着两种周期变化：①近 1000 年来，有准周期为 140～180 年的自然灾害相对频繁期；②近 6000 年来，有间隔为 1000～1400 年的更为严重的自然灾害群发期。

研究表明，历史时期的上述百年尺度与千年尺度的自然灾害群发现象与九大行星地心会聚的参数变化有着相当吻合的关系；历史气候变迁的原因可能主要在于九星地心会聚的力矩效应使地球绕太阳质心公转的半径和公转速度发生改变，导致地球冬夏季节长度的延缩而引起。这种效应虽起源于九星地心会聚的参数变化，然而它是通过改变太阳系质心至太阳中心的距离，即改变地球冬夏季节的公转半径和速度而起作用，因而实质上也是地球运动的一种效应。

水星、金星、火星、木星、土星、天王星、海王星、冥王星和地球等太阳系的九大行星在围绕太阳公转时，其相对位置的变化有一个平均为 178.7 年的会合周期。不过，这种“会合”只是一种相对接近，即九大行星聚集在一个角度相对较小的区域内，而不是真正的“直列”。关于九星会聚的定义（即相对接近的标准），目前尚无定论，但一般是指：以地心为坐标，太阳及所有行星均处于地球的同一侧，且最外两颗行星的地心张角为最小之时。也即是地球单独处于太阳的一侧，其他行星都在太阳的另一侧，且最外两颗行星的地心张角为最小的现象。

“九星会聚”或“九星连珠”，2006 年 8 月 24 日国际天文学联合会（International Astronomical Union，IAU）第 26 届大会上经过 12 天的激烈辩论投票通过关于太阳系行星的新定义，决定冥王星将不再被列为“行星”。因此，“九星会聚”成为绝唱，以后该现象被命名为“八星会聚”。1982 年 3 月 10 日，水星、金星、地球、火星、木星、土星、天王星、海王星和冥王星九大行星（注：2006年，冥王星被列为矮行星），它们运行到太阳的一侧，聚集在扇形面张角只有96°的范围内。1982年5月16日，九大行星再次出现欢腾聚首的场面，聚会区扇形面张角104°。直到1983年，九大行星又在太阳一侧连珠欢聚。

公元1000年以来，共发生6次九星地心会聚。它们出现的年份分别为1126年、304年、1483年、1665年、1844年和1982年。会聚的时间都是冬半年，即秋分到春分之间。在九星会聚的附近年代，均为低温、大旱、大涝和大地震的相对频繁时期。

九星会聚冬半年时，地球单独位于太阳的一侧，其他行星位于另一侧，太阳系质心处在与地球相反的方向，地球的公转半径必然加大，公转速度必然减小（根据开普勒定律，行星绕日公转的面积速度不变）。而此种年份的夏半年，地球也运行到太阳的另一侧，而几个巨行星（木星、土星、天王星和海王星）走得很慢，则太阳系质心与地球处在同一侧，使得地球夏半年公转半径缩短，公转速度加快。这就是说，在九星会聚中，地球的冬半年延长，夏半年缩短。这使得北半球接受太阳的总辐射量减少。这就是九星会聚的力矩效应。经过计算，发现1665年九星会聚的力矩效应使这一年的冬半年延长1.79天，夏半年相应缩短1.79天。这种效应若累积若干年，最终导致北半球气候变冷趋势。并且，九星会聚冬半年的地心张角越小，这种趋势越明显。相反，如果九星会聚发生在夏半年，则引起地球公转的公转半径夏长冬短和公转速度夏慢冬快，导致北半球夏长冬短的气候变暖趋势。

在九星会聚冬半年、地心张角甚小时，由于地球公转速度在一年中发生冬慢夏快的现象，此时气候变冷又会引起地球自转速度的减慢。这样，有可能引起地核的震动和板块某些部位地应力的异常集中，从而为地震孕育了能量。中国华北地区的地震主要发生在地球自转减慢时段；在历史时期内，九星会聚冬半年、地心张角较小、且与华北等地的大地震的发生有着吻合关系，说明不是偶然现象。

太阳系中分布着小行星、彗星及流星体等数量巨大的小天体，它们对地球的危害主要是可能发生撞击。一旦出现，后果是异常严重的，而且这种危险将伴随地球的一生。轨道与地球轨道近交的近地和掠地小行星已发现近千颗，其中的近百颗被认为对地球具有较大的潜在威胁，甚至已发现3颗小行星与地球的轨道非常接近。据估计一个直径约10km的小行星的撞击会使大量尘埃进入大气层，严重影响地球接收太阳辐射量，过程可达数月或更久，从而导致气温异常，植物停止光合作用，生物链被破坏，严重时可造成生物大量灭绝。一些学者认为，约6500万年前的恐龙灭绝事件，可能就是这类撞击事件的结果。

（三）地球运动与全球性干旱和沙漠化

干旱和沙漠化的全球性启示着人们从地球运动的角度去研究其形成的根本原因。最新的研究表明：气候变冷可能是干旱和沙漠化的直接因子；地球运动状态的改变又是引起气候变冷的根源。换言之，地球运动的参数变化通过温度变化而导致干旱和半干旱地区的沙漠化。

地球运动影响温度变化的物理途径，在10万年、千年和百年尺度上其具体影响方式有所不同，但有一个共同特点，即最终起作用的都是通过太阳辐射量的改变。在10万年尺度上，当地球轨道偏心率和黄赤交角减小、且近日点趋至冬至点时，夏季北半球中高纬度带接受的太阳辐射减少，引起全球性降温，导致冰面的扩大。冰面对太阳辐射的强烈反射又进一步导致地球热量亏损，从而形成冰期。在千年和百年尺度上，当九星地心会聚发生在冬半年、地心张角甚小时，由于地球是绕太阳系质心而不是太阳质心公转，九星会聚的力矩效应使此时地球的公转半径在冬半年变长、夏半年缩短，导致地球公转速度冬半年减慢、夏半年加速。即冬半年季节处延长、夏半年季节缩短。其结果是使得北半球在一年中太阳辐射量减少，气候趋冷。

全球的主要干旱、沙漠区大多位于中、低纬度之间的夏季风难以到达的地区；目前发生沙漠化的地区主要是在干旱、沙漠区边缘的半干旱区；已经或将要发生沙漠化的地区正是夏季风的边缘地带。夏季季风的强弱对这些地区降水变率影响甚大，在气候变暖时期，海洋蒸发加大，大气中水汽含量增加；夏季大陆增温较大，使海陆之间的温度梯度加大；冷空气活动较弱。所有这些均可导致暖而湿的夏季季风比较强盛，使夏季风可以深入到内陆，在这些干旱和半干旱地区形成较多的降水，从而趋向湿润。相反，在气候变冷时期，海水蒸发较少，大气中水汽含量较低；海陆之间温度梯度较小，冷空气活动强盛。所有这些均可导致夏季风减弱，使得干旱和沙漠区的扩大。这就是地球运动造成气候变冷，气候变冷又造成干旱和沙漠化加剧的原因所在。

（四）太阳活动与灾害的产生

地球被太阳的光辐射和粒子辐射包围着，太阳的正常辐射对地球良好的生态环境的维持起着决定性的作用，同样太阳的异常活动对地球的环境会产生重要影响。

太阳辐射量的变化，太阳黑子活动以及耀斑、质子、电子事件、射电爆发、太阳风、日冕活动等，这些过程都会影响太阳系及地球的物理状态与变化规律。太阳辐射到地球上的能量波动可影响海洋和大气的环流过程，甚至影响地球自转速率的变化，耀斑会引起辐射增强，这些现象可能直接或间接地对某些地球物理过程及全球气候的变化产生影响。罗葆荣等对我国1800多年的大地震频谱分析表明，11年周期的幅度最大，22年次之，这与太阳活动主要的黑子周期和磁周期相吻合。

太阳活动对宇航、通信、电力等方面均有着不可忽视的影响。耀斑产生的X光辐射增强将引起电离层的突然扰动，可造成通信及电力中断，危及宇航器的安全及宇航员的生命安全。除耀斑之外，大的黑子群、谱斑、日冕凝块等也存在着类似的影响。当整体太阳活动水平较高时，这些现象的累积效应也会对无线电通信等产生长期的影响。

太阳活动除了对地球的气候、天气、水文以及地震等有调制作用，研究认为对人的健康和情绪也有一定的影响。太阳活动激烈时，放射出大量的紫外线和带电粒子，改变地球磁场，加剧大气电离程度，这些因素综合作用于人体，对人的心血管、神经系统的疾病有一定的影响，易引起心血管患者病情恶化，与流感等传染病也有一定的关系。太阳活动强烈还能使人的神经系统失调，对信号反应迟钝，因而使交通事故增多。

三、灾害的社会经济成因

人类社会经济活动，包括日常生活活动、工农业生产、交通运输、军事和科学技术活动等都能直接或间接地引起灾害的发生。地质地貌灾害和气象灾害等“自然性”较强的灾害是这样，资源破坏和环境污染等“人为性”较强的灾害更是这样。客观地揭示灾害的社会经济成因，从本质上认识灾害的产生、发展与运动规律，为灾害防治提供科学依据。

（一）社会经济活动与地质地貌灾害的形成

当代世界，地震、滑坡、泥石流和地面沉降等各种地质地貌灾害的形成都与人类社会经济活动有关。据分析，中国有50%以上的地质地貌灾害是由于掠夺性资源开发、乱采乱挖、盲目兴修水利与交通工程设施、过量抽取地下水等活动引起的。

1. 诱发地震

多种工程和经济活动都能引起人为性地震的发生，如水库地震、油田地震和煤田地震等，统称为诱发地震。

1）水库地震

由于水库水量荷载引起的附加应力与地壳构造应力场的叠加、地表水与深层地下水存在水力联系而引起的孔隙压力和物理化学作用而导致的地震效应，俗称“水库地震”。它有别于天然地震的某些特征，如水库地震都集中发生在受构造走向、断裂和裂隙带等所决定的库区和大坝附近约30km半径范围内，震源浅，一般为1～10km。故即使震级不大，震中烈度也很高。水库诱发破坏性地震，不但直接造成破坏和伤亡，而且有可能导致溃坝而引发次生灾害，使下游地区人民生命财产蒙受损失。水库诱发地震的发生与坝体高低有关。据初步统计，全世界大坝高度15m以上的水库发震概率约10%，坝高150m以上的水库发震概率19%，坝高200m以上的水库发震概率32%。可见，修建高坝水库诱发地震的可能性相当大。

中国广东新丰江水库是全世界千座发生大于6级的强破坏性地震水库中最早的一座。该水库始建于1958年7月，设计正常高水位118m，库容1.15亿m^3，相应水位面积390km^2，为当时华南地区最大水库、广东最大水电企业。1959年10月底蓄水，一个月后即开始出现地震活动。随着水位的迅速上升，地震活动相应加强。当水位首次接近满库（110.5m）时，产生6.1级地震，震源深度5km，震中在大坝附近1km处，地震造成房屋倒塌1.8万余间，严重破坏1.05万间，死伤85人，水电厂房和高压电站被严重破坏，不能运转。后来，为防止地震造成进一步破坏，对水库大坝进行了两期抗震加固，耗资4760万元，约占原大坝工程投资总额的一半以上，代价巨大。

水库诱发地震是人类活动、修建水库而将巨量的水储存于一定的地面上、与库区地质作用地壳作用相结合的产物。从中国发震水库来看：一些水库位于新构造运动的转折带上，那里储备有较高的应变能；另一些水库位于巨大重力梯级带上，那里的地质体具有较高的重力位能；高山峡谷区或岩溶发育区的水库，岩体的自重使其所在地段经常处于不稳定的环境中。在国外，还有一些水库位于地热区，下部的岩体处于高温状态，储备有大量的热能。水库下部基岩若为硬石膏层或其他硅酸盐矿物组合而成的地层，则存在着大量的化学潜能。对于这些储能地质体，水库建在其上，且构造面发育，地面破碎，各种岩石混杂，渗水的和不渗水的地层交织在一起，山高谷深，基岩裸露，库水和其他地表水就可以促使它把储存的能量释放出来，从而产生地震。构造应力为主的水库地震，主要是通过水的作用使岩石强度降低、运动面间的阻力减小来诱发的；对于重力梯级上的水库地震，库水的荷载作用、运动面上的泥化作用、撕裂作用及水的冲击作用引发地震；对于重力作用区发生的水库地震，储能地质体的性质和水的作用两者兼而有之；热能型水库地震的储能体是在地热能的作用下变形、积累能量，当这种应变能达到某一极限值时，就会使其上部的断块、岩块产生运动，形成地震；化学潜能型库区地震主要是由于库区内的地质体遇水时发生水化、相变、体积膨胀，结果使上覆地层横向拉伸、破裂而产生地震。

2）油田地震

油田高压注水也可诱发地震。中国的任丘油田、胜利油田、江汉油田和大庆油田等都出现过注水诱发地震现象。油田开采时由于抽出的油、水量远远高于注水量，造成地下体积大量亏空，在一定程度上改变了油田的地下应力状况。油田注水诱发地震震源浅、烈度高，故危害性大。

3）煤田地震

煤田开采也可诱发地震。中国各地大型煤矿都曾发生过诱发性地震。煤田开采形成的自由空间使采空区周围的岩体由原来的三向受压变成两向或单向受压，从而引起应力、重力重新分配，在采空区范围内沿断裂层形成众多的应力集中地段和高压异常带，促使应变能释放，产生地震。

2. 人类经济活动与山崩滑坡灾害的形成

在交通、矿山、水利和城市建设中，大量开挖山体和堆填土石方常常导致滑坡的发生。成昆铁路沿线有183处滑坡，其中因工程建设引起的滑坡有77处。毁林开荒等破坏植被的行为也将导致滑坡的发生。

3. 人类经济活动与泥石流灾害的形成

在一定的地形条件下，凡属破坏土体稳定、增加沟床不稳定松散物质积累、恶化水文条件、增加地表径流的各种活动，都会促进泥石流形成，而这些活动在经济建设中广泛存在。例如，砍伐森林和破坏森林植被，坡地耕作，开沟、筑路、修渠、采石等各种工矿、交通、水利建设中将大量土石方丢弃在坡面或沟道中等各种活动。

2010年8月8日凌晨，特大山洪泥石流袭击甘肃舟曲，造成1510人死亡，255人失踪，4.7万人受灾，6万多间房屋损毁，这是新中国成立以来最为严重的山洪泥石流灾害。

4. 人类经济活动与地面沉降及地裂缝的形成

地面沉降又称为地面下沉或地陷。它是在人类工程经济活动影响下，由于地下松散地层固结压缩，导致地壳表面标高降低的一种局部的下降运动（或工程地质现象）。

产生地面沉降虽然与许多因素有关，但导致地面沉降灾害的主要原因是人类工程经济活动。这个问题已经具有世界性的普遍意义。人类活动加剧地面沉降，主要表现在以下几个方面：

（1）大量开采地下水、地下水溶性气体或石油等活动，已被公认为是人类活动中造成大幅度、急剧地面沉降的最主要原因。由于人口膨胀和工农业生产的发展，人类用水量持续上升，对地下水过量汲取，致使地下水位下降，从而形成地面沉降。

（2）开采地下固体矿藏特别是沉积矿床，如煤矿、铁矿，将形成大面积的地下采空区，导致地面变形（下沉）。

（3）重大的工程建筑物对地基施加的静荷载，使地基土体发生变形。

（4）即使是在低荷载的持续作用下，土体的蠕变也可引起地基土的缓慢变形。地面上的动荷载（振动作用）在一定条件下也将引起土体的压密变形。

（二）社会经济活动与气象灾害的形成

从大自然的角度看，旱涝、寒潮、大风、霜冻、台风、暴雨、冰雹、雷电、龙卷风等都是自然生态过程与现象，其形成、产生与发展、消亡取决于天文因子与大气运动及地表地面状况的综合作用。但是，在社会和经济活动范围日益广泛、强度日益提高的当今世界，不仅地表地面状况已不具备纯自然生态的性质，大气运动也在相当程度上受到人类的干预。各种气象灾害的形成与人类社会经济活动有着密切的关系。

人类通过影响地表地面的绿色覆盖层——植被，从而影响天气甚至气候状况，这是人类社会经济活动产生气象灾害的一个重要的方面。温室效应及其灾害性后果的形成从另外一个重要的方面表明了人类社会经济活动与气象灾害的因果关系。

（三）社会经济活动与自然资源衰竭灾害的产生

随着人口的不断增加，对资源的利用强度不断提高，土地、淡水、生物等资源都被过度利用，逐渐衰竭，会酿成性质和后果极其严重的大灾害。

1. 土地资源的衰竭

土地是由地貌、土壤、岩石、水文、气候、植被等所组成的自然综合体。土地资源是人类生活和生产上已经开发利用和尚未开发利用的土地数量和质量的总和。其类型包括林地、耕地、草地、荒地、滩涂、水面、沼泽、人类居住地等。

土地资源是一切生产部门实现生产过程所不可缺少的生产资源，是人类赖以生存的物质基础中最重要的因素。但是，长期以来，人们没有很好地珍惜它和保护它，而是过度地利用甚至是任意地破坏它，造成了严重的土地资源衰竭问题。土地资源的衰竭主要表现在以下 4 个方面。

1）耕地急剧减少

由于多种社会经济活动，如城市化、工业、军事、交通等建设占用大量的耕地；同时沙漠化、土地盐碱化和水土流失使耕地退化、废弃，也使耕地减少。

2）荒漠化面积扩大

造成土地荒漠化的一个最重要的因素是森林的破坏和草原的退化。植被的破坏使土地裸露，容易遭受水蚀和风蚀，从而成为荒漠。同时，植被的破坏造成了大气系统的不稳定性，气象灾害增加，干旱、暴雨、大风频繁，土体被破坏的程度增大。

3）水土流失严重

全世界各地都存在着严重的土壤侵蚀与水土流失。水土流失基本上是人为因素引起的。人类活动对水土流失的影响主要表现在对土地资源的不合理利用上，概括起来有以下几个方面：①乱砍滥伐、放火烧山、破坏森林，使土壤失去保护层，直接遭受风雨的侵蚀而流失；②陡坡开荒，不仅破坏地面植被，且因坡度大，又翻松了土壤，造成了侵蚀的条件；③不合理的耕作方法，如顺坡直耕，种植制度和施肥方法单一，破坏了土壤团粒结构和抗蚀性能；④过度放牧，使山坡和草原植被遭到破坏且得不到恢复，从而加剧水土流失；⑤工业、交通和基本建设中的破坏作用，如开矿、建厂、筑路、伐木、挖渠、建库中开挖土地，直接引起水土流失。

4）土壤盐碱化，土地肥力下降

土壤盐碱化是土地资源衰竭的又一表现。含盐碱是许多不毛之地的自然特征，但人类从多个方面增加了含盐碱地区的范围和含盐碱的程度。①扩大灌溉以及更广泛地采用各种技术提取水和使用水，能够造成土壤盐碱含量的增高。原因是地下水位的升高将盐分带到了表层而浓缩蒸发的结果。②许多农业用地（特别是水稻田）需要大量灌水，如此广泛的水面大量蒸发，土壤含盐碱量也就相应增加了。③沿海地区则由于过量抽取地下水引起地下水位下降，海水倒灌，造成土壤盐碱化。

盐碱含量的升高破坏了土壤的结构，使之成为不透水的、对植物根部生长不利的没有结构的土壤。由于不良的土壤结构和毒性，盐碱化土地中的植物大批死亡，成为光秃秃的不毛之地。

2. 水资源的衰竭

据估计，全世界有60%的地区面临供水不足的问题，很多国家闹“水荒”。尤其干旱、半干旱地区的水资源问题更为严重。其原因如下：

首先，水资源数量本身的有限性。目前人类利用的淡水量非常有限，占全球淡水总量的0.34%，只占全球总储水量的十万分之七。尽管水资源是可再生的动态资源，但再生更新需要一定的过程，因此在一定时间和空间范围内，水资源是非常有限的。再加上，限于当前的技术经济条件，大部分洪水未被人类控制，白白地流归海洋，又有相当部分径流流经人烟稀少的热带雨林地区。

其次，随着工农业生产的发展，人口的急剧增长和城市化以及人们生活水平的提高，人类对水资源需求的数量和质量不断提高。

另外，水体污染日益严重，使可利用的水资源大大减少；用水浪费和盲目开采加剧了水荒；而且水资源时空分布的不均匀，使得有些地区和有些时期缺水更加严重。

3. 生物资源的衰竭

森林资源的减少都是人类社会经济活动的结果。工业伐木、毁林开荒、破坏性森林火灾等都直接造成了森林资源的日渐衰竭。

由于人类森林的破坏，对草原的过度放牧，对野生动物的过度捕猎，各种动物和植物资源也逐渐衰竭。

1）森林资源衰竭灾害

历史上，森林曾覆盖了地球陆地面积的2/3，进入20世纪以后森林减少的速度进一步加快。目前，全世界每年损失森林1800万 hm^2。在各类森林中，以热带雨林的消失速度最快，发展中国家的森林资源衰竭尤为严重。

森林减少的主要原因是乱砍滥伐、只伐不植。而砍伐森林是为了取得木材、燃料或耕地。人类社会对这三方面的需求都在迅速增长，因此森林必然还会被大量砍伐。如果继续只伐不植，或多伐少植，则森林资源的衰竭会以加速度进行。

由于人类与森林资源的密切关系，森林资源的衰竭将给人类和人类社会带来多方面的危害，成为一种后果严重的灾害。森林的丧失将使人类取得木材、药材、薪柴等生产和生活原料变得极其困难。森林的大面积丧失使生物圈初级生产产量大大降低，次级生产产量也随之降低，从而大大削弱了人类生存和发展的物质基础。森林的大面积丧失将严重危害人们的健康。森林的大面积丧失将使气候恶化，干旱、洪涝加剧，水土流失和土地沙漠化更为严重。

2）物种资源衰竭灾害

地球自出现生命以来，到现今形成了约1000万种动物、植物和微生物。人类的出现加速了物种的灭绝，特别是进入近代社会以来，这一趋势更加明显。人类的活动使物种绝灭速度加快，造成了物种资源的衰竭。造成物种资源衰竭的原因主要有三个方面：生物栖息环境的改变和破坏；滥捕乱猎；环境污染。

物种资源衰竭会产生下述四个方面的严重后果：破坏生态平衡；影响优良品种的选育；减少药物来源；危害工业的发展。

（四）社会经济活动与环境污染灾害的产生

人类社会经济活动的广度与深度都在不断扩大，生产出的物质越来越多，其中许多物质对生态环境具有强烈的污染作用。

环境污染是指污染物进入水、大气和土壤等环境介质，使这些环境介质的结构和功能发生变化，对人类及其他生物的生存和发展产生不利影响的现象。环境污染的类型按环境介质可分为大气污染、水污染和土壤污染；按污染物的来源可分为工业污染、农业污染、交通污染以及生活污染等；按污染物的性质可分为物理污染、化学污染和生物污染等。

1. 社会经济活动与大气污染

多种社会经济活动，如工业生产、家庭炉灶与取暖设备的使用以及交通运输工具的使用都向大气排放污染物质。按照国际标准化组织（International Organization for Standardization，ISO）的定义，大气污染通常是指由于人类活动和自然过程引起某种物质进入大气中，呈现出足够的浓度，达到了足够的时间并因此而危害了人体的舒适、健康和福利或危害了环境的现象。

空气污染物质的来源有两种，即自然污染源和人为污染源。自然污染源，如火山爆发、森林火灾、风暴等，它所造成的污染是局部的、暂时的、次要的。人为污染源，是人类的生产和生活活动所造成的污染，通常持续时间长、范围广，因此，是主要的污染源。人为污染源大致可分为以下3类。

（1）生活污染源。人们日常生活的烧饭、取暖等需要燃烧矿物燃料，向大气排放烟尘、二氧化碳、一氧化碳、二氧化硫等污染物。在我国这类污染物排放量大，分布范围广，排放高度低，危害性较大。

（2）工业污染源。工业企业是大气污染的一个重要来源。随着工业迅速发展，大气污染物的种类和数量日益增加。工业企业的性质、规模、工艺过程、原料和产品的种类不同、产生的污染物质的种类和数量以及其对大气的污染程度也不一样。目前，我国向大气中排放的污染物每年达9亿m^3，燃料燃烧（如汽车、锅炉等）和原料加工（如炼油、冶金等）是空气污染物的主要来源。

（3）交通运输污染源。汽车、飞机、火车和船舶等交通工具，排放出的一氧化碳、氮氧化物、碳氢化合物和铅烟等也是造成大气污染的主要来源之一。当今汽车尾气排放已成为城市大气污染的严重问题。美国是世界上汽车最多的国家，汽车排放的一氧化碳占美国一氧化碳排放总量的66%，碳氢化合物占40%，氮氧化合物占40%。

大气中的各种污染物，按其存在形态可分为气溶胶污染物和气态污染物。气溶胶污染物是指除气体外的所有包含在大气中的固体或液体悬浮物。其中有固体的粉尘、烟尘、烟雾；有液体的云雾和雾滴粒径在200～10μm内，甚至更小的。空气中大于10μm的颗粒物质，几乎都可能吸入人的鼻腔和气管，但不致进入肺泡。小于10μm的浮游颗粒，尤其是小于5μm的飘尘，能随气流进入呼吸道深部，并有部分到达和沉积于肺泡中，从而危害人体健康。飘尘还是吸附二氧化硫、铅、砷等有害物质的载体，被吸入后危害更加严重。研究认为，目前我国一些城市肺癌发病率高，与大气中的颗粒物污染有明显的关系。

气体状态污染物主要有硫氧化物、氮氧化物、碳氧化物等。大气中的硫氧化物SO_x主要是二氧化硫和三氧化硫，其来源大都是燃烧煤和石油等天然燃料产生的。此外，金属冶炼厂、硫酸厂等也排放大量的硫氧化物。硫氧化物被人体吸收，主要是刺激损害呼吸器官，尤其是当受二氧化硫污染的空气中混入一定量的烟尘微粒进入人体时，其二者的协同效应危害明显加剧。世界著名的伦敦烟雾事件、马斯河谷烟雾事件，都是出于这种协同效应而造成了巨大危害。英国伦敦烟雾事件在5天内使4700多人丧生，成千上万人病情大大加重，世界为之震惊。二氧化硫是形成“酸雨”的主要原因。酸雨危害相当严重，它不仅危害人体健康，而且使土壤酸化，土质贫瘠，植被破坏，使地表水和地下水酸化，严重破坏水生生态环境。酸雨的腐蚀作用强，对建筑物、金属设备、器材造成表面损伤。

氮氧化物的种类很多，造成大气污染的NO_x主要是指一氧化氮和二氧化氮。据统计，全世界每年排入大气的二氧化氮约5300万t。氮氧化物主要来自矿物燃料的燃烧，如汽车、飞机和内燃机的燃料燃烧过程，其次是生产和使用硝酸的氮肥厂、金属冶炼厂等。汽车排放的废气是氮氧化物的最大来源之一，美国、加拿大、德国机动车辆排出的氮氧化物占总量的50%，电厂为30%，工业占20%。我国城市现代化交通工具与日俱增，汽车尾气已成为我国城市空气污染的重要原因。二氧化氮是一种具有强刺激性的气体，其主要危害是使人体的中枢神经受损，引起痉挛、麻痹，当高浓度中毒时，可导致肺部充血和水肿乃至窒息死亡。大气中的二氧化氮还可转化为硝酸，因此也是酸雨形成的另一原因。更为重要的是，大气中的二氧化氮和碳氢化合物在阳光辐射下发生光化学反应，导致“光化学烟雾”。由于光化学反应的生成物具有强烈的刺激性，对人体健康影响很大，可引起眼病、肺炎、肺气肿、呼吸困难等病症，对植物、禽、畜会造成严重伤害。最早于1946年发生的美国洛杉矶“光化学烟雾”事件主要是汽车排放废气所造成的。

大气中的碳氧化物主要是一氧化碳和二氧化碳。一氧化碳是城市大气中数量最多的污染物，约占大气污染物总量的20.3%。它主要来自燃料的不完全燃烧和汽车排放的尾气。发达国家城市空气中的一氧化碳约占80%是汽车排放的。一氧化碳被人体吸入后，很容易与血液中的血红蛋白结合，降低血液输氧能力，引起头晕、恶心、乏力等中毒症状，严重时可窒息死亡。随着工业和交通运输事业的发展，燃料用量不断增加，大气中的二氧化碳含量也不断上升。目前，全世界每年向大气排放的二氧化碳达50多亿吨。温室气体二氧化碳排放量的增多，将引起全球气候变暖，进而带来海面上升等一系列灾害。

2. 社会经济活动与水污染

水污染又称水体污染，是指一定量的污水、废水、各种废弃物等污染物质进入水域，超出了水体的自净和纳污能力，从而导致水体及其底泥的物理、化学性质和生物群落组成发生不良变化，破坏了水体中原有的生态系统和水体的功能，从而降低水体使用价值的现象。造成水体污染的因素是多方面的：向水体排放未经过妥善处理的生活污水和工业废水；施用的化肥、农药及城市地面的污染物，被雨水冲刷，随地面径流进入水体；随大气扩散的有毒物质通过重力沉降或降水过程而进入水体等。工业废水中的污染物主要来源于工业生产流程，并随废水通过排污管道排入水体。工业废水量大而集中，种类繁多，成分复杂，可形成的水体污染的类型也多种多样，虽对其收集相对容易，但处理困难。农业废水中的污染物主要是农药和化肥，并随雨水或灌溉水进入水体，造成水体污染。农业废水量大而分散，种类很少，成分单一，处理容易，但收集困难。生活污水量小而集中，种类较少，收集和处理相对较为容易。生活污水的一个突出特征是含有大量的细菌、病毒等致病微生物，可造成慢性流行病的感染和传播。

进入水体中的污染物质多种多样。酸、碱及一般无机盐类进入水体可改变水体酸碱度，形成过酸过碱性的局面，直接危害水生生物；碳水化合物、蛋白质、脂肪、木质素等各种有机化合物进入水体后在分解过程中大量耗氧，恶化水质，影响鱼类等水生生物的正常生活；各种重金属、氢化物、氰化物、酚类和有机农药等进入水体则直接杀死水生生物，并通过食物链的转移作用进入人体；放射性物质进入水体后也通过食物链对人体产生内照射，具有致癌作用。

水体污染在工业发达地区特别严重，工业和交通运输高速发展，工业排放废水成为水体污染的主要来源。随着工业的发展，水污染的范围不断扩大，污染日益严重。

3. 社会经济活动与土壤污染

土壤是指陆地表面具有肥力、能够生长植物的疏松表层，其厚度一般在 2m 左右。土壤不但为植物生长提供机械支撑能力，并能为植物生长发育提供所需要的水、肥、气、热等肥力要素。由于人口急剧增长，工业迅猛发展，固体废物不断向土壤表面堆放和倾倒，有害废水不断向土壤中渗透，大气中的有害气体及飘尘也不断随雨水降落在土壤中，导致了土壤污染。

土壤污染源包括工业污染源、农业污染源和生活污染源。在工业废水、废气和废渣中，都含有多种污染物，它们经由多种途径进入土体。农业生产中使用的杀虫剂、灭菌剂及除草剂等在控制病虫草害、提高作物产量方面具有良好的效应，但长期滥用剧毒及残留期长的农药必然引起土壤污染。生活污水、污泥和垃圾等未经处理直接排放，也会造成土壤污染。

土壤污染物有下列 4 类：①化学污染物，包括无机污染物和有机污染物。前者如汞、镉、铅、砷等重金属，过量的氮、磷植物营养元素以及氧化物和硫化物等；后者如各种化学农药、石油及其裂解产物，以及其他各类有机合成产物等。②物理污染物，指来自工厂、矿山的固体废弃物如尾矿、废石、粉煤灰和工业垃圾等。③生物污染物，指带有各种病菌的城市垃圾和由卫生设施（包括医院）排出的废水、废物以及厩肥等。④放射性污染物，主要存在于核原料开采和大气层核爆炸地区，以锶和铯等在土壤中生存期长的放射性元素为主。

土壤污染除导致土壤质量下降、农作物产量和品质下降外，更为严重的是土壤对污染物具有富集作用，一些毒性大的污染物，如汞、镉等富集到作物果实中，人或牲畜食用后发生中毒。例如，我国辽宁沈阳张士灌区由于长期引用工业废水灌溉，导致土壤和稻米中重金属镉含量超标，人畜不能食用。土壤不能再作为耕地，只能改作他用。

四、城市化与灾害的形成

城市是以非农业产业和非农业人口集聚为主要特征的居民点。在我国包括按国家行政建制设立的市和镇。城市是人口集中、工商业发达、居民以非农业人口为主的地区，通常是周围地区的政治、经济、文化中心。城市化（urbanization）又称都市化或城镇化，是社会经济的变化过程，是一个地区的人口在城镇和城市相对集中的过程，包括农业人口非农业化、城市人口规模不断扩张，城市用地不断向郊区扩展，城市数量不断增加以及城市社会、经济、技术变革进入乡村的过程。

城市灾害是指由自然、人为因素或两者共同引发的对城市居民生活或城市社会发展造成暂时或长期不良影响的灾害。城市灾害具有以下特点。根据不同的标准可以对城市灾害进行不同的分类。例如，根据其发生原因，可分为自然灾害与人为灾害两大类；根据发生时序，又可分为主灾和次生灾害；等等。

1. 城市灾害种类多、频度高

城市是一个国家或地区的政治、经济、文化中心和交通枢纽，也是生态系统中最为复杂的类型之一，在推动人类社会文明和进步的进程中发挥着越来越重要的作用。城市寓于自然之中，各类自然灾害的发生都对城市产生作用。城市自然灾害种类很多，包括地震、地陷、滑坡、泥石流、地裂缝、水灾、旱灾、海啸、风暴潮、台风、龙卷风、海水入侵、海岸侵蚀等10多种。许多城市位于河流两岸或低平的三角洲平原上，极易遭受洪涝灾害。也有许多城市位处沿海地区，容易遭受海啸、风暴潮等灾害的危害。城市的特殊结构，使其具有“热岛效应”，即城市热量难以散发，在高温季节，许多城市居民承受着热浪的袭击。城市内部火源众多而集中，易燃物高度密集，人口活动又十分频繁和强烈，所以极易产生火灾。

城市的特殊结构与功能决定了城市系统中物质运动的特殊性，促成了某些新的灾害种类的产生。自然资源衰竭灾害和环境污染灾害是现代城市中新出现的灾害。特别是其中的水资源衰竭与污染、土体污染和大气污染等实质上主要发生于城市系统之中，其危害的主要对象也是城市。

在城市里，人为灾害比乡村多得多。地面沉降、噪声污染、交通事故等灾害也是城市特有的灾害，在相当程度上是城市化的产物。建设性破坏、城市噪音、疾病、工业事故、交通事故、工程质量事故、人为破坏等灾害在城市发生的概率远高于非城市地区发生的概率。

随着城市的发展，还会不断出现新的灾害源，如超高层建筑、大型公共建筑、地下空间利用、天然气生产和使用、核技术利用中存在的致灾隐患等。

2. 传播速度快

某些灾害源通过载体在城市的传播速度远大于在非城市地区。由于城市交通发达，人员流动性大，使传染性疾病、流行性疾病的传播速度加快。上海、北京、广州等城市爆发的甲肝、流感和非典型性肺炎都是例证。

3. 强度和广度大

城市具有人口密集、建筑密集和经济发达的特点。城市灾害往往具有较大的强度和广度，相同等级的灾害事故所造成的损失比非城市地区大，其损失几乎与人口、经济的密集程度成正比。城市灾害还具有连发性强的特点，易产生次生灾害。这也与人口密度和经济发达有关。例如，1976 年唐山地震，造成市内多数建筑物倒塌；铁路、桥梁与路基破坏，交通中断；地下管道破坏，水电断绝等。1923 年日本关东地震，由于发生在市民做饭时间，引发了 344 处起火，烧毁房屋 45 万幢，烧死 5.6 万多人。

另外，城市人类活动强度大，可能加剧灾害的强度或缩短灾害发生的周期。例如，由于城市地面不透水面积增加，城市建设对泄洪通道的阻碍等因素影响，城市洪灾有加重的趋势。

4. 城市重要设施或构筑物遭受灾害后果严重

城市供水、供电、油、气等生命线工程，城市重要基础设施，重要政治文化设施等，若遭受灾害损失后果严重，甚至可能会危及社会稳定。

5. 人为城市灾害的成灾机制具有偶然性

与自然灾害相比，城市人为灾害的成灾机制更为复杂，表现出更多的偶然性。主要表现在：

（1）人为的城市灾害发生前没有潜伏期或潜伏期较短。例如，人为失误导致的土木工程事故，可能是延性破坏，也可能是脆性破坏。前者在破坏前有一定征兆，后者则难以观察到破坏征兆。

（2）人为的城市灾害不具有周期性复发的特征。自然灾害在爆发前后有一个能量平衡的过程，并通过重新积累、重新释放能量的过程表现出周期性和规律性。水灾、地震等灾害都有明显的周期性。例如，构造地震的发生是由于地壳岩层的应变能积聚，当岩层所承受的外力超过其承载力时，岩层断裂并发生错动，应变能转换成为动能释放，造成地表振动。构造地震一般都有活动期，这与其能量积累有关。而人为灾害致灾诱因可能是一次偶然事件，且不再复发。例如，切尔诺贝利核电站的核泄漏事件，是偶然的人为失误造成灾害，不具有周期性复发的规律。

本章主要参考文献

陈兴民，郭强. 1998. 减灾非工程措施研究. 天津：天津人民出版社.
郭增建，秦保燕. 1989. 灾害物理学的方法论（三）. 灾害学，4（2）：1～8.
郭增建. 2007. 穴位论与地球物理灾害链. 地球物理学进展，22（4）：1370～1374.
韩延本，赵娟，李志安. 2002. 天文灾害学刍议（Ⅱ）——天文灾害学研究的意义及其进展. 自然灾害学报，11（2）：96～102.
罗祖德，徐长乐. 1998. 灾害科学. 杭州：浙江教育出版社.
申曙光. 1994. 灾害学. 北京：中国农业出版社.
延军平. 1990. 灾害地理学. 西安：陕西师范大学出版社.

第三章　地质灾害

第一节　地质灾害概述

地球是一颗处于不断运动而发展变化中的星球，其演变动力既有来自地球内部的也有来自地球外部乃至人类的，地质过程是在这些动力影响下伴随并贯穿地球演化历史。因此，从地球演化史的角度来看，地质灾害是地球发展过程中的必然过程，这种过程的发生与各自然要素的影响密切相关，同时反过来也影响各自然要素的发生发展。例如，地壳活动带来火山喷发，而火山喷发对大气层物质组成成分产生影响从而影响到天气和气候现象；强降雨过程诱发滑坡、崩塌和泥石流灾害，但这些过程又是局部地区土壤养分的重要补给过程；断裂带活动既造成地震，也在断裂带附近为形成矿藏提供了条件。

但由于人类抵御灾害能力的局限，若干地质过程对于人类及其生活的环境都会产生负面影响，形成灾害。

一、地质灾害的涵义

（一）地质灾害

前国际工程地质协会主席 Arnould 教授在 1976 年发表的“地质灾害——保险和立法及技术对策”一文中首次提出了“地质灾害”（geological hazard）一词，把崩塌、滑坡、地震灾害、泥石流看成是一种地质灾害。延军平（1990）定义地质灾害为“由地球内营力作用引起的地壳变形、位移及地表物质运动所产生的有害过程和现象”。张梁等（1998）认为，造成地质灾害的营力包括内动力地质作用、外动力地质作用和人为地质作用三大类。根据 2003 年 11 月 19 日国务院颁发的《地质灾害防治条例》（中华人民共和国国务院令第 394 号），地质灾害为包括自然因素或者人为活动引发的危害人民生命和财产安全的山体崩塌、滑坡、泥石流、地面塌陷、地裂缝、地面沉降等与地质作用有关的灾害。

从以上定义可以看出，地质灾害的内涵包括两个方面，即致灾的动力条件和灾害事件的后果。

地质灾害是由各种地质作用力突破地质环境的承受能力，导致地质环境被破坏，从而对人类生命财产、生存资源与环境产生危害的过程和现象。地质环境是指在长期的地质演化过程中岩石圈、水圈、大气圈之间相互影响形成的环境系统，人类的生存发展依赖其进行，反过来人类活动又不断改变着地质环境。引起地质灾害的地质作用力包括内动力地质作用、外动力地质作用、人为地质作用。随着人类改造自然能力的加强，加积在地球表层的影响力越来越大，促使产生的地表形态改变及物质运移等地质效应，即人为地质作用。

需要明确的是，只有对人类生命财产和生存环境产生影响或破坏的地质事件才是地质灾害。如果某种地质过程仅仅是使地质环境恶化，并没有破坏人类生命财产或影响生产、生活环境，只能称为灾变。例如，渺无人烟的大山区域发生崩塌、滑坡、泥石流现象，不会造成人类生命财产的损毁即缺失了灾害效应，这类地质事件属于灾变；如果这些崩塌、滑坡、泥石流等地质事件发生在社会经济发达地区，并造成不同程度的人员伤亡和（或）财产损失，则可称为灾害。

（二）地质灾害与地貌灾害

地质和地貌均是重要的自然地理要素，地貌即地表形态。地貌的形成和发展变化同时受地壳运动、外营力作用和时间三个因素的影响。地壳运动形成的构造地貌是地表的根本形态，构成了全球地貌的基本骨架，而外力作用则在不同的部位雕琢出具体的局地地表形态。地貌形成后，在一定的时间尺度内处于相对稳定，若因受到自然或人为作用破坏了这种稳定性，地表物质发生变形变位等，给人类生命财产安全带来危害则形成灾害，有人将这种灾害叫做地貌灾害。延军平（1990）将地貌灾害定义为由外营力作用导致的地表固体物质运动所产生的有害过程和现象，主要包括滑坡、泥石流、崩塌等。杨景春（2005）认为，地貌灾害是指自然或人工引起的破坏地貌稳定性而给人类的生命财产带来灾难和损失的地貌过程和现象。

事实上，除气候、水文等外力作用因素影响地貌稳定性外，地壳运动、岩性等地质因素在很大程度上影响并控制着地貌稳定性。当人为因素和外力作用对地表的影响归入地质环境影响后，内营力作用、外营力作用及人为作用对灾害的发生都贡献了地质效应。因此现在一般不使用地貌灾害一词，将滑坡、泥石流、崩塌等归入地质灾害类。

二、地质灾害的分类与特征

（一）地质灾害的分类

地质灾害种类繁多，对其灾种范围还没有形成统一的认识，大致可分为两类：一类认为地质灾害是由地质作用引起或地质环境异常变化引发的灾害，包括火山、地震、崩塌、滑坡、泥石流、地面沉降、地面塌陷、地裂缝、水土流失、土地沙漠化、土地盐渍化、土地沼泽化、异常水土环境与地方病、港口淤积、河湖水库淤积与塌岸、堤防滑坡与塌陷、冻胀融沉、海水入侵、海岸侵蚀、海底滑坡、特殊岩土工程地质灾害、岩爆、冒顶、矿井突水突泥、煤和瓦斯突出、地下热害、井管套损、煤层自燃等。另一类认为地质灾害即岩石圈灾害，将岩石圈变异为主因引发的灾害称为“地质灾害”，主要包括地壳活动灾害，如地震、火山喷发、断层错动等；斜坡岩土体运动灾害，如崩塌、滑坡、泥石流等；地面变形灾害，如地面塌陷、地面沉降、地面开裂（地裂缝）等；矿山与地下工程灾害，如煤层自燃、洞井塌方、冒顶、偏帮、鼓底、岩爆、高温、突水、瓦斯爆炸等；城市地质灾害，如建筑地基与基坑变形、垃圾堆积等；河、湖、水库灾害，如塌岸、淤积、渗漏、浸没、溃决等；特殊岩土灾害，如黄土湿陷、膨胀土胀缩、冻土冻融、沙土液化、淤泥触变等。

地质灾害类型划分是灾害地质学的一个重要的基本理论问题，地质灾害的分类应具有实用性、层次性、关联性等特征。按不同的原则，地质灾害有多种分类方案。

1. 按致灾地质作用的性质和发生处所分类

国土资源部地质环境管理司等（1998）按致灾地质作用的性质和发生处所进行划分，常见地质灾害分成12类、48种。①地壳活动灾害，如地震、火山喷发、断层错动等；②斜坡岩土体运动灾害，如崩塌、滑坡、泥石流等；③地面变形灾害，如地面塌陷、地面沉降、地面开裂（地裂缝）等；④矿山与地下工程灾害，如煤层自燃、洞井塌方、冒顶、偏帮、鼓底、岩爆、高温、突水、瓦斯爆炸等；⑤城市地质灾害，如建筑地基与基坑变形、垃圾堆积等；⑥河、湖、水库灾害，如塌岸、淤积、渗漏、浸没、溃决等；⑦海岸带灾害，如海平面升降、海水入侵，海岸侵蚀、海港淤积、风暴潮等；⑧海洋地质灾害，如水下滑坡、潮流沙坝、浅层气害等；⑨特殊岩土灾害，如黄土湿陷、膨胀土胀缩、冻土冻融、沙土液化、淤泥触变等；⑩土地退化灾害，如水土流失、土地沙漠化、盐碱化、潜育化、沼泽化等；⑪水土污染与地球化学异常灾害，如地下水质污染、农田土地污染、地方病等；⑫水源枯竭灾害，如河水漏失、泉水干涸、地下含水层疏干（地下水位超常下降）等。

2. 根据地质灾害的主导动力成因分类

其可分为内动力地质灾害、外动力地质灾害、人为动力地质灾害以及复合型地质灾害。其中内动力地质灾害（主要包括构造地震、火山、构造沉降、地裂缝等）和外动力地质灾害（主要包括崩塌、滑坡、泥石流、岩溶塌陷、荒漠化等）又称为自然地质灾害。人为动力地质灾害主要指各种人类工程活动过程中导致的地质灾害，又可进一步细分为道路工程地质灾害、矿山工程地质灾害、城镇建设地质灾害、海岸港口工程地质灾害等。自然环境复杂化和随着人类改造和利用自然力度的增强，很多地质灾害体现出综合成灾的特点，多处出现的崩塌、滑坡、泥石流、地面沉降、地面塌陷等灾害既有可由自然地质作用引起，也可由人类活动诱发，成为复合型灾害。

3. 根据地质灾害活动现象与灾害主导动力的关系分类

其可分为原生地质灾害、次生地质灾害。原生地质灾害是相对于次生地质灾害而言的，指由地质动力作用直接造成的灾害，是主发灾害，即最先出现的灾害，如火山、地震、岩爆等。灾害动力越强则灾度越大。次生地质灾害是由原生地质灾害诱发的灾害，属于从属灾害，如地震引起的滑坡、崩塌、地裂缝、砂土液化等；火山活动引起的地面塌陷、暴雨、环境污染等。许多次生灾害提前预防可以避免其发生。

4. 根据地质灾害动态特征分类

其可分为突发性地质灾害、缓发性地质灾害（或累进性地质灾害、或渐变性地质灾害）。突发性的地质灾害占到地质灾害的大多数，由于其发生突然，预报难度较大，往往给人类社会带来较大破坏；缓发性地质灾害成灾主体异变过程是缓慢而渐进的，容易监测到灾变信号，做出较为准确的预报并进行防治，这类灾害一般造成经济损失，少有人员伤亡。前者主要有火山、地震、泥石流、滑坡、崩塌、岩溶塌陷等；后者主要有水土流失、地面沉降、土地荒漠化等。

5. 根据地质灾害主体的物质性质分类

其可分为固体活动地质灾害、液体活动地质灾害和气体活动地质灾害。固体活动地质灾害如地震、地裂缝、构造断裂等；液体活动地质灾害如火山喷发等；气体活动地质灾害也称地气灾害，如瓦斯突出、氡气等。

6. 根据地质灾害发生的地理位置条件分类

其可分为山地地质灾害、平原地质灾害、海洋地质灾害等。

（二）地质灾害的特征

地质灾害的特征是自然界地质活动与人类社会相互作用中反映出来的本质特点，既具有自然属性又具有社会属性。

地质灾害具有三重基本属性，即自然属性、社会属性和资源属性。

自然属性：地质灾害的自然属性表现为地质灾害是地质环境自然演化的一种表现形式，是地质环境渐变过程中的一种突变作用，是地球内动力、地表外动力和地外天体引力综合作用的必然产物。地球内动力作用如断层活动、火山作用、地震活动等；地球表层外动力作用如崩塌、滑坡、泥石流、地面塌陷、地面沉降、地裂缝、风化、冲刷、冻融等；地外天体作用主要是指太阳系中相关天体的万有引力作用，尤其是太阳引力和月球潮汐作用。

社会属性（或灾害属性）：地质灾害的社会属性一方面表现为人类社会的可持续发展受到地质灾害的危害，另一方面表现为人类社会生产生活作为一种动力促进或抑制了地质灾害的产生，从而实现了地质作用向灾害作用的转化。随着地球上各种形态工程建设和社会经济活动的发展，人类活动参与自然地质作用的范围、方式和强度在急剧扩大，引发地质灾害的作用也越来越强烈。

资源属性：地质灾害的资源属性是强调崩塌、滑坡、泥石流等地质灾害为人类社会创造了赖以生存的土地资源和生息场所，同时也是现代社会的人文与旅游资源，如黄河反复泛滥孕育了华北平原；崩塌、滑坡和泥石流堆积区则营造了山区城镇或居民点的生息之地，成为山区城镇或居民点建立的基础。内、外动力作用的地质遗迹如岩溶塌陷坑、构造飞来峰、火山、冰川、雅丹和丹霞地貌是现代社会重要的游览和休闲资源，典型者如黑龙江五大连池火山和陕西翠华山山崩遗迹已被分别列入世界地质公园和中国国家地质公园。

由于地质灾害是自然动力作用与人类社会经济活动相互作用的结果，故两者是统一的整体。地质灾害具有以下特点。

1. 地质灾害的必然性与可防御性

地质灾害是地球物质运动的产物，主要是地壳内部能量转移或地壳物质运动引起的。从灾害事件的动力过程看，灾害发生后能量和物质得以调整并达到平衡，但这种平衡是暂时的、相对的；随着地球的不断运动，新的不平衡又会形成。因此，地质灾害是伴随地球运动而生并与人类共存的必然现象。

然而，人类在地质灾害面前并非无能为力。通过研究灾害的基本属性，揭示并掌握地质灾害发生、发展的条件和分布规律，进行科学的预测预报和采取适当的防治措施，就可以对灾害进行有效的防御，从而减少和避免灾害造成的损失。

2. 地质灾害的随机性和周期性

地质灾害是在多种动力作用下形成的，其影响因素更是复杂多样。地壳物质组成、地质构造、地表形态以及人类活动等都是地质灾害形成和发展的重要影响因素。因此，地质灾害发生的时间、地点和强度等具有很大的不确定性。可以说，地质灾害是复杂的随机事件。

地质灾害的随机性还表现为人类对地质灾害的认知程度。随着科学技术的发展，人类对自然的认识水平不断提高，从而更准确地揭示了地质过程和现象的规律，对地质灾害随机发生的不确定性有了更深入的认识。

受地质作用周期性规律的影响，地质灾害还表现出周期性特征。统计资料表明，包括地质灾害在内的多种自然灾害具有周期性发生的特点。例如，地震活动具有平静期与活跃期之分，强烈地震的活跃期从几十年到数百年不等；泥石流、滑坡和崩塌等地质灾害的发生也具有周期性，并表现出明显的季节性规律。

3. 地质灾害的突发性和渐进性

按灾害发生和持续时间的长短，地质灾害可分为突发性地质灾害和渐进性地质灾害两大类。突发性地质灾害大都以个体或群体形态出现，具有骤然发生、历时短、爆发力强、成灾快、危害大的特征，如地震、火山、滑坡、崩塌、泥石流等均属突发性地质灾害。

渐进性地质灾害指缓慢发生的，以物理的、化学的和生物的变异、迁移交换等作用逐步发展而产生的灾害。这类灾害主要有土地荒漠化、水土流失、地面沉降、煤田自燃等。渐进性地质灾害不同于突发性地质灾害，其危害程度逐步加重，涉及的范围一般比较广，尤其对生态环境的影响较大，所造成的后果和损失比突发性地质灾害更为严重，但不会在瞬间摧毁建筑物或造成人员伤亡。

4. 地质灾害的群体性和诱发性

许多地质灾害不是孤立发生或存在的，前一种灾害的结果可能是后一种灾害的诱因或是灾害链中的某一环节。在某些特定的区域内，受地形、区域地质和气候等条件的控制，地质灾害常常具有群发性的特点。

崩塌、滑坡、泥石流、地裂缝等灾害的群发性表现得最为突出。这些灾害的诱发因素主要是地震和强降雨过程，因此在雨季或强震发生时常常引发大量的崩塌、滑坡、泥石流或地裂缝灾害。例如，1960 年 5 月 22 日，智利接连发生了 7.7 级、7.8 级、8.5 级三次大地震，而在瑞尼赫湖区则引发了体积为 300 万 m^3、600 万 m^3、3000 万 m^3 的三次大滑坡：滑坡冲入瑞尼赫湖使湖水上涨 24m，湖水外溢淹没了湖泊下游 65km 处的瓦尔迪维亚城，全城水深 2m，使 100 多万人无家可归。在这次灾害过程中地震—滑坡—洪水构成了一个灾害链。1988 年 11 月 6 日，中国云南澜沧—耿马 7.6 级地震导致严重的地裂缝、崩塌、滑坡等灾害，在极震区出现长达几十公里、宽几厘米的地裂缝和大块的崩塌、滑坡体，由此造成大量农田和森林被毁，175 个村庄、5032 户居民因受危岩、滑坡的严重威胁而被迫搬迁，另有许多水利工程设施受到不同程度的破坏。

在泥石流频发区，通常发育有大量潜在的危岩体和滑体，暴雨后极易发生严重的崩塌、滑坡活动，由此形成大量碎屑物融入洪流，进而转化成泥石流灾害。这种类型的灾害，在我国西南的川、滇等地区非常普遍。

水土流失的直接危害是土层变薄、土地肥力下降、耕地减少，它还可诱发下游地区湖泊、水库淤积，河道淤塞，使泄洪、蓄水、发电功能降低甚至失效。

5. 地质灾害的成因多元性和原地复发性

不同类型地质灾害的成因各不相同，大多数地质灾害的成因具有多元性，往往受气候、地形地貌地质构造和人为活动等综合因素的制约。

某些地质灾害具有原地复发性，如我国西部川藏公路沿线的古乡冰川泥石流，一年内曾发生泥石流 70 多次，为国内所罕见。

6. 区域性与隐蔽性

区域性是就地质灾害空间分布而言。地质灾害的形成和演变受制于地质地貌、极端气候条件，这种区域性条件使地质灾害空间分布常常呈现区域性的特点。例如，全球地震和火山活动主要分布在大的地质断裂带附近，而我国 90%以上的崩、滑、流灾害发育在地势三级阶梯交接的部位尤其是一、二级阶梯交接处。

我国西北地区长期干旱，岩土开裂，没有强降雨，一般不成灾，一遇强降雨，随时可能成灾。这类灾害多是强降雨、地震、山洪等自然灾害的伴生灾害或后续次生灾害，强降雨过程、地震、山洪等往往导致原本不是地质灾害隐患的变成了地质灾害，有很多是在瞬间转变的，这些灾害往往是突如其来，猝不及防的。这类地质灾害有很强的隐蔽性，极具破坏力。

7. 地质灾害的破坏性与建设性

地质灾害对人类的主导作用是造成多种形式的破坏，但有时地质灾害的发生可对人类产生有益的“建设性”作用。例如，流域上游的水土流失可为下游地区提供肥沃的土壤；山区斜坡地带发生的崩塌、滑坡堆积为人类活动提供了相对平缓的台地，人们常在古滑坡台地上居住或种植农作物。

8. 地质灾害的复杂性与严重性

岩石圈由于其组成物质的特殊性和难以到达性决定了人类对其探知要经历一个漫长而艰难的过程。若不借助仪器，地质学家对地壳的了解不会比一个矿工更多。不同地质灾害成因各不相同，越是大灾害，其形成和触发的因子就越多，不可能单因素形成。所以许多地质灾害，应当考虑多因强化的问题。当然，地质灾害的发生发展也有规律可循，但由于其规律的错综交织加之人类对地质灾害的了解受认识和技术水平的局限，地质灾害显得纷繁复杂。

地质灾害的另一方面则表现为对人类社会灾难后果的严重性。2008 年 5 月 12 日发生在四川汶川的 8.0 级地震，造成了重大人员伤亡和财产损失，截至 2008 年 9 月 25 日，汶川地震已造成 69229 人死亡，17923 人失踪，374645 人受伤，直接经济损失 8451 亿元。这是我国 30 年来遭受的最为严重的地震灾害，也是近 10 年来最为严重的自然灾害，全国各地，甚至南亚、东南亚等地均有震感，四川省、甘肃省、陕西省、重庆市、云南省、宁夏回族自治区等地不同程度受灾。同年，全国各地共发生除地震外的其他各类地质灾害 26580 起，其中滑坡 13450 起、崩塌 8080 起、泥石流 443 起、地面塌陷 451 起。共造成 1598 人伤亡，其中死亡 656 人，失踪 101 人，直接经济损失 32.7 亿元。

9. 人为地质灾害的日趋显著性

由于地球人口的急剧增加，人类的需求不断增长。为了满足这种需求，各种经济开发活动愈演愈烈，许多不合理的人类活动使得地质环境日益恶化，导致大量次生地质灾害的发生。例如，超量开采地下水引起地面沉降、海水入侵和地下水污染；矿产资源开采和大量基础工程建设中爆破与开挖导致崩塌、滑坡、泥石流等灾害的频发；乱伐森林、过度放牧导致土壤侵蚀、水土流失和土地荒漠化等。

人类每年约消耗500亿t矿产资源，超过了大洋中脊每年新生成的300亿t岩石圈物质，更高于河流每年搬运165亿t泥沙物质。人类建筑工程面积已覆盖地球表面积的6%～8%，垂直作用空间已由过去的2000～3000m增加到现今的几万米，地面建筑物高度已在300～400m及以上，地下开挖深度已超过3000m，最高人工边坡达600多米，水库最大库容已超过1500亿m^3。目前，我国已建8万余座水电站、约6万km铁路、200多座金属矿山、500多座大型煤矿。这些工程活动对地表的改造作用非常显著，其强度甚至超过了流水、风力等外动力地质作用。

除天然地震和火山喷发外，大多数地质灾害的发生均与人类经济活动有关，如全球滑坡灾害的70%与人类活动密切相关。单纯人为作用引起的地质灾害数量越来越多，规模越来越大，影响范围越来越广，经济损失也愈加严重。人类对地质环境的作用，在许多方面已相当于甚至超过自然力，成为重要的不可忽视的地质营力。

三、中国地质灾害分布

中国地域辽阔，经度和纬度跨度大，自然地质和地理条件复杂，构造运动强烈、自然地质灾害种类繁多、灾情十分严重。同时中国又是一个发展中国家，经济发展对资源开发的依赖程度相对较高，大规模的资源开发和工程建设以及对地质环境保护重视不够，人为地诱发了很多地质灾害，使我国成为世界上地质灾害最为严重的国家之一。

地质灾害的空间分布及其危害程度与地质构造格局、新构造运动的强度与方式、地形地貌、水文地质条件、气象水文及植被条件、人类工程活动的类型等有着极为密切的关系。

中国地处环太平洋构造带和喜马拉雅构造带聚汇部位，太平洋板块的俯冲和印度板块向北对亚洲板块的碰撞使中国大陆承受着最主要的地球动力作用。在印度板块与亚洲板块的碰撞边界上产生了世界上最高的喜马拉雅山脉，并使青藏高原受压隆起，东部因太平洋板块俯冲造成了华北、东北地壳向东拉张，形成华北和松辽沉降大平原。这两种活动构造带汇聚和西升东降的地势反差，不仅形成了中国大地构造和地形的基本轮廓，同时也是形成我国地质灾害种类繁多的根本原因。我国的地质灾害种类多、分布广、影响大。

受地理条件制约，我国地质灾害的区域分布具有东西分区、南北分带的特征。葛中远(1991)等根据地质灾害宏观类别，结合地质、地理、气候及人类活动等环境因素，将中国地质灾害划分为四大区域。

（一）平原、丘陵地面沉降与塌陷为主的地质灾害大区

该区分布于山海关以南，太行山、武当山、大娄山一线以东，包括中国东部和东南部的广大地区。

该区属于中国地势第三级阶梯，地貌以平原、丘陵为主；季风气候显著，由南部往北依次分布热带、亚热带和温带气候区，雨热同期，降水充沛，北部局部地区有半湿润到半干旱表现；城市集中，人口密集，采矿等人为工程活动强烈；本区处于华北断块东南部、华南断块、台湾断块的主体部分，发育有著名的郯城—庐江深大断裂以及南海、黄海北北东向地震构造带，新构造活动比较强烈。

本区在台湾、福建沿海及华北地区有强烈至较强烈的地震活动，除此之外的其他区域地震活动较弱。但由于人类工程活动频繁，诱发大量的地面沉降和塌陷、水库地震、土地荒漠化。丘陵地区还出现较多的人为活动诱发的滑坡、崩塌、泥石流灾害。人为动力地质灾害在本区有明显的表现。

（二）山地斜坡变形为主的地质灾害大区

该区分布于长白山南段、阴山东段，长城以南，青海南山、阿尼玛卿山、横断山北段一线以东，雅鲁藏布江以南的广大地区，包括了中国西南部、中部和青藏高原东北部地区。

该区属中国地势第二级阶梯，地貌以山地、高原为主，地形切割强烈，相对高差大；气候上跨越了东部季风区和西北部干旱半干旱区，区域内西南地区降水较丰沛，西北黄土高原降水较少，雨热同期，强度大，多暴雨；本区因资源丰富新兴工业区较多，人口密度较大，资源开发和农牧活动对地质环境带来很大的压力；新构造运动强烈，鲜水河、小江、安宁河、龙门山、六盘山、祁连山等活动性深大断裂密布，构成了中国著名的南北向活动构造带。

由于南北活动构造带的影响，区内地震活跃，强度大，频度高，20世纪7级以上的强震达23次之多。2008年5月12日汶川8.0级大地震和2013年4月20日雅安芦山7.0级地震均发生在这一断裂构造带内。区内地质环境在人类活动影响下日趋恶化，地震加剧了这种趋势，在暴雨诱发下，极易导致崩塌、滑坡、泥石流等山地地质灾害，这类灾害频繁发生，致灾后果十分严重。因此，本区地质灾害的特点是由内外动力地质作用引起的突发性地质灾害最为发育，以自然动力和人为动力相互叠加形成的山地地质灾害广泛分布。

（三）内陆高原、盆地干旱、半干旱风沙为主的地质灾害大区

该区分布于秦岭—昆仑山一线以北，地处我国西北、华北、东北地区。

该区属中国地势第二级阶梯，沙漠戈壁广布，地貌上以高大山系、盆地和平原为主；气候属内陆干旱、半干旱至温带气候，降水稀少且年度分布不均，气温较差大，风力作用强烈；本区西部活动性断裂发育。

在西部活动性断裂影响下，西部地震活动强烈，其余地区地震活动较弱，代之以强风沙作用下的沙质荒漠化灾害。昆仑山地发育有雪崩及崩塌、滑坡等地质灾害。本区地质生态环境脆弱，对人类活动负面影响敏感，因此本区是以自然地质动力作用为主，并叠加了人为地质动力作用形成的复合型地质灾害大区。

（四）青藏高原及大、小兴安岭北段地区冻融为主的地质灾害大区

该区分布于青藏高原中北部及大、小兴安岭北段地区，地处亚欧大陆高纬度冻土带南缘，是中国高纬度高海拔多年冻土区。

该区属中国地势第一级阶梯，为平均海拔5000m以上的高原及山地，故气候寒冷，冻土发育。在本区的不连续多年冻土区由于气候季节变化和日温差变化，冰丘冻胀、融沉、融冻泥流、冰湖溃决泥流等地质灾害较为发育。青藏高原受印度洋板块和欧亚板块碰撞运动，活动性深大断裂发育，地震活动强烈，20世纪7级以上的强震达10次之多。故本区的地质灾害以自然动力地质作用形成的冻融、地震为主。

四、人类活动与地质灾害

地质灾害的发生是自然现象与人类社会现象的综合，地质灾害除了受地球各圈层及整个地球运动变异增强的自然因素影响，人类不科学的自然改造、资源开发、工程活动等人为因素日益深刻地影响着地质环境的稳定性，也是地质灾害致灾的重要因素。同时，人类作为灾害的受体，对地质灾害研究预报、抗灾救灾的能力也影响到地质灾害的发生和发展。

（一）人类活动诱发地质灾害

随着社会经济和科学技术的迅速发展，人类活动的范围和强度不断加大，人类活动已经成为地球上的一种巨大营力，迅速而深刻地改变着自然界，深刻地影响着地质环境。人类的活动与地质环境有着相互依存和相互作用的关系，当人类违反了自然规律或超出了地质环境的承受能力时，地质环境就会作出强烈的反馈作用于人类，即人类活动可以诱发地质灾害（称人为地质灾害）。

典型的人类活动诱发地质灾害的方式包括：人类各种工程活动，如道路建设、水利工程建设等；城市化进程中的城市建设活动；资源开发与生态破坏。

典型人类活动与诱发地质灾害见表3.1。

表3.1 人类活动与诱发地质灾害

人类活动类型	作用方式	地质环境效应	地质灾害
交通工程建设	岩土开挖、弃土填堆、工程振动	边坡失稳、破坏坡体表层、形成临空面、岩土变形	崩塌、滑坡、泥石流、岩溶塌陷
水利水电工程建设	附加荷载、边坡开挖、岩体爆破	边坡失稳、破坏坡体表层、形成临空面、岩土变形	地震、滑坡、岩溶塌陷、岩爆、突水
矿产资源开发	开挖、爆破、疏排地下水、废弃物堆积	边坡失稳、岩石形成负压或空洞、岩土渗压改变、岩土变形	崩塌、滑坡、泥石流、地面沉降、开裂和塌陷
城市建设	土地开挖、弃方堆砌、大体量建筑、过量抽取地下水、围海造田等、管线管道布设	基坑变形与破坏、弃渣堆积增加地表可运移废物数量、地下空层、边坡失稳	地面沉陷、地裂缝、崩塌、滑坡、水土环境污染等
生态破坏性活动	乱砍滥伐、不合理垦荒等	坡体稳定性降低、冲沟发育、地表物质疏松脆弱	崩塌、滑坡、泥石流、水土流失

在我国东、中部地区，由于大量抽取地下水和大规模开采矿产资源（包括油气资源），导致地下水资源平衡条件破坏和岩土构造应力状态发生变化，诱发并加剧了地面沉降，地面塌陷，地裂缝，崩塌、滑坡、泥石流、矿山灾害等地质灾害的发育和危害。而我国西部地

区，由于超量开发土地、草原、森林和水资源，加速了水土流失、土地沙化等灾害的发展，崩塌、滑坡、泥石流等灾害也随之增多。

（二）人类研究防治地质灾害进展

国外地质灾害一词较早提出来，并针对地质灾害的研究经历了从对灾害机理的分析到灾害评估再到“3S”技术的广泛运用这样一个过程。20世纪60年代以前，国外对地质灾害研究主要限于灾害机理及预测研究，重点调查分析地质灾害形成条件与活动过程，为后期灾害预报进程打下基础。70～80年代，随着地质灾害活动的日益频繁和危害程度加剧，西方发达国家率先延伸了地质灾害研究的深度的和广度，在继续研究地质灾害成灾原因和危害的基础之上，开始进行地质灾害的评估工作。在这期间美国地质调查局（United States Geological Survey，USGS）开展了大量的崩塌、滑坡、泥石流和地震灾害的危险性区划研究工作。“3S”技术的问世尤其是GIS技术的应用使20世纪80年代后的地质灾害防治研究上了一个新台阶。它极大拓展了人们研究和认识地质灾害的手段，从地理数据存储和处理、制图功能和可视化、地物信息动态呈现、大容量数据高速查询等各个角度应用于地质灾害研究方面做了较多工作，对地质灾害区划、灾害风险评估、灾前监测等有重要贡献。目前，国外对地质灾害的研究主要集中在建立模型和计算机实现上，如“3S”技术在地质灾害的可视化与监控、数字减灾系统（digital disaster reduction system，DDRS）等方面的应用。

我国在20世纪30～70年代，对地质灾害的研究主要集中在对地震灾害的研究，基于对已发生的地震灾害，进行灾害现象及烈度表现等的描述和统计分析。由国家地震局先后完成了三代《中国地震烈度区划图及使用规定》。70年代后开始进行地质灾害形成机理、发育规律及趋势预测等方面的研究，在灾害预报上取得了明显进展，并在“八五”期间展开滑坡、崩塌、泥石流、地面沉降、岩溶塌陷、土壤侵蚀、土地荒漠化、矿区灾害的较为全面的地质灾害调查工作。对地质灾害的分布状况、发育类型、发育特征、影响因素和区域性的发展规律等进行深入研究的基础上，提出许多新的观点和理论。能够对地质灾害进行危险区划、危险评估和预测。90年代中后期开始，“3S”技术也进入我国地质灾害研究和防治应用领域，对地质灾害的认识评价不再是单一的，而是采用多因素、全方位、多空间的观点，在定性的基础上加入定量的评价模型。现在的地质灾害监测与预报、工程防治、抗灾救灾已进入全新数字化的时代。

第二节　地震灾害

一、地震灾害及其分类

（一）地震与地震灾害

1. 地震与地震灾害

地震（earthquake）是指大地或地球表层的快速震动，又称地动、地振动，属地壳运动的一种特殊形式。岩石圈物质在地球内动力作用下产生构造活动而发生弹性应变，当应变能量超过岩体或岩层强度极限时，就会发生破裂或沿原有的破裂面发生错动滑移，应变能以弹性波的形式突然释放并引起地壳振动从而发生地震。据统计，全世界每年大约发生 500 万次地震，其中绝大多数地震的强度很小，只能用灵敏的地震仪才能记录下来，人们能直接感觉到的地震只有 5 万次左右，能造成破坏的 5 级以上地震约 1000 次，造成巨大灾害的 7 级以上地震约十几次。

人类对地震的认识经历了一个较长的过程。在古代，中国人认为地震是“阴阳失衡”所致，是“天人感应”现象。而古希腊哲学家亚里士多德则认为地震是强烈的风冲出地下洞穴引起的现象。我国公元 96～125 年的 30 年中，有 23 年发生过比较大的地震，东汉科学家张衡就生活在这个多地震的年代。公元 132 年，张衡发明了世界上第一台地动仪（候风地动仪）。该地动仪“以精铜铸成，圆径八尺，合盖隆起，形似酒樽，饰以篆文山龟鸟兽之形。中有都柱，傍行八道，施关发机。外有八龙，首衔铜丸，下有蟾蜍，张口承之。如有地动，尊则振龙，机发吐丸，而蟾蜍衔之。振声激扬，伺者因此觉知。虽一龙发机，而七首不动，寻其方面，乃知方向”，于公元 138 年记录到陇西大地震。至此，人类对地震开始有科学的认识。

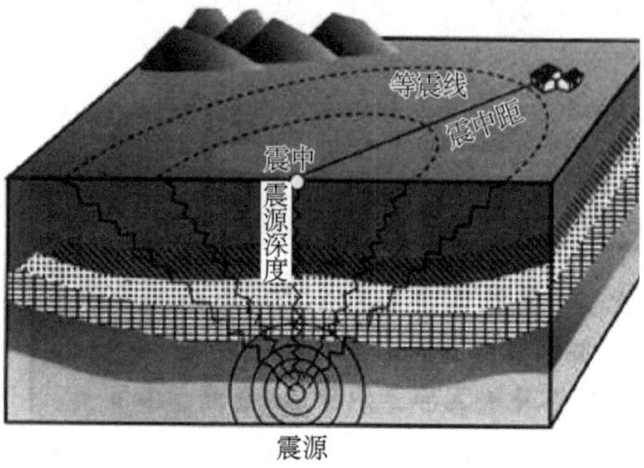

图 3.1　地震构造示意图

地球内部岩层或岩体破裂或错动的地方即地震震动的源地，称为震源。震源是地震能量蓄积和释放的地方。震源在地面的垂直投影称为震中，震中及附近地区往往是地震振动最强烈、破坏最严重的区域，称为震中区或极震区。震源到地面的垂直距离（震中到震源的距离）为震源深度（图 3.1）。按震源深度地震可分为浅源地震（0～70km）、中源地震（70～300km）和深源地震（超过 300km，目前观测到最深的地震是 720km）。

地面上任意一点到震中的直线距离称为震中距。按震中距不同，地震可分为地方震（震中距小于 100km 的地震）、近震（震中距为 100～1000km 的地震）、远震（震中距大于 1000km 的地震）3 种。把地面破坏程度（烈度）相似的各点连接起来的曲线称为等震线即等烈度线，利用等震线图可确定震中位置和估计震源深度、了解一次地震中各地地面烈度的变化、根据震中区的形状可推断产生地震的断层走向等。

地震灾害是指由地震引起的强烈地面振动及伴生的地面裂缝和变形，对人类生命财产、社会功能和生态环境等造成的危害作用。强烈的地震可以在几十秒甚至几秒的短暂时间内造成巨大破坏，顷刻之间就可使一座城市化为废墟。地震还可能引发海啸、滑坡、泥石流、火灾等次生灾害。因此，地震成为破坏性最大、对人类威胁最大的自然灾害。

2. 地震波

地震波是指地震震源发出的在地球介质中传播的弹性波。地震波分两大类型：体波和面波。体波是由震源处发出，通过岩石介质在地球内部向四周传播的波。当体波传播到达地球表面时，会因为折射和反射而产生沿着地面附近传播的波，称为面波。面波是体波在地面形成的次生波。

1）体波

体波是在地球内部传播的波，包括纵波和横波（图 3.2）。纵波（P 波）又称疏密波，是质点的振动方向与波的传播方向一致的波，其振幅小，周期短，传播速度较快，到达地面时人感觉颠动，物体上下跳动。横波（S 波）又叫扭动波，是质点的振动方向与波的传播方向互相垂直的波，其振幅较大，周期较长，传播速度比纵波慢，到达地面时人感觉摇晃，物体会来回摆动。

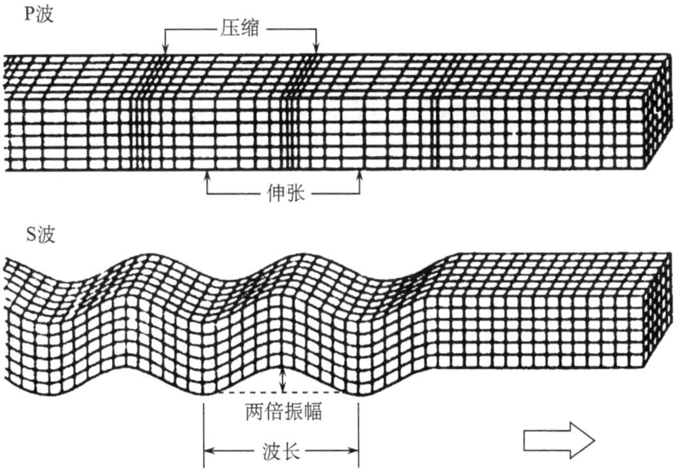

图 3.2 体波传播方式示意图

纵波是推进波，可以在固体、液体和气体介质中传播，地壳中传播速度为 5.5～7.0km/s，最先到达，它使地面发生上下振动，破坏性较弱。横波在传播时，质点的运动方向与波的传播方向互相垂直，介质中产生剪切应力，为剪切波。由于流体不能承受剪切应力，因此，横波只能在固体介质中传播，不能在液体和气体介质中传播。纵波和横波的速度由介质的密度和弹性常数决定。横波在地壳中的传播速度为 3.2～4.0km/s，第二个到达，它使地面发生前后、左右抖动，破坏性较强。

2）面波

面波是体波到达地面后激发的次生波。它沿地面附近传播，在垂直方向上，面波的振幅随深度按指数规律迅速衰减，但在水平方向上，随距离的增加，面波振幅的衰减比体波缓慢。与体波相比，面波速度小，周期长。面波分为两种，勒夫波和瑞利波（图 3.3）。

勒夫波又称 L 波，是一种在水平方向上传播的蛇形波，使岩石质点垂直于传播方向上在水平面内左右振动。其形态类似于横波，但振动方向不同。虽然勒夫波不包括垂直地面运动的波，但它们在地震中可以成为最具破坏性的，因为它们常具有很大振幅，能在建筑物地基之下造成水平剪切。

瑞利波又称 R 波，是一种滚动着在地面水平方向传播的波。岩石质点在平行于传播方向的垂直面内做周期性的椭圆运动，带动地面起伏着向前滚动，因而使地物发生水平和垂直的运动。

一个地震波记录图最先记录的总是振幅小、周期短的 P 波，然后依次是 S 波、面波。一般情况下 S 波和面波到达时振动最强烈，建筑物的破坏通常是由 S 波和面波造成的。

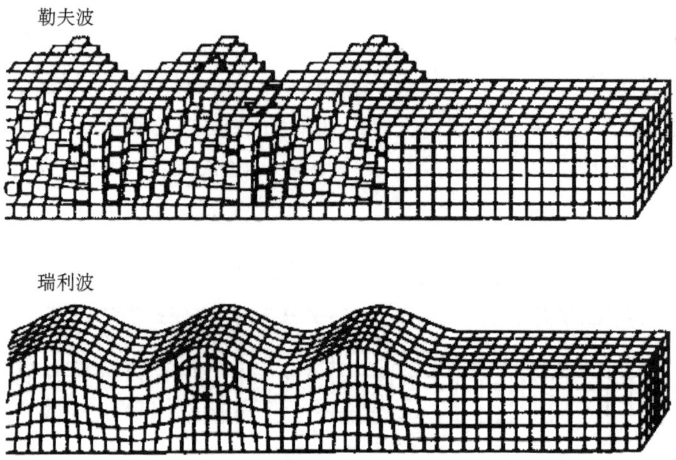

图 3.3　面波传播方式示意图

3. 震级与烈度

衡量一次地震的大小，通常用两种方法。一种是用地震所释放的能量即震级 M（magnitude）来表示地震大小；另一种是用地震造成的破坏程度即烈度 I（intensity）来反映地震大小。

1）*震级*

震级 M 是表示地震本身释放能量大小的等级，即以地震释放出来的总能量来衡量，地震释放出来的能量越多震级就越大。由于一次地震释放的能量是固定的，因此一次地震只有一个震级。

震级的确定是根据地震仪器对地震波的记录计算出来的。震级反映的是地震释放能量的大小，而地震仪记录到的地震波的振幅与地震波能有对应关系，据此可以测定震级。震级标准最初是由美国地震学家里克特（Richter）于 1935 年研究加利福尼亚地方性地震时提出的。里克特规定以震中距 100km 处“标准地震仪”（当时为伍德·安德生扭力式地震仪）（周期 0.8 秒，放大倍数 2800 倍，阻尼系数 0.8）所记录的水平向最大振幅（以微米计）的常用对数为该地震的震级。例如，水平向最大振幅为 10mm 即 10000μm 时，其常用对数为 4，此地震的震级即为 4 级；如水平向最大振幅为 1 μm，则该地震为零级。这就是震级的最初的量度方式，称为里氏震级 M_L。里氏震级在记录较远距离的地震时表现出明显的局限性（伍德·安德生扭力式地震仪是一种短周期地震仪，周期 0.8 秒）。里氏震级的出现，第一次把地震的大小变为可以测量和相互比较的量，为地震学的定量化发展奠定了基础。

事实上，每一次地震中，地震仪不会恰好放置在 100km 震中距处，也不是每个地震仪参数都是里克特所规定的地震仪。因此实际运用中需要根据震中距和地震仪参数进行修正而得到震级。1945 年，地震学家古登堡发明了面波震级 M_S（根据周期约为 20 秒的面波大小确定震级），可远距离记录地震，从而弥补了里氏震级的不足。现在里氏震级和面波震级都有广泛的应用，我国对外公布的震级大多是面波震级，也有人就称其为里氏震级。除此之外，震级测定方式还有体波震级 M_B、矩震级 M_W。地震释放的能量 E 与震级 M 的关系为

$$\lg E = 11.8 + 1.5M$$

地震震级每提高一级，地震能量提高约 31.6 倍；地震震级每提高两级，地震能量提高 1000 倍。目前人类有记录的最大震级地震是 1960 年 5 月 21 日发生在智利的 8.9 级地震，所释放的能量相当于一颗 1800 万 t 炸药量的氢弹，或相当于 100 万 kW 的发电厂 40 年的发电量。因此，震级越大的地震释放的能量越大，其在地球内部积蓄的时间越长，发生的次数也越少；震级越小的地震，发生的次数越多。根据地震周期考察和估算，一个 8 级地震的孕震期一般至少需要二、三百年，7 级地震也要接近 200 年才能完成能量积蓄，孕震的体积一般会在 300～400km 的尺度上。3 级以下的地震，人体一般不易觉察，可称为无感地震或弱震；大于或等于 3 级而小于或等于 4.5 级的地震人们能够感觉到，但一般不会造成破坏，称为有感地震；大于 4.5 级而小于 6 级的地震属于可造成损坏或破坏的地震，称为中强震；震级大于或等于 6 级的地震可造成严重破坏，称为强震，其中震级大于或等于 8 级的又称为巨大地震。

2） 烈度

同样大小的地震，造成的破坏不一定相同；同一次地震，在不同的地方造成的破坏也不一样。为了衡量地震的破坏程度，科学家制作了另一把“尺子”——地震烈度。地震烈度是指地震发生后对地面及各种建筑物造成的影响和破坏程度。地震烈度与震级、震源深度、震中距，以及震区的地质构造条件、建筑物的抗震强度等有关。烈度与震级不同。震级反映地震本身的大小，只与地震释放的能量多少有关，一次地震只有一个震级；而烈度则反映的是地震的后果，一次地震后不同地点烈度不同。

一般地讲，一次地震发生后，震中区的破坏最重，烈度最高，这个烈度称为震中烈度。从震中向四周扩展，地震烈度逐渐减小。例如，1976 年唐山地震，震级为 7.8 级，震中烈度为Ⅺ度；受唐山地震影响，天津市区烈度为Ⅷ度，北京市多数地区烈度为Ⅵ度，再远到石家庄、太原等地烈度就更低了。

烈度划分标准一般依据人对地震的感觉、地面及地面上建筑物遭受地震影响和自然破坏的各种现象，将相同或相似的情况划分在一起，来区别不同的烈度级别。目前多数国家采用划分 12 度的烈度表，如中国（表 3.2）、美国。而日本则采用 8 度的地震烈度表。

表 3.2　中国地震烈度表（GB/T 17742—2008）

地震烈度	人的感觉	房屋震害		其他震害现象
		类型	震害程度	
Ⅰ	无感	—	—	—
Ⅱ	室内个别静止的人有感觉	—	—	—
Ⅲ	室内少数静止的人有感觉	—	门、窗轻微作响	悬挂物微动

续表

地震烈度	人的感觉	房屋震害		其他震害现象
		类型	震害程度	
Ⅳ	室内多数人、室外少数人有感觉，少数人梦中惊醒	—	门、窗作响	悬挂物明显摆动，器皿作响
Ⅴ	室内绝大多数、室外多数人有感觉，多数人梦中惊醒	—	门窗、屋顶、屋架颤动作响，灰土掉落，个别房屋墙体抹灰出现细微裂缝，个别屋顶烟囱掉砖	悬挂物大幅度晃动，不稳定器物摇动或翻倒
Ⅵ	多数人站立不稳，少数人惊逃户外	A	少数中等破坏，多数轻微破坏和（或）基本完好	家具和物品移动；河岸和松软土出现裂缝，饱和砂层出现喷砂冒水；个别独立砖烟囱轻度裂缝
		B	个别中等破坏，少数轻微破坏，多数基本完好	
		C	个别轻微破坏，大多数基本完好	
Ⅶ	大多数人惊逃户外，骑自行车的人有感觉，行驶中的汽车驾乘人员有感觉	A	少数毁坏和（或）严重破坏，多数中等和（或）轻微破坏	物体从架子上掉落；河岸出现塌方，饱和砂层常见喷水冒砂，松软土地上地裂缝较多；大多数独立砖烟囱中等破坏
		B	少数中等破坏，多数轻微破坏和（或）基本完好	
		C	少数中等和（或）轻微破坏，多数基本完好	
Ⅷ	少数人摇晃颠簸，行走困难	A	少数毁坏，多数严重和（或）中等破坏	干硬土上出现裂缝，饱和砂层绝大多数喷水冒砂；大多数独立砖烟囱严重破坏
		B	个别毁坏，少数严重破坏，多数中等和（或）轻微破坏	
		C	少数严重和（或）中等破坏，多数轻微破坏	
Ⅸ	行动的人摔倒	A	多数严重破坏和（或）毁坏	干硬土上出现裂缝，可见基岩裂缝、错动，滑坡、塌方常见；独立砖烟囱多数倒塌
		B	少数毁坏，多数严重和（或）中等破坏	
		C	少数毁坏和（或）严重破坏，多数中等和（或）轻微破坏	
Ⅹ	骑自行车的人会摔倒，处不稳状态的人会摔离原地，有抛起感	A	绝大多数毁坏	山崩和地震断裂出现，基岩上拱桥破坏；大多数独立砖烟囱从根部破坏或倒毁
		B	大多数毁坏	
		C	多数毁坏和（或）严重破坏	
Ⅺ	—	A、B、C	绝大多数毁坏	地震断裂延续很大，大量山崩缓坡
Ⅻ	—	A、B、C	几乎全部毁坏	地面剧烈变化，山河改观

注：其中“类型”指用于评定烈度的房屋类型。A：木构架和土、石、砖墙建造的旧式房屋；B：未经抗震设防的单层或多层砖砌体房屋；C：按照Ⅶ抗震设防的单层或多层砖砌体房屋

（二）地震的分类

按地震分类依据不同，有不同的类型划分。常见的划分方法有以下几种。

按照震源深度划分为浅源地震（0～70km）、中源地震（70～300km）和深源地震（300～700km）。

按照地震发生的板块位置划分为板缘地震（发生在板块边界上的地震，环太平洋地震带上绝大多数地震属于此类）、板内地震（发生在板块内部的地震，如欧亚大陆内部的地震多属此类）。板内地震除与板块运动有关，还要受局部地质环境的影响，其发震的原因与规律比板缘地震更复杂。中国大陆发生的地震多属“板内地震”，如1556年中国陕西关中大地震和1976年唐山大地震均属于板内地震。板内地震发生的地点零散、频度较低，但板内地震发生在有人类居住的大陆板块内部，人口较密集，板内地震造成的人员伤亡和财产损失往往十分巨大。

按照震级大小划分为弱震（$M_L<3.0$级）、有感地震（3.0级$\leqslant M_L \leqslant$4.5级）、中强震（4.5级$<M_L<$6.0级）、强震（6.0级$\leqslant M_L<$8.0级）、巨大地震（8.0级$\leqslant M_L$）。

引发地震的原因多种多样，通常分为天然地震和人工地震两大类。由自然作用造成的地震称天然地震，根据发生原因的不同，天然地震主要有构造地震、火山地震和陷落地震3种类型。一般所指的地震即天然地震，其中构造地震是研究的重点。由人类活动原因造成的地震称为人工地震，如工业爆破、地下核爆炸造成的振动，还有打桩、爆破乃至车辆通行等都可形成人工地震。

1. 构造地震

岩石圈板块运动在局部区域积累能量，因能量超过岩体强度引起岩石断裂或原有断裂发生错动，能量在这一过程中急剧释放并以地震波的形式传播出去，导致地面发生振动，又称断裂地震。这类地震为数最多，全球90%以上的天然地震都属于构造地震。构造地震强度大，因而危害也最大。

2. 火山地震

由于火山活动时岩浆喷发冲击或热力作用而引起的地震，称为火山地震。只有在火山活动区才可能发生火山地震。火山地震一般强度较小、震源较浅、影响范围较小、为数不多，这类地震只占全世界地震的7%左右。

3. 陷落地震

陷落地震，又叫塌陷地震，是地表或地下岩石突然发生大规模的崩塌或陷落，产生强大的冲击波导致的地震。地震能量主要来自重力作用。此类地震数量很少，约占地震总数的3%。震源很浅，影响范围小，震级也不大，研究预防的办法相对容易，在人口特别稠密的工矿区应特别重视。引起岩石崩塌或陷落原因很多，如石灰岩或其他岩溶地区，由于地下溶洞不断扩大，洞顶崩塌，引起震动造成地震。矿山采空区矿洞塌陷或大规模山崩、滑坡、陨石冲击等也可导致此类地震的发生。1935年广西百寿县曾发生陷落地震，崩塌面积约4万m^2，地面崩落成深潭，声闻数十里，附近屋瓦震动。

4. 人为诱发地震

由于人工爆破、地下核试验、水库蓄水、高压注水等人为因素引起的地面震动称为人为诱发地震。水库蓄水，石油和天然气、盐卤、地下热（汽）储的开发，废液处理和油田开采中的深井注水，钻进过程中的井漏，矿山抽、排水，固体矿床的开采和地下核爆炸等工程活动都可能诱发地震。诱发地震的形成主要取决于当地的地质条件、地应力状态和地下岩体积聚的应变能，人类工程活动作为一种诱发因素，在一定程度上改变了地应力场的平衡状态。

水库诱发地震是人为诱发地震中比较常见的形式。最早的水库诱发地震案例是 1931 年发生在希腊的马拉松水库，随着水库蓄水，库区产生了频繁的地震活动。20 世纪 60 年代，发生了 4 次大规模的水库诱发地震，分别是 1962 年 3 月 18 日中国广东新丰江水电站的 6.1 级水库诱发地震；1963 年 9 月 23 日赞比亚卡里巴水库的 6.1 级水库诱发地震；1966 年 2 月 5 日希腊科列马斯塔水库的 6.3 级水库诱发地震；1967 年 12 月 10 日印度科因纳水库的 6.5 级水库诱发地震。

水库诱发地震（简称水库地震）是指由于水库水量荷载引起的附加应力与地壳构造应力场的叠加、地表水与深层地下水存在水力联系而引起的孔隙压力和物理化学作用而导致的地震。例如，我国广东新丰江水库所在地区在未建水库之前，属于典型的弱地震活动区，自从水库建设后，引起了一系列的水库诱发地震。活动由弱渐强，至 1961 年触发了震级为 6.1 级的强震，震中烈度达到 8 度，波及广西、江西、福建等省。造成了大坝结构性破坏，震中区倒塌房屋 1800 多间，死亡 6 人，伤 80 人。地震还使大坝出现 80 多米长的贯穿性水平裂缝，从而出现渗漏。从此该地区诱发地震活动不断，至少发生了约 20 万次大大小小的地震活动。

水库地震有别于天然地震的某些特征，如水库地震都集中发生在受构造走向、断裂和裂隙带等所决定的库区和大坝附近约 30km 半径范围内，震源浅，一般为 1～10km。故即使震级不大，震中烈度也很高。水库诱发破坏性地震，不但直接造成破坏和伤亡，而且有可能导致溃坝而引发次生灾害，使下游地区人民生命财产蒙受损失。水库诱发地震的发生与坝体高低有关。据初步统计，全世界大坝高度 15m 以上的水库发震概率约为 10%，坝高 150m 以上的水库发震概率为 19%，坝高 200m 以上的水库发震概率为 32%。可见，修建高坝水库诱发地震的可能性相当大。

由于水库蓄水而引起水库区以及库水影响所及的邻近地区新出现的地震现象，或原有地震活动性的明显改变（加剧或减弱）现象。某些水库由于蓄水增加了地壳的荷载，改变了库区的水文地质条件，破坏了地壳内部的应力、应变状态，从而诱发了地震。

油田高压注水也可诱发地震。中国的任丘油田、胜利油田、江汉油田和大庆油田等都出现过注水诱发地震现象。煤田开采形成的自由空间使采空区周围的岩体由原来的三向受压变成两向或单向受压，从而引起应力、重力重新分配，在采空区范围内沿断裂层形成众多的应力集中地段和高压异常带，促使应变能释放，产生地震。

（三）地震灾害的表现形式

地震灾害按其与地振动关系的密切程度和地震灾害要素的组成可分为原生灾害、次生灾害和间接灾害 3 种：①地震原生灾害源于地震的原始效应，是地震直接造成的灾害，如地震时房屋倒塌引起人员伤亡、地震时喷沙冒水对农田的破坏等；②地震次生灾害泛指由地震运动过程和结果而引起的灾害，如地震砂土液化导致地基失效而引起的建筑物倒塌、地震使水库大坝溃决而发生的洪灾、地震引起斜坡岩土体失稳破坏而造成的灾害、地震海啸引起的水灾等；③地震间接灾害也称为衍生灾害，是地震对自然环境和人类社会长期效应的表现。例如，地震使城市内某局部地区的地面标高降低而导致该地区在暴雨季节洪水泛滥、地震造成人畜死亡而引发的疾病传播、地震灾区停工停产对社会经济的影响以及灾区社会的动荡与不安等均可看成是地震的衍生灾害。

地震灾害是指由地震引起的强烈地面振动及伴生的地面裂缝和变形，对人类生命财产、社会功能和生态环境等造成的损失和危害作用，通常可分为原生灾害、次生灾害和诱发灾害3种类型。

1. 地震原生灾害

地震原生灾害源于地震的原始效应，是地震直接造成的灾害，通常是指地震直接产生的地表破坏、各类工程结构的破坏及由此而引发的人员伤亡与经济损失。

由于工程结构的破坏而随之造成的诸如地震火灾、水灾、毒气泄漏与扩散、爆炸、放射性污染、海啸、滑坡、泥石流等灾害，称为次生灾害。由地震灾害引起的各种社会性灾害，如瘟疫、饥荒、社会动乱、人的心理创伤等，称为诱发灾害。

地震发生时对地表及人类生存环境的破坏给人类带来严重损害，是一种灾害现象。这些破坏的表现形式总结起来包括了地面破坏、振动破坏和次生灾害。

1）*地面破坏*

强烈的地震导致岩土体发生断裂、地面变形塌陷、表层物质运移变化等地面破坏效应，导致建筑物损毁和人员伤亡。

强烈地震震中区的地面，会在几十到几百公里的长度上发生断裂，同时往往形成地面裂缝。例如，1970年1月5日，中国云南通海地震（7.7级），沿曲江形成了长54km，断距为2m的新断层。断裂构造使地表更加破碎，并将穿越断裂附近的建筑物、道路以及各种管线错裂、变形或折断。

地面变形往往造成塌陷，使建筑物地基失稳。若变形发生在斜坡上，除破坏建筑物外，还使坡面上岩土体失稳而发生崩塌和滑坡。例如，2008年5月12日，中国四川汶川大地震（8.0级），引起大区域的地表变形。震后的全球定位系统观测表明，四川盆地相对下降达60cm，而龙门山大幅度上升（中国地震信息网）。

表层物质运移变化是在地震中因表层岩土体颗粒振动、液化、运移而形成的破坏。其中砂土液化是典型代表。砂土液化及疏松砂砾层振动带来的地基沉降等都能导致建筑物地基承载力下降或丧失，造成建筑物破坏。

2）*振动破坏*

地震纵波带来的跳动和横波带来的晃动让地表建筑物因地震波冲击而振动。这是地震中人员伤亡和建筑物破坏最为强烈的部分。振动的幅度越大，建筑物受损越严重。当建筑物的振动周期与其地基岩土体的振动周期一致或相似时，产生的共振现象将加剧建筑物的破坏程度。地面破坏往往也通过破坏建筑物地基稳定性破坏建筑物，在地面破坏和振动破坏的共同作用下，各种构筑物倒塌、破坏并引起人员伤亡，甚至引起火灾等次生灾害。例如，1976

年7月28日，中国河北唐山大地震（7.8级），市区1346万m^2房屋中，倒塌和严重破坏的有1147万m^2，约占85%。该次地震唐山市市区烈度达到Ⅹ度和Ⅺ度。

2. 地震次生灾害

强烈地震发生后，自然以及社会原有的状态被破坏，造成的山体滑坡、泥石流、火灾、水灾、毒气泄漏与扩散、爆炸、放射性污染、海啸等一系列的因地震引起的灾害即以震动造成地表破坏后果为导因而引起的一系列其他灾害，称为地震次生灾害。地震次生灾害大致可分为两大类，一是社会层面的，如道路破坏导致交通瘫痪、煤气管道破裂形成的火灾、下水道损坏对饮用水源的污染、电信设施破坏造成的通信中断，还有瘟疫流行、工厂毒气污染、医院细菌污染或放射性污染等；二是自然层面的，如滑坡、崩塌落石、泥石流、地裂缝、地面塌陷、砂土液化等次生地质灾害和水灾，发生在深海地区的强烈地震还可引起海啸。

地震冲击力破坏山体斜坡地面变形失稳，岩土体破碎松动，受降雨影响容易形成崩塌、滑坡、泥石流灾害。2008年5月，四川、甘肃和陕西三省共发生崩、滑、流地质灾害10565起，占5月全国崩、滑、流地质灾害总量的97%，这些地质灾害绝大多数由汶川大地震引发。

地震使房屋倒塌、火源失控而引起大火的事件是很多的，同时由于震后消防系统受损，社会秩序混乱，火灾不易得到有效的控制。最典型的例子当属1923年日本关东8.3级大地震，地震时整个灾区都发生火灾，因火灾造成的损失远大于地震直接造成的损失，在死亡的10万人中，烧死的高达9万多人，地震毁坏的70余万栋房屋中，烧毁的竟高达44.7万栋。

3. 地震诱发灾害

由地震灾害引起的各种社会性灾害，如瘟疫、饥荒、社会动乱、人的心理创伤等，称为诱发灾害。世界历史上死亡人数最多的1556年陕西华县8级大地震，死亡83万多人，实际上其中70多万人是死于瘟疫和饥荒。诱发灾害在近代社会还容易出现经济失调、停工停产、社会秩序混乱以及由于人们的心理创伤和惊恐而造成的一些灾害。

二、地震的成因与特征

（一）地震成因分析

人类对地震成因进行了长期的探索。古代对地震成因有“阴阳五行说”“地震虫说”等；近代出现“弹性回跳说”“岩浆冲击说”“相变说”“黏滑说”等观点；现在比较流行的是大家普遍认同的板块构造学说。地球上板块与板块之间相互挤压碰撞，造成板块边沿及板块内部产生错动和破裂，是引起构造地震的主要原因。

对地震的成因分析，更多地集中在构造地震成因研究上。过去人们对地震发生原因的猜想带有明显的地域文化特色，如日本人认为地震是巨大的鲇鱼翻身扰动的，印度人认为地震是地下大象发怒引起的，中国人认为地震是“阴阳失衡”所致。公元132年，张衡发明候风地动仪开启了科学认识地震之路。但苦于对地下认识手段极其受限，认识几乎没有进展。1906年4月18日凌晨5时12分，美国旧金山发生7.9级强烈地震（后来修正为8.3级），圣安德列斯断层（San Andreas fault）地表位移出现了超过200km长的撕裂口，40秒内这座世界名城化为一片废墟。震后美国地质学家里德（Reid）教授根据圣安德列斯断层活动提出“弹性回跳理论”，解释地震发生原因。

弹性回跳理论认为，当弹性介质岩石受力时可发生弹性形变以储存能量。弹性形变没有超过岩体极限时，破裂不会产生。但弹性形变超过岩体强度极限，则断裂发生，岩体滑动或沿原有断层滑动将储存的能量释放。里德教授指出“地球的很多部位，地壳在缓慢地移动，而邻近地区位移之差就形成了弹性应变，这种应变可能超过岩体能够承受的应变值。这时，岩体就会发生破裂，并且受到应变的岩体在其本身的弹性应力作用下回跳，直至应变大大减少或者完全消失。在大多数情况下，断裂两侧的弹性回跳方向相反”。断层首先发生破裂的那一点就是震源。破裂以某个速度迅速沿断层向相对方向移动，就形成地震。在岩体弹性回跳过程中，之前弹性应变过程储存的能量会以地震波的形式释放出来，回跳后的岩体恢复其原来的形状。

板块构造学说与弹性回跳理论相呼应，以简明的假说比较圆满地解释和完善了地震发生的机制和分布规律。全球岩石圈可划分为六大板块，上地幔熔融状态的物质发生热对流，带动上部岩石圈板块运动。岩石圈板块运动的另一机理是岩浆从地壳薄弱处（一般认为是大洋中脊）涌出形成新地壳，并推动两侧老岩层移动，板块向两侧运动扩张（海底扩张学说）。于是大洋板块在洋中脊处发生分裂，在陆洋板块边缘发生俯冲碰撞，大陆板块也发生相互碰撞。板块发生相互运动的接触带上岩体发生弹性应变，是岩石圈能量积累的所在。在洋脊裂谷带产生频繁、小而浅的张裂性质的地震；陆洋俯冲带形成强烈的地震活动带（如环太平洋地震带），这里不同震源深度的地震反映了大洋板块俯冲深度的不同；大陆板块相互碰撞，引起宽大而强烈的地壳变动带，形成宽大的地震带（如欧亚地震带），有的大陆板块亦可分裂产生张裂性质地震；大陆内部受板块运动影响产生不均一块体之间的挤压或剪切变形，形成板内地震。

此外，关于地震成因的理论还有岩体相变学说、岩浆冲击说等。岩体相变学说认为，地下深处高温高压环境会导致物质结晶状态改变，这一过程使物质因密度变化而发生体积改变，体积变化所伴随的快速突然的拉张和压缩产生地震。岩浆冲击说认为地下岩浆活动过程中对围岩产生挤压冲击使围岩被破坏而产生地震。

研究表明，大部分地震是由于地质断层发生滑动所产生的，弹性回跳理论和板块构造学说是目前人们普遍接受的一种地震成因理论。岩体相变学说、岩浆冲击说还缺乏有力的证据来支撑，并没有得到进一步的论证和广泛应用。

（二）地震灾害特征

1. 灾害的突发性

由于地震预报还处于研究阶段，绝大多数地层还不能做出临震预报，地震的发生往往出乎预料。地层的突发性使得人们在地震发生时不仅没有组织和心理等方面的准备，而且难以采取人员撤离等应急措施进行应对。强烈的地震可以在几秒或几十秒的短暂时间内造成巨大的破坏，严重的顷刻之间可使一座城市变成废墟。尤其发生在夜间的地震，后果更为严重。如唐山大地震发生在凌晨 3 时 42 分，当时人们正在酣睡，事先毫无警觉，结果伤亡惨重。

2. 破坏力强大

发生在人口稠密和经济发达地区的大地震，往往会造成大量人员伤亡和巨大经济损失。据1988年“国际减轻自然灾害十年”专家组的不完全统计，20世纪全球地震灾害死亡总人数超过120万人，其中伤亡人数最多的是1976年7月28日我国河北唐山7.8级大地震，死亡24.2万余人，重伤16.4万余人。1900～1986年地震死亡人数占在所有自然灾害死亡人数的58%，其中我国的地震死亡人数最多，占42%，这主要是因为以前我国的房屋抗震能力差，人口密集。统计表明，约60%的死亡是抗震能力差的砖石房屋倒塌造成的。

3. 监测预报难度大

人类“上天容易入地难”，与其他类型的灾害相比较，地震的监测预报是世界性的难题。人们目前还不可能准确地预报地震发生的时间、地点和震级。偶有关于地震成功预报的案例，但这并不说明人类已经能够准确预报地震了，事实上地震预报还停留在半经验半理论的阶段，多数地震还未能实现准确的预报。

4. 时空分布广泛

地震几乎天天发生，全球每年要发生约500万次的地震，绝大多数是无感地震，造成巨大损失的大地震相对较少。其中6级以上的强震每年发生10～200次；7级以上的大地震平均每年18次，8级及其以上的巨大地震平均每年1～2次。我国是一个多地震的国家，自1900年至20世纪末，我国已发生4.7级以上地震约3800余次。

从空间分布来看，各大洲各大洋中均有地震发生，其中板块相互作用的边界是地震集中发生的区域。从全球来看，85%的地震发生在海洋，15%的发生在大陆。大陆地震是对人类造成危害的主要部分。

5. 地震灾害有准周期性

能量积累-能量释放-形成地震的过程是一个循环往复的过程，虽然这个过程中有很多因素影响决定着每一次地震的时间、地点和特点会不相同，但地震在时间上具有准周期性。正因为影响地震发生的因素复杂多样，所以地震活动周期也有几百年到几十年不等的周期，不同的地震带活动周期也不尽相同。一般来说，同一地区有地震活跃期与平静期之分。所以，地震灾害因地震活动具有周期性而具有周期特征。

6. 地震活动有利于形成矿藏

地震活动也是岩石圈物质的一次大运移，许多稀有矿物质由深处带到浅表部位富集成矿。另外，地震活动瞬间释放的强大能量为断裂带上较大范围地壳中的变质作用提供了条件，往往在地震带上形成矿藏。例如，我国南北大断裂带川、滇、藏三省交界的金沙江、澜沧江、怒江地区，地震频繁，形成了一条呈南北走向长约1000km、面积达55万km^2的多金属成矿带。

三、地震空间分布规律

地震在全球的分布是不均匀的，主要集中在一些特定的地带上，这些地带有史以来就有地震不断发生的记载，这些地带称为地震活动带。地震活动带与新构造运动带基本相吻合，所以地震的产生和不断活动与一定的构造运动密切相关。

（一）全球地震空间分布

从全球地震分布来看，大地震主要沿着全球岩石圈板块边界集中呈带状分布。

1. 环太平洋地震带

环太平洋地震带包括从南美洲西海岸安第斯山系、中美洲西海岸、北美洲西海岸落基山系、阿拉斯加南岸，经堪察加半岛，向西南经千岛群岛、日本列岛、中国台湾岛、菲律宾、伊里安岛，又转向东经西南太平洋诸岛，一直延伸到新西兰。在环太平洋地震活动带上，全世界地震释放总能量的80%来自这个带。大约80%的浅源地震（震源深度<70km）和90%的中源地震（震源深度70～300km）以及几乎全部深源地震（震源深度>300km）都集中在这里，成为地球上最主要的地震活动带，有人称为“地震灾难环”。环太平洋地震带与环太平洋火山带密切相关，但“火环”与“震环”并不重合，地震多分布于靠大洋一侧的海沟中，火山则多分布于靠陆一侧的岛弧上。原因是环太平洋地带位处太平洋板块与美洲板块、亚欧板块、大洋洲板块之间的交界相互作用的地带。

2. 地中海—喜马拉雅地震带

地中海—喜马拉雅地震带又称欧亚地震带，大致沿地中海经高加索、喜马拉雅山脉，至印度尼西亚和环太平洋带相接。这个带以浅源地震为主，多位于大陆部分，分布范围较宽。该带处在非洲板块、印度板块同亚欧板块相碰撞的边缘带。

3. 大洋中脊地震带

洋底地壳张裂的地方，包括大西洋、太平洋、印度洋和北冰洋中的海岭洋中脊部分，地震发生在洋脊附近或转换断层处，狭窄带状分布。大西洋洋中脊地震带较为典型。太平洋上的夏威夷群岛也是大洋中的裂谷。这一地震带内地震强度不高，震级绝大多数小于5级，震源深度小于30km。

4. 大陆裂谷地震带

地壳张裂不仅发生在洋底，也发生在大陆上，也是地震活动的一个地带。大陆裂谷包括东非、贝加尔、美国的盆地山脉等裂谷带，都是大陆内部地壳破裂的地方，常与近代火山活动相伴随。与上述三个地震带相比，大陆裂谷地震带规模最小，均为浅源地震，因为震源浅，故地震活动性较强。不连续分布于大陆内部。比较有代表性的是东非裂谷带，其南起赞比西河下游，向北经东非高原、埃塞俄比亚高原、红海，直到死海和约旦河谷，地震活动最强的是西裂谷带。

5. 其他地区

环太平洋地震带、地中海—喜马拉雅地震带和大洋中脊地震带上的浅源地震，基本上是板间地震，可以用板块构造学说较完整地解释。地震活动还表现为大陆板块内部的地震，发生在远离板块边界的这类地震被称为板内地震，如中国的华北地区、澳大利亚、蒙古杭爱山区、印度和美国东部地区。这些地震分布零散，频度低，但强度高，有发生 8 级及其以上震级的地震记录。从 20 世纪地质学家首次详细研究地震以来，对为什么在稳定的大陆内部能释放如此巨大的能量展开了研究。最近的研究认为，那些大的板内地震是从板块边界横过整个主要是刚性的板块的应力转移的结果。应力转移在内部造成众多断层，使有些大陆内部破碎，形成地震。

（二）中国地震空间分布

中国地处环太平洋地震带和欧亚地震带之间，受太平洋板块、印度板块和菲律宾海板块的挤压，地震断裂带十分发育。我国地震活动频度高、强度大、震源浅、分布广，是一个震灾严重的国家，世界上发生在大陆的破坏性地震，约 1/3 发生在中国大陆。20 世纪以来，中国共发生 6 级以上地震近 800 次，遍布除贵州、浙江两省和香港特别行政区以外所有的省、自治区、直辖市（表 3.3）。

表 3.3 近百年来中国发生的破坏性地震一览表

名 称	发生时间	发生地点	震级	死亡人数
海原地震	1920 年 12 月 16 日 20 时 5 分	宁夏海原县	8.5	24 万
古浪地震	1927 年 5 月 23 日 6 时 32 分	甘肃古浪县	8.0	4 万多
昌马地震	1932 年 12 月 25 日 10 时 4 分	甘肃昌马堡	7.6	7 万
叠溪地震	1933 年 8 月 25 日 15 时 50 分	四川茂县叠溪镇	7.5	2 万多
察隅地震	1950 年 8 月 15 日 22 时 9 分	西藏察隅县	8.5	4000
邢台地震	1966 年 3 月 8 日/3 月 22 日	河北隆尧县/宁晋县	6.8/7.2	8064
通海地震	1970 年 1 月 5 日 1 时 0 分	云南通海县	7.7	15621
海城地震	1975 年 2 月 4 日 19 时 36 分	辽宁海城县	7.3	1328
唐山地震	1976 年 7 月 28 日 3 时 42 分	河北唐山市	7.8	24.2 万
澜沧、耿马地震	1988 年 11 月 6 日 21 时 3 分、21 时 16 分	云南澜沧、耿马	7.6	743
台湾集集地震	1999 年 9 月 21 日 1 时 47 分	台湾南投县集集镇	7.3	2378
汶川地震	2008 年 5 月 12 日 14 时 28 分	四川汶川县	8.0	69225

资料来源：中国地震信息网 . http://www.csi.ac.cn/mange/html/4028861611c5c2ba0111c5c558b00001/dzxwzx/index.html

在欧亚地震带东部的中亚地区，有一个非常著名的地震活动密集三角区，其西北边界为帕米尔—天山—阿尔泰—蒙古—贝加尔湖；西南边界为喜马拉雅山；东部边界呈南北走向，由缅甸经中国的云南、四川、甘肃、青海东部、宁夏到蒙古。这个三角区完全覆盖了中国大陆的西半部。所以，中国地震活动的空间分布表现为西密东疏。中国的地震主要分布在五个地区的 23 条地震带上。

(1) 青藏高原地震区。其包括兴都库什山、西昆仑山、阿尔金山、祁连山、贺兰山-六盘山、龙门山、喜马拉雅山及横断山脉东翼诸山系所围成的广大高原地域。涉及青海、西藏、新疆、甘肃、宁夏、四川、云南全部或部分地区，以及原苏联、阿富汗、巴基斯坦、印度、孟加拉国、缅甸、老挝等国的部分地区。

本地震区是我国最大的一个地震区，也是地震活动最强烈、大地震频繁发生的地区。据统计，这里8级以上地震发生过9次；7～7.9级地震发生过78次。均居全国之首。

(2) 华北地震区。其包括河北、河南、山东、内蒙古、山西、陕西、宁夏、江苏、安徽等省的全部或部分地区。在五个地震区中，它的地震强度和频度仅次于“青藏高原地震区”，位居全国第二。由于首都圈位于这个地区内，所以格外引人关注。据统计，该地区有据可查的8级地震曾发生过5次；7～7.9级地震曾发生过18次。加上该地区位于中国人口稠密、大城市集中、政治和经济、文化、交通都很发达的地区，地震灾害的威胁极为严重。华北地震区分四个地震带：郯城—营口地震带、华北平原地震带、汾渭地震带和银川—河套地震带。

(3) 东南沿海地震区。其主要包括福建、广东两省及江西、广西邻近的一小部分。这条地震带受与海岸线大致平行的北东向活动断裂控制，沿断裂带发生过多次破坏件地震。历史上曾发生过1604年福建泉州8.0级地震和1605年广东琼山7.5级地震。但从那时起到现在的400多年间，无显著破坏性地震发生。

(4) 西北地震区。其主要在甘肃河西走廊、青海、宁夏、天山南北麓，包括银川带、六盘山带、天水—兰州带、河西走廊带、塔里木南缘带、南天山带、北天山带。

(5) 台湾地震区。其主要在台湾及其附近海域，包括台湾西部带、台湾东部带。

在我国，从宁夏经甘肃东部、四川中西部直至云南，有一条纵贯中国大陆，大致呈南北走向的地震密集带，历史上曾多次发生强烈地震，被称为中国南北地震带。其涵盖了上述青藏高原地震区和西北地震区的大部分地震带，2008年5月12日汶川8.0级地震就发生在该带中南段。

四、地震灾害防治措施

目前，减轻地震灾害的对策从宏观上可以分为三个方面，即地震预测预报、应急抢险救灾和灾后恢复、工程抗震。

（一）地震的监测与预报

地震灾害是人类面临的最可怕的地质灾害之一。地震预报是地震学研究的重要课题之一。1906年4月，美国旧金山地震发生后，科学家就提出了依据地壳形变观测进行地震预报的观点。20世纪60年代以来，在政府的大力支持下，日本、俄罗斯、美国和中国都陆续建立了地震预报研究的专门机构和地震预报实验场。虽然地震预报研究取得了一定的进展，但由于人类对地震孕育、前兆异常机理等内在机制的认识还不够深入，地震预报的各种方法都还处于理论探讨阶段。

1. 地震监测

地震监测是地震预报的基础。通过布设测震站点、前兆观测网络及信息传输系统提供基本的地震信息，从而进行地震预报甚至直接传入应急的防灾减灾的指挥决策系统。

目前，全球许多活动断层都处于严密的监测控制之下。监测方法从技术含量很低的动物群异常反应的观察到使用精密仪器自动监测断层活动性，并通过通信卫星把数据传递到地震监测中心。

全球范围内几乎所有多地震的国家都已建立了地震监测站网，并形成了全球数字化地震台网（Global Seism Net，GSN）。GSN是由分布在全世界80多个国家，总计128个台站组成的。GSN可使全世界数据用户方便地获取高质量的地震数据，大多数数据可通过与计算机相连的调制解调器在互联网上访问查阅。GSN明显地改善了用于地震报告和研究的数据的质量、覆盖范围和数量。

中国地震监测信息系统经历了几代地震工作者数十年的艰苦努力，从无到有、从单一到多样、从简单到复杂、从粗放到精密、从单点到成网。目前，中国已在全国主要的地震活动区建立了地震监测系统，建成了北京、上海、成都、昆明、兰州和广州6个地震数据电信传输台网的12个区域无线遥测地震台网以及9个数字化地震台站。全国现有地震和10余种前兆专业地震监测台站、观测点共计970个。每年还对重力、地磁、地形变进行流动测量，测线超过20000km，观测点达4000多个。除此之外，还有一批群众地震测报点及地方和企业管理的台站，共达379个。基本上形成了遍布全国各地、具有相当规模、专群结合的地震监测网。我国陆域测震能力普遍已达到2.5级，华北、东北、华中、西北、华东地区基本达到2.0级，首都圈等人口密集地区可达到1.5级。当然，这与发达国家平均1.5级的监测水平还有一定差距。

最有前途的地震监测技术包括利用卫星测量地面的微小变化，通过全球导航卫星系统、地面接收网追踪地球上空沿轨道运行的卫星传来的测距信号。如果测距信号所反映的从地面站到卫星的距离发生变化，则说明地面产生了位移或变形。地震连续发生时还会产生一种“干涉图”，即反映获得两次雷达影像之间地面变化的等值线图。它具有很高的清晰度，可使地震学家能够深入地认识地壳变形的速率，从而及时发布地震的早期警报。

美国地震科学家曾提出要对板块边界形变场进行半永久性的监测。建立一个板块边界形变台网（Plate Boundary Deformation Net，PBDN）来监测由圣安德列斯断层系界定的太平洋—北美板块边界上1000km×200km断块上的形变。PBDN在板块边界带上以10km为间距选取1000～2000个观测点，每个观测点包括1个GPS接收器、1台钻孔应变仪、1台钻孔宽频带三分量地震仪，另外还有1台监测形变的高频、高幅的强震加速计。布设这种台网的主要困难不是技术而是经费不足。整个系统需要投资约1亿美元。此外，每年还需要1000万美元的维护费和1000万美元的研究费用。由此可见，利用现代科学技术监测研究地震活动还存在着很大的困难。

2. 地震预报

地震预报是指在地震发生前对地震发生的时间、地点、震级三个要素进行的预测和播报，这就是地震预报的三要素。地震预报按时间尺度可以分为长期预报、中期预报、短期预报和临震预报四种。

长期预报是指对未来10年内可能发生的破坏性地震的地域的预报。

中期预报是指对未来1～2年内可能发生的破坏性地震的地域和强度的预报。

短期预报是指对3个月内将要发生地震的时间、地点、震级的预报。

临震预报是指对10日内将要发生地震的时间、地点、震级的预报。

通过历史地震构造活动旋回和地震周期、大地形变等方法可进行地震长期预报。这是人类相对来讲目前取得比较好成果的地震预测种类。地震学家可对大地震区域及特定时间段内的大地震概率进行计算，判断断层活动性。但人类对避灾更具实际意义的中短期和临震预报还远远不够。这是因为中短期和临震预报基于对地壳物理化学状态变化规律的监测，而发震源变化深埋地下，可达性差，人类无法直接观测。尤其是短期预报和临震预报目前比较多地依赖前兆现象的观察，但影响这些前兆现象的因素颇为复杂，且不是所有地震都会出现前兆。给短临预报带来很大困难。

地震预报研究在世界和我国大约都是从20世纪五六十年代才开始的。1966年3月22日，河北邢台发生7.2级地震，带来严重伤亡和经济损失，国务院总理周恩来亲临灾区。接着3月22日，在宁晋县再次发生7.2级大震。在灾区人民要求“地震前打个招呼”的强烈呼声感召下，各地震工作者奔赴灾区，以邢台震区为地震预报试验场，密切监视和细致分析震情，揭开了中国地震预报科学实践的序幕。在周总理的直接领导下，我国地震预报工作迅速、广泛地开展起来。1975年，中国科学家根据地表的缓慢倾斜、磁场波动和无数小的前震成功地预报了1975年2月4日辽宁海城7.3级地震，提前转移100多万居民，成功预报极大地减轻了人员伤亡。

按照对地震孕震、发生条件与过程的认识，地震预报的途径和方法大致有以下几类：地震地质方法，即根据地震与地质构造的关系，估计强震可能发生的地区与强度的预报；地震统计预报方法，即当对地震物理过程还不够清楚时，从地震发生的记录中去探索可能存在的规律，估计地震的危险性或发生某种强度地震的概率；相关性地震预报方法，即利用与地震活动相关的因素进行，不少事实表明，在某些情况下，地震与天文因素有一定的相关性，揭示和利用这些相关性，可为地震预报找到另一个途径；物理预报（地震前兆），在充分认识地震过程并深刻揭示地震孕育发生的科学规律的基础上，通过观测获取地震的可靠前兆并应用地震过程的物理规律以准确给出未来地震时间、地点、强度三要素的预报。显然，要达到物理预报这样的目标，需要长期的科学探索和实践。地震预报是公认的世界难题，目前，有关方法所观测到的各种可能与地震有关的现象，都呈现出极大的复杂性。因此，当前的预报只是局部性的，而非全局性的，是现象性（经验性）的而非本质性的，还停留在半经验半理论的阶段。我国地震预报水平可总结为，在一定条件下能够对某些类型的地震做出一定程度的预报，但对地震前兆的规律认识还远远不够，所以短期预报和临震预报成功率很低。

3. 地震宏观前兆

地震前兆是指地震发生前出现的异常现象，又称地震异常，包括地震微观异常和地震宏观异常两大类。人的感官能直接觉察到的地震异常现象称为地震的宏观异常，地震宏观异常的表现形式多样且复杂。大体可分为地下水异常、生物异常、地声异常、地光异常、电磁异常、气象异常等。人的感官无法觉察，只有用专门的仪器才能测量到的地震前兆称为地震的微观前兆。

1）水体异常

水体异常主要表现在地下水异常，以水位异常居多，物理化学性质的改变也较普遍。震前井水等地下水的异常变化，主要表现为水面陡涨陡落、变色变味、翻花冒泡、温度升降，泉水流量的突然变化，水变浑等。民间谚语“井水是个宝，前兆来得早”“水位变化大，气泡还翻花”等说的就是水体在地震前的异常。

2）动物异常

动物因为某些感官灵敏程度超过人类，较之人类能够更早感知到地震来临之前的自然要素变化。但不同的动物其反应有不一样的表现。

鸟类：家鸽惊飞，视听反应异常，进窝时间反常等；虎皮鹦鹉跳动异常多，撞笼不休、惊叫等。

牛、马、驴、骡：不进厩，不进食，乱踢乱跑，惊慌不安。

猪、羊：不进圈，不吃食，乱叫，越圈外跑。

老鼠：白天成群出洞，不怕人，惊慌乱窜。

蛇：冬眠的蛇出洞在雪地里冻僵冻死，数量增加，聚集一团。

鱼类：成群浮跳在水面，上蹿，狂游，尾巴上翘，碰撞，发出叫声。

蟾蜍：成群出洞。

还有许多动物都不同程度表现出异常，但需要注意的是，动物出现异常表现的原因比较复杂，与季节、气温、环境等有密切的关系，需要大量统计数据仔细甄别。

3）气象异常

在地震早期研究中，人们就注意到干旱与地震的关系。此外，暴雨也与地震有关。据初步统计，我国自新中国成立以来，大多数大地震有涝-震的现象。1976 年唐山大地震的前一年，震区下了一场罕见的大暴雨，中心雨量接近 500mm。地震之前，气象也往往异常，如震前闷热，久旱不雨或久雨不晴，日光晦暗，地震云等。

4）其他异常

在地震前的短期和临震阶段，还可能在未来发震构造带上和极震区出现局部地裂缝、局部地热异常、地声、地光、地气雾等震前宏观异常现象。

5）地震宏观前兆案例

以 2008 年 5 月 12 日发生在中国四川省的汶川 8.0 级大地震为例，震后依据全国各省、自治区、直辖市地震局每日上报的宏观异常的不完全统计，发现 2008 年 2 月 1 日至汶川大地震发生前，在全国范围共出现异常 44 起，绝大多数（80%以上）是汶川地震发生后近 1 个月内意识到可能与这次大地震有关而上报地震部门的。其中四川省内的宏观异常有 12 项。对这些异常现象进行统计后进行甄别，对不同的异常现象赋予不同的可信度，选取了 33 起可信度为“较高”和“中等”的异常现象作为本次地震震前的宏观异常现象研究，将个别异常现象举例如下。

据四川新闻网报道，2008 年 2 月 21 日，达县大风乡白果村杨家沟一块坡地突然塌陷，形成一个直径约 10m、深度约 15m 的大“天坑”，在该村还出现了 5 个较小的坑。当地乡政府、国土资源所工作人员都到现场进行了调查，落实未找到干扰源。该异常点距离震中约 410km。

据云南洱源县地震局报，2008 年 3 月左右，西坡村民用饮用水水位开始逐渐下降，该村南面的鱼塘也出现下降现象，此现象从 2008 年汶川大地震震前持续到震后。该异常点距离震中约 640km。

据云南洱源县地震局报，2008 年 4 月 27 日左右，牛街乡上站村龙潭水发浑。据当地老百姓反映，该井平时清澈见底。发浑现象持续了半天左右，5 月 12 日汶川大地震后 20 分钟该潭水变成了米汤色，持续时间约 3 小时左右。该异常点距离震中约 600km。

据山西省地震局报，2008 年 5 月 2 日左右，城市警犬基地所养的警犬出现明显异常，表现为多数警犬出现狂叫、哭嚎等异常现象，持续两个多小时。到 5 月 8 日、9 日，该警犬基地多数警犬再次出现狂叫、哭嚎等异常现象，其中一只牧羊犬跳出 1.7m 高的护栏，一只藏獒撞开了铁门。同时同场饲养的鸡出现乱飞乱跑的异常现象。该异常点距离震中约 830km。

据四川省地震局报，2008 年 5 月 10 日，大邑县晋原镇斜江平域村一水泥地出现冒水、冒气泡等现象，大约 $30m^2$。该异常点距离震中约 50km。

据四川省地震局报，2008 年 5 月 10 日左右，江油市发现公路上有几百米地段蚯蚓大量死亡。该异常点距离震中约 180km。

据重庆市地震局报，2008 年 5 月 12 日，重庆市巴南区大江厂很多人听到“隆隆”的地声。该异常点距离震中约 380km。

据科技日报报道，映秀当地群众回忆汶川 8.0 级地震发生前感觉天色昏沉，太阳光变得昏黄起来。该异常点距离震中约 200km。

（二）地震灾害防御

地震灾害的预防，是指在地震前为避免和减轻地震灾害所做的预防工作，分为工程性防御措施和非工程性防御措施两大类。工程性防御措施是指对新建、扩建、改建工程必须按抗震设防要求和抗震设计规范进行抗震设防；对已建成的建筑物、构筑物，未采取抗震设防措施的应采取必要的抗震加固措施。非工程性的防御措施主要是指人民政府及有关部门或者机构和社会公众所从事的旨在提高抗御地震灾害能力，增强全社会的防震减灾意识的依法减灾活动。

1. 合理选址，提高建筑物抗震强度

建筑物倒塌破坏是地震中造成人员伤亡的主要原因。建筑物的毁损除了受震级影响外，最重要的因素就是建筑物所在场地的地质条件和建筑物本身的结构强度。地震中，95%的人员伤害因建筑物破坏所致，因此，人类防御地震灾害首要注意建设工程合理选址和提高建筑物的抗震强度。

1）建筑物工程选址

建筑物选址必须考虑场地地质构造、地基土壤及较深土层组成及性状、地形和地下水条件等。为有效降低地震伤害，从选址的角度，建设工程应回避以下场地：①避开活动断层及其附近地区。建筑物不要选择在容易发生地震的活动断层及其附近，这些地点往往是断裂发生的地方，一旦地震，场地破坏最为严重。1960 年 2 月 29 日，摩洛哥阿加迪尔发生 5.8 级地震，却造成了整个城市的毁灭。究其原因是这个城市建设在地下断层交叉点附近，而这次地震的震源正好在此交叉点上。②选址应避开饱含地下水的松软砂层、淤泥层，地下溶洞等场地。古河道、旧池塘、河滩地都是具有这种特质的场地。由于地基比较松软，遇到地震容易发生砂土液化、地基塌陷等情况，从而对建筑物造成较大的破坏。1933 年 3 月 10 日，美

国洛杉矶附近的长滩上发生的6.3级地震就遭遇到了这样的状况，造成的损害远远超过这次地震在一般情况下所能够达到的破坏程度。另外，若探明场地下有溶洞发育，地震时也是容易造成局部塌陷，从防御地震的角度，在其对应的地面不应建设高大或沉重的建筑物。③避开容易开裂、沉陷、滑移的陡坡及河坎旁边。这样的场地本身因地形条件稳定性差，在地震中坡体易被引发山崩、滑坡危害建筑物，或建筑物本身随重力而下滑的可能性极大。与这种情况类似的是突出的山嘴、高耸的山包、三面临空的台地等，都是稳定性不够的场地。

2）*建筑物结构抗震*

不同区域地震活动表现有差异，因此对建筑物结构要求不是千篇一律一个标准。同时，在对比世界若干次破坏性大地震的案例，发现不同结构的建筑物体现出破坏性的差异，启发人们对如何避免不同结构房屋严重破坏和倒塌的研究。

按照《中华人民共和国防震减灾法》规定，新建及改扩建的建设工程都应达到抗震设防的要求。建筑物设计建设时设防与不设防有很大区别。例如，唐山地震把一个工业城市毁于一旦，造成24.2万多人死亡，除震级高，没有短临预报外，一个重要的原因，就是不设防。以前对唐山市的地震基本烈度定低了，只有Ⅵ度。按当时的建筑规范，Ⅵ度区不设防。所以建设工程，都应该按照《中国地震烈度区划图》或者《地震动参数区划图》所确定的抗震设防要求来设计建筑物的结构和强度，也就是设计工程师首先需要按地震工作者提供的建设场地的地震基本烈度来设计。

建筑工程师认为建筑结构不同对地面震动的响应存在显著差异。因此各国纷纷制定了适合自己国情的建筑抗震设计规范，日本地震工程学更是在20世纪初就开始重视研究结构抗震问题，认识到各种建筑物必须具有抵抗垂直荷载和水平拉力的结构。在这方面比较新的应用技术是基底隔震技术和主动控制系统技术。

基底隔震技术是用隔震系统把房屋的上部结构与其底部隔开，在房屋的上部结构和其底部基础之间形成一个隔震层。最常用的基底隔震系统是采用合成橡胶隔震垫作为隔震层，由于有了这个隔震层，房屋结构的基本频率就比传统的基底固定的房屋结构的基本频率低得多，同时房屋结构的基本频率也比地面运动的卓越频率低得多。另一种基底隔震系统是采用滑移系统，其作用力限制剪力越过隔震界面传给房屋结构。大量的计算机模拟和实验室试验都说明，基底隔震房屋的抗震性能很好。

主动控制系统能够根据检测到的结构的地震反应及时做出响应。最简单的主动控制系统是在房屋的顶部安设一个很大的重物。计算机控制重物的运动，以抵消地震引起的房屋的摇晃。这个俗称“主动质量阻尼”的技术已经在一些高层建筑中得到应用。另一种方法是采用“主动拉锁”，即电子可控的加振器，它可以按指令使房屋或结构物产生振动，从而使地震引起的房屋或结构物的振动最小化。

2. 建立和完善地震灾害防御体制

为应对突然发生的地震灾害，需要制定国家级和区域性的地震灾害对策方案，包括震前防御对策、震时应急对策和震后的救援对策。可从国家政府层面和公民层面进行。国家层面是基本层面，从编制防震减灾规划、加快地震监测预报技术发展、推动抗震技术和设备的开发研制、强化地震灾害及应对方法的宣传教育、地震应急预案、震后救援体系的建立等，建立一种常态的应对地震灾害的体制。从公民层面来讲，及时主动补充地震灾害自救互救知识和技能、组织和参与模拟训练，尤其是生活在地震常发地区的民众，养成防震抗震习惯很重要。

《中华人民共和国防震减灾法》已由中华人民共和国第八届全国人民代表大会常务委员会第二十九次会议于1997年12月29日通过，并于2008年12月27日第十一届全国人民代表大会常务委员会第六次会议修订通过。该法是我国第一部规范全社会防御与减轻地震灾害活动、调整由此产生的各种社会关系的重要法律，是我国防震减灾工作的基本法律。它的实施标志着我国防震减灾工作纳入了法制化管理轨道，对于依法做好防震减灾工作，保护人民生命和财产安全，保障社会主义现代化建设顺利进行，具有十分重要的意义。

第三节　火山灾害

地球具有明显的圈层结构，从地表向地心由地壳、地幔和地核三部分组成。莫霍面以下地幔上部由于压力大、密度高，局部呈熔融状态。在地球内动力作用下，地幔物质不断运动，当岩浆中气体成分游离出来使内压力增大到一定极限时，岩浆就顺地壳裂隙或薄弱地带喷出地表，形成火山喷发。火山活动是岩浆活动的一种形式，也是地球内能和热量释放的途径之一。

火山喷发也是一种危害严重的地质灾害。从公元1000年以来，全球已有几十万人直接或间接死于火山喷发。20世纪80年代是自1902年以来火山灾难最严重的时期，这一时期因火山喷发而死亡的人数相当于过去70年的总和。大规模的火山喷发还对人类赖以生存的自然环境造成不可估量的破坏和影响。目前，占全球近1/10的人口生活于有潜在喷发危险的火山阴影之下，而世界上大部分最危险的火山都处于人口稠密的发展中国家。火山喷发的危险性和减轻火山灾害的迫切性与重要性已引起世界各国的关注。“国际减轻自然灾害十年”把减轻火山喷发造成的灾害列为一项主要内容。美国、日本、意大利、俄罗斯、印度尼西亚、菲律宾等都相继开展了包括减轻火山灾害在内的多学科综合火山学研究工作，火山喷发预测预报和减轻火山灾害工作取得了显著进展。

一、火山与火山活动

（一）火山

1. 火山及其分类

火山（volcano），是一种特殊的山体，它特指岩浆活动穿过地壳，到达地面或伴随有水气和灰渣喷出地表，形成特殊结构和锥状形态的山体。火山大多呈孤立的圆锥形，由火山喷发时喷出的熔岩、火山灰和碎石落下后堆积而成。

根据火山活动的状况，可将火山分为死火山、休眠火山和活火山三类。死火山是指地质历史时期曾发生过喷发，但在人类历史中一直未活动过的火山。此类火山已丧失了活动能力，只保持着完整的火山形态或有的已遭受风化侵蚀，只剩下残缺不全的火山遗迹，所以这类火山不会对人类造成危害。我国山西大同火山群在方圆约123km^{2}的范围内，分布着99个孤立的火山锥，其中狼窝山火山锥高将近1900m。活火山是指现在还具有喷发能力的仍在活动或周期性活动的火山，也有人认为在全新世喷发过的火山均属此类。全世界有500多座活火山，其中约70座分布在海底。休眠火山是指在有记载的人类历史时期曾经有过喷发活动，但近代以来长期没有活动，不排除将来有可能喷发的火山。因此休眠火山和活火山之间并没有严格的界限。休眠类火山一般都保持比较好的火山形态，仍具有火山活动能力。例如，我国长白山，虽然据考证其最近一次喷发为距今约1000年前，但中国地震局从1985年开始对长白山天池火山区进行监测和研究表明，长白山天池下方有地壳岩浆囊存在的迹象，可见该火山处于休眠状态，长白山天池具有再次喷发的危险。

2. 火山结构

火山结构包括火山锥体、火山口和火山通道三个部分（图3.4）。火山锥体是火山喷出物在喷出口周围堆积形成的山丘形态，由于喷出物的性质、数量不同及喷发方式的差异，火山锥外观有层状、盾状、锥状、穹丘等几种形态。火山通道指岩浆喷发通过岩壳所形成的通道，一般包括主通道和分支，其形如树枝。当岩浆沿着分支通道在火山坡上喷出地表时，往往在火山山坡形成次一级的火山锥，称为寄生锥。火山口是岩浆通过火山通道喷出地表的地方，一般位于火山顶部。火山口内若被物质充填，可以形成火山原，有时可成为村落之地；火山口内若积水成湖即称火山湖。例如，日本阿苏山火山口南北长24km，东西宽18km；位于长白山主峰白头山顶上的天池是有名的火山湖，周长11.3km，湖深313m。

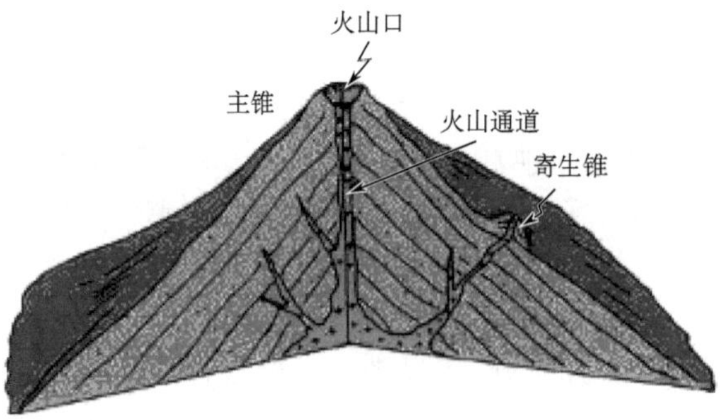

图3.4　火山结构示意图

（二）火山喷发活动

1. 火山喷发及其类型

古罗马时期，人们看见火山喷发现象，便把这种山在燃烧的原因归之为火神武尔卡发怒。于是意大利南部地中海利帕里群岛中的武尔卡诺火山便由此而得名，同时也成为火山一词的英文名称volcano。火山喷发的时间长短不一，长则数年，短则几天。根据火山喷发中火山通道的形态、火山喷发环境及岩浆性质等因素，火山喷发一般分为裂隙式喷发和中心式喷发两类，其中中心式喷发又可分为宁静式喷发、爆炸式喷发和中间型喷发三种。

1）裂隙式喷发

岩浆沿着地壳上巨大裂隙裂缝溢出地表，形成的火山通道在地表呈窄而长的线状，向下呈墙壁状，称为裂隙式喷发。这类喷发没有强烈的爆炸现象，喷出的岩浆性质多为基性岩浆，可以形成广而薄的熔岩流、熔岩坡或熔岩台地，甚至形成熔岩高原。现代裂隙式喷发多见于大洋中脊的裂谷中，喷出的岩浆冷却形成地球上最新的岩浆岩，是海底扩张的原因之一。相对来讲陆地上裂隙式喷发较少，只有冰岛可见这种类型的火山喷发，比较典型的是冰岛拉基火山（图3.5），故此类又称为冰岛型火山。

2）中心式喷发

地下岩浆通过管状火山通道喷出地表，喷出物围绕喷出口周围堆积形成山体，称为中心式喷发。这是现代火山活动的主要形式，根据岩浆性质和喷发状态分为宁静式喷发、爆炸式喷发和中间型喷发。

宁静式喷发：火山喷发时，只有大量炽热的熔岩从火山口宁静溢出，顺着山坡缓缓流动，只喷发熔岩而几乎没有火山碎屑。宁静式喷发溢出的岩浆以基性岩浆为主，熔浆温度较高，黏度小，易流动，含气体较少，无爆炸现象。夏威夷诸火山为其代表，又称为夏威夷型。

爆炸式喷发：火山喷发时，产生猛烈的爆炸现象，同时喷出大量的气体和火山碎屑物质，并形成火山喷发柱。喷出的岩浆以中酸性岩浆为主，岩浆气体含量多，黏度大，流动性弱，爆发力强，常喷出大量气体、熔岩、火山碎屑物和火山灰。1902 年 12 月 16 日，西印度群岛的培雷火山爆发震撼了整个世界。它喷出的酸性黏稠岩浆，同时喷出大量浮石和炽热的火山灰，导致了熔岩穹丘崩塌形成火山碎屑流，造成 2.6 万人死亡。培雷火山是爆炸式喷发的代表，故此类火山也称培雷型火山（图 3.6）。

图 3.5　冰岛拉基火山裂隙式喷发

图 3.6　培雷火山中心式喷发

中间型喷发：介于宁静式喷发和爆炸式喷发之间的一种过渡类型，以中基性岩浆为主，其爆发力取决于岩浆黏度和挥发性气体含量的多少，依照其喷发力递增的顺序又可分为斯特朗博利型、武尔卡型、维苏威型等。

2. 火山喷发物

火山喷发物指火山活动时从地下喷出的物质，它包括火山气体、液态岩浆和固体的火山碎屑。在一次火山喷发中，并不是全部含有上述三种类型的喷出物。其喷发物一般有三种情况：在火山喷发猛烈时产生的碎屑物多，很少有熔岩流出；而较温和的火山喷发中，则熔岩多，碎屑物少；火山喷发有时只喷出气体，不流出熔岩。但火山爆发往往是三种情况都有，或者一、二种兼有。火山喷出物是形成火山锥的材料，它们凝聚形成的岩石称为喷出岩或火成岩。

爆炸式火山喷发时，首先喷出黑色气体烟柱；然后喷出大量围岩碎块及熔岩物质，降落在火山周围地区；最后冒出灼热的熔岩，并沿山坡向下流动。火山喷发停止后还会有残余气体喷出和温泉涌现。而宁静式火山很少喷出烟柱与碎屑，只溢出灼热的熔岩流。

1）气体喷发物

火山喷发出的气体叫火山气体，其主要成分有水蒸气、含硫化合物和二氧化碳。其中以水蒸气为主，另外还含有少量的氯化氢、氟化氢等。火山气体在火山喷发时和喷发前后都能大量产生，是在火山活动中逐渐从岩浆中分离出来的挥发性物质，也包括一部分固体矿物的蒸汽。

2）液态岩浆

不同地方的火山下伏岩浆性质不同导致喷出地表的熔岩性质不同，共有酸性岩浆、中性岩浆、基性岩浆和超基性岩浆四种。液态岩浆喷出地表后表现为熔岩被、熔岩流、熔岩瀑。

3）火山碎屑

火山碎屑。其是火山喷发时飞入空中的所有碎屑物的总称，其物质为熔岩碎块和围岩碎块。其中熔岩碎块是岩浆喷出后熔岩在空中冷凝形成的碎屑，围岩碎块是火山通道周围的岩石及火山基底的岩石在火山喷发时被炸裂、崩碎而成的碎屑。一般对火山碎屑的分类是依据碎屑的粒径大小和形态，常见的火山碎屑有火山灰、火山砾、火山弹、火山块。

火山灰：就是细微的火山碎屑物。由岩石、矿物、火山玻璃碎片组成，直径小于 2mm，其中极细微的火山灰称为火山尘，因为极轻，可以升入高空甚至进入平流层长期悬浮。在火山喷出物中，火山灰的量最多，分布最广，它们常呈深灰、黄、白等色，堆积压紧后成为凝灰岩。火山灰的形成是由于火山爆发时，岩石或岩浆被粉碎成细小颗粒，从而形成火山灰。火山灰不同于烟灰，它坚硬、不溶于水。

火山砾：意大利语为“lapilli”，意指维苏威火山周围的砾石状火山渣碎屑“小石头”。现指 2～64mm 直径的火山喷发碎屑物。一些火山砾来自新鲜的岩浆，另一些火山砾来自围岩，还有的火山砾或来自细小火山灰的一层层黏结。

火山弹：直径大于 64mm 的、形状圆滑的熔岩块。火山喷发时熔岩被抛到空中，熔岩在快速旋转飞行过程中经迅速冷却而形成熔岩块。由于流体动力学的作用，这种熔岩块形状圆滑，它的形态多种多样，常为纺锤形、椭球形、梨形、麻花形、流弹形和不规则形等。大小差别很大，一般长 5～50cm，多含气孔构造，外壳往往为玻璃质。但有一些火山弹大得惊人，如 1935 年日本浅间火山喷发时喷出的火山弹直径达 5～6m，重 200t，喷到离喷口 600m 远。

火山块：在火山碎屑中，直径大于 64mm 的不仅仅是火山弹，还有火山块。火山块是直径大于 64mm 的、棱角锋利的岩块。外形粗糙有棱角是火山块与形状圆滑的火山弹的首要区别，另一区别是二者物质来源和形成过程不同。与火山弹不同，火山块的成分一般是早期形成的岩石即围岩。火山爆发导致火山锥上早期的岩体受到冲击破碎形成的较大岩块（$d>64$mm）即为火山块，一般认为熔岩岩体破碎时为固体状态，因此才可能形成火山块锋利的棱角。

3. 火山活动成因及过程

火山活动与上地幔软流圈岩浆物质运动、地壳运动、地质构造有关系（图 3.7）。地球上地幔上部 60～250km 深度间，放射性元素大量集中，温度超过物质熔点，物质处于熔融状态，此处成为岩浆的发源地，称为软流圈。在地下高温高压环境下，岩浆向上运移并参与和影响板块运动的地质过程，但刚性岩石圈规范了岩浆，使其不至于大规模无规则地突出地面，从而对地表自然界和人类起到保护作用。岩石圈六大板块相互运动，板块碰撞、俯冲等接触带以及裂谷、断裂带成为地球的薄弱带，此处局部压力减低，使岩浆分离出气体和水蒸气，造成体积膨胀而推进岩浆，沿断裂向地面运移，侵入到地壳内。

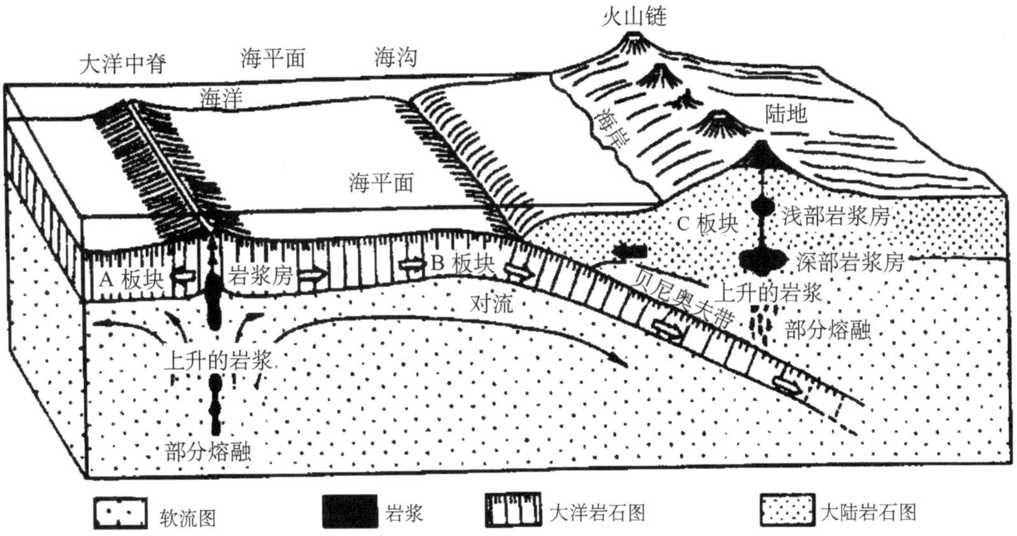

图 3.7 火山喷发形成机制图（Scarth，1994）

岩浆向地表运移并在一定部位逐渐富集而形成岩浆囊（房）。随着岩浆的不断补给，岩浆囊的岩浆过剩压力逐渐增大。当表壳覆盖层的强度不足以阻止岩浆继续向上运动时，岩浆通过薄弱带向地表上升。在上升过程中溶解在岩浆中的挥发成分逐渐溶出，形成气泡，当气泡占有的体积分数超过 75%时，禁锢在液体中的气泡会迅速释放出来，导致爆炸性喷发，气体释放后岩浆黏度降到很低，流动转变成湍流性质的。例如，若岩浆黏滞系数较低或挥发成分较少，便仅有宁静式溢流。从岩浆形成到喷发一系列的物理化学过程的差别形成了形形色色的火山喷发活动，并形成不同形态的火山。

4. 全球火山空间分布

全球目前已知的死火山有约 2000 多座，活火山约有 500 多座，其中约 70 座分布在海底。根据上述火山活动形成过程可知，火山主要分布在地壳厚度薄、构造活动剧烈的地区。学者研究认为大多数火山都分布在板块边界上，少数火山分布在板内。

1）环太平洋火山带

环太平洋火山带，即太平洋沿岸及其附近岛屿，南起南美洲南端奥斯特岛，沿南美洲安第斯山脉向北，经中美洲、北美洲落基山脉，转向西北的阿留申群岛、堪察加半岛，向西南延伸到千岛群岛、日本列岛、琉球群岛、台湾岛、菲律宾群岛以及印度尼西亚群岛，全长 4 万余 km，向南开口呈马蹄形。环太平洋火山带也称环太平洋火环，为全球最大的火山带。

这一带构造活动剧烈，大洋板块俯冲于大洋或大陆板块之下，形成宽大的俯冲汇聚型边界。火山发生位于上覆板块，距板块边缘几十公里到上百公里，即火山并不分布于海沟附近，而是在与之有一定距离的岛弧一侧。

环太平洋火山带火山密集，全球500多座活火山中，有370多座分布于此，据历史资料记载全球现代喷发的火山这里约占80%。这一带著名的火山有诸如哥伦比亚鲁伊斯火山、小安得列斯群岛的培雷火山、美国圣海伦斯火山、阿留申群岛上的卡特迈火山和伊利亚姆纳火山、堪察加半岛上的克留契夫火山、日本浅间山和阿苏山等、菲律宾皮纳图博火山、印度尼西亚喀拉喀托火山和坦博拉火山等，众多火山活动构成世界上最活跃的活火山分布群，菲律宾至印度尼西亚群岛的火山近代曾发生多次喷发，印度尼西亚被称为“火山之国”。除此之外，琉球群岛至台湾岛有众多的火山岛屿，如赤尾屿、钓鱼岛、彭佳屿、澎湖岛、七星岩、兰屿和火烧岛等，都是新代以来形成的火山岛。此外海底火山喷发也经常发生，致使一些新的火山岛屿出露海面。

环太平洋火山带的火山岩最常见的类型是安山岩，距海沟轴150～300km的陆地内，安山岩平行于海沟呈弧形分布，即成“安山岩线”。这里的火山多为中心式喷发，火山爆发强度较大，如果发生在人口稠密区，则往往造成严重的火山灾害。

2）阿尔卑斯—喜马拉雅火山带

也称地中海火山带。该火山带分布于横贯欧亚的纬向构造带内，西起比利牛斯半岛，经阿尔卑斯山脉向东经意大利、希腊、土耳其、高加索、伊朗至喜马拉雅山脉，经孟加拉湾向东与环太平洋火山带西支交汇。

阿尔卑斯—喜马拉雅火山带呈东西走向，是南北挤压碰撞形成的纬向褶皱隆起带，主要形成于新生代第四纪。该带火山分布不均匀，在西段地中海区，板块碰撞强烈，形成了纬向构造隆起带阿尔卑斯褶皱山脉，其南北两侧也形成经向张裂。火山活动较多，众多世界著名的火山，如意大利的威苏维火山、埃特纳火山、乌尔卡诺火山和斯特朗博利火山等，喷发频繁，强度大，特征典型，部分火山喷发类型就是以上述火山来命名。阿尔卑斯—喜马拉雅火山带中段火山活动表现微弱。东段喜马拉雅山脉段火山活动又加强，如中国的于田火山、腾冲火山群、可可西里火山群等均在此范围内。

3）大洋中脊火山带

大洋中脊是洋底地壳裂谷处，贯穿大洋中部呈线状延伸的巨大海岭，又称中央海岭，全球性的大洋裂谷呈“W”形展布，总长8.4万多公里。大洋裂谷中部多为隆起的海岭，比两侧海原高出2～3km，故称其为大洋中脊，在海岭中央又多有宽20～30km，深1～2km的地堑，所以又称其为大洋裂谷。中央裂谷地热值较高，有浅源地震和火山分布，尤其第四纪以来火山活动更为活跃，人们称其为大洋中脊火山带。

大洋中脊火山带火山的分布也是不均匀的，多集中于大西洋中脊裂谷带内。该带北起格陵兰岛，经冰岛、亚速尔群岛至圣赫勒拿岛，长达万余公里。据有关资料记载，大西洋中脊有60余座活火山，冰岛是该带重要的火山集中区域，冰岛上的火山可以直接观察到，岛上有200多座火山，其中活火山30余座，人们称其为“冰火之国”。海克拉火山、拉基火山、艾雅法拉火山等都是冰岛上多次喷发的火山，其中拉基火山于1783年的一次喷发从25km长的裂缝里溢出的熔岩达12km以上，熔岩流覆盖面积约565km^2，熔岩流长达70多公里，造成了重大灾害，表现出典型的裂隙式喷发特征，在大陆火山上较为罕见，故此有人把火山裂隙式喷发类型也称为冰岛型火山。

在大洋中脊以外，仅有一些零散火山分布，它们是以火山岛屿的形式出现，如太平洋海底火山喷发形成的岛屿有夏威夷群岛，即通常所说的夏威夷—中途岛的火山链，塞班岛、提尼安岛、贝劳群岛、俾斯麦群岛、所罗门群岛、新赫布里底群岛及萨摩亚群岛等。在大西洋，如圣赫勒拿岛、阿森松岛，特里斯坦—达库尼亚群岛也都是一些火山岛。

4）东非裂谷火山带

由于南北挤压力的作用，形成东西走向的褶皱断和断裂，形成阿尔卑斯—喜马拉雅火山带的同时，造成了经向的张裂和裂谷带，如其南侧的纵贯南北的东非裂谷系，东非裂谷是大陆最大裂谷带，分为两支：裂谷带东支南起希雷河河口，经马拉维肖，向北纵贯东非高原中部和埃塞俄比亚中部，至红海北端，长约 5800km；西支南起马拉维湖西北端，经坦喀噶尼喀湖、基伍湖、爱德华湖、阿尔伯特湖，至阿伯特尼罗河谷，长约 1700km。裂谷带一般深达 1000～2000m，宽 30～300km，形成一系列狭长而深陷的谷地和湖泊，如埃塞俄比亚高原东侧大裂谷带中的阿萨尔湖，湖面在海平面以下 150m，是非洲陆地上的最低点。自中生代东非裂谷形成以来，火山活动频繁。据统计，非洲约有活火山 30 余座，多分布在东非裂谷带的断裂附近，极少数分布在裂谷边缘百公里以外，如肯尼亚山、乞力马扎罗山和埃尔贡山，但是它们的喷发同裂谷活动也密切相关。

二、火山灾害

（一）火山灾害的定义

火山灾害指火山喷发活动中对人类生命财产及其生存环境带来的各种不利影响及后果的总和。地球上每年都有不同规模的火山喷发，据统计，过去 400 年中，火山喷发已经造成了大约 27 万人死亡。特别是在活火山集中的环太平洋火山带中，这种灾害现象特别突出，因此，火山灾害已被列为世界主要的自然灾害之一。在 1991～2000 年“国际减轻自然灾害十年”计划中，减轻火山灾害成为其中一项重要内容，在自然灾害中排在第六位。根据危害方式可分为火山直接灾害、火山间接灾害。

（二）直接灾害

1. 碎屑物降落灾害

大规模的爆炸式喷发将喷发产生大量的火山碎屑物，喷发柱中的碎屑物在火山喷发给予的初始动力作用下将向高空抛出，不同重量的碎屑物在不同的高度会在重力作用下降落回到地面。当这些物质降落的时候对地面的人和动物、植被、建筑等产生冲击、燃烧、掩埋等灾害作用。

其中较大的火山碎屑如火山砾、火山弹等从空中降落到地表时，强烈的冲击力往往对地物及地面有直接的破坏作用。受灾地区就像下了一场“石头雨”，甚至危害人的生命。持续时间较长，范围较广的是火山灰降落带来的危害（表 3.4）。尽管火山灰致人死亡的数量在诸多火山喷发带来的灾害中比例较小，但火山灰降落却对地物有广泛的影响。火山灰降落累积在地表，其中的有毒化学物污染土壤和水体，积厚的火山灰层压塌房屋，掩埋毁坏农作物等。

表 3.4 不同厚度火山灰对人类的影响（洪汉净，2012）

厚度	对生物和人类的影响	对财产和植被的影响
1mm	较短的呼吸问题	机场关闭
1cm	呼吸系统感染气喘	金属生锈、短路和变压器着火
10cm	严重的呼吸问题，禽鸟死亡	树被剥皮和树枝折断，屋顶可能倒塌
1m	伤亡	房屋倒塌，植被着火，树木毁坏
10m	伤亡	土地长期失去功能，大量房屋倒塌

位于菲律宾吕宋岛的皮纳图博火山 1991 年 6 月 15 日的爆炸式大喷发是 20 世纪世界上最大的火山喷发之一，火山喷发使山峰的高度大约降低了 300m，可见其喷出的火山灰和火山碎屑量之大。之前科学家就对这次火山喷发做出了较为明确的预测判断，并提前疏散人群达 3.95 万余人。但此次喷发产生一个巨大的喷发柱进入大气圈，大量火山灰下降，时值台风经过，湿重的火山灰降落到人口稠密的地区，约 200 人死在压塌的屋顶下。

2. 熔岩流灾害

火山喷发将呈液态的岩浆带到地表，并沿地面流动，称为熔岩流。熔岩流是宁静式火山喷发的特征，如夏威夷岛上的火山喷发。熔岩流温度常在 900～1200℃，可瞬间燃烧焚毁所经地区的一切物体。熔岩流冷凝后形成固体熔岩岩石，从冷凝的岩石上保留着熔岩流流动的痕迹。熔岩流的流动状态与岩浆性质和地形有关系。酸性熔岩黏滞，流动不远，甚至壅塞于火山口内。一般大面积的熔岩流常为基性熔岩，温度高、坡度陡时，熔岩流的流速可达每小时 65km。熔岩流冷却后可形成熔岩被、熔岩台地等，如印度德干高原著名的玄武岩熔岩被。

熔岩流灾害最为著名的当属 1783 年冰岛拉基火山喷发的案例。喷发发生于 1783 年 6 月 8 日，一直持续历时 5 个多月，被认为是有史以来地球上最大的熔岩喷发。此次喷发断断续续，从 24km 长的裂隙中同时喷出无数的熔岩喷泉，形成巨大的熔岩流，两侧熔岩流蜿蜒 112km，覆盖面积达 $565km^2$。冰岛 1/5 的人口遭殃，1/2 以上的家畜死亡。

尽管熔岩流地到达摧毁力强大，但大多数情况下因其流速较缓而使人们有一定时间来远离它们。

3. 火山碎屑流

火山碎屑流是爆炸式火山喷发后形成的一种夹杂着火山碎屑，高密度、高温、高速的紧贴地面扫过的气流，是一种气、固两相混合物。在众多的火山喷发灾害中，火山碎屑流无疑是最具毁灭性和致命的灾害形式。它能击碎和烧毁在它流经路径上的任何生命和财物。火山碎屑流是由热的气体和未分选的碎屑物质混合而成的狂暴的侧向流。温度可达 300～800℃。其典型的流动速度可达每小时 100km，下山时更快，可达每小时 240km。在坡度只有几度的地方也可移动，甚至可以越过 1500m 的障碍，也可以越过 40～80km 的水面。由于火山碎屑流温度高，速度快，几乎没有人能躲过它的袭击。因火山碎屑流致死的人数在 20 世纪占火山致死总人数的 70%。

火山碎屑流的形成常常与火山爆炸式喷发形成的喷发柱的垮塌坠落有关，也有少量小型火山碎屑流是熔岩穹丘的崩塌造成的。

在火山喷发历史上最为著名的事件之一——意大利维苏威火山喷发是火山碎屑流危害人类的典型事件。维苏威火山是意大利乃至全世界最著名的火山之一，位于那不勒斯市东南，海拔高度 1281m。维苏威火山在历史上多次喷发，形成高大的喷发柱。喷发能量减弱时，高大的喷发柱突然垮塌下来，产生沿火山斜坡向下的火山碎屑流。灼热的火山碎屑流袭击了维苏威火山脚下约 10km，当时极为繁华的拥有 2 万人的庞贝古城。庞贝被掩埋在厚达 3m 的火山灰下。其他几个有名的海滨城市如赫库兰尼姆、斯塔比亚等也遭到严重破坏。直到 18 世纪中叶，考古学家才把庞贝古城从数米厚的火山灰中挖掘出来，那些古老的建筑和姿态各异的尸体都完好地保存着，这一史实已为世人熟知，庞贝古城至今仍是意大利著名的游览圣地。

20 世纪最具破坏性的火山碎屑流是 1902 年发生在马提尼克岛北部的培雷火山喷发所形成。这次喷发中，火山碎屑流沿培雷火山侧面以每小时 160km 的速度冲下山坡，瞬间掩埋了其山脚南 6km 的圣皮埃尔城，喷发物覆盖了全岛 1/6 的土地，全城 3 万居民全部丧生。

4. 火山有毒气体灾害

火山气体主要成分为水蒸气，同时含有有毒气体主要包括二氧化碳、硫化氢、二氧化硫以及甲烷等。这些气体在火山喷发时大量喷出，有时在火山爆发前后也不断溢出。这些气体污染空气，当浓度过大时，可直接导致人畜中毒窒息死亡。火山气体通过喷气孔或间歇性喷泉喷出。

非洲西部喀麦隆的尼奥斯湖，是一个长 1930m、宽 180m、深度 200m 的火山口湖。1986 年 8 月 21 日 21 时许，伴随巨大的轰鸣声，该湖逸出大量的火山气体，弥漫遮盖了火山口湖附近的 4 个村庄。导致 1700 个村民身亡，并有 3000 头家畜被毒死。当时曾以原因不明的事件作了报道。事件发生后，由日本、美国、法国、英国、意大利等国组成的调查组赴灾区考察。从幸存者的证言和科学调查，提示了这一灾害原因，是因喷出 CO_2 气体比空气重，从尼奥斯湖沿谷而下，使沿谷的村民窒息身亡。

近年，英国科学家通过研究提出形成印度“德干岩群”的一系列火山喷发产生的火山毒气是致恐龙灭绝的原因之一的观点。

5. 火山地震灾害

火山喷发往往伴随着地震，即为火山地震，是地震的一种类型。既可发生在火山喷发之前，也可发生在火山喷发时，是火山活动时岩浆喷发冲击或热力作用而引起的。菲律宾皮纳图博火山 1991 年 6 月 15 日大喷发前，因为监测到地震群频繁出现，引起科学家重视，成功地预警了这次喷发，提前疏散接近 4 万人群，避免了大的伤亡。

（三）间接灾害

1. 火山影响气候

火山喷发与气候变化之间是相互联系的，或者称为火山喷发的气候效应。这主要源于火山喷发出的极细火山灰进入平流层并长期悬浮于高空，直接影响太阳辐射，从而影响气候的变化。

1963年，印度尼西亚巴厘岛东部的活火山阿贡火山喷发，其后进行的高空飞行直接观测表明，平流层中的胶体微粒物质急剧增多，并向全球两侧纬度扩散。这些胶体微粒在全球上空的扩散仅用了几个月时间，多数纬度地区上空的胶体微粒物质浓度保持了两年左右。在火山喷发时，极细的火山灰和含硫气体进入大气并向上运移。在平流层含硫气体和氧发生光化学反应后与水蒸气形成硫酸微粒。高空的胶体微粒就是硫酸微粒与火山灰形成的硫酸气溶胶。这些胶体微粒能强烈地散射反射太阳辐射，观测研究证实强火山喷发后许多地区平流层气溶胶的光学厚度显著增加而太阳直接辐射明显减少，致使气候变冷。这种气候效应范围往往是大尺度的，如果火山胶体微粒来自于中纬度或高纬度，则会迅速地在一个半球范围内扩散，并缓慢渗透到另一个半球；如果火山胶体微粒来自于赤道地区，那么就在两个半球范围内扩散。故发生于低纬度和赤道地区的火山喷发对气候的影响比发生在高纬度和两极地区的火山喷发范围大。

美国东部在1783～1784年冬天的温度比过去225年的平均值下降了4.8℃。欧洲同样经历了严寒的冬天。本杰明·富兰克林认为是由于冰岛拉基火山1783年的喷发所致。印度尼西亚坦博拉火山1815年喷发，喷出数以万吨计的火山灰，升入高空，悬浮于空气之中弥月不散，结果使世界上许多地方出现异常的冬天，导致第二年极端寒冷的春天和夏天，爆发造成全球气候异常，远至北美洲和欧洲的气候也深受影响，1816年成为“无夏之年”。北半球农作物歉收，家畜死亡，导致19世纪最严重的饥荒。

另外，火山喷发物的气候效应还表现在，作为凝结核的火山灰增多而导致适当条件下的降水增加；喷发还导致大气中臭氧总量减少或破坏臭氧层。

2. 火山泥流

各种火山碎屑在火山坡体上堆积成为火山泥流等次生灾害的致灾因素。火山泥流是一种水与各种火山物质形成的混合物，火山物质包括黏土、砂和岩石碎块的混合物，其中岩石碎块的尺寸大小不一，最大可达几十米。火山泥流不是普通的泥流，其外形变化不定，密度大、黏度高，冲击速度可高达每小时100km，沿山谷下冲时具有很高的能量和搬运能力，而且其中的火山岩石碎块往往温度极高。高速下泻的火山泥流类似高速流动的湿混凝土，沿山坡奔腾而下，能影响到上百千米的下游。摧毁桥梁，掩埋房屋，人类和其他生命可能被埋葬或被漂砾击中，也有可能被高温的岩石碎块烧伤。

火山泥流是主要的火山次生之一。火山泥流发生的条件有两点：碎屑和水。碎屑一般来源于火山喷发产生并堆积于火山坡体上松散的火山灰、火山碎屑、火山砾、火山块、火山弹及破碎的熔岩等，另外火山喷发或地震引起的山崩也可成为碎屑的来源。引发火山泥流的水可以来自火山喷发导致的火山口湖的崩溃或高山冰雪融化，强烈的降雨也可导致火山泥流的发生。

哥伦比亚境内的鲁伊斯火山是安第斯山脉最北部的一座活火山，该火山历史上多次喷发，也多次发生过较大的火山泥流。最近一次为1985年11月13日的喷发。当晚，鲁伊斯火山再次爆发，这是一次中等规模的爆发（火山爆发指数VEI为3)。然而没人想到，几个小时以后，在距火山长达几十千米远的城市和乡村，超过23000人因此次火山喷发形成的火山泥流而丧命。在鲁伊斯火山的山顶覆盖了超过200km^{2}的冰川。岩浆喷发产生的火山碎屑流和涌浪使山顶的冰川融化，冰川融水与火山碎屑形成的火山泥流倾泻而下横扫了距离火山口 74km 外的阿尔梅罗城，整座城市被夷为平地，超过 23000 人因火山泥流而丧生。

3. 海啸

海啸是一种灾难性海浪，可由海底地震、火山喷发或海底滑坡引起。其中由火山喷发引发的海啸是火山灾害中的一种次生灾害。

喀拉喀托火山位于印尼苏门答腊和爪哇间的巽他海峡，海拔 813m。1883 年 8 月喀拉喀托火山爆发，在遥远的澳大利亚都能听到火山的爆炸声。火山爆发激发强大的海啸横扫苏门答腊和爪哇海岸，火山碎屑涌浪也越过 40km 的海峡到达苏门答腊，海啸致使爪哇和其他印度尼西亚的居民超过 3.6 万多人死亡。

1792 年日本云仙岳火山喷发也引发了海啸，在岛原和兵库有 15190 人死于这次火山喷发所引起的海啸灾难。

4. 环境污染

大气污染：火山灰悬浮于大气圈，影响气候的同时会形成阴霾薄雾等，降低大气能见度。例如，1783 年冰岛拉基火山的喷发造成了笼罩欧洲的“拉基阴霾”。这些漂浮的火山灰对人、畜的呼吸系统会产生不良影响，严重的时候可致人死亡。

酸雨危害：大量酸性气体随火山喷发进入大气，致使形成酸雨，毁坏农作物，污染土壤和水体。

水体污染和土壤污染：含有毒有害成分的火山灰、火山气体等与水体、土壤接触产生污染。例如，1783 年冰岛拉基火山的喷发，从冰岛到叙利亚都出现由于喷发引起的薄雾，薄雾使草地受到氟污染，而吃了青草的家畜大部分死亡。

5. 饥荒和疾病

饥荒和疾病是类似于大的地震、火山等大灾难后常出现的社会现象。火山喷发摧毁了农田和城市，造成人类生存资源短缺、环境污染恶化、疫情蔓延，进而产生饥荒、疾病等问题。

三、火山资源

火山喷发对人类和地球环境的影响具有双重性，既给人类带来巨大的灾难，同时也带来丰富的可开发利用的资源。

（一）丰富的地热资源

火山喷发释放了大量地球内部热能，火山和地热是一对孪生兄弟，相伴而生。火山活动强烈则地下岩浆系统活跃，高温岩浆将热能通过加热地下水、气体或岩石传递到地表，成为人类可开发利用的清洁能源，冰岛就是其中典型的例子。冰岛有几十座活火山分布，其地热非常丰富，地下“热田”分布于岛上各处。冰岛最有名的地热田有 4 个，其中 3 个的温度分别为 220 ℃ 、280℃、260℃。最大的地热田面积为 70km^2。冰岛利用地热建立地热温室，培育各种热带作物和鲜花；利用地热采暖已覆盖冰岛人口的 70%，首都雷克雅未克因此成为世界上最清洁的“无烟城市”；地热发电、热水供应等均是地热资源利用的途径。

（二）肥沃的土壤资源

发育在火山灰母质上的各种土壤是世界上最为肥沃的土壤之一。主要分布于世界上火山活动较频繁的地区。这种土壤孔隙度高，质地较粗，含有大量火山起源的矿物，尤其是来自于地下较深处的矿物质成分，因此火山灰土颇高，具有其他土壤无法比拟的优势。哥伦比亚是世界闻名的咖啡之国，其咖啡总产量居世界第二位，其质量优异的软咖啡产量和出口量居世界首位；大西洋中的汤加，日照充足、降水丰沛，加上珊瑚礁和火山灰组成的肥沃土壤，很适合农业，故农业发达，尤其盛产香蕉；意大利维苏威附近区域的土地上种植的羽扇豆不需要施肥，产量和质量都优于其他地区，源于火山灰土壤中含有多倍的磷和钾，并且羽扇豆又具有固氮作用，另外，意大利还盛产葡萄、油橄榄和西西里岛上的柑橘。这些都与以上各国火山分布有密切的关系。

（三）多彩的矿产资源

火山活动还可形成对人类有用的矿床。大多数金属和非金属矿产的形成都直接或间接与火山作用有关。火山喷发是地下深部的岩浆急剧或缓慢经过地幔、地壳岩浆囊多阶段上升并最终喷出地表。有些岩浆本身就含有可供利用的金属或非金属矿产，当这些岩浆在上升途中遇到适宜的环境和条件时，就可能将有用组分析出形成矿产；或在岩浆囊中分异，使有用组分高度富集，随后被喷出地表形成矿床；或就地逐渐冷凝形成含矿侵入体。这些过程可形成金矿、银矿、铜矿等金属矿床，也可形成蓝宝石、红宝石、紫晶、玛瑙等名贵宝石矿产。我国蓝宝石的著名产地山东省昌乐的方山就是一个古火山口。

（四）美丽的旅游资源

火山风景是旅游资源的重要组成部分，如火山喷发所形成独特的地形地貌、湖泊森林、温泉流瀑、洞穴山色等。许多火山地区已经被当地政府开发成为著名的风景旅游区。例如，美国的夏威夷群岛和黄石公园、日本的富士山、意大利的维苏威火山、韩国的济州岛、我国的云南腾冲和长白山等地。

四、火山灾害对策

（一）火山活动的预测

减轻火山灾害应建立在深入研究火山活动，对火山喷发能作出有效监测和判断的基础上，提前采取应对措施。但全球火山带的火山分布是非常广泛的，不可能一一研究，而每个火山下伏岩浆系统各有不同。所以首先应对各处的火山进行筛选，划定高危险性火山来进行重点监控，并采用新的监测手段，综合分析，方能有的放矢，提高火山监测工作效率，给民众以准确的预报并帮助他们设防。

1. 高危险性火山识别现状

高危险性火山的识别必须依据火山的喷发特点、喷发物组成、活动前兆、喷发事件记录、所在地区的人口经济状况和自然条件等，这些资料主要来源于地质资料，其中历史记录资料具有重要的参考价值。因此这项工作会受到火山资料和研究手段的局限。1983 年联合国教科文组织发起的三个工作会议参加者在全球划出了 89 座高危险性火山，但这不是全部。

2. 火山活动监测方法

大量资料表明，火山喷发之前有明显的微观前兆现象。这些现象包括火山喷发前的地震活动、地面变形、地面热辐射变化以及自然要素化学成分变化等。因此，目前多数火山活动监测方法是围绕这些前兆现象展开的。

1）地震学探测

该方法利用地震波的特性，探测绘制火山内部岩浆系统分布状况的方法。岩石内部震动会激发地震波，S 波是不能在液体中传播的。利用这一特性，科学家通过在火山附近制造的爆炸激发山体内部产生地震波，并记录它们在山脉中穿梭的行迹。地震波速度的变化会揭示出山脉结构中的不连续性，如含隐藏在固体岩石中的熔化岩浆库。据此可以勾勒出内部岩浆体的形状并监测岩浆体位置的变化。美国莱斯大学地球物理学家 Alan Levander 介绍说，如果人们能获得一个连续、活跃的岩浆系统从上到下的图像，那么便在理解火山机理的道路上前进了一大步。利用地震学探测方法已经成为火山监测的主要方法。

2）大地形变测量

岩浆喷出可能导致地面变形，通过监测地面形态和标高的变化可监测火山活动。借助的仪器主要有测距仪、倾斜仪、体积应变仪、卫星定位系统等先进设备。

3）地温测量

火山周围地区的地面温度在大喷发之前有所改变，利用红外遥感技术，可探测火山附近地面温度的微小连续的变化。

4）地电场及地磁场的监测

岩浆体因岩浆流动而变化可能引起岩石电阻率的变化，从而改变地球的弱电场。利用天然电流或人工电流的方法均可监测地电场的变化。

在热作用下，岩石中磁性形成的磁场强度将会突然降低。因此也可利用这种热磁效应进行火山活动监测。

5）地球化学方法

这种方法是监测火山及其附近的大气、地下水、土壤中的化学成分来监测火山活动。其依据是伴随火山活动，有大量的气体溢出，其成分对地表自然要素化学组成成分产生改变。

（二）防灾减灾对策

1. 加强监测，及时预报

在做出火山喷发的监测判断后，通过政府预报火山喷发活动的时间、地点、强度，以及喷发方式和危害范围。并根据情况及时疏散人群是最有效的方法。例如，1979 年在美国圣海伦斯火山的北坡产生过一个圆丘，1980 年 5 月 18 日大爆发前，该圆丘竟以每天 45cm 的速度增长。美国在此周围设有 13 个观测站，最终准确地做出了预报，而火山的爆发就是从掀去这个圆丘开始的。但由于提前作了预报，当地政府及时疏散了居民，关闭了旅游区，才使火山爆发时没有造成人员伤亡。

2. 熔岩流和火山泥流的阻隔

避免流体对附近人群聚集地的危害，目前人们使用的工程方法有爆炸法、堤坝法、冷却法等。爆炸法是选取爆破点，引导流体流向来避免流体到达保护区的一种做法；堤坝法是采用抗高温、抗冲击的材料在流体流路上设置人工堤坝障碍，来改变流体流向，保护人群；冷却法是向熔岩流喷水冷却熔岩流，使其冷却成岩，停止流动。这些方法中有成功的案例也有失败的案例。在采用任何一种方法之前，都应对火山附近的地形、保护区分布等情况了解清楚。例如，1669 年西西里岛的人们在埃特纳火山熔岩流灾害中，用堤坝法阻挡改变熔岩流方向以保护卡塔利亚城，但改道后的熔岩流却使另一个村庄受到威胁。

3. 合理建设建筑物，提高抵御火山灰堆积掩埋灾害的能力

火山灰掩埋压塌房屋，并带来人员伤亡的情况可以通过改造建筑物来改变。例如，将平顶建筑物改为斜坡顶建筑，减少房顶火山灰堆积量；或将房屋建设强度提高，使其能抵御较多火山灰堆积带来的破坏力。

第四节　山地地质灾害

山地地质灾害是地质灾害中的重要一类，主要发生于地形起伏较大，切割强烈的山区。指在重力作用下，斜坡上的表层物质向下运动，形成给人类自身及生存环境带来灾害的地质过程，主要包括崩塌、滑坡、泥石流灾害（简称崩滑流）。山地地质灾害也就是过去所说的狭义的地貌灾害，或叫做块体运动灾害。由于我国是一个山地面积广阔的国家，山地占我国陆地总面积的 2/3，加上气候变化剧烈，人类负面加积作用的影响，我国是一个山地地质灾害频繁的国家。

一、崩塌

（一）定义及特征

1. 定义

在陡峻的斜坡上，岩土体与母岩脱离，在重力作用下发生突然沿坡向下急剧倾倒、崩落的现象（图 3.8）。发生向下运动的岩土体成为崩塌体，崩塌体堆积于坡脚形成倒石堆。崩塌若发生在人群活动区，常常会砸毁、掩埋房屋和其他工程设施，危害人类生命财产安全，成为山区里对人类损害较大的一类灾害。

崩塌作用是重力地质作用的一种，按照崩塌体运动的方式，崩塌作用的表现一般分为两个亚类：滚落和坠落。

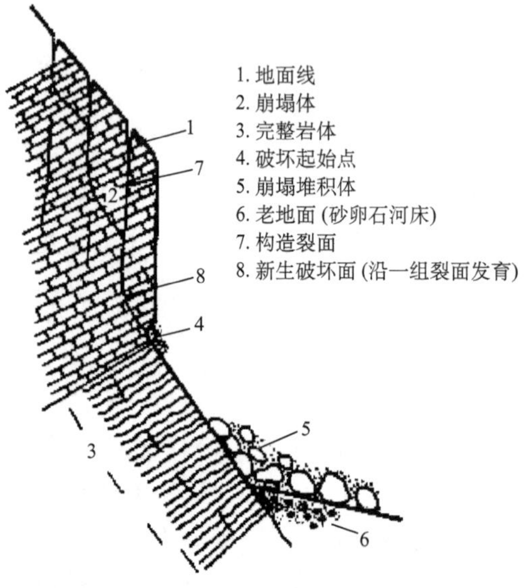

图 3.8　崩塌示意图

2. 崩塌的特征

崩塌是一种突发性的山地地质灾害，它具有以下特征。

（1）崩塌体脱离母岩而运动，崩塌后的崩塌体堆积于坡麓，就与母岩体的相对位置是分离的。

（2）爆发突然，下落速度快。崩塌体的运动速度很快，有时可以达到自由落体的速度。

（3）下落过程中崩塌体自身的整体性遭到破坏。落到坡麓地带的崩塌体各部分相对位置完全打乱，呈现大小混杂堆积的情况，只有较大岩块滚落较远，形成锥状倒石堆。

（4）崩塌体运动位移以垂直位移为主，垂直位移量大于水平位移量。

崩塌运动的形式主要有两种：一种是脱离母岩的岩块或土体以自由落体的方式而坠落，另一种是脱离母岩的岩体顺坡滚动而崩落。

（二）形成条件和触发因素

崩塌形成的原因需要解析其形成条件和触发因素，地貌和地质条件是形成崩塌的基本条件，气候条件和人类活动往往成为触发因素。

1. 地形地貌条件

地貌条件中坡度对崩塌的影响最为明显，同时斜坡高度和形态以及有效临空面也制约崩塌的规模和方式。一般碎屑组成的山坡，坡度需要超过碎屑的休止角方能发生崩塌，而坚硬岩石组成的山坡，坡度一般要达 50°～60°才能发生。不同碎屑性质其休止角有可能不同，岩屑的休止角较小，坡度在 30°以上就可能发生移动；结构致密的原生黄土则需要 50°以上的坡度才行。斜坡高度控制着崩塌的规模，较大规模的崩塌发生在切割较大的峡谷地区，相对高度超过 50m，发生大型崩塌的几率显著增加。位于河岸、海岸、水库库岸等部位的岩石边坡，因河水、海浪和库水冲掏岸脚，上方容易形成有效临空面，岩石坠落形成崩塌。

2. 地质条件

首先是岩性。坚硬的岩石抗风化能力强，常常形成较为陡峻的斜坡，若有构造节理发育的极易与母岩分离发生崩塌，如石英砂岩、砂砾岩、岩浆岩、变质岩以及密实的黄土等形成的崩塌，这类崩塌不但数量多，而且一般规模都比较大，造成的灾害比较重。相反软弱岩石易遭风化剥蚀，坡度较缓，发生崩塌的几率会下降。另外，岩性结构还会影响到崩塌体的休止角，某些岩性结构致密的岩石需要很大的坡度才能发生崩塌，而岩性结构疏松破碎的岩石很容易发生崩塌。

其次是岩层结构。岩层中的断层面、节理面、片理面等的发育和组合对崩塌活动影响甚大。若结构面发育，发生崩塌的概率增大。结构面的倾向与坡向相同，极易发生大规模的崩塌。结构面方向各异容易将岩石切割成大小不等的岩块，故经常发生规模不等的崩塌。

地质构造也影响崩塌活动。断裂构造和褶皱构造是两大地质构造，它们出现的地方都是地壳相对活跃的地方。大的断裂带往往岩层错动强烈，地表山体表面岩石破碎，山谷切割深刻，容易产生崩塌或在断层活动的诱发下产生崩塌，孕育大型崩塌的可能性也极高。褶皱产生张裂隙的部位，如核部，是容易风化的部位所在，岩石破碎堆积于坡地上，是发生崩塌的潜在因素。褶皱两翼的坡角越大，产生大崩塌的可能性也越大。

3. 气候条件

气候条件既是一种形成条件，在一定的情况下也是一种触发因素。在一些气候要素变化剧烈的地区，如干旱半干旱区，温度的剧烈变化导致物理风化强烈发生，岩石破碎堆积于斜坡上，在其他条件满足的情况下导致形成崩塌。另外，暴雨现象又使坡体水流作用加强，岩石裂隙因浸水而降低抗剪强度，同时坡面水流冲刷使崩塌体失稳，是崩塌发生最为重要的诱发因素。自然触发因素还包括地震触发崩塌。

4. 人类活动

人类活动若较大地改变斜坡状态，容易触发崩塌发生。例如，过分开挖边坡坡脚，改变斜坡外形，使上部岩石临空失去支撑；开矿、修路、水电站、爆破等建设活动对自然边坡形态产生破坏，坡面上植被的破坏使岩土裸露等，导致崩塌越来越严重。

（三）崩塌的分类

1. 按照崩塌发生的地貌部位和物质运动状态分类

其可分为崩塌（山崩、散落）和坍岸。坍岸是发生在特殊地貌部位的崩塌类型，一般发生在河岸、湖岸、（水）库岸或海岸边的陡坡。岸坡坡脚位置因为长期与水流接触，被侵蚀掏空，上部岩土失去支撑发生的崩塌。例如，岩石海岸边海蚀崖的形成和后退就伴随着岸边的崩塌作用。

更多的崩塌发生在山地斜坡。根据规模和运动形态又包括山崩和散落两种。山崩是山地地区常发生的一种大规模的崩塌现象。表现为高峻陡峭的山坡上，大量变形块体从陡峭的崩落面上急剧倾倒、翻落卸下，崩塌体可达数十万立方米，造成建筑物、植被、道路的严重毁坏。散落是斜坡上的不稳定碎屑岩块沿坡向下跳跃式崩落或滚落，或零散或成群，规模较小，往往是大型崩塌的序曲或余波。散落虽然规模小，但由于其下落运动带来的冲击力，对交通安全的威胁也是非常大。

2. 按照崩塌发生成因分类

崩塌过程受多因素影响，刘传正先生在研究崩塌和滑坡灾害的成因分类时，按照灾害发生的主导因素或激发条件进行了分类。基于主导因素优先的原则，将崩塌滑坡灾害成因类型划分为降雨引发型、地震激发型、自然演化型、冻融渗透型、地下开挖型、切坡卸荷型、工程堆载型、水库浸润型、灌溉渗漏型和爆破震动型 10 种（表 3.5）。

表 3.5　中国崩塌滑坡灾害成因类型（刘传正，2014）

成因类型	作用机理	破坏模式	运动特征	危害方式
降雨引发	岩土软化、渗流作用、浮托作用、水楔作用	塑性流动、平面滑移、楔形冲出、结构崩溃	崩塌、滑坡、碎屑流	冲击、摧毁、压覆、堵河
地震激发	反复拉张、快速剪切、瞬时抛射	层间脱离、脆性剪断、脆性拉断	弹射、崩塌、落石、滑坡、碎屑流	冲击、摧毁、压覆、堵河
自然演化	物理风化、化学风化、生物风化、断裂活动	渐进式松动、开裂、蠕动、滑移	崩塌、落石、滑坡、碎石流	冲击、摧毁、压覆
冻融渗透	裂缝张开、岩土软化、渗流作用	开裂、蠕动、滑移、坐落、冲出	崩塌、滑坡、碎屑流	冲击、摧毁、压覆
地下开挖	悬板张裂、裂缝张开、倾斜滑移	倾倒、滑移、坐落	崩塌、滑坡	冲击、摧毁、压覆
切坡卸荷	前缘卸荷、支撑弱化	坐落、牵引	崩塌、滑坡	冲击、摧毁、压覆
工程堆载	后缘推动、激发	推移、蠕动、崩溃	滑坡、碎屑流	冲击、摧毁、压覆
水库浸润	软化作用、浮托作用、地下动水压力变化	平移、推移、坐落	滑坡	冲击、摧毁、涌浪、堵河
灌溉渗漏	软化作用、浮托作用	滑移、坐落	滑坡	冲击、摧毁、压覆
爆破震动	疲劳损伤、动荷激发	松动、蠕动、脱离、垮塌	崩塌、落石、滑坡	砸落、冲击、摧毁

3. 按照崩塌体物质分类

其可分为岩崩和土崩两类。

二、滑坡

（一）定义及特征

1. 定义

坡面上大量土体、岩体或其他碎屑堆积物，主要在重力和水的作用下，沿一定的滑动面做整体下滑的现象称为滑坡。俗称“垮山”“走山”“地滑”“土溜”等。滑坡是斜坡岩土体沿着贯通的剪切破坏面所发生的滑移地质现象，通常是在暴雨、地下水和地表水活动、地震及人工切坡等因素触发形成的。规模大的滑坡一般是缓慢的、长期的往下滑动，有些滑坡滑动速度也很快，其过程分为蠕动变形和滑动破坏阶段，但也有一些滑坡表现为急剧的滑动，下滑速度从每秒几米到几十米不等。滑坡多发生在山地的山坡、丘陵地区的斜坡、岸边、路堤或基坑等地带。

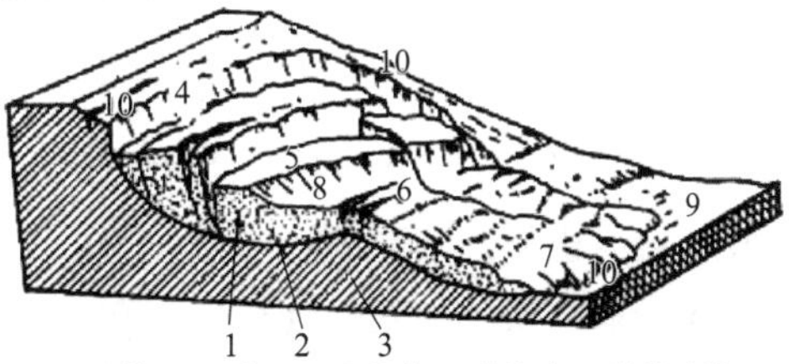

1. 滑坡体 2. 滑动面 3. 滑坡床 4. 滑坡壁 5. 滑坡阶地 6. 滑坡鼓丘 7. 滑坡舌 8. 滑坡洼地 9. 滑垫面 10. 滑坡裂缝

图 3.9　滑坡的形态结构示意图

滑坡的形态不一，一个发育完全的典型滑坡，一般具有以下结构（图 3.9）。

（1）滑坡体：产生滑动移位的那部分岩土

体，也称滑体。其上的树木随土体滑动而歪斜，称为醉树。由于是整体滑动，滑坡体在滑坡过程中大体保持原来的结构。滑坡体体积大小不一，最大者可达数十亿立方米。

（2）滑动面：滑坡体与下伏未滑动岩层之间的分界面称滑动面，滑动面的边界便是滑坡体与周围不动岩土体之间的分界线，称为滑坡周界。滑动面在均质土体中一般呈半圆弧形，上陡下缓，中部接近水平，前端出口处常形成逆向的反坡。若在滑坡体内孕育了次一级的滑坡，则可观察到次一级的滑动面。

（3）滑坡床：滑动面以下的稳定未滑动的岩土体。

（4）滑坡壁：滑坡体下滑使滑动面上部部分出露，称为滑坡壁。滑坡面上陡下缓，滑坡壁一般是一个陡崖壁，其高度代表滑坡体下滑的距离。滑坡壁上的擦痕为滑坡体沿滑坡面下滑摩擦所致。

（5）滑坡阶地：由于滑动速度的差异，滑坡体在滑动方向上常孕育产生次一级的滑坡，使滑坡体分裂为两个或几个错台，形似阶地，称为滑坡阶地。

（6）滑坡鼓丘和滑坡舌：滑坡体前端在平面上形成舌状突出，称为滑坡舌；滑坡舌常因运动受阻，挤压鼓起，形成了滑坡鼓丘，滑坡鼓丘也是滑体推挤作用而形成的结果。

（7）滑坡洼地：在滑坡壁下部和滑坡鼓丘反坡处形成的洼地，有时，滑坡洼地可积水成湖，称为滑坡湖。

（8）滑垫面：指滑坡体滑出滑动面前缘出口后继续滑动和停积的原始地面。

（9）滑坡裂缝：由于应力作用，滑坡体在变形和滑动过程中在滑坡壁后缘产生环状拉张裂缝；在滑坡体中部及两侧形成剪切裂缝；在滑坡鼓丘表面形成鼓张裂缝；在滑坡舌部形成扇形张裂缝。

2. 滑坡的特征

同样是斜坡变形运动灾害，同崩塌相比较，滑坡的形成过程和形态特征与其有显著的区别。

（1）滑坡过程速度可快可缓，时间上有的是瞬间完成，也有的较大规模滑坡也可能持续几年或更长的时间。

（2）滑坡过程中滑坡体很少完全脱离母岩岩体，沿滑坡面下滑的滑坡体停滑后总有一部分残留在滑床上而不会完全脱离。

（3）滑坡运动位移方向。与崩塌过程垂直位移量大于水平位移量的特征不同，发生滑坡的变形块体以水平位移为主，其水平位移一般大于垂直位移量。

（4）滑坡体在滑动过程中和停滑后，滑坡体内各物质组成部分的相对位置基本不变，保持原有结构和相对完整。但滑坡体和滑坡面的不同部位出现各种裂缝。

（二）滑坡的形成条件和触发因素

滑坡与崩塌二者都是斜坡失稳现象，并具有类似的形成条件。滑坡的形成与地形地貌、地质条件、地下水的活动、气候条件紧密相关，地震、不合理的人类活动或极端气象条件往往成为滑坡的触发因子。

1. 地形地貌条件

产生滑坡的基本条件是有坡，但坡的高度、坡度、形态是决定是否能形成滑坡的关键。高陡的斜坡比低缓的斜坡更容易失稳而发生滑坡，但与崩塌有异的是，对于滑坡来讲斜坡的坡度不是越大越好。一般 15°～50°的斜坡，既能造成下滑力的增强，又有利于地表水渗入地下，因而是最有利于滑坡的形成和发展。大于 50°以上的斜坡一般出现崩塌灾害。另外，一般斜坡地貌起伏和缓、植被覆盖较好的，大多数坡体稳定，不容易发生滑坡。若是斜坡上部的软弱面形成临空状态，无疑是最大限度地加大了下滑力并减小了抗滑力，使临空面上部岩土体处于不稳定状态，容易产生滑坡。山区河流的凹岸被流水冲刷侵蚀，就会容易在坡的下部淘空后形成上部软弱面的临空。

山间谷地、环形谷地和江河湖海、水库沿岸以及铁路、公路等工程边坡是滑坡活动的有利场所。

2. 地质条件

岩性与滑坡。不同的土体、岩体在工程力学特征上不同，他们的抗剪强度、抗风化、抗软化、抗冲刷的能力也不同，发生滑坡的频率就有区别。松散堆积层的滑坡主要与黏土有关，特别是和蒙脱石、伊利石和高岭石等黏土矿物的关系更为密切，浸水后黏结力降低，大大增加了其可滑行。基岩滑坡主要与千枚岩、页岩、泥灰岩、云母片岩、绿泥石片岩、滑石片岩、碳质页岩等遇水容易软化的岩石有关，这些地层常被称为易滑地层。易滑地层岩性软弱，在水和其他外营力作用下易形成滑动面，从而具备了滑坡的基本要素。

地质构造与滑坡。滑坡与地质构造的关系主要有两个方面：一是活动性的地质断裂带往往在内外力共同作用下破坏山体整体结构，造成更多的结构面，因此滑坡往往在地质断裂带沿山体走向成群分布；二是各种软弱结构面控制滑坡发生的范围与规模。岩层的各种结构面，如岩层面、片理面、节理面、断层面、不整合面等常常构成软弱结构面并形成滑动面，特别当结构面的倾向与坡向一致，岩层的倾角又小于斜坡的坡角时，最易发生滑坡。

3. 地下水的作用

地下水浸入坡体产生两方面的作用，一是增加滑坡体含水量从而增加滑坡体的重量，加大下滑力；另一方面浸入结构面后减小结构面抗滑力的作用。地下水可以通过软化岩土来降低岩土体的强度，有些岩体中含有软弱夹层，遇到水迅速软化，就破坏了坡体的稳定性；地下水还可产生对上覆岩层的浮托力，当地表水渗入到基岩面或弱透水层，不易下渗时，就在该处形成地下潜水流，都能减小结构面的抗滑力。因此，地下水的作用是促使滑坡发生的极重要的原因。实验证明，当黏土的含水量增加至 35％时，抗剪强度会降低 60％以上，极易促滑滑坡体。

4. 气候条件

大气降水会引起地下水的变化，大雨、暴雨使地下水活动异常活跃，很多地区出现“大雨大滑，小雨小滑”的现象。所以，强烈的大气降水过程既促成滑坡的形成条件，也同时成为促滑的触发因素。据建工部门 1972 年的统计，在 114 个滑坡中，引起滑动的原因 90％都与降雨有关。但需要注意的是滑坡通常在降雨后一段时间才发生，这是因为降水转变成为地下水要经过一段时间的渗透过程，因此在时间上有一个滞后性。

5. 地震诱发

地震冲击通过松动斜坡岩土体结构造成破裂面和引起软弱面错位等多种方式，降低斜坡的稳定性，反复作用所造成之后果的累积则可导致斜坡的失稳。震动作用还可能使本身脆弱的斜坡在大地震触发下直接发生滑坡。

6. 人类活动

人类活动大都因为人工开挖，破坏斜坡稳定性而使滑坡体发生滑动。此外，人工在坡顶堆积废渣土，加大坡顶荷载可引发滑坡；人工爆破或将水排入滑坡裂缝中，也将促使滑坡体产生滑动。

（三）滑坡的发育阶段

滑坡的发生和发展一般可分为蠕动变形、剧烈滑动、压密稳定 3 个阶段。

1. 蠕动变形阶段

斜坡内较软弱的岩土体首先因抗剪强度小于剪切应力而发生变形，在坡肩附近及坡体某些部位出现拉张裂缝，拉张裂缝的出现使渗水作用加强，变形进一步发展，两侧剪切裂缝和坡体内局部剪切破坏面亦随后出现，滑动面基本形成。随着变形继续进行，后缘拉张裂缝进一步加宽，错距不断增大，两侧剪切裂缝贯通，变形体整体往下蠕动并使前缘岩土体受推挤而鼓起，并出现大量鼓胀裂缝。从发生斜坡变形到裂缝贯通、滑动面形成这一阶段叫做蠕动变形阶段。一般来说滑坡的规模越大，这个阶段的历时越长。

2. 剧烈滑动阶段

滑动面贯通后，滑坡体与滑床就完全分离了，滑坡体此时在滑坡面上处于极限平衡。若坡体内的剪切应力继续增加，则滑坡裂缝继续扩大，滑坡后缘明显下陷，滑坡壁出露，滑坡前缘出现鼓胀裂缝和鼓丘，预示滑坡体即将滑动。该阶段滑坡体的滑动速度取决于滑动面抗滑力与滑坡体下滑力之间的对比关系。若滑动面抗滑强度减小不明显或下滑力增大不明显，则滑坡不会急剧下滑，一般每天滑动几毫米。但若有较强的触发因素，使滑动面抗滑强度明显小于下滑力，滑坡就会以每秒几米甚至几十米的速度迅速下滑。高速下滑的大型滑坡下滑过程中常伴有气浪，产生更大危害。

3. 压密稳定阶段

经过下滑位移，滑坡体变形，重心降低，运动受阻使抗滑力逐渐增大，滑动越来越慢并趋于稳定。滑坡停滑后，在重力作用下滑坡体内物质逐渐压实紧密，地表裂隙逐渐闭合。坡体滑坡壁因后期发育崩塌逐渐变缓。当滑坡坡面变缓、滑坡前缘无渗水、滑坡表面逐渐生长植物时，说明滑坡已基本稳定。这一阶段可能延续数年之久。已停息多年的老滑坡若遇到特别突出的诱发因素，如强烈地震或暴雨，还会重新活动。

不同滑坡的阶段性表现不一样，有的活动过程缓慢，长达几年或几十年，三个阶段完整分明；有的活动过程非常急促短暂，只有几天甚至几分钟；有的滑坡具有长期反复活动或周期性活动特点，经过多次活动才达到最终稳定。掌握滑坡活动过程和活动特点，可以更科学地对其进行监测、预报和预防。

（四）滑坡的类型

为了更好地对滑坡的认识和治理，需要对滑坡进行分类。但由于自然界的地质条件和作用因素复杂，各种工程分类的目的和要求又不尽相同，因而可从不同角度进行滑坡分类。

（1）根据滑坡主要组成物质分类，可分为土质滑坡和岩质滑坡（基岩滑坡）。其中，土质滑坡又可进一步细分为黏土滑坡、黄土滑坡和碎屑堆积层滑坡。

（2）根据滑动面与岩体结构面的关系分类，可分为顺层滑坡和切层滑坡。顺层滑坡是指在顺层斜坡中，沿已有的结构面发生滑动而形成的滑坡。切层滑坡是滑动面与岩体构造面斜交的滑坡。多发生在构造面近于水平的平迭坡。

（3）根据滑坡运动性质分类，可以划分为牵引式滑坡、推动式滑坡和混合式滑坡。牵引式滑坡是斜坡下部岩土体首先失稳滑动，牵引上部滑坡体发生滑动；推动式滑坡是斜坡上部首先发生滑动，推动斜坡中下部发生滑动的情况。二者结合在一起的形态称为混合式滑坡。

（4）根据滑坡发生滑动的年代分类，可分为古滑坡、老滑坡、新滑坡和正在发展中的滑坡。

（5）根据滑坡体的厚度分类，可分为浅层滑坡（厚度仅数米）、中层滑坡（厚度为数米到 20m）、深层滑坡（厚度在 25～50m）和极深层滑坡（厚度大于 50m）。

（6）根据滑坡产生的主导因素分类，刘传正先生将滑坡分为降雨引发型滑坡、地震激发型滑坡、自然演化型滑坡、冻融渗透型滑坡等 10 种（表 3.5）。

三、泥石流

（一）定义及特征

1. 定义

泥石流是在山区突然爆发、历时短暂、含有大量泥沙和石块等固体物质并具有强大破坏力的特殊洪流。有些地方称之为“山洪”“龙扒”等。泥石流含有大量的固体物质，固体物质的体积含量大多超过 15%，最高可达 80%左右。容重一般在 1.3～2.3t/m^3。

泥石流是脆弱山区一种常见的山地地质灾害现象，国内外不同学者提出了多种定义，我国学者吴积善先生认为，泥石流是脆弱山区介于挟沙水流与滑坡体之间的土、水、气混合流。这个定义明确了三层含义：①泥石流发生在脆弱山区，是这些区域的主要自然灾害，特别是在地形起伏剧烈、新构造运动强烈、暴雨集中的山地高原地区尤其发育；②泥石流介于挟沙水流与滑坡体之间，既不属于挟沙水流，也不属于滑坡体；③泥石流是土、水、气混合流，系三相流，由于气体含量甚微，可忽略不计，故一般视为二相流。这个定义没有说泥石流是一种块体运动，或者是洪流，因为稀性泥石流不属于块体运动，而高黏性泥石流也不能视为洪流。

2. 泥石流的特征

1）爆发突然，来势凶猛

灾害性泥石流常常突然爆发，特别是在暴雨等强降雨过程的触动下，从强降雨过程到泥石流爆发的间隔时间仅仅十几分钟至几十分钟。例如，2010 年 8 月 7 日晚 11 时左右，甘肃甘南藏族自治州舟曲县城东北部山区突降特大暴雨，降雨量达 97mm，持续 40 多分钟，引发三眼峪、罗家峪等四条沟系特大泥石流灾害。泥石流长约 5km，平均宽度 300m，平均厚度 5m，总体积 750 万 m^3，流经区域被夷为平地，遇难和失踪人数上千。突然爆发的泥石流往往携带巨大石块，并且高速前进，来势凶猛，破坏性极大。一般泥石流的全过程为几个小时，短的只有几分钟，速度较快。例如，滇北蒋家沟泥石流的一般流速为 6～10m/s，除非提前预警疏散转移，否则很难避免伤亡。

2）能量大，冲淤强烈

泥石流是物质和能量逐渐积累，快速释放的一个过程。在下泄的过程中，位能迅速转化为动能，加之固态物质含量高，黏性泥石流容重可达 2.3t/m^3，携带巨大的石块快速运动，冲击力特别强。这显示出泥石流强大的搬运能力。2010 年 8 月 18 日发生在云南省贡山县普拉底乡东月谷村的泥石流灾害，仅冲出泥石流堆积物就达 60 万 m^3；同年发生在四川省绵竹市清平乡文家沟的特大泥石流灾害，高容重的黏性泥石流依次冲毁沟内 19 座谷坊和 1 座拦挡坝，形成淤厚达 12m 的堰塞坝，完全阻断了绵远河。泥石流巨大的搬运和冲淤作用对桥涵、村庄、河道等形成严重威胁。

3）弯道直进和遇障爬高

泥石流不同于洪水，由于容重大，运动兼有挟沙水流和滑坡的运动特性。尤其是黏性泥石流，黏度越大，结构性越强，故在黏性泥石流运动的过程中，会出现阵流现象，前锋高而陡，形成高几米至十几米的“龙头”，具有明显的惯性、直进性和遇障爬高的特性。在遇到沟道急弯时不会如水流一样转弯，而是在惯性作用下取道直进，有时甚至裁弯取直。在遇到阻碍物时，由于直进性的特点，泥石流高高抛起“龙头”，出现冲击爬高的现象，爬背越岸，摧毁障碍物后的各种目标。

4）明显的季节性

地形、碎屑物储备和水源是泥石流形成的三个基本条件，但是具备这三个基本条件不一定就能够爆发泥石流，要爆发泥石流还需要一个激发条件。在自然界，这个激发条件往往是暴雨和洪水。根据我国地质部门统计，2010 年全国死亡失踪 10 人以上的重大泥石流地质灾害事件中，其引发因素全部是降雨或强降雨引发。暴雨、洪水等现象总是受气象条件限制周期性地出现。因此，泥石流的发生和发展也具有一定的周期性，且其周期性与暴雨、洪水的活动周期大体一致。在各脆弱山区暴雨季节，往往迎来泥石流爆发高峰时期。

5）链生性和群发性

泥石流过程中常伴随对两侧岸坡的滑坡强烈冲刷，使岸坡失稳触发滑坡、崩塌产生。而滑坡、崩塌常成为泥石流的固体物源，加剧泥石流灾害。故常有泥石流—滑坡、崩塌—泥石流的循环。这是泥石流灾害链生性的表现。

一个地区内，当地质、地形条件相似时，一次暴雨常激发多条沟谷产生泥石流，体现出泥石流群发性的特点。1979 年，滇西北怒江六库、泸江、福贡、贡山和磐江等县有 40 多条沟谷暴发泥石流；1985年，云南东川小江河谷两岸有20多条支沟暴发泥石流。

（二）泥石流的形成条件

泥石流的形成必须具备三个基本条件：大量储备的松散固体物质、水源条件和地形条件。

1. 大量储备的松散固体物质

泥石流之所以不同于其他水流，就在于它含有大量固体物质。因此，储存松散固体物的场地就成为泥石流的发源地。固体物的成分、多少和补给方式，决定了泥石流的类型、性质和规模。

泥石流常发生于地质构造复杂、断裂褶皱发育，新构造活动强烈，地震烈度较高的地区。地表岩石破碎，崩塌、错落、滑坡等不良地质现象发育，为泥石流的形成提供了丰富的固体物质来源；另外，岩层结构松散、软弱、易于风化、节理发育或软硬相间成层的地区，因易受破坏，也能为泥石流提供丰富的碎屑物来源；一些人类工程活动，如滥伐森林、开山采矿、采石弃渣水等均会造成，往往也为泥石流提供大量的物质来源。

2. 水源条件

泥石流中的水源来自集中降水、快速冰雪融化和冰湖或水库溃决等。水体对松散固体物质进行浸润、冲蚀，使他们成为流塑状态。我国西南山区，夏季多暴雨，在切割强烈、地表破碎的区域，是每年夏季泥石流的高发区。

3. 地形条件

陡峻的沟谷是泥石流发育的地貌轮廓，山体相对高大、河流切割强烈常为形成泥石流提供了地形条件。典型的泥石流沟谷除了满足坡度和沟床纵坡降条件外，在形态上由上到下分为形成区、流通区、堆积区三个部分（图3.10）。上游形成区多三面环山一面出口的围椅状、漏斗状或树叶状，地势比较开阔，周围山高坡陡，植被生长不良，有利于水和碎屑固体

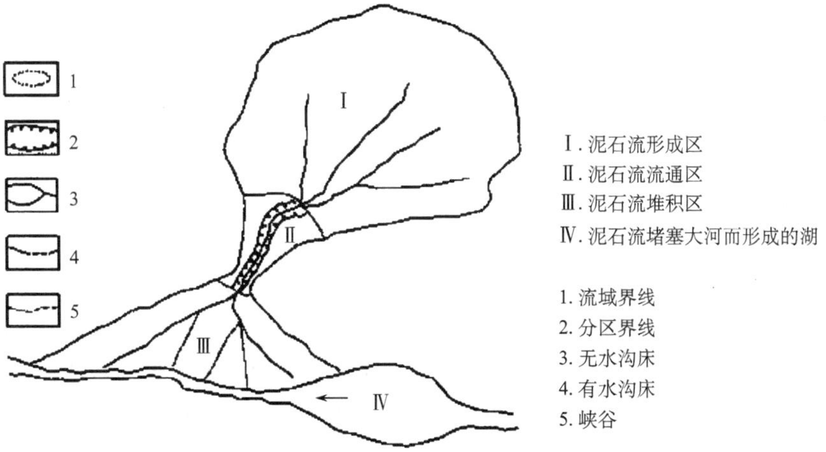

图3.10 典型泥石流流域示意图

物质聚集；中游流通区的地形多为狭窄陡深的峡谷，沟床纵坡降大，使泥石流能够迅猛直泻；下游堆积区的地形为开阔平坦的山前平原或较宽阔的河谷，使碎屑固体物质有堆积场地。

泥石流的形成过程中，以上三个条件是基本条件，缺一不可。其他自然要素和人为活动都通过这三者来对泥石流的形成产生作用。

（三）泥石流的分类

泥石流可以从不同的角度进行分类，较为常见的一种划分方法是依据泥石流的物质结构和流态特征，将泥石流分为稀性泥石流和黏性泥石流两类。

1. 稀性泥石流

稀性泥石流固体物质含量较低，一般为10%～40%，黏土含量少，容重为1.3～1.7t/m^3，泥浆黏度小于0.3Pa·s。在稀性泥石流中，水和固体物质不稠结成一体，水是搬运介质，石块以滚动或跃移方式前进，固液两相作不等速运动，有垂直交换，具有紊流性质。它与含砂量较大的洪流在动力特点上类似，阵性不明显，不易造成沟谷阻塞现象。但具有强烈的下切作用，常在短暂的时间内把黏性泥石流填满的沟床下切成几米或几十米的深槽。水与浆体沿程易渗漏、散失，其堆积物在堆积区呈扇状散流，停积后似“石海”。

2. 黏性泥石流

黏性泥石流固体物质含量较高，一般为40%～60%，容重为1.7～2.3t/m^3，其中粉砂、黏土含量较多，泥浆黏度很大。在黏性泥石流中水不是搬运介质，而是组成物质，与固体物质稠结成一个整体，固液物质无垂直交换，作等速运动，具有层流性质。承浮和托悬力大，能使比重大于浆体的巨大石块或漂砾呈悬移状（在特殊情况下，人体也可被托浮悬移，1939年7月四川汉源流沙河泥石流，将一位老太婆浮运1.3km），有时滚动，沿程渗漏不明显，流体阵性明显，有堵塞、断流和浪头现象。黏性泥石流流体直进性强，并遇障爬高，爬背越岸摧毁各种目标。爆发突然，持续时间短，常常带来巨大的破坏。

四、崩塌、滑坡、泥石流的危害

（一）对村镇的危害

崩滑流灾害通过冲击、淤埋等方式对处于影响区的村镇的房屋、设施等产生毁坏，并危及人的生命安全。村镇是人口、经济相对集中的地方，甚至有一些村落就建设在泥石流扇上，发生崩滑流灾害，容易造成较大的损失。

2010年8月7日晚，甘肃省舟曲县城北的三眼峪沟和罗家峪沟发生特大山洪泥石流，泥石流冲出山口后向2km外的白龙江奔流的过程中，造成月圆村和椿场村几乎全部被毁，三眼峪村和罗家峪村部分被毁，泥石流冲入舟曲县城城区和白龙江后，造成二十多栋楼房损毁，河道被淤填长度约1km，江面水位壅高、回水使舟曲县城部分被淹，县城交通、电力和通信中断。人员伤亡和经济损失严重。

重庆市是著名的山城，崩塌、滑坡灾害严重。1985年王家坡发生滑坡灾害，造成102

户居民被迫搬迁，并严重危及重庆火车站的安全；1998 年 8 月中旬，重庆市巴南区麻柳嘴镇和云阳县帆水乡大面村分别发生特大型滑坡灾害，500 户房屋全部被毁，1000 多人无家可归，直接经济损失超过 8000 万元。

（二）对交通运输的危害

山区崩滑流灾害将大量山上的物质搬运到坡脚，伴随能量的释放，产生强烈的冲击、阻塞、淤埋。山区公路、铁路、河道和人类的交通活动因此受到较大危害。常造成路基破坏、道路阻塞或掩埋铁路线等。崩滑流物质进入河道，土石方量大的时候甚至阻塞河流，造成断航，或将固体物质带入河道，增加河流泥沙含量，於高床底，使通航能力下降。突发的崩滑流灾害对正在道路上的车辆和人也会形成严重危害。

1981 年 7 月 9 日，四川甘洛县利子依达沟发生泥石流灾害，流速高达每秒 13.2m，含直径 8m 以上的巨型块石，冲毁利子依达沟铁路大桥，使 422 次旅客列车颠覆，300 余人遇难。

1982 年 7 月 18 日，重庆云阳县鸡扒子老滑坡复活，180 万 m^3 土石滑入长江，河床填高 30 余米，江岸外移 50m，在鸡扒子航段 600m 范围内形成了三道“水坝”，严重阻碍了长江航运，仅清航整治费就达到 8000 多万元。

（三）对工厂、矿山的危害

许多工矿企业因为生产需要，建设在山区，如矿山。崩滑流是影响这些工矿企业的主要地质灾害之一。可能摧毁工矿企业及其设施，淤埋矿山坑道、伤害工作人员、造成停工停产，甚至报废。崩滑流对工矿企业造成危害，反过来，工矿企业中存在的不合理的生产活动，肆意改变斜坡结构和形态，也促发了一些崩滑流灾害，尤其是矿山。

例如，辽宁抚顺西露天采坑开挖深度达 300m，据统计，至 1985 年共发生滑坡 60 处。地处安徽沿江及巢湖地区的钢铁矿及建材矿山，在 21 个采场中发生了 40 处滑坡。甘肃白银矿露天采坑 1983 年 7 月 9 日曾发生超过 100 万 m^3 的大型滑坡。此外，广东石录铜矿、云南向阳煤矿、吉林盘石锡矿、湖北大冶铁矿等露天采场也都曾有不同规模的滑坡发生。此外，排放的煤矸石堆和废石堆也常有塌滑发生，并为泥石流灾害的形成创造条件。

（四）对农田的危害

崩滑流物质涌入田地，会毁坏庄稼，使耕地数量减少。若破坏危及农田的灌溉设施，对农田的种植也产生影响。

例如，1983 年四川喜德县后山降暴雨，激发 27 条溪沟形成泥石流，淤埋上千亩[①]农田，淤埋长达 4km。1983 年 3 月 7 日，甘肃省东乡族自治县洒勒山发生了罕见的高速、远程大型滑坡，坡体覆盖范围南北长 1600m，东西宽 1700m，面积约 1.4km^2，土石方达 5000 万 m^3。巨大的滑坡体在一两分钟内完成滑坡，最大滑动速度 19.8m/s。毁坏耕地 1.67km^2，两座小型水库被於埋，破坏灌溉设施 4 处、三个村庄被毁，死亡 237 人，重伤 27 人，财产损失 40 万元，造成了严重的灾害后果。

---

① 1 亩≈666.7m^2。

（五）对水利设施的危害

对水利设施的危害表现在淤积水库、降低库容、污染水库水质、毁坏水电站设施、毁坏大坝，严重的还危害到下游安全。

例如，2014 年 9 月 2 日，三峡库区湖北秭归县发生大面积山体滑坡。滑坡体总体积约 80 万 m^3，造成装机容量为 1000kW 的大岭电站整体损毁、G348 国道长约 200m 路段损毁中断，另造成约 60 亩柑橘园以及部分电力通信线路损毁，沙镇溪镇 16 个村（居）133 个供电台区因滑坡影响全部停止供电。滑坡由于预警准确、撤离及时，未造成人员伤亡。

（六）次生灾害

崩滑流引发的次生灾害，多为淤积阻断后形成的淹没灾害，溃决后下游的洪水灾害等。当泥石流规模大，并堆积于较大江河时，常形成“堆石坝”发生堵河阻水事件。轻者，使河床淤积抬高，形成险滩；阻塞严重者，形成水库，库区房屋、耕地淹没，并在岸边诱发滑坡、崩塌灾害，当“堆石坝”溃决时，常使下游遭受洪水或泥石流灾害，并形成新的险滩。例如，云南东川蒋家沟，1919 年泥石流堵断小江 48 天，1937 年堵断 40 天，1949 年堵断 30 天，1954 年堵断 19 天，1961 年堵断 78 天，1968 年堵断 90 天，堵江加速河床淤高后致使上游农田和公路反复被淹，洪水、泥石流灾害逐年加重。

崩塌滑坡搬运下来的巨大土石方量，常阻断河道，上游的水不断流下来，水位越来越高，形成湖泊，威胁上下游安全。例如，2008 年 5·12 地震后山体滑坡，在北川老县城曲山镇上游 4km 处的通口河上形成堰塞坝，形成了大地震中面积最大、危险最大的一个堰塞湖。集水面积 3550km^2，堰塞湖总容积约 3.15 亿 m^3，严重威胁下游包括绵阳市在内的大中城市的安全。后经疏通河道，人工泄流，才基本排除了险情。堰塞湖是大型崩滑流灾害后比较容易形成的次生灾害。堰塞湖堵塞物不是固定永远不变的，它们也会受冲刷、侵蚀、溶解、崩塌等。一旦堵塞物被破坏，水流倾泻而下，形成洪灾，极其危险。另外湖水水位抬高，对上游农田、道路、桥梁、村镇淹没的危险也很大。

五、崩塌、滑坡、泥石流治理措施

崩滑流灾害是脆弱山区危害最重的地质灾害，人类不断加强对山地地质灾害的研究和防治工作，建立了山地地质灾害观察站点，建立远程和立体空间监测网络。增强专业技术力量，扩大群测群防队伍体系的建设。同时加大对防灾避险科普知识的宣传及普及，地质灾害防治水平逐渐提高。我国 2013 年共成功预报地质灾害 1757 起，避免人员伤亡 187584 人，避免直接经济损失 19 亿元（2013 年全国地质灾害通报）。此外，对崩滑流灾害采取的工程措施和生物措施在治理灾害上也有良好的成效。

（一）崩塌灾害治理措施

崩塌灾害的治理措施主要解决两个问题。一是减少和避免危岩失稳；二是防止和减少落石落下后对人、道路及建筑物的损害。

1. 危岩加固

将位于坡面上有失稳可能的危岩进行加固，防止崩塌的发生。加固的方法一般有支撑措施、锚固、灌浆加固。支撑措施一般针对悬空的危岩或巨石、有拉断坠落的悬臂状或拱桥状危岩等采用支撑柱、支撑墩、支撑墙等实现加固的方法。锚固是打孔后将锚杆插入，以连接危岩体和坡体，限制主控结构面的扩展，从而加固危岩的方法。也有用锚索来进行加固的，该方法一般适用于危岩体上部的加固。灌浆一般在锚固后进行逐一灌浆，固结增强岩石的完整性和强度。

2. 坡面防护加固

对危险块体成片分布，又有软弱夹层的危岩坡体，需要清除松动的岩石，并修筑护壁支撑墙体，加固和保护斜坡坡面。

对悬陡危岩体下裸露软弱基座的情况，要进行软基加固。一般采用喷浆的方法可以护壁加强软基的强度，防止进一步风化。

3. 拦挡建筑物

对中小型崩塌，可以采用修建拦挡建筑物对落体进行拦截、阻挡等。常见的拦挡建筑物有棚洞、落石平台、落石槽、挡石墙、挡石网等。

4. 避让措施

即使采取了工程措施，也不能保证完全消除崩塌的发生，尤其是可能发生大规模崩塌的地段。因此建设工程必须科学地选址、选线，根据当地具体情况，避开远离崩塌体。公路、铁路的建设还可以山体内建设隧道的方式绕开通过。

（二）滑坡灾害治理措施

滑坡灾害的治理可以概括为“排、挡、减、固”四个字。

排，即排除地表水和地下水。如前所述，在滑坡形成的过程中，水是重要的促滑因素。起到降低抗滑力，增加下滑力的作用。因此，在滑坡防治中，排除地表水和地下水，减少地表水对滑坡体的冲蚀和地下水对滑坡体的浮托，增大滑坡面的抗滑强度，可有效地防治滑坡发生。

一般采用截水沟和排水沟可排除地表水。地下水的疏干可采用渗管疏排、边坡渗沟、支撑盲沟、截水盲沟、设有水平管道的垂直渗井等。

挡，即挡住下滑体。这是稳定滑坡的一种有效手段。一般以建设抗滑挡土墙实现，尤其是对中小型滑坡行之有效。对大型复杂的滑坡，则作为综合治理措施的组成部分之一实施。需要注意的是，抗滑挡土墙的建设需要调查明确滑动范围、滑动方向、滑动规模和建设挡土墙的基底情况。

减，即对滑坡体进行刷方减重。刷方减重可以减少滑坡体的下滑力，相对增加滑坡面的抗滑强度，从而改变了滑体的力学平衡条件，达到治理滑坡的目的。刷方减重的位置一般在滑坡体的主滑位置才有效，否则可能适得其反而失败。例如，对于推动式滑坡，如果刷方减重的位置错误地放置于滑坡体下部，反而会加速滑坡的进行。

固，即稳固滑坡体和坡面。滑坡体的稳固常用打抗滑桩的方法，在滑坡体和滑床之间打入一系列的锚固桩，将滑坡体和滑床紧紧连接起来，形成整体。锚固桩的材料一般有混凝土、钢管等。坡面的稳固常用护坡工程，如浆砌片石护墙、格构体护坡工程等。

（三）泥石流灾害治理措施

泥石流综合治理需要结合工程措施和生物措施进行，在泥石流沟谷的不同地貌部位针对性地治理。常见的工程措施为修建拦挡、排导、停淤、沟道整治等工程，其主要作用是削弱泥石流活动强度，引导规范泥石流活动途径和范围，保护受灾对象。

1. 形成区治水治土工程

在泥石流沟谷的形成区，为泥石流形成提供了储备的固体物质和汇水条件，因此在形成区主要采取治水治土工程措施。为减少固体物质来源需要稳定坡体，防止表层岩土体的冲刷。一般采用平整山坡、谷坊坝加固沟岸。形成区治理的另一个重点是调整控制地表径流，削弱水动力，减少水的供给或使水土分离。常采用坡面排水系统，如排水沟、导流堤、引水沟等。根据具体条件还可选择适宜的地点建造水库或蓄水池调节洪水。在实施工程措施的同时，在上游形成区植树种草，加强植被建设对水土保持也能起到持久的正向效应，从而减少泥石流的发生。

2. 流通区拦挡措施

流通区是泥石流高速通过，倾泻而下的通道。所以此段的治理重点在拦渣滞流，降低泥石流流速和流态，可极大地降低泥石流的破坏力。同时能改善沟谷不良形态，防止坡岸冲刷，减少固体物质含量。

在该段采取的主要为工程措施，方法是修建各种拦截坝。谷坊坝（群）是其中应用效果比较好的一种方法。通过拦截，减少流体中固体物质含量，减缓坡度，降低泥石流流速，稳固坡岸。

3. 堆积区排导停淤措施

为保护危害对象，规范泥石流活动，常采用导流排放措施，如修建排泄沟、导流堤急流槽、渡槽等，将泥石流导流转向，远离保护对象区域。被导流的泥石流一般在人工停淤场或拦淤库停积。

本章主要参考文献

地理学名词审定委员会. 2007. 地理学名词（第二版）. 北京：科学出版社.

段永侯. 1999. 我国地质灾害的基本特征与发展趋势. 第四纪研究，(3)：212～213.

刘传正. 2014. 中国崩塌滑坡泥石流灾害成因类型. 地质评论，60 (4)：858～868.

刘若新，李霓. 2000. 火山资源述评. 矿物岩石地球化学通报，19 (3)：172～174.

毛德华，等. 2011. 灾害学. 北京：科学出版社.

潘懋，李铁锋. 2012. 灾害地质学（第 2 版）. 北京：北京大学出版社.

沈崇刚，陈厚群，张楚汉，等. 1974. 新丰江水库地震及其对大坝的影响. 中国科学，2：184～205.

沈金瑞. 2009. 自然灾害学. 长春：吉林大学出版社.

王秋月，朱守彪. 2009. 水库诱发地震讨论及其动力学机制分析//中国地震局地壳应力研究所. 地壳构造与地壳应力文集（21）. 北京：地震出版社：73～84.

吴积善，田连权. 1996. 论泥石流学. 山地研究，14 (2)：89.
夏其发. 1992. 世界水库诱发地震震例基本参数汇总表暨水库诱发地震评述（一）. 中国地质灾害与防治学报，13 (4)：95.
延军平. 1990. 灾害地理学. 西安：陕西师范大学出版社.
严钦尚，曾昭璇. 1991. 地貌学. 北京：高等教育出版社.
叶耀先，冈田宪夫. 2008. 地震灾害比较学. 北京：中国建筑工业出版社.
张春山，张业成，胡景江，等. 2000. 中国地质灾害时空分布特征与形成条件. 第四纪研究，20 (6)：559～566.
张梁，张业成，罗元华，等. 1998. 地质灾害灾情评估理论与实践. 北京：地质出版社.
周平根，唐灿，王思敬. 1998. 人类活动与诱发地质灾害. 科学对社会的影响，1：14.
Reid H F. 1910. The Mechanics of the Earthquake，The California Earthquake of April 18，1906，Report of the State Investigation Commission. Vol. 2. Washington：Carnegie Institution of Washington.

第四章 气象灾害

第一节 气象灾害概述

一、气象灾害的概念与特点

气象灾害是指由大气圈物质能量的变化和异常活动而引发的自然灾害，即异常的气象气候事件对人类生命财产、生产生活和生态环境等造成的损害。《中华人民共和国气象法》和《气象灾害防御条例》中，气象灾害是指台风、暴雨（雪）、寒潮、大风（沙尘暴）、低温、高温、干旱、雷电、冰雹、霜冻和大雾等所造成的灾害。气象灾害是发生频繁、灾情严重、种类多样的自然灾害之一，每年都会给人类造成重大损失。

习惯上，人们一般把气候灾害与天气灾害统称为气象灾害。不过，天气灾害与气候灾害还是有区别的，天气灾害是指一次天气过程，如某一次热带气旋、某一次暴雨、某一次龙卷风、某一次寒潮等造成的灾害，即天气灾害是指局地性、短时间的强烈天气过程而带来的灾害。而气候灾害则指大范围、长时间的、持续性的气候异常所造成的灾害，如长时间气温偏高、偏低，或降水量偏多、偏少等就称为气候异常。这些气候异常往往会带来干旱、涝灾、低温、冷害等。当发生较严重的气候灾害时，就会对农业、工业、牧业、水利、交通等产生巨大影响，造成巨大经济损失。从形式上看，气候灾害往往通过多次天气灾害表现出来。

与其他自然灾害相比，气象灾害具有许多特点，主要表现在以下几个方面。

（一）时间分布特征

1. 频繁性

从时间上来看，气象灾害是一种高频率的自然灾害，每年均可发生（表 4.1）。我国地域广大，地势复杂，季风气候明显，是世界上气象灾害发生频率最高的国家之一，我国 70%以上的国土、50%以上的人口以及 80%的工农业生产地区和城市，每年不同程度地受到气象灾害的冲击和影响，造成的直接经济损失占国民生产总值的 3%～6%。东部沿海地区平均每年约有 7 个热带气旋登陆，最多年份高达 12 个。局地性和区域性干旱灾害几乎每年都会出现，夏季两广沿海、江西东北部等地雨涝发生频率达 50%以上；淮河流域及其以南大部地区、四川盆地、云南南部等达 20%～50%。

表 4.1 1951～1980 年我国主要气象灾害发生频次统计结果（延军平，1990）

类型 时间	干旱	雨涝	冻害	台风	干热风	合计
1951	9	3	缺	3	2	17
1952	4	5	缺	9	2	20
1953	8	3	2	7	2	22
1954	3	5	2	5	0	15

续表

类型/时间	干旱	雨涝	冻害	台风	干热风	合计
1955	8	3	2	4	2	19
1956	5	8	2	7	1	23
1957	7	3	2	5	1	18
1958	6	5	3	7	1	22
1959	6	4	3	6	1	20
1960	7	9	2	8	3	29
1961	4	6	2	11	3	26
1962	10	6	2	7	3	28
1963	10	10	3	7	0	30
1964	5	9	2	7	1	24
1965	7	7	3	8	3	28
1966	10	6	2	8	1	27
1967	8	4	3	11	3	29
1968	6	5	2	5	3	21
1969	6	5	3	5	1	20
1970	8	6	2	5	1	22
1971	9	10	2	12	3	36
1972	10	5	7	6	2	30
1973	7	8	2	9	1	27
1974	9	5	7	11	3	35
1975	11	7	3	7	3	31
1976	9	7	2	5	1	24
1977	11	4	6	5	1	27
1978	10	5	3	6	2	26
1979	9	6	3	5	2	25
1980	9	6	2	9	1	27
总计	231	175	79	210	53	748
平均	7.7	5.8	2.8	7.0	1.8	24.9

2. 季节性

气象灾害的季节性是指某种气象灾害集中分布于年内某个季节的现象。我国气象灾害的季节性比较显著，年内分配的总体特征是，春季南涝北旱，夏季南旱北涝。旱灾在北方地区多发生于春季，在江南地区多发生于夏末秋初，在华南多秋冬或冬春连旱。从气象灾害类型的季节分布上来看，低温阴雨南方地区多发生于春季，北方地区多发生于初夏；暴雨洪涝灾害南方地区多发生于春夏之交，北方地区多发生于夏季；干旱江南地区多发生于秋季，北方地区多发生于春季；霜冻北方地区多发生于春季，东北和西北地区多发生于秋季，南方地区多发生于冬季；干热风华北地区多发生于5月上旬的小麦灌浆期，长江中下游地区多发生于4月下旬的早稻灌浆期。

3. 持续性

气象灾害的持续性是指某种气象灾害在某个较长时间内连续发生的现象。在我国，同一种气象灾害常常连季、连年出现。例如，1951～1980年的30年中，华北地区出现春夏连旱或伏秋连旱的年份有14年，其中大旱年多为春夏连旱年；长江中下游地区夏秋连旱出现17年，大旱年多为夏秋连旱年；华南地区和西北地区经常发生冬春连旱。多种气象灾害常常连年持续发生，形成某种气象灾害的多发年段。在上述30年中，长江中下游地区、黄淮地区、东北地区都发生了连续2年以上的严重雨涝灾害。例如，华南地区1964～1968年连续5年严重雨涝，华北地区1960～1962年连续3年严重雨涝。

4. 阶段性

气象灾害的阶段性是指某种气象灾害的发生较为显著地集中于某季节或某年段的现象。由于气象条件在一定时期具有一定的延续性，故而某些气象灾害在某个时期较多，而在另一个时期则相对较少。1951～1980年的30年中，我国范围较大的干旱集中于20世纪70年代的现象较为明显，20世纪50～60年代则较少；雨涝范围较大的年份较为集中地分布于60年代，70年代较少；寒潮、强冷空气活动频繁的年份较为集中地分布于60年代，70年代较少，50年代更少；华北地区干热风60年代显著，50年代和70年代不甚明显；春季低温阴雨天气长江中下游地区60年代偏重、偏多，50年代较弱，华南地区50年代偏重但偏少；秋季连阴雨天气中国西部地区集中于60年代，70年代较少，江淮地区则有5～6年。我国干旱灾害发生的阶段性特征十分明显（图4.1）。1949～1999年的51年中，我国受旱面积明显存在3个高值期和3个低值期。3各高值期分别为1958～1962年、1971～1981年和1985～1999年，受旱面积一般每年都在2000万hm^2以上；3个低值期分别为1949～1957年、1963～1970年和1982～1984年，受旱面积一般每年都在2000万hm^2以下。1959年、1960年、1961年、1972年、1978年、1988年、1997年等几个受旱面积是在3000万hm^2以上的严重干旱年，都分布于这3个高值期内。

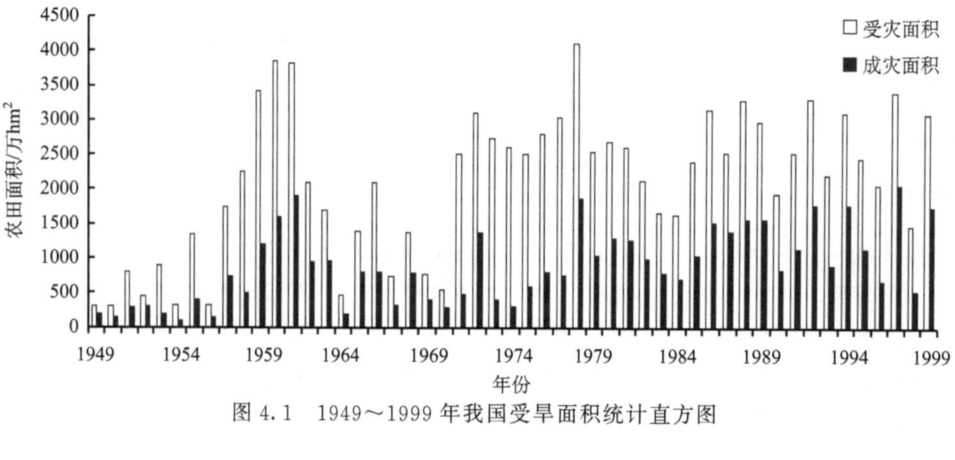

图4.1 1949～1999年我国受旱面积统计直方图

（二）空间分布特征

1. 普遍性

从时间和空间分布上看，每年都有灾，无处没有灾。每年都会有一种或几种气象灾害，而旱、涝灾害最为频繁。灾害在时间上具有频繁性，在地区分布上具有广泛性，每个地区都有发生严重气象灾害的可能。

2. 差异性

气象灾害的差异性是指气象灾害类型和发生频率在空间分布上区域差异现象。我国由于处于东亚季风区，各种气候灾害出现的频率随季节和地理位置的变化而变化，由此而形成了各地气象灾害的区域差异性。东北地区以寒潮、风沙、干旱和雨涝为主，西北地区以寒潮、风沙和干旱为主，华北地区以春旱、寒潮、风沙和雨涝为主，西南地区以干旱和雨涝为主，长江中下游地区以梅雨、伏旱、台风、寒潮和雨涝为主，华南地区以台风、干旱、雨涝和寒潮为主。

（三）灾害类型特征

1. 多样性

气象灾害的多样性是指气象灾害类型多种多样的现象。主要有暴雨洪涝、干旱、热带气旋、霜冻低温等冷冻害、冰雹、连阴雨和浓雾及沙尘暴等，连同其他灾害共7大类20余种，如果细分，可达数十种甚至上百种。

2. 群发性

气象灾害的群发性是指某些气象灾害往往在某一时间段或某一地区相对集中出现或相继频繁发生，形成“众灾丛生”的局面。1983年4月25～30日，由于强寒潮的侵入，全国大部地区相继出现了暴雨、冰雹、大风、冻雨、结冰、严重沙尘暴，近海大风持续了3～5天，造成85人死亡，数亿元的经济损失。

3. 交替性

气象灾害的交替性是指不同的气象灾害经常交替出现的现象。在我国，旱、涝灾害常交替出现，或先旱后涝，或先涝后旱，或两头涝中间旱。例如，20世纪80年代湖南省先旱后涝或旱-涝-旱交替出现的年份，就有1991年、1992年、1997年和2008年。

4. 连锁性

天气气候因素不仅是农业、林业病虫害发生发展的环境条件，也是许多灾害的触发或诱发机制。例如，暴雨不仅可以形成洪涝，而且常引发泥石流和塌方等。台风除了造成大风、洪涝灾害外，又是引起巨浪和风暴潮的因素。干旱、大风是形成森林、草原火灾的重要条件等。

二、气象灾害的类型

从不同角度依据不同的标准，气象灾害可以做不同的类型划分。

按灾害的持续时间长短，可将其划分为天气灾害和气候灾害两类。天气灾害指的是在较短时间内产生和消亡的气象灾害，如冰雹、台风等。气候灾害指的是在较长时间内产生并形成影响的气象灾害，如干旱、高温酷暑等。

按照异常气象现象形成灾害的直接性，可以将气象灾害划分为天气气候灾害和气象次生衍生灾害两类。天气气候灾害是指因天气和气候异常而直接形成的灾害，如暴雨、干旱、暴雪、冰雹、连阴雨、台风、龙卷风、寒冻、霜冻、干热风、寒潮等、大雾、雷电等。气象次生衍生灾害指的是因气象、天气和气候因素异常而诱发的间接灾害，如风暴潮、酸雨、空气污染、沙尘暴、雾霾等。

按照危害的范围，可以将气象灾害划分为公共性气象灾害、行业性气象灾害和高影响天气灾害三类。公共性气象灾害指的是对整个影响区域内所有事物均产生危害的气象灾害，如暴雨、冰雹、台风等。这种灾害具有一定的普遍性和广泛性，危害程度巨大。行业性气象灾害指的是部分气象要素异常所造成的可对某些领域或行业形成危害的气象灾害。这类气象灾害具有很强的指向性，一般对公众不会产生太大影响，而仅对某些特定领域、特定范围产生特殊影响，如阴雨寡照对农业生产的影响等。高影响天气灾害指的是气象要素无特别异常现象，但由于基础条件、预防手段、应对措施、管理方法等的不足，而对各行各业，特别是公众的工作和生活产生不利影响的气象灾害。例如，小雪天气的到来，一般不会造成人员和财产的直接损害，但是会给公众的心理带来巨大的影响，从而扰乱工作和生活秩序，形成工作效率、经济效益的直接和间接损失。

按照天气、气候要素可将气象灾害划分为气温异常灾害（如酷热、寒潮、低温、霜冻、干热风等）、降水异常灾害（如暴雨、干旱、暴雪、冰雹、阴雨等）、气流异常灾害（如台风、龙卷风等）、光电灾害（如雷电等）等。

第二节　气温异常灾害

一、气温灾害的概念与分类

气温灾害是指由于温度的不适宜（过低或过高）而形成的灾害现象。气温灾害主要表现在由于温度不适宜而对生物生命活动的危害和对人类生产与生活活动形成危害两个方面。生物的生命活动只有在一定的温度范围内才能进行，并且只有在维持生命的前提下才能生长。在生长达到一定数量的基础上，生物才能完成其发育过程。所以，任何生物都有其维持生命、保证生长和完成发育的三个温度范围。

生物的生命温度、生长温度和发育温度都有其三个基本点，即最低温度（下限温度）、最适温度和最高温度（上限温度），它们被统称为三基点温度。最适温度是生物维持生命最适宜及生长发育最迅速的温度；最低温度和最高温度分别是生物由于温度过低和过高而停止生命、生长或发育的温度。生物的三基点温度一般不是一个恒定的温度值，而是一个温度范围（表 4.2），并且随着生物种类、发育期、生化反应、环境条件等的变化和影响而会发生变化。此外，还可以确定两个对生物生命活动有影响的致死温度指标，即最低致死温度和最高致死温度，它们和三基点温度一起构成生物生命活动的五个基本温度指标。

表 4.2　几种作物的三基点温度　单位：℃

作物	最低温度	最适温度	最高温度
水稻	10～12	25～32	38～40
小麦	3～4.5	20～22	30～32
玉米	8～10	30～32	40～44
棉花	13～15	25～32	42～45
油菜	4～5	20～25	30～32
豌豆	1～2	30	35
烟叶	13～14	20	35
牧草	3～4	26	30

植物的极端气温灾害现象尤为突出，下面主要以植物为例，阐述气温灾害分类问题。

由于温度过低而形成得植物受害现象称为低温灾害，有冷害和冻害之分，其中冻害又分为寒冻害和霜冻害两种。冷害一般是指不耐寒的植物遇到 0℃以上（有时接近 20℃）的低温情况下而受害的现象。这种温度之所以会危害植物，是因为植物在不同生育期，生理上要求的适宜温度与能忍受的临界低温不相同所致。例如，橡胶树遇到 5℃低温即可受害，称为寒害，其实质是低温冷害。寒冻害是指植物在休眠时期或停止生长时期遭遇温度 0℃以下低温而受害的现象，俗称黑霜。我国的寒冻害一般发生在 12 月至次年 2 月，在此期间，我国的冬小麦、柑橘林等常遭受冻害。霜冻害是指植物在冷暖过渡季节因气温短时间降至 0℃及其以下而遭受冻害的现象，俗称白霜。根据发生的时期，霜冻害有春霜冻害（又称晚霜冻害）和秋霜冻害（又称早霜冻害）之分，其中前者常危害返青后的冬作物（如冬小麦、油菜等）和春播作物（如棉花、玉米、水稻等）的幼苗以及果树（如苹果树等），后者则会是成熟较晚的作物（如棉花、玉米、大豆等）受害或过早停止生长，降低产量和质量。

由于温度过高而形成的植物受害现象称为高温灾害，或热害。植物生命活动致死高温多是 45～55℃，我国出现这种高温的几率极小。由于高温和不适水分常常相伴而生，通常所说的高温危害是在致死高温以下、适宜温度以上的温度。在空气相对湿度较低的情况下，当温度超过适宜温度而继续上升，植物就会受害。我国长江流域 7～8 月经常出现的水稻高温逼熟现象和北方干旱地区和干旱季节经常发生的干热风现象，就是典型的热害。

二、低温灾害

（一）低温灾害的概念

低温灾害又称低温冷冻灾害，主要是因为来自极地的强冷空气及寒潮侵入造成的连续多日气温下降，使作物因环境温度过低而受到损伤以致减产的农业气象灾害。低温冷冻灾害包括低温连阴雨、低温冷害、霜冻和寒潮等。低温连阴雨指连续多日阴雨并伴随气温下降的天气现象，此间降水量不大，但气温较低，这种天气有时接连出现，以致阴雨天气长达一个月之久。低温冷害多是在农作物或经济林果生长期间，因气温低于作物生理下限温度，影响作物正常生长，引起农作物生育期延迟或受损，导致减产的一种农业气象灾害。霜冻则是指当地面最低温度降至0℃以下时，对农作物等造成伤害或死亡的农业气象灾害。寒潮是指高纬度地区的冷空气在特定天气形势下加强南下，造成大范围剧烈降温和大风、雨雪天气，这种来势凶猛的冷空气活动使降温幅度达到一定标准时，称为寒潮。

（二）低温灾害的分布

低温连阴雨常见于长江中下游地区，出现在每年的3～4月；两广（广东和广西）地区则在1～3月发生，往往对春播育秧危害极大，造成早稻严重的烂秧，其结果是减产或颗粒无收。低温冷害在东北地区一般发生在6～8月，称为东北冷害或"哑巴害"。在长江流域则发生在9～10月，称秋季低温或寒露风，发生在春季则称为春寒或倒春寒。而霜冻根据发生的季节，又可分为春季霜冻、秋季霜冻和冬季霜冻。秋末的寒潮常常会给北方带来大范围的初霜，使晚秋作物遭到冻害；春天的寒潮会引起南方的连阴雨；冬季的寒潮常常引起雪灾，北方会出现江河湖海封冻，南方可产生冻雨（雨凇）灾害。我国有两个寒潮多发区：一个是内蒙古中东部二连浩特到锡林浩特；另一个是从阿尔泰山到内蒙古西部阿拉善左旗、右旗一带。

（三）低温灾害的成因

冷空气是低温灾害发生的主要原因。在春秋季节，北方的冷空气和南方的暖湿空气频繁交汇，常常造成低温连阴雨天气。而强冷空气，尤其是寒潮的爆发南下，使得温度急剧下降，会造成"倒春寒"、霜冻等灾害。

冷空气的堆积、加强、南移和爆发有一个过程，并需要相应的天气形势配合。在强烈的辐射冷却作用下，北冰洋和西伯利亚地区会形成大规模的冷空气团，且由于冷堆中的空气做上升运动而产生绝热膨胀冷却，冷空气堆会不断增强。当冷空气堆达到一定强度时，就在有利的环流形势下爆发南下，发生寒潮。

对于霜冻而言，一般发生在寒冷、晴朗（无云或云量很少）、无风或微风、空气湿度不大的夜晚，多是由于地表面及植物表面向外大量辐射热量，使得近地面空气冷却到0℃以下。霜冻与地面辐射冷却有关，而云量是影响辐射量多少的最主要因素之一，有云不利于霜冻的形成。风可以促使近地层与上层空气的混合，从而减小地面的冷却程度，因而大风不利于霜冻的产生。

（四）低温灾害的防御措施

低温冷冻灾害的防御措施，主要是根据当地气候条件，确定适合的作物品种和播栽期，以便在低温敏感期避开有害低温；根据冷害预报调整作物布局和品种比例；调节农田小气候，既可克服春季低温危害，又能使作物提早成熟，避开秋季低温；培育作物的耐寒早熟品种；加强农田基本建设和田间管理等。

在低温冷害的防御方面，目前气象研究人员已经掌握了低温气候规律，并加强了低温冷害预报。特别是长期趋势预报，为调整作物布局和品种搭配，且中、短期预报为及时采用应急的抗御措施提供可靠依据。尽管如此，我国对低温冷害的研究依旧缺乏持续性、系统性，对冷害的防御技术的研究甚少，已有成果尚未转化为有效的业务能力。开展综合防治技术的研究及业务转化，并在适宜地区进行推广应用，把科研成果转化为主生产力，将是今后应对气温冷害的重点。

（五）寒潮

1. 寒潮的概念

寒潮是指来自高纬度地区的寒冷空气，在特定天气形势下迅速加强南下，造成沿途大范围的剧烈降温、大风和风雪天气。这种冷空气南侵过程达到一定强度标准的称为寒潮。

寒潮在气象学上有严格的定义和标准，但在不同国家和地区寒潮标准是不一样的。我国气象部门 2006 年规定：凡一次冷空气侵入后，使某地的日最低气温 24 小时内降温幅度大于或等于 8℃，或 48 小时内降温幅度大于或等于 10℃，或 72 小时内降温幅度大于或等于 12℃，且使该地日最低气温下降到 4℃或以下的冷空气称为寒潮。而美国天气频道则规定，美国至少有 15 个州的气温低于正常值，其中至少有 5 个州温度比正常值低 15℃，并至少持续两天的冷空气爆发称为寒潮。

寒潮是一种大型天气过程，会造成沿途大范围的剧烈降温、大风和雨雪天气，由寒潮引发的大风、霜冻、雪灾、雨凇等灾害对农业、交通、电力、航海以及人们健康都有很大的影响。寒潮和强冷空气通常带来的大风、降温天气，是中国冬半年主要的灾害性天气。寒潮大风对沿海地区威胁很大。

2. 寒潮的成因

寒潮形成的原因，主要在于北半球高纬地区太阳高度角极小，地面和大气吸收的热量极少，终年为冰雪覆盖。我国位于欧亚大陆的东南部，从中国往北去，便是高纬度地区的西伯利亚、蒙古高原和北极。高纬度地区终年阳光斜射，地面接收太阳辐射的热量很少，气温极低且持续时期长。尤其是冬半年，太阳斜射，昼短夜长，地面接收的太阳辐射能量更少，地面辐射放出的热量远远超过所吸收的太阳辐射热量，寒冷的程度逐渐加强，范围不断扩大。北冰洋地区的气温更是经常在 －20℃以下，最低时可到－70～－60℃，1 月的平均气温常在－40℃以下。北极和西伯利亚一带的极低气温，使该地区大气的密度大大增加，空气不断收缩下沉，导致气压增高，形成一个势力强大、深厚宽广的冷高压气团。当范围很大的冷气团不断聚集，使这个冷性高压势力增强到一定程度，在有利的大气环流引导之下，就会大规模南侵，导致所经地区的气温急剧大幅度下降，这就是所谓的寒潮爆发。每一次寒潮爆发后，西伯利亚的冷空气就要有部分的减少，气压也随之降低。但经过一段时间后，冷空气又重新聚集堆积起来，孕育着一次新的寒潮的爆发。

3. 寒潮的源地与路径

形成寒潮的大量强冷空气形成和积聚的地区称为寒潮的源地。影响中国的寒潮源地主要有三个：一是新地岛以西的北冰洋洋面；二是新地岛以东的北冰洋洋面；三是冰岛以南的大西洋洋面。

寒潮入侵时其主体的移动路线称为寒潮路径。由于入侵我国的寒潮源地不同，加之地势的影响，其路径并不是每次都一样，但也并不是杂乱无章的。统计分析表明，寒潮常沿西北、北、西三条路径入侵我国。从西北来的寒潮，由新地岛附近的冰洋出发，经西伯利亚西部，进入我国新疆北部或蒙古人民共和国，朝东南方向，扫过黄河河套地区进入华北平原，直达长江中下游地区；有时穿过南岭影响南部沿海，又称中路，较为多见。从北方来的寒潮，由亚洲北部的北冰洋上起身，经俄罗斯远东地区和蒙古人民共和国径直南下，称为东路。从西方来的寒潮，由欧洲北部的北冰洋上启程，穿越整个欧洲大陆，南下到地中海附近，然后拐弯向东走，从我国西部进来，又称为西路。

（六）霜冻灾害

1. 霜冻的概念

霜冻在秋、冬、春三季都会出现，是指空气温度突然下降，使植物体温降低到0℃以下而受到损害甚至死亡的农业气象灾害。它与霜不同，霜是近地面空气中的水汽达到饱和，并且地面温度低于0℃，在物体上直接凝华而成的白色冰晶。霜一般在冷季夜间到清晨的一段时间内形成，而且形成时多为静风。而霜冻多是在春、秋转换季节时，夜晚近地面气温短时间降到0℃以下，致使作物受到损害的一种低温冷害现象。当近地面空气中的水汽含量较多，气温低于0℃，水汽直接在地面或地面的物体上凝华，形成一层白色的冰晶现象，称为白霜，但有时因为近地面空气中水汽含量少，地面没结霜的现象称为黑霜，两者对农作物都有冻害，称霜冻。

根据发生的季节不同，霜冻可分为春霜冻和秋霜冻两种。春霜冻又称晚霜冻，是发生于春播作物苗期、果树花期、越冬作物返青后发生的霜冻。随看温度的升高，晚霜冻发生的频率逐渐降低，强度逐渐减弱，但是发生得越晚，对作物的危害也就越大。秋霜冻又称早霜冻，是发生于秋收作物尚未成熟，露地蔬菜还未收获时的霜冻。随着季节推移，秋霜冻发生的频率逐渐提高，强度也加大。

我国地域广阔，初霜冻日出现日期也大不相同。新疆北部、内蒙古及东北北部地区9月中旬出现初霜冻；东北大部、华北北部、西部及西北地区9月下旬到10月上旬出现；11月上旬初霜线南移至秦淮一带；11月下旬到达西南及长江中下游地区。12月上旬到达南岭；华南中北部初霜冻则在12月下旬到1月中旬之间出现。

2. 霜冻灾害的成因

入秋后的气温随冷空气的频繁入侵而明显降低，尤其是在晴朗无风的夜间或清晨，辐射散热增多，地面和植株表面温度迅速下降，当植株体温降至0℃以下时，植株体内细胞会脱水结冰，遭受霜冻危害。

植物有机体由许许多多的细胞所组成，当温度降至0℃以下时，植物细胞之间的水分便会开始结冰，并且冰粒体积膨胀，使植物细胞受到压迫而缩小，细胞内水分被迫向外渗透出，导致细胞内失去过多的水分，胶状物逐渐凝固而受到损害；严寒霜冻过后，气温突然回升，作物渗出水分很快因蒸发而迅速散失，细胞失去的水分无法复原，导致作物死亡。

3. 霜冻灾害的预防

广大劳动人民通过长期的劳动，总结出了多种霜冻灾害的防御措施，常用的有以下几种：①灌水法。由于水的热容量大，灌水可增加近地层空气湿度，保护地面热量，使空气温提升2℃左右，起到预防霜冻灾害的效果。②遮盖法。利用作物秸秆、草木灰、杂草、地膜等覆盖植物，既可防止外面冷空气的袭击，又能减少地面热量向外散失，一般能提高气温1～2℃。有些矮秆苗木植物，还可用土埋的办法，使其不致遭到冻害。③熏烟法。利用通过燃烧而能够产生大量烟雾的柴草、牛粪、锯木、废机油、赤磷或其他尘烟物质，在霜冻来临前半小时或1小时点燃，形成大量烟雾，增加地面空气热量，阻挡地面热量的散失。④施肥法。在寒潮来临前，施用有机肥，改善土壤结构，提高土温，增强土壤吸热保暖性能。以上措施可收到明显的防冻效果。

三、高温灾害

（一）高温灾害的概念与类型

高温灾害主要是指由于过高的气温而引起人类和其他动植物不能适应的现象（胡敏等，2011）。气象学上，日最高气温达到或超过35℃时称为高温天气，达到或超过37℃时称酷暑。日最高气温连续5天以上大于或等于35℃时称为持续高温，一个月内高温天气超过5天则称该月为高温月。而高温热浪通常指持续多天（一般3天以上）的35℃以上的高温天气，并往往伴有较高的相对湿度。

当周围的环境接近或超过人体温度时，人体的体温调节功能就会失调，热量不易向外散发，在体内堆积加上通风不畅、温度较高等原因而容易导致中暑。高温中暑的一般症状为发热、乏力、皮肤灼热、头晕、恶心、呕吐、胸闷、烦躁不安、脉搏细弱、血压下降；重症患者可有剧烈头痛、昏厥、昏迷、痉挛等。

最近50多年来，全国平均高温日呈现先减后增的态势，20世纪50～80年代初高温日数减少，80年代初开始呈现显著增加的趋势。西北、华南高温日数存在线性增加的趋势，其中华南地区增加趋势最为明显。一般来说，华北南部、黄淮西部、长江中下游地区、华南（除沿海地区）及云南南部、新疆中部和南部、内蒙古西北部年高温日数有10～20天，南疆盆地、江南中部和南部可达20～30天，南疆盆地东部超过30天。盛夏季节，长江中下游地区常在西太平洋副热带高压控制下，出现高温酷热天气，是我国夏季热浪袭击的重灾区。梅雨季节过后七八月间，一般年份都会出现20～30天的高温天气，梅雨期短的年份高温日数可超过40天。

按照不同的指标，可将高温灾害作不同的类型划分，其中经常用到的是按危害对象分类。按照危害对象的不同，高温灾害可以划分为农业高温灾害和人体高温灾害两类。农业高温灾害主要是指干热风。按照人体的感受，人体高温灾害可以进一步划分为干热型高温灾害和闷热型高温灾害两类。干热型高温灾害的气候特征是气温极高、太阳辐射强而且空气湿度小。在夏季，我国北方地区如新疆、甘肃、宁夏、内蒙古、北京、天津、石家庄等地经常出现。闷热型高温灾害的气候特征是空气湿度大，在气温并不太高时，人体的感觉是闷热，此类天气被形象地称为“桑拿天”。在我国东南沿海地区、长江中下游地区以及华南地区等，经常出现这种天气。

（二）高温灾害的成因

1. 副热带高压的控制

副热带高压简称副高，是位于副热带地区的暖性高压系统。它对中、高纬度地区和低纬度地区之间的水汽、热量、能量的输送和平衡起着重要的作用，是夏季影响中国大陆天气的主要天气系统。副热带高压内部盛行下沉气流，天气则晴好，在它控制下的地区，往往会出现高温和干旱天气。对我国天气与气候有着重要影响的暖性高压是西太平洋副热带高压。盛夏季节，长江中下游地区常在西太平洋副热带高压控制下，出现高温酷热天气。

2. 城市热岛效应

城市热岛效应是指城市中的气温明显高于外围郊区的现象。在近地面温度图上，郊区气温变化很小，而城区则是一个高温区，就像突出海面的岛屿，由于这种岛屿代表高温的城市区域，故被形象地称为城市热岛。城市热岛效应使城市年平均气温比郊区高出 1℃以上，夏季甚至可达 6℃以上。

城市化造成的热岛效应加强了极端高温事件的剧烈程度。随着经济快速发展，城市化进程的加快，人口、生产、交通集中，在工业生产、家庭炉灶、内燃机燃烧、机动车行驶等方面消耗能源的同时，都有一定的废热排放，使城市区域增加许多额外的热量收入。同时城市规划建设使得土地利用发生变化，植被减少等城市化造成的热岛效应也加剧了极端高温的酷热程度。

3. 全球变暖

全球变暖指的是在较长的一段时间内，地球大气和海洋温度上升的现象。目前人们所言的全球变暖，一般是指由于人类大量使用化石燃料而过多排放以 CO_2 为主的温室气体所造成的全球性温度上升现象。

近百年来，由于人类使用越来越多的化石燃料，导致大气 CO_2 等温室气体的含量不断增多，地球气候正经历一次以全球变暖为主要特征的显著气候变化。近些年来，世界上众多的科学家对全球气候变暖进行了研究。气象仪器观测结果表明，1860～1900 年的 40 年，全球陆地与海洋的平均温度上升了 0.75℃；自 1979 年开始，地球陆地温度上升了 0.25℃，海洋温度上升了 0.13℃。1979 年以来卫星测量结果表明，对流层的温度每 10 年上升 0.12～0.22℃。研究显示，20 世纪以来，全球变暖的程度更是超过去 400～600 年中的任何一个时段；从 20 世纪初开始至今，地球表面的平均温度增加了约 0.6℃；在过去的 40 年中，平均气温上升 0.2～0.3℃。国家大气研究中心的预测结果表明，到 2400 年，已存在于大气中的温室气体成分，将至少使全球平均气温升高 1℃；不断新排放的温室气体，又将导致全球平均气温额外升高 2～6℃。

（三）高温灾害的防御措施

高温以及相伴的干旱灾害对农作物的危害很大，人类目前尚无法控制高温天气发生。在这种情况下，防御高温危害首先应从抗旱入手，适时灌溉，加强田间水分管理，防止高温灼苗和缺水死苗现象发生。可采用根外施肥，喷施磷、钾肥，增强作物的抗高温能力。对于蔬菜、花卉、果树等小面积种植的作物，可采用遮阳网进行遮挡、对树盘覆盖稻草等方法，以起到挡强光、降高温、防蒸发的作用。

在日常生活中，可通过安装空调、电扇的方法，改善室内闷热环境。当出现高温天气时，尤其是在阳光强烈的中午，应尽量避免室外活动，防止曝晒。浑身大汗时，不宜立即用冷水洗澡，以防寒气侵入肌肤而患病。应先擦干汗水，稍事休息后再用温水洗澡。汽车驾驶员要趁夜间气温低时休息好，保证睡眠时间，以防因疲劳引发交通事故。高温天气宜吃咸食，多饮凉茶、绿豆汤等，以补充因出汗失去的水分盐分。适量进行体育锻炼，以增强人体的耐热功能，提高适应高温环境的能力。

（四）干热风

干热风，又称“火风”“热风”“干风”等，是一种高温、低湿并伴有一定风力的农业灾害性天气。其风速在2m/s或以上，气温在30℃或以上，相对湿度在30%或以下。干热风一般出现在5月初至6月中旬的少雨、高温天气。此时正值北方地区小麦抽穗、扬花、灌浆时期，干热风加速植物蒸腾，往往导致小麦灌浆不足甚至枯萎死亡。在长江中下游地区，也会使水稻、棉花受到损害。干热风对作物的危害，主要在于高温、干旱、强风迫使空气和土壤的蒸发量增大，使作物体内的水分消耗很快，从而阻碍作物的光合作用和合成过程。尤其是干热风常常和干旱相伴发生，共同危害作物，使作物更快地萎黄枯死。干热风的危害程度，还与其出现前数天的天气状况有关。例如，雨后骤晴，紧接着出现高温低湿的燥热天气，危害较重。在干热风发生前如有降水，则有利于减轻干热风的危害。

目前干热风危害的气象指标尚不统一，不同作物的指标也有差异。高温低湿型的指标一般为日最高气温≥32℃，14时相对湿度≤30%，14时风速≥2m/s为轻干热风日；日最高气温≥35℃，14时相对湿度≤25%，14时风速≥3m/s为重干热风日。雨后青枯型为小麦成熟前10天内有1次小雨过程，雨量≤10mm，雨后猛晴，3天内有1天以上日最高气温≥30℃，相对湿度较低，有1天风速≥3级。

第三节 降水异常灾害

一、降水灾害的概念

降水是指空气中的水汽冷凝并降落到地表的现象。水汽在上升过程中，因周围温度和气压降低，逐渐凝结成为细小的水滴或冰晶并悬浮于空中而形成云，并且水汽分子在云滴表面上的进一步凝聚、大小云滴在不断运动中的合并，使云滴不断增大。当云滴增大到其重力能够克服空气浮力和上升气流的顶托而下落，其水量能够在降落时不被蒸发掉，就形成了降水。

降水有两种形式，一种是由空中降落到地面上的水汽凝结物，又称为垂直降水，如雨、雪、雹和雨凇等；另一种是大气中的水汽直接在地面或地面物体表面及低空的凝结物，又称为水平降水，如霜、露、雾和雾凇等。但是，单纯的霜、露、雾和雾凇等，不被作为降水量来处理。在中国，按照国家气象局地面观测规范规定，降水量仅指垂直降水。

降雨和降雪是降水的最常见形式，也是降水量最大的两种降水形式。单位时间内的降水量称为降水强度。根据降雨强度和降雪强度的大小，气象学上对降雨和降雪作了等级划分（表 4.3 和表 4.4）。

表 4.3　降水等级划分标准（防汛部门）

降雨等级	小雨	中雨	大雨	暴雨	大暴雨	特大暴雨
12 小时降水量（mm）	＜5.0	5.0～14.9	15.0～29.9	30.0～69.9	70.0～139.9	≥140.0
24 小时降水量（mm）	0.1～9.9	10.0～24.9	25.0～49.9	50.0～99.9	100.0～199.9	≥200.0

表 4.4　降雪等级划分标准

降雪等级	小雪	中雪	大雪	暴雪	大暴雪	特大暴雪
12 小时降水量（mm）	0.1～0.9	1.0～2.9	3.0～5.9	≥6.0		
24 小时降水量（mm）	0.1～2.4	2.5～4.9	5.0～9.9	10.0～19.9	20.0～29.9	≥30

降水灾害是指由于人类对降水的数量、强度、形态等的不适应而引发的气象灾害。常见的可引发降水灾害的降水形式有暴雨、暴雪、冰雹、大雾、雾霾等。降水灾害是频发气象灾害类型之一，常可对人类的生产、生活、交通等活动带来直接的不利影响，并可引发洪涝、干旱、严寒等，给人们的生产、生活活动尤其是农业生产造成严重的危害。

二、暴雨

（一）暴雨灾害概述

暴雨是指降水强度很大的雨，常在积雨云中形成。中国气象上规定，每小时降雨量 16mm 以上、或连续 12 小时降雨量 30mm 以上、或 24 小时降水量为 50mm 或以上的雨称为“暴雨”。按其降水强度大小又分为三个等级，即 24 小时降水量为 50～99.9mm 的称“暴雨”、100～249.9mm 的为“大暴雨”、250mm 以上的称“特大暴雨”。但由于各地降水和地形特点不同，所以各地暴雨洪涝的标准也有所不同。

在业务实践中，又可按照发生和影响范围的大小将暴雨划分为局地暴雨、区域性暴雨、大范围暴雨、特大范围暴雨。局地暴雨历时仅几个小时或几十个小时，一般会影响几十至几千平方公里，造成的危害较轻。但当降雨强度极大时，也可造成严重的人员伤亡和财产损失。区域性暴雨一般可持续 3～7 天，影响范围可达 10 万～20 万 km^2 或更大，灾情为一般，但有时因降雨强度极强，可能造成区域性的严重暴雨洪涝灾害。特大范围暴雨历时最长，一般都是多个地区内连续多次暴雨组合，降雨可断断续续地持续 1～3 个月，雨带长时期维持。特大暴雨是一种灾害性天气，往往造成洪涝灾害和严重的水土流失，导致工程失事、堤防溃决和农作物被淹等重大的经济损失。特别是对于一些地势低洼、地形闭塞的地区，雨水不能迅速宣泄造成农田积水和土壤水分过度饱和，会造成更多的灾害。

暴雨是最常见、多发和影响最广泛的一种灾害性天气。某一地区连降暴雨或出现大暴雨、特大暴雨，常导致山洪爆发、水库垮坝、江河横溢、房屋被冲塌、农田被淹没、交通和电信中断，会给国民经济和人民的生命财产带来严重危害。暴雨尤其是大范围持续性暴雨和集中的特大暴雨，不仅影响工农业生产，而且危害人民的生命，造成严重的经济损失。

我国是多暴雨的国家，除西北个别省区外，几乎都有暴雨出现。冬季暴雨局限在华南沿海，4～6月，华南地区暴雨频频发生。6～7月，长江中下游常有持续性暴雨出现，历时长、面积广、暴雨量也大。7～8月是北方各省的主要暴雨季节，暴雨强度很大。8～10月雨带又逐渐南撤。夏秋之后，东海和南海台风暴雨十分活跃，且雨量往往很大。暴雨集中的地带主要有两条：一条是辽东半岛—山东半岛—东南沿海；另一条是大兴安岭—太行山—武夷山东麓。此外，阴山、秦岭、南岭等山脉的南麓也是暴雨的多发地区。我国的洪水灾害主要发生在珠江、长江、淮河、黄河、海河、辽河及松花江中下游平原和四川、关中盆地等地区。而涝渍灾害则主要出现于东部的平原和盆地地区。

（二）暴雨灾害的形成因素

1. 自然因素

暴雨形成的过程是相当复杂的，一般从宏观物理条件来说，产生暴雨的主要物理条件是充足的源源不断的水汽、强盛而持久的气流上升运动和大气层结构的不稳定。大中小各种尺度的天气系统和下垫面特别是地形的有利组合可产生较大的暴雨。引起中国大范围暴雨的天气系统主要有锋、气旋、切变线、低涡、槽、台风、东风波和热带辐合带等。此外，在干旱与半干旱的局部地区热力性雷阵雨也可造成短历时、小面积的特大暴雨。暴雨灾害形成的自然因素主要包括天气和气候、地势和地貌和自然地理环境等因素。

天气和气候因素是引发暴雨的直接原因。暴雨是在特定有利的大环流形势下，由不同尺度天气系统共同作用所形成的。大环流形势决定水汽的来源、主要雨区的走向和位置，同时也制约着大尺度天气系统的发展和变化。大尺度天气系统提供辐合上升运动和保证暴雨区水汽的供应和集中，并提供不稳定能量，为暴雨区云雨发展提供能量，同时也孕育和制约着中小尺度系统的活动。中小尺度系统可组织和集中大天气系统的水汽和云，并提供强辐合上升运动，使强大的对流云群得以维持和发展。地形通过摩擦和阻碍作用，改变大气流场，触发中小尺度系统的产生，减弱水平动能，改变气流对云中水滴的运载能力，使云中水滴大量降落，造成暴雨雨量增幅。也就是说，暴雨一般是大范围雨带中的较小区域内强对流云所产生的中小尺度现象。例如，秦岭-黄淮平原交界带的大暴雨主要集中于江淮梅雨期和华北南部汛期两个时段。西太平洋副热带高压和西风带低槽分别控制着暖湿气流和冷干气流的输送过程，是影响本区大暴雨的主要环流系统。

地势和地貌对暴雨的形成有着重大影响。一般而言，在山地迎风坡的最大降水高度之下，由于地形对气流的抬升作用，降水量随着海拔高度的上升而增加。地形对暴雨雨量有明显的增幅作用。以往学者从地形坡向、坡度、海拔高度、地形形态等对天气系统移动速度、上升运动和云微结构等方面入手，对地形的暴雨形成作用作了大量的分析。结果表明，地形对暴雨雨量的增幅作用主要是地形改变大气流场，导致气流对云中水滴输送率的变化来实现的。千怀遂等的研究表明，秦岭-黄淮平原交界带之所以成为我国著名的大暴雨中心集中地区，主要原因就是此地的迎风坡喇叭口地形，一则可通过动力屏障和摩擦作用使流场变形，形成辐合变形流场，形成层状云系；二则可使气流动能锐减，暖湿气流和云团向山前辐合，并沿变形流场向暴雨区集中；三则可使积雨云团合并，并向层状云系汇合，形成有利于暴雨形成的双层云系和复合云系。

暴雨发生之后，自然地理环境成为灾害发生的重要影响因素。高原和山地在暴雨的作用下，易诱发滑坡和泥石流等次生灾害。盆地和山间平川地带地面坡度较大，沿河多为阶梯状台地，排水条件较好，洪水浸淹范围有限，不易造成重大灾害。然而，如果遇到高强度、大范围的暴雨，尤其是持续性大暴雨，就容易发生严重的洪水灾害。此外，盆地和山间平川地区工农业比较发达，人口和居民点较多，人地矛盾相对较为突出，一旦发生暴雨灾害，势必增大暴雨的危害程度。平原地区地势平坦，面积辽阔，发生洪水的可能性较小，而发生涝灾的可能性较大。

2. 人为因素

人为因素对暴雨洪涝灾害的影响主要表现为以下四个方面：第一，破坏森林植被，引发水土流失。森林具有良好的蓄水作用，一方面森林可以截流降水；另一方面，森林的土壤渗透率高，蓄水性好。第二，围湖造田，影响蓄洪能力。筑堤围湖、围江河湖滩造田等，会导致湖泊的数量减少，河流不畅，蓄洪能力大大下降，一旦连续性暴雨出现，大量的降水就汇流入河，造成河水暴涨，泛滥成灾。填湖造田是湖泊萎缩的直接原因，而近年来，在市场经济的推动下，又兴起了围湖建房，进一步加剧了湖泊面积的减少。第三，侵占河道，降低行洪能力。人类活动不断破坏生态环境，加速河道泥沙淤积，抬高河床，同时作物秸秆堆放河道、河道内种植树林等，降低河道行洪能力，也都构成了阻碍河道行洪的重要因素。第四，修筑河堤，束水行洪。为了防止洪水外溢，人类在大多数河流两侧都修筑了河堤。这一方面有效地起到了防治洪水灾害的作用，同时也将洪水约束在狭窄的河道之内，提高了洪水位，增大了洪水灾害发生的概率。如果防洪设施设计标准偏低，就更提高了洪水灾害发生的可能性。我国河流除黄河河堤的防洪标准为60年一遇外，其他江河湖泊的堤防设计标准一般为10～20年一遇，大部分城市的防洪标准仅为20～30年一遇。一旦遭遇历史罕见洪水发生，必然酿成大的水灾。

（三）暴雨灾害的防灾减灾措施

1. 建立科学的防灾预警机制

气象部门要充分利用现代科技手段，加强灾情预测，在公共气象服务基础上提供专业气象服务。各级政府要畅通信息渠道，随时传递灾害预测信息，提前做好各类救灾物资的储备工作。新闻媒体要连续发布灾害类型及等级信息，为听众、观众和读者及时提供预警服务。各级政府网站和电信部门要充分发挥技术优势，通过电子邮件和手机短信等方式及时发送准确的灾情预报，提醒流动人群和网民注意防范可能发生的灾情。

2. 加强城市基础设施建设

提高城市排水系统防洪排涝标准。进一步完善城市排水管网系统，争取逐渐把现有排水系统防洪排涝标准大幅提高；加强非规范构筑物管理和城中村排水体系建设。加大违章建筑排查和拆违力度，着力加强非规范构筑物的管理，避免此类事件的再次发生。加快城中村和旧城改造步伐，规范未改造区域的排水管网系统。

3. 提升减灾能力建设

抢险救灾涉及物资供应、交通运输、疾病治疗、安全保障等各个方面，需要举全社会之力来共同完成。进一步完善城市防灾减灾体系建设，建立市、区县、街道与乡镇、社区与村组成的四级联动机制；各地区要按照统一部署，突破地域，成立跨地区的联合救灾办公室，由市政府应急办和各地应急机构组成，负责信息沟通和救灾物资调配，形成“一方有难，八方支援”的救灾局面。

4. 建立受灾地区民众救助体系

建立包括物资援助和精神抚慰在内的救助体系，为受灾者提供周到细致的关怀与帮助。要根据灾情的发展变化，随时向灾区投放足够的生活用品，保持不间断供应，增强和提高受灾者抵御自然灾害的能力，并通过广播、电视、网络、报纸、手机短信等多途径通知市民预警、抢险，保障救助渠道畅通。

5. 加强城市基础设施管理

规范地下空间的建设管理。按照职责分工，规范地下空间的管理，所有地下空间归口到民防办，地下空间开发须经民防办审核，达到人防的要求，做到“平战结合”；强化排水管理。加强水务部门排水管理中心力量，确保其能采取强力措施，加快历史排水户整治工作。要强化城区建设排水验收，将排水验收纳入综合验收范围，所有新区的排水系统在投入使用前必须进行排水验收；要继续推进河涌综合整治。继续加强对尚未完成河涌综合整治的河涌的整治，加快推进征地拆迁工作，确保中心城区河涌建立起更为牢固的防洪体系。

6. 加强宣传引导

引导群众正确认识自然灾害，增强群众提高防范意识和自救能力；要全面反映各级政府抗击自然灾害的举措和效果，团结各方面力量，形成抗灾救灾合力。

三、干旱

（一）干旱灾害的概念

干旱通常指由于降水异常偏少、淡水不足，不能满足需要而给人类生产和生活活动造成危害的气候现象。这种水分的短缺可以表现为降水量的不足、土壤水分的缺乏或江河湖泊水位偏低等。干旱在气象学上有两种含义：一是干旱气候，指某地多年无降水或降水很少的一种气候现象，世界气象组织将干燥度（年可能蒸散量与年降水量之比）大于10的地区定为严重干旱区或沙漠区，又称常年干旱区；二是干旱灾害，指某地在某一时段内的降水量比其多年平均降水量显著偏少，导致经济活动（尤其是农业生产）和人类生活受到较大危害的现象。

干旱和旱灾是两个不同的概念。干旱指的是降水量少，不能满足人类生产与生活需要的天气和气候现象，而旱灾则指的是由于干旱而给人类造成的危害和损失。旱灾是一种常发性、普遍性和渐进性的气象灾害，不仅会造成农业减产，还会危及工业生产、城市供水和生态环境等国民经济各个方面。我国通常将农作物生长期内因缺水而影响正常生长称为受旱，受旱减产三成以上称为成灾，经常发生旱灾的地区称为易旱地区。

通常将年降水量少于 250mm 的地区称为干旱地区，年降水量为 250～500mm 的地区称为半干旱地区。世界上干旱地区约占全球陆地面积的 25%，大部分集中在非洲撒哈拉沙漠边缘、中东和西亚、北美西部、澳洲的大部和中国的西北部。这些地区常年降雨量稀少而且蒸发量大，农业主要依靠山区融雪或者上游地区来水。世界上半干旱地区约占全球陆地面积的 30%，包括非洲北部一些地区、欧洲南部、西南亚、北美中部及中国北方等。这些地区降雨较少，而且分布不均，因而极易造成季节性干旱，或者常年干旱甚至连年干旱。

干旱是我国最常见、对农业生产影响最大的气候灾害，干旱受灾面积占农作物总受灾面积的 1/2 以上，严重干旱年份比例高达 75%。干旱在我国各地均有分布，范围非常广。一般说来，内陆地区常年干旱，沿海地区季节性干旱，沿海地区干旱危害程度比内陆地区要大。

（二）干旱灾害的类型与等级

按照不同的指标，干旱灾害可以划分为不同的类型和等级。

1. 根据干旱对自然环境和人类社会的影响分类

世界气象组织将干旱灾害划分为气象干旱、气候干旱、大气干旱、农业干旱、水文干旱和用水管理干旱 6 种类型。气象干旱指的是某一时段由于降水量少于蒸发量而造成的水分短缺现象。气候干旱指的是某一地区某时期的降水量与多年平均值相比的偏少现象。大气干旱指的是从降水量及温度、湿度、风速、气压等多种气候因素综合衡量的缺水现象。农业干旱指的是以土壤含水量和植物生长状态为特征，农业生产季节内因长期无雨，造成大气干旱、土壤缺水，农作物生长发育受抑，导致明显减产，甚至无收的一种农业气象灾害。水文干旱指的是江河湖泊水位低于其正常值或地下水含水层水位低落的现象。用水管理干旱指的是由于用水管理的实际操作或设施的破坏引起的缺水。

美国气象局则把干旱灾害划分为气象干旱、农业干旱、水文干旱和社会经济干旱 4 种类型，并对上述各类型的关系作了阐述（图 4.2）。上述主要类型干旱与降水缺乏之间的关联呈持续下降趋势，这是因为水的供应越来越取决于对地表水和地下水系统的管理。对水供应管理的变化决定着干旱减轻与加重与否。例如，通过保持土壤水分和防止土壤水分蒸发、适当调整耕作措施、种植更多的抗旱作物，都能够显著减轻干旱的影响。

2. 根据干旱出现的季节分类

按照发生季节，通常将干旱划分为春旱（3～5 月发生的干旱）、夏旱（6～8 月发生的干旱）、秋旱（9～11 月发生的干旱）、冬旱（12 月至翌年 2 月发生的干旱）、连旱（两个或两个以上季节连续受旱）5 种类型，其中春旱主要分布于华北和长江中下游地区，夏旱主要分布于东北、华北和长江中下游地区，秋旱主要分布于东北和长江中下游地区。我国大部分地区属于亚洲季风气候区，降水量受海陆分布、地形等因素影响，在区域间、季节间和多年间分布很不均衡，因此旱灾发生的时期和程度有明显的地区分布特点。总体来说，由于我国大部分地区降水变率大，季节分配不均，造成干旱灾害的空间分布和发生季节有一定的规律

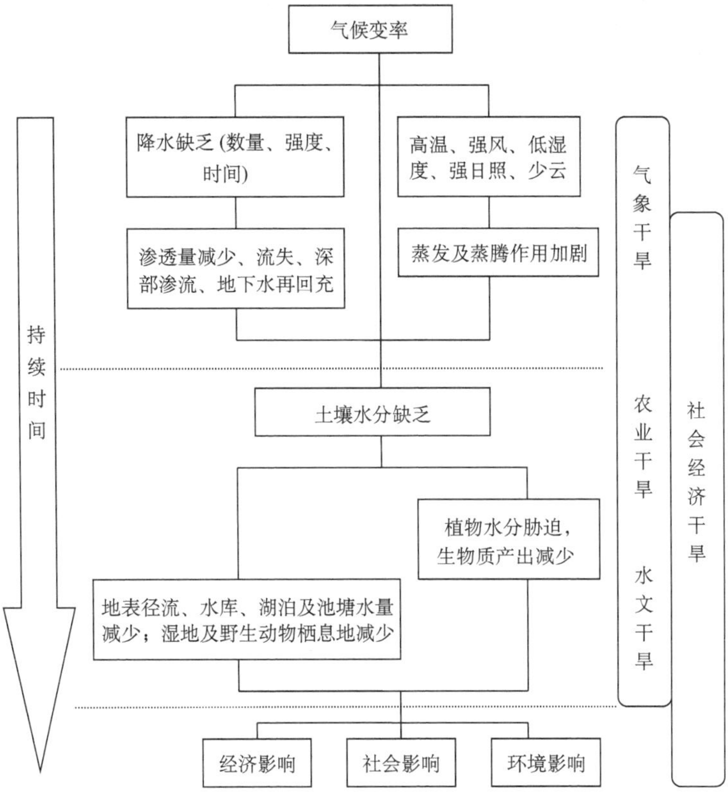

图 4.2　不同干旱之间的关系

性。从时间上看，以春旱最为频繁；从地域分布看，秦岭淮河以北地区春旱突出，素有“十年九春旱”之说。我国有 5 个明显的干旱中心：东北干旱区，主要集中在 4～8 月的春夏季节；黄淮海干旱区，经常出现春夏连旱，甚至春夏秋连旱，是全国受旱面积最大的区域；长江流域地区，以 7～9 月出现干旱概率最大；华南地区，干旱主要出现在秋末、冬季及初春；西南地区，范围较小，主要出现在冬春季节。

3. 根据农作物干旱成因分类

根据农作物干旱成因分类，分成大气干旱、土壤干旱和生理干旱 3 种。土壤干旱是指长期无雨或少雨，又缺少灌溉条件，土壤中水分长期得不到补充，作物得不到正常的水分供应而遭受的危害，是最主要的干旱形式。大气干旱是指气温高、湿度小、作物蒸腾失水快，根部吸水供不应求，虽然土壤中有足够的水分也来不及吸收，造成水分失调以致受害。生理干旱是因为其他不利因素或农业技术措施不当而造成的体内水分失调，产生危害农业干旱主要是由大气干旱或土壤干旱导致作物生理干旱而引发的，它涉及土壤、作物、大气和人类对资源利用等多方面综合因素，不仅是一种物理过程，而且也与作物本身的生物过程等有关。大气干旱是由于大气温度高、相对湿度低、太阳辐射强烈，并伴有一定风力的情况下，植物蒸腾消耗的水分过多所致，即便在土壤水分充足的条件下，根系吸收的水分也不足以补偿蒸腾的支出，造成了作物体内水分平衡暂时失调，水分入不敷出导致的作物干旱，由于这种干旱往往是短暂的，不一定会对作物最终产量造成影响，如果发生在作物生育中后期就会导致减产。土壤干旱是由于土壤含水量少，土壤颗粒对水分的吸力大，植物的根系难以从土壤中吸收到足够的水分来补偿蒸腾的消耗，体内的水分收支失去平衡，从而影响生理活动的正常进行，导致作物受旱萎蔫，甚至死亡。大气干旱与土壤干旱二者相互作用，长时间的大气干旱会导致土壤干旱，同样，土壤干旱也会加重近地气层的大气干旱，若二者同时发生，则危害加重。

4. 按照干旱程度分类

根据国家气候中心制定的国家标准《气象干旱等级标准》，气象干旱可分为无旱、轻旱、中旱、重旱、特旱5个等级。无旱：正常或湿涝，特点为降水正常或较常年偏多，地表湿润；轻旱：特点为降水较常年偏少，地表空气干燥，土壤出现水分轻度不足，对农作物有轻微影响；中旱：特点为降水持续较常年偏少，土壤表面干燥，土壤出现水分不足，地表植物叶片白天有萎蔫现象，对农作物和生态环境造成一定影响；重旱：特点为土壤出现水分持续严重不足，土壤出现较厚的干土层，植物萎蔫、叶片干枯，果实脱落，对农作物和生态环境造成较严重影响，对工业生产、人畜饮水产生一定影响；特旱：特点为土壤出现水分长时间严重不足，地表植物干枯、死亡，对农作物和生态环境造成严重影响，工业生产、人畜饮水产生较大影响。

按照预警等级，我国将干旱灾害划分为红色、橙色、黄色和蓝色预警4个等级。特大干旱（一级红色预警）是指多个区县发生特大干旱，多个县级城市发生极度干旱。严重干旱（二级橙色预警）是指数区县的多个乡镇发生严重干旱，或一个区县发生特大干旱等。中度干旱（三级黄色预警）是指多个区县发生较重干旱，或个别区县发生严重干旱等。轻度干旱（四级蓝色预警）是指多个区县发生一般干旱，或个别区县发生较重干旱等。

（三）干旱的成因

干旱的形成因素有多种，其中主要因素有气候、水资源和人类活动3个方面。

1. 气候因素

旱灾的形成主要取决于气候因素，降水量少、蒸发量大是形成干旱的直接原因，大气环流异常，海气和陆气相互作用会导致降水偏少，蒸发加剧，这是干旱发生的根本原因。降水量多少是直接影响干旱是否出现的关键因素，发生干旱的概率和降雨量成反比。造成降水不足的气候因素主要有4个，即持续宽广的下沉气流、局地下沉气流、缺乏气压扰动和缺乏潮湿气流。此外，干旱还与蒸发等因素有关。一般来说，降水量低于多年平均值就容易出现干旱。

2. 水资源因素

世界上的干旱地区主要分布于副热带地区，其原因就在于这些地区常年受副高控制，盛行下降气流，降水量小，蒸发量大，水资源量少。此外，大陆西岸受寒流影响，山地背风坡受下沉气流和焚风效应影响，降水稀少，水资源量少，也极易发生干旱。在我国，不同地区的降水季节变化时形成全国季节性易干旱地区分布的基础。长江以南地区，由于夏季风来得早，去得晚，雨季早而且时间长，若7、8月雨量少，容易产生伏旱。华北、东北地区雨季在6～9月，春旱和春夏连旱特别严重。西南地区主要依靠西南季风带来的降水，11月至翌年4月为旱季。我国南方水多，耕地少；北方水少，耕地多。这种地区之间水资源的不平衡状况，是造成我国干旱灾害的重要原因。

3. 人类活动

不合理的人类活动，也是导致干旱灾害发生的重要因素之一。人类破坏森林植被而导致植物的蓄水作用丧失，因大量抽取地下水而导致地下水和土壤水分减少，因人口增加和经济快速发展而导致用水量急剧增多，因水体污染而导致可利用水资源量减少，都可使水资源缺乏而造成旱灾的发生。此外，水资源浪费也可加剧旱灾的严重程度。

（四）干旱灾害的防御措施

（1）加强干旱灾害预报。我国气象部门历来把干旱等气象灾害作为监测和预报的主要内容，因此，要重视气象预报，充分利用这一重要信息，作好抗旱决策，采取减轻干旱灾害的措施。

（2）兴修水利。通过修建水库、水窖等水利工程，扩大水源，提高抗旱能力。发展农田灌溉事业和节水灌溉技术，提高水资源的利用率，减少农业需水量。

（3）搞好绿化。通过退耕还林、植树造林等措施，绿化环境，提高植被覆盖率，改善局地小气候，缓解干旱程度。

（4）人工增雨。在合适的天气条件下，通过人工播撒干冰、碘化银、盐粉、尿素等催化剂，形成降雨。

（5）推广耐旱作物品种和抗旱播种法。在易发生干旱和干旱缺水地区，通过推广耐旱作物品种和抗旱播种法，减少农业水资源消耗量，减轻作物受旱程度。

四、冰雹

（一）冰雹灾害的概念

冰雹是指在从积雨云中降落到地面的冰块或冰球，是一种强对流天气下的固态降水。降雹是夏季或春夏之交最为常见的天气现象。冰雹的形状很多，有球状、圆锥状、椭球状或其他不规则的形状。冰雹体积不大，直径多为5～50mm，最大可达10cm以上，又称雹或雹块，俗称雹子，有的地区叫“冷子”，它是一些小如绿豆、黄豆，大似栗子、鸡蛋的冰粒，特大的冰雹比柚子还大。冰雹常砸坏庄稼，威胁人畜安全，是一种严重的自然灾害。

冰雹一般具有以下特征：①局地性强。每次冰雹的影响范围一般较小，宽度约数十米到数公里，长度约数百米到十几公里，故民间有“雹打一条线”的说法。②历时短。一次狂风暴雨或降雹时间一般只有2～10分钟，少数在30分钟以上。③受地形影响显著。地形越复杂，冰雹越易发生。④年际变化大。在同一地区，有的年份连续发生多次，有的年份发生次数很少，甚至不发生。⑤发生区域广。从亚热带到温带的广大气候区内均可发生，尤以温带地区发生次数居多。

虽然降雹的范围一般较小，持续时间较短，但是其来势凶猛，强度较大，并常伴有狂风暴雨，常常砸坏庄稼，威胁人畜和地面物体的安全，是一种严重的气象灾害。中国是冰雹灾害频繁发生的国家，冰雹每年都给农业、建筑、通信、电力、交通以及人民生命财产带来巨大损失。

（二）冰雹灾害的分类

根据一次降雹过程的持续时间、雹体体积大小和地面积雹厚度，可将冰雹划分为轻雹、中雹和重雹三级：轻雹是指多数冰雹直径不超过 0.5cm、累计降雹时间不超过 10 分钟、地面积雹厚度不超过 2cm 的降雹。中雹是指多数冰雹直径为 0.5～2.0cm、累计降雹时间为 10～30 分钟、地面积雹厚度为 2～5cm 的降雹。重雹是指多数冰雹直径在 2.0cm 以上、累计降雹时间在 30 分钟以上、地面积雹厚度在 5cm 以上的降雹。

冰雹所造成的危害强度，其大小与雹块大小、雹粒的多少、降雹时间长短、降雹范围广度以及所伴随的风力和雨量有关。雹块的大小是冰雹能否造成灾害和造成灾害轻重的主要原因。通常雹块直径小于 2cm 的叫小冰雹，一般不会造成危害，只有数量特别多或持续时间很长时才会致灾；直径 3～5cm 的叫大冰雹，一般会造成危害；直径大于 6cm 的叫特大冰雹，一般造成的危害严重。

（三）冰雹灾害的成因

冰雹和雨、雪一样，都是从云里掉下来的，它是从积雨云中降落下来的一种固态降水。冰雹的形成需要以下 6 个条件：①冰雹的形成往往需要适宜的天气条件，即大气中必须有相当厚的不稳定层存在；②积雨云必须发展到能使个别大水滴冻结的温度（一般认为温度达 −16～−12℃）；③要有强的风切变；④云的垂直厚度不能小于 6km；⑤积雨云内含水量丰富，一般为 3～8 g/m^3，在最大上升速度的上方有一个液态过冷却水的累积带；⑥云内应有倾斜的、强烈而不均匀的上升气流，一般在 10～20m/s 及以上。

在冰雹云中，强烈的上升气流携带着许多大大小小的水滴和冰晶运动着，其中有一些水滴和冰晶并合冻结成较大的冰粒，这些粒子和过冷水滴被上升气流输送到含水量累积区，就可以成为冰雹核心，这些冰雹初始生长的核心在含水量累积区有着良好生长条件。雹核在上升气流携带下进入生长区后，在水量多、温度不太低的区域与过冷水滴碰并，长成一层透明的冰层，再向上进入水量较少的低温区，这里主要由冰晶、雪花和少量过冷水滴组成，雹核与它们黏并冻结就形成一个不透明的冰层。这时冰雹已长大，而那里的上升气流较弱，当它支托不住增长大了的冰雹时，冰雹便在上升气流里下落，在下落中不断地并合冰晶、雪花和水滴而继续生长，当它落到较高温度区时，碰并上去的过冷水滴便形成一个透明的冰层。这时如果落到另一股更强的上升气流区，那么冰雹又将再次上升，重复上述的生长过程。这样冰雹就一层透明一层不透明地增长，由于各次生长的时间、含水量和其他条件的差异，所以各层厚薄及其他特点也各有不同。最后，当上升气流支撑不住冰雹时，它就从云中落至地面，成为冰雹。

（四）冰雹灾害的防御措施

风雹灾害性天气主要发生在中小尺度天气系统中，突发性强、生命史短，一旦发生，猝不及防。因此，对风雹灾害的防治，首先必须加强对风雹活动的监测和预报，尽可能提高预报时效，抢时间，采取紧急措施，以最大限度减轻灾害损失，特别是避免人员伤亡。

1. 建立快速反应的冰雹预警系统

过去，对冰雹灾害的预报一直是我国各级气象部门的一大难题。20 世纪 80 年代以来，随着天气雷达、卫星云图接收、计算机和通信传输等先进设备在气象业务中大量使用，大大提高了对冰雹活动的跟踪监测能力。当地气象台（站）出现冰雹天气，立即向可能影响的气象台、站通报。各级气象部门将现代化的气象科学技术与长期积累的预报经验相结合，综合预报冰雹的发生、发展、强度、范围及危害，使预报准确率不断提高。为了尽可能提早将冰雹预警传送到各级政府领导和群众中去，各级气象部门通过各地电台、电视台、电话、微机服务终端和灾害性天气警报系统等媒体发布“警报”“紧急警报”，使社会各界和广大人民群众提前采取防御措施，避免和减轻了灾害损失，取得了明显的社会和经济效益。

2. 人工防雹

我国是世界上人工防雹较早的国家之一。由于我国雹灾严重，所以防雹工作得到了各级政府的重视和支持。目前我国已有许多省份建立了长期试验点，并进行了严谨的试验，取得了不少有价值的科研成果，同时逐渐形成了以“三七高炮”为主体的人工防雹的作业系统。开展人工防雹，使其向人们期望的方向发展，可以达到减轻冰雹灾害的目的。人工防雹的具体措施如下：①用火箭、高炮或飞机直接把碘化银、碘化铅、干冰等催化剂送到云里去。②在地面上把碘化银、碘化铅、干冰等催化剂在积云形成以前送到自由大气里，让这些物质在雹云里起雹胚作用。使雹胚增多，冰雹变小。③在地面上向雹云放火箭，打高炮或在飞机上对雹云放火箭、投炸弹，以破坏对雹云的水分输送。④用火箭、高炮向暖云部分撒凝结核，使云形成降水，以减少云中的水分；在冷云部分撒冰核，以抑制雹胚增长。

3. 农业防雹措施

冰雹对农业的破坏最为严重，做好农业放雹工作意义重大。常见的农业放雹措施如下：①在多雹地带，种植牧草和树木，增加森林面积，改善地貌环境，破坏雹云条件，达到减少雹灾目的；②增种抗雹和复生能力强的农作物；③成熟的作物及时抢收；④多雹灾地区降雹季节农民下地随身携带防雹工具，如竹篮、柳条筐等，以减少人身伤亡。

五、连阴雨

（一）连阴雨的概念与分类

连阴雨是指连续 3～5 天及以上的阴雨天气现象（中间可以有短暂的日照时间）。连阴雨天气的日降水量可以是小雨、中雨，也可以是大雨或暴雨。不同地区对连阴雨有不同的定义，一般要求雨量达到一定值才称为连阴雨。例如，定义连续≥5 天、日降水量≥0.1mm、过程总降水量≥30mm 为一个连阴雨过程。

连阴雨与春末发生于华南的前汛期降水和初夏发生于江淮地区的梅雨不同。连阴雨的天气特点主要是温度低、日照少、雨量小。后两者虽在现象上也可称为连阴雨，但是其天气特点主要是温度、湿度较高，雨量较大。连阴雨的时空分布呈现出明显的季节性与地域性。我国常见的连阴雨有南方稻区春季连阴雨，长江流域初夏梅雨季节连阴雨，北方地区盛夏连阴雨，西北地区东部、长江中下游、西南地区秋季连阴雨（华西秋雨），中东部地区冬季连阴雨（雪）等。

连阴雨对农业生产的影响，主要在于低温导致作物的减产。在农作物生长发育期间，连阴雨天气使空气和土壤长期潮湿，日照严重不足，影响作物正常生长；在农作物成熟收获期，连阴雨可造成果实发芽霉烂，导致农作物减产。在我国，初春或深秋时节常会出现连续数日甚至经月有余的阴雨连绵、阳光寡照的寒冷天气，常被称为低温连阴雨。初春连阴雨往往出现在水稻播种育秧时节，易造成大面积烂秧现象。秋季连阴雨如果出现较早，会影响晚稻等农作物的收成。连阴雨可以影响人的生活和人体健康。连阴雨天气气压较低，空气潮湿，使人感觉很不舒服。阴雨连绵，空气潮湿，适合各种真菌的生长和繁殖，已引发癣类皮肤病、呼吸道疾病、风湿性和类风湿性关节炎以及其他疾病的发生。阴雨闷热潮湿环境下食物和物品易发生霉变，误食霉变食物可引起食物中毒，物品霉变可造成经济损失。

按照连阴雨期的气温高低，可将连阴雨划分为低温连阴雨和高温连阴雨两种类型，其中前者的日平均气温低于12℃，后者的日平均气温高于12℃。根据连阴雨期的气温变化状况，可将连阴雨划分为低温型连阴雨、温暖型连阴雨、前冷后暖型连阴雨、前暖后冷型连阴雨、冷暖交替型连阴雨5种类型。按照发生季节，连阴雨可以划分为春季连阴雨（3～5月），夏季连阴雨（6～8月）和秋季连阴雨（9～11月）。

（二）连阴雨的成因

我国连阴雨的出现，与影响我国雨带迁移的西风带和副热带高压系统的季节性变化有关。因此，连阴雨天气的发生区域也有明显的季节性变化，从冬季过渡到夏季时连阴雨雨区由南向北推移；从夏季至冬季时由北向南推移，与雨带位移的步调相一致。春季，中国南方的暖湿空气开始活跃，北方冷空气开始衰减，但仍有一定强度且活动频繁，冷暖空气交汇处（锋）经常停滞或徘徊于长江和华南之间。在地面天气图上出现准静止锋，在700hPa等压面图上出现东西向的切变线，它位于地面准静止锋的北侧。连阴雨天气就产生在地面锋和700hPa等压面上的切变线之间。当锋面和切变线的位置偏南时，连阴雨发生在华南；偏北时，就出现在长江和南岭之间的江南地区。秋季的连阴雨发生在北方冷空气开始活跃、南方暖湿空气开始衰减但仍有一定强度的形势下，其过程与春季相似，只是冷暖空气交汇的地区不同，因而连阴雨发生的地区也和春季有所不同。

（三）连阴雨灾害的防御措施

1. 农业防御措施

（1）研究掌握连阴雨天气规律。连阴雨天气出现有一定的规律，因此，要深入研究和掌握本地连阴雨天气及其危害的规律，做好农作物及品种的布局和季节安排。

（2）培育壮秧。主要是搞好秧田管理，调节秧田小气候，根据天气变化规律，在冷尾暖头抢晴播种，采用薄膜覆盖或温室育秧，培育壮秧，提高秧苗的抗寒防冻能力。

（3）抢收抢藏。对农作物收获季节的连阴雨，应根据天气预报及时做好抢收抢晒抢藏工作。有条件的，应配备必要的烘干设备，使雨天收的粮食能及时烘干，避免发芽、霉烂遭受损失。

2. 生活防御措施

（1）空调降湿。连阴雨天要尽量保持室内空气流通，特别是家里有过敏体质者。必要时可用吸湿器或干燥机降低室内湿度。空调房间更要注意通风，长期使用空调而不通风，躲藏在空调器内的霉菌也会繁殖。

（2）注意衣物保管与食物保存。室内霉菌可在衣物、皮革、家具、仪器、家电的表面大量繁殖，应做好物品特别是衣物的防霉。衣物必须彻底晾晒或烘干才能入柜储存。防霉防蛀剂应吊挂于衣物上方约10cm处，使有效成分充分挥发。连阴雨天应尽可能少开储物箱门，以免吸湿性较强的棉、麻、丝、毛等织物霉变。棉毛衫裤等衣物不宜装在塑料袋中，以免湿气集聚引起霉变。不要食用被霉菌污染的食物，有的霉菌还会产生毒素，误食霉变食物可引起急性或慢性中毒，有些霉菌毒素还可致癌。把食物放在冰箱冷藏可抑制霉变，但时间太长也会霉变，因为有些霉菌是耐低温的。

（3）自我调节与保健。阴雨天缺少阳光使人心情压抑情绪低落，要注意调节情绪，拥有一个乐观、开朗的心情。适当参加体育锻炼以利体内湿气和热量的散发。饮食宜清淡少油腻以利消化吸收。高血压等疾病患者在连阴雨期间，要注意自我保健，饮食起居要有规律，并按医嘱服药。

六、雪灾

1. 雪灾概述

雪灾亦称白灾，是因长时间大量降雪造成大范围积雪成灾的自然现象。它是中国牧区常发生的一种畜牧气象灾害，主要是指依靠天然草场放牧的畜牧业地区，由于冬半年降雪量过多和积雪过厚，雪层维持时间长，影响畜牧正常放牧活动的一种灾害。对畜牧业的危害，主要是积雪掩盖草场，且超过一定深度，有的积雪虽不深，但密度较大，或者雪面覆冰形成冰壳，牲畜难以扒开雪层吃草，造成饥饿，有时冰壳还易划破羊和马的蹄腕，造成冻伤，致使牲畜瘦弱，常常造成牧畜流产，仔畜成活率低，老弱幼畜饥寒交迫，死亡增多。同时还严重影响甚至破坏交通、通信、输电线路等生命线工程，对牧民的生命安全和生活造成威胁。雪灾主要发生在稳定积雪地区和不稳定积雪山区，偶尔出现在瞬时积雪地区。中国牧区的雪灾主要发生在内蒙古草原、西北和青藏高原的部分地区。

根据我国雪灾的形成条件、分布范围和表现形式，可将雪灾分为3种类型：雪崩、风吹雪灾害（风雪流）和牧区雪灾。

2008年，我国南方遭遇了大范围的雨雪，并伴生低温、冰冻等自然灾害，给当地造成了重大灾害，损失严重。2008年1月10～24日，上海、浙江、江苏、安徽、江西、河南、湖北、湖南、广东、广西、重庆、四川、贵州、云南、陕西、甘肃、青海、宁夏、新疆和新疆生产建设兵团等20个省、区、市均不同程度受到低温、雨雪、冰冻灾害的影响。因灾死亡129人，失踪4人，紧急转移安置166万人；农作物受灾面积1.78亿亩，成灾8764万亩，绝收2536万亩；倒塌房屋48.5万间，损坏房屋168.6万间；因灾直接经济损失1516.5亿元。森林受损面积近2.79亿亩，3万只国家重点保护野生动物在雪灾中冻死或冻伤；受灾人口已超过1亿。其中湖南、湖北、贵州、广西、江西、安徽、四川7个省份受灾最为严重。这场暴风雪造成多处铁路、公路、民航交通中断。由于正逢春运期间，大量旅客滞留站场港埠。另外，电力受损、煤炭运输受阻，不少地区用电中断，电信、通信、供水、取暖均受到不同程度影响，某些重灾区甚至面临断粮危险。而融雪流入海中，对海洋生态亦造成浩劫。台湾海峡即传出大量鱼群暴毙事件。2009年11月9～16日，中国北方大部地区遭遇大范围雨雪天气袭击，造成河北、山西、山东、河南、湖北等8省区近千万人口受灾，为近几十年所罕见。

2. 暴雪预警信号

我国气象部门规定，暴雪预警信号分为蓝色、黄色、橙色和红色预警信号4种。

1）蓝色预警信号

标准：12小时内降雪量将达4mm以上，或者已达4mm以上且降雪持续，可能对交通或者农牧业有影响。当发出蓝色预警信号时，应采取以下防御措施。政府及有关部门按照职责做好防雪灾和防冻害准备工作；交通、铁路、电力、通信等部门应当进行道路、铁路、线路巡查维护，做好道路清扫和积雪融化工作；行人注意防寒防滑，驾驶人员小心驾驶，车辆应当采取防滑措施；农牧区和种养殖业要储备饲料；加固棚架等易被雪压的临时搭建物。

2）黄色预警信号

标准：12小时内降雪量将达6mm以上，或者已达6mm以上且降雪持续，可能对交通或者农牧业有影响。当发出黄色预警信号时，应采取以下防御措施。政府及相关部门按照职责落实防雪灾和防冻害措施；交通、铁路、电力、通信等部门应当加强道路、铁路、线路巡查维护，做好道路清扫和积雪融化工作；行人注意防寒防滑，驾驶人员小心驾驶，车辆应当采取防滑措施；农牧区和种养殖业要备足饲料；加固棚架等易被雪压的临时搭建物。

3）橙色预警信号

标准：6小时内降雪量将达10mm以上，或者已达10mm以上且降雪持续，可能或者已经对交通或者农牧业有较大影响。当发出橙色预警信号时，应采取以下防御措施。政府及相关部门按照职责做好防雪灾和防冻害的应急工作；交通、铁路、电力、通信等部门应当加强道路、铁路、线路巡查维护，做好道路清扫和积雪融化工作；减少不必要的户外活动；加固棚架等易被雪压的临时搭建物，将户外牲畜赶入棚圈喂养。

4）红色预警信号

标准：6小时内降雪量将达15mm以上，或者已达15mm以上且降雪持续，可能或者已经对交通或者农牧业有较大影响。当发出红色预警信号时，应采取以下防御措施。政府及相关部门按照职责做好防雪灾和防冻害的应急和抢险工作；必要时停课、停业（除特殊行业外）；必要时飞机暂停起降，火车暂停运行，高速公路暂时封闭；做好牧区等救灾救济工作。

3. 暴雪灾害的防御措施

1）民众生活安全防御措施

发生暴雪灾害时，民众应尽量避免外出。如在室外，应远离广告牌、临时搭建物和老树等易垮塌物体和构筑物，避免砸伤。路过桥下、屋檐等处时，要小心观察或绕道通过，以免因冰凌融化脱落伤人。如果发生断电事故，要及时报告电力部门迅速处理。

2）交通安全防御措施

发生暴雪灾害时，非机动车应给轮胎少量放气，以增加轮胎与路面的摩擦力。行人和车辆应听从交通民警指挥，服从交通疏导安排。注意收听天气预报和交通信息，避免因机场、高速公路、轮渡码头等停航或封闭而耽误出行。驾驶汽车时要慢速行驶并与前车保持距离。车辆拐弯前要提前减速，避免踩急刹车。有条件要安装防滑链，佩戴色镜。出现交通事故后，应在现场后方设置明显标志，以防连环撞车事故发生。

3）农业生产防御措施

发生暴雪灾害时，要及早采取有效防冻措施，抵御强低温对越冬作物的侵袭，特别是要防止持续低温对旺苗、弱苗的危害。加强对大棚蔬菜和在地越冬蔬菜的管理，防止连阴雨雪、低温天气的危害，雪后应及时清除大棚上的积雪，既减轻塑料薄膜压力，又有利于增温透光；同时加强各类冬季蔬菜、瓜果的储存管理。要趁雨雪间隙及时做好沟渠的清理工作，降湿排涝，以防连阴雨雪天气造成田间长期积水，影响麦菜根系生长发育。同时要加强田间管理，中耕松土，铲除杂草，提高其抗寒能力。做好病虫害的防治工作。及时给麦菜盖土，提高御寒能力，若能用猪牛粪等有机肥覆盖，保苗越冬效果更好。要做好大棚的防风加固，并注意棚内的保温、增温，减少蔬菜病害的发生，保障春节蔬菜的正常供应。

第四节　气流异常灾害

一、大风灾害的概念与标准

空气在大气圈中的流动称为风。空气流动有水平方向和垂直方向两种，风通常是指空气的水平流动。风一般用两个要素描述。一是风向，指风吹来的方向。二是风力，即风的强度。风力等级（wind scale）简称风级，是风强度（风力）的一种表示方法。国际通用的风力等级是由英国人蒲福（Beaufort）于1805年拟定的，故又称“蒲福风力等级”（Beaufort scale），它最初是根据风对炊烟、沙尘、地物、渔船、渔浪等的影响大小分为0～12级，共13个等级。后来，又在原分级的基础上，增加了相应的风速界限。自1946年以来，风力等级又作了扩充，增加到18个等级（0～17级）（表4.5）。

表4.5　蒲福风力等级表

风级	名称	平地上离地10m处的风速			陆地地面物象	海面波浪	平均浪高	最高浪高
		（海里/h）	（m/s）	（km/h）			（m）	（m）
0	无风	＜1	0.0～0.2	＜1	静，烟直上	平静	0.0	0.0
1	软风	1～3	0.3～1.5	1～5	烟示风向	微波峰无飞沫	0.1	0.1
2	轻风	4～6	1.6～3.3	6～11	感觉有风	小波峰未破碎	0.2	0.3
3	微风	7～10	3.4～5.4	12～19	旌旗展开	小波峰顶破裂	0.6	1.0
4	和风	11～16	5.5～7.9	20～28	吹起尘土	小浪白沫波峰	1.0	1.5
5	劲风	17～21	8.0～10.7	29～38	小树摇摆	中浪折沫峰群	2.0	2.5
6	强风	22～27	10.8～13.8	39～49	电线有声	大浪白沫离峰	3.0	4.0
7	疾风	28～33	13.9～17.1	50～61	步行困难	破峰白沫成条	4.0	5.5

续表

风级	名称	平地上离地10m处的风速			陆地地面物象	海面波浪	平均浪高(m)	最高浪高(m)
		(海里/h)	(m/s)	(km/h)				
8	大风	34～40	17.2～20.7	62～74	折毁树枝	浪长高有浪花	5.5	7.5
9	烈风	41～47	20.8～24.4	75～88	小损房屋	浪峰倒卷	7.0	10.0
10	狂风	48～55	24.5～28.4	89～102	拔起树木	海浪翻滚咆哮	9.0	12.5
11	暴风	56～63	28.5～32.6	103～117	损毁重大	波峰全呈飞沫	11.5	16.0
12	飓风	64～71	32.7～36.9	118～133	摧毁极大	海浪滔天	14.0	
13	—	72～80	37.0～41.4	134～149	—	—	—	—
14	—	81～89	41.5～46.1	150～166	—	—	—	—
15	—	90～99	46.2～50.9	167～183	—	—	—	—
16	—	100～108	51.0～56.0	184～201	—	—	—	—
17	—	109～118	56.1～61.2	202～220	—	—	—	—

大风通常指平均风力达六级（风速10.8～13.8m/s）或瞬时风力达8级（风速17m/s）以上的风。大风可给人类的生产、生活活动产生严重影响并造成灾害，称为风灾。长时间的大风会毁坏地面设施和建筑物，影响航海、海上施工和捕捞等作业，造成土壤风蚀、土地沙化，对作物和树木产生机械损害，造成作物倒伏、折断、落粒、落果及传播植物病虫害等，给人民的正常生产、生活形成不利影响。当大风给人类社会带来危害时，即构成大风灾害。

按照风力的大小，风灾一般可划分为3个等级：一般大风相当于6～8级的大风，主要破坏农作物，对工程设施一般不会造成破坏。较强大风相当于9～11级的大风，除破坏农作物、林木外，对工程设施可造成不同程度的破坏。特强大风相当于12级及以上的大风，除破坏农作物、林木外，对工程设施和船舶、车辆等可造成严重破坏，并严重威胁人员生命安全。常可形成大的风灾的风型，主要是风速巨大的台风和龙卷风。

内蒙古、东北、河北、豫北、陕北、晋北等地是北方大风经常出现地区，东南海面和沿海也较多，大部地区为5～50天，总的趋势北方多于南方，沿海多于内陆，高山隘口多于盆地河谷。东北、华北和西北为10～75天，西南、华南和长江流域为3～25天。而出现最多的为①青藏高原，年75～100天或以上，是高原牧业生产主要灾害之一；②中蒙边境地区和新疆西北部，为寒潮入侵我国门户，年多达50～80天，导致严重的风沙及风蚀沙化；③东南沿海及岛屿，年50～150天，台湾海峡及沿岸有的超过150天，对农业、渔业及航海影响较大；④东北松辽平原处于蒙古低压发展地区，春季大风频繁，导致风沙，加剧春旱。大风日数25～50天。此外各地高山一般都在100天以上，新疆北部的阿拉山口为166天左右。

二、台风灾害

（一）台风的概念与分类

热带气旋（tropical cyclone）是发生在热带或副热带洋面上的低压涡旋，是一种强大而深厚的热带天气系统。它像在流动江河中前进的涡旋一样，一边绕自己的中心急速旋转，一边随周围大气向前移动。在北半球热带气旋中的气流绕中心呈逆时针方向旋转，在南半球则相反。

台风或称飓风，是指形成于热带或副热带海面温度在26℃以上的广阔海面上的热带气旋。在气象学上，中心附近最大风力达到12级或以上（即每秒32.7m）的热带气旋称为台风或飓风，因产生海域的不同称谓有别。在北大西洋及东太平洋地区叫作“飓风”（hurricane）；而北太平洋西部（赤道以北，国际日期线以西，东经100°以东）则称为“台风”（typhoon），在印度洋地区被叫作“旋风”（cyclone）。

热带气旋的分级不同国家和地区并非统一。1950年世界气象组织统一规定，将热带气旋分为5级：热带气旋中心附近最大风力在6～7级的，称为热带低压；风力在8～9级的，称为热带风暴；风力在10～11级的，称为强热带风暴；当热带气旋中心附近最大风力达到或超过12级时，在西北太平洋和南海地区称为台风，在东太平洋和大西洋地区被习惯地称为飓风。

自2006年5月15日起，根据我国实际需要，实施新的国家标准GBT 19201—2006，将热带气旋分成6级，把台风分为台风、强台风、超强台风（表4.6）。中心附近最大风力达到12～13级的称为台风，14～15级的称为强台风，16级或以上的称为超强台风。

表4.6 热带气旋等级划分标准（GBT 19201—2006）

名称	英文缩写	最大风速（m/s）	风级
热带低压	TD	10.8～17.1	6～7级
热带风暴	TS	17.2～24.4	8～9级
强热带风暴	STS	24.5～32.6	10～11级
台风	TY	32.7～41.4	12～13级
强台风	STY	41.5～50.9	14～15级
超强台风	SuperTY	>51.0	16级以上

热带气旋的范围较大，直径通常从几百公里到上千公里，垂直厚度为十余公里，垂直高度与水平范围之比约1∶50。在水平方向上，热带气旋具有同心圆状结构，一般可分为热带气旋外围、热带气旋本体和热带气旋中心3部分。热带气旋外围是螺旋云带，直径通常为400～600km，有时可达800～1000km；热带气旋本体是涡旋区，也叫云墙区，由一些高大的对流云组成，其直径一般为200km，有时可达400km；热带气旋中心到台风眼区，其直径一般为10～60km，大的超过100km，小的不到10km，绝大多数呈圆形，也有椭圆形或不规则的，热带气旋风力最大的部位是台风眼壁附近。在垂直方向上，热带气旋分为流入层、中间层和流出层3部分。从海面到3km高度为流入层，3～8km高度为中间层，从8km高度左右到台风顶是流出层。在流入层，四周的空气作反时针（在北半球）方向向内流入，越近中心风速越大，把大量水汽自热带气旋外部输入热带气旋内部；中间层气流主要是围绕中心运动，底层流入现象到达云墙区基本停止，而后气流环绕眼壁作螺旋式上升运动；中间层上升气流到达流出层时便向外扩散，流出的空气一部分与四周空气混合后下沉到底层，一部分在眼区下沉，组成热带气旋的垂直环流区。热带气旋的气温由外向内递增，气压由外向内递减。

热带气旋蕴藏着巨大能量，这一事实可以从它强大的风力和所带来的大量降水来说明。

一个成熟的热带气旋在半径为60km的范围内，平均风速为40m/s，维持这样的大风所需的能量约为1.5×10^{12}W，相当于全球发电总量的50%。平均状况下，一个热带气旋1天可在半径为665km的范围内降水15mm，即2.1×10^{16}cm³，所释放的潜热约为5.2×10^{19}J/天（6.0×10^{14}W），相当于全球发电总量的200倍。一个成熟的热带气旋所爆发出来的能量，相当于几十万颗广岛原子弹释放的能量，威力巨大。热带气旋具有突发性强、破坏力大的特点，是世界上最严重的自然灾害之一，可因强风、暴雨、风暴潮等直接造成严重的人类生命和财产损失，并可能诱发山洪暴发、河堤决口、泥石流、地质塌方、水库崩溃等其他自然灾害。热带气旋灾害对世界各地影响最大，全球每年因热带气旋造成的经济损失达数十亿至上百万亿美元，死亡人数2万～3万人（表4.7）。

表4.7 历史上10次最严重的热带气旋灾害事件

序号	发生时间（年份）	发生地点	生命损失
1	1773	印度	死15万人
2	1833	印度	死5万人
3	1864	印度	死5万人
4	1876	孟加拉国	死10万人
5	1879	孟加拉国	死17.5万人
6	1881	越南、中国沿海	死30万人
7	1922	中国广东	死6.1万人
8	1923	日本	死25万人
9	1937	印度	死30万人
10	1970	孟加拉国湾诸国	死30万人，100万人无家可归

热带气旋也可给人类带来一些益处。热带气旋给中国沿海、日本海沿岸、印度、东南亚和美国东南部带来的大量雨水，约占这些地区总降水量的1/4以上，形成丰富的淡水资源，对改善这些地区的淡水供应和生态环境具有重要意义。热带气旋驱散赤道附近热带、亚热带地区的酷热，在一定程度上减轻了这些地区的土地沙荒化程度，也使寒带和温带的气温得到一定的提升。热带气旋所蕴含的巨大能量的流动，在维持地球热量平衡、人类适宜生存环境中起着巨大作用。热带气旋形成和运动时的闪电等，可以击碎水分子长链，形成具有活性的短链水分子，对短链水分子的吸收有助于地球上生物生命活力的增添，从而使地球生态持久发展下去。热带气旋对海水的搅动，可将海底营养物质卷到海水表层，使表层海水鱼饵增多，吸引鱼群在水面附近聚集，提高渔获量。

（二）台风的形成与移动路径

台风的形成与发生过程是一种典型的能量聚散过程。台风的发生需要3个基本条件。

（1）有能源供给。台风形成和发展需要巨大的能量，这些能量主要是由大量水汽凝结释放的潜热转化而来，而潜热释放又是大气层结不稳定发展的结果。对流层低层大气层结不稳定的程度，主要取决于大气层中温度和湿度的垂直分布。在热带海洋上，大气温度和湿度的高低主要取决于海面水温的高低。因此，广阔的高温洋面是台风形成和发展的必要条件。一般讲，海温低于 26.5℃的洋面不会有台风的形成，而海温高于 29～30℃的洋面极易形成台风。

（2）要有足够大的地球自转偏向力。地转偏向力使向内辐合的空气旋转，即需要能量维持这种旋转，所以赤道带上地转偏向力太小没有形成台风的条件，即必须有一定的纬度条件。通常离开赤道 5 个纬度以上，才有利于台风的形成。事实上，大多数台风发生在纬度 5°～20°，10°～15°最多。

（3）高低空之间的风向风速差别要小即风的垂直切变要小。为了保持台风的暖心，需要使上升气流凝结释放的热量能聚集在有限的空气柱内，而不被扩散出去。如果风的垂直切变大，即高低空风速相差大或风向相反，则潜热会迅速平流出去，而不利于台风的形成。相反，若风的垂直切变小，即高低空风速或风向差别小，其下方释放的潜热可始终加热同一空气柱，容易形成台风暖心。

以上 3 个条件是台风形成的必要条件，具备这些条件，不等于就有台风发生。台风的发生还需要其他条件。例如，低空有辐合的流场或高空有辐散的流场。总之，台风的形成条件实质上都是为了保证能量的积聚。当能量积聚到一定程度时，台风形成，并进行转移和运动，在此过程中，能量被释放、转化，从而产生台风灾害。

影响我国的台风主要形成于西太平洋菲律宾东侧的洋面、关岛附近和我国南海中部等地。相对集中在 4 个海区：①中国南海海区；②菲律宾群岛以东、琉球群岛、关岛等附近海面（最重要的台风发源地）；③马里亚纳群岛附近海面；④马绍尔群岛附近海面。

由于副热带高压的形状、位置、强度变化以及其他因素的影响，致台风移动路径的规律并非一致，而且变得多种多样。西北太平洋西部地区台风路径基本路径大体有以下 3 种类型。①西进型：台风自菲律宾以东一直向西移动，经过南海最后在中国海南岛、广西或越南北部地区登陆，这种路线多发生在北半球冬、春两季。当时北半球副高偏南，所以台风生成纬度较低，路径偏南，一般只在北纬 16°以南进入南海，最后在越南登陆，波及泰、柬、缅等国。甚至进入孟加拉湾。②登陆型：台风向西北方向移动，先在台湾岛登陆，然后穿过台湾海峡，在中国广东、福建、浙江沿海再次登陆，并逐渐减弱为热带低压。这类台风对中国的影响最大。③抛物线型：台风先向西北方向移动，当接近中国东部沿海地区时，不登陆而转向东北，向日本附近转去，路径呈抛物线形状，这种路径多发生在 5～6 月和 9～11 月。最终大多变为温带气旋。

（三）台风的成灾机制及预防

1. 台风灾害的成灾机制

台风是一种破坏力很强的灾害性天气系统。在这个系统中，两个基本的运动构成主要的灾害诱发与致灾因素：一个是高速旋转的气流，另一个是云墙中携带的大量水汽。这两个基本的运动引起的灾害通常由三方面造成。①强风：台风的最大风力出现在台风中心附近（台风中心既无风也无雨），风力在 12 级以上，甚至超过 16 级、17 级；风力从中心向外围逐渐减弱，10 级风圈半径可达 200km，7 级风圈半径可达 500km。强风的危害主要有摧毁房屋、建筑及高空设施，压死压伤人员；刮断电力和通信线路，导致电力、通信中断；吹翻车辆、船只、行人，摧毁农作物，吹倒甚至拔起大树。②暴雨：台风降雨来势猛、强度大。一次台风登陆或影响，降雨中心往往会出现大暴雨或特大暴雨，有时一天雨量甚至在500mm以上。暴雨的危害主要有造成平原洪涝，使城镇、村庄、农田受淹，城市内涝积水；引发山洪、地质灾害，冲毁房屋、建筑、道路、桥梁，甚至吞噬整个村庄；导致水库垮坝，堤防决口或漫顶。③风暴潮：当台风移向近海陆地时，在台风的强风和低气压的作用下，海水迅速向近海输送、堆积，使沿海潮位异常升高甚至暴涨数米，狂涛巨浪排山倒海般地压向海岸。风暴潮的危害主要有掀翻海上船只，冲垮码头、养殖场以及各类设施，冲走附近人员；造成海堤溃决，海水倒灌，冲毁房屋、建筑，淹没村镇、农田；造成潮水顶托甚至倒灌，导致城镇排水不畅、内涝加剧。

2. 台风的监测预警

目前对台风的监测，主要是利用气象卫星和气象雷达以及地面监测网。卫星云图可以清晰地展现台风移动的实时状态，利用卫星云图可以确定台风的位置，估计台风强度，监测台风移向和移速。当热带气旋到达近海时，利用雷达可以比较准确地确定热带气旋移动的方向和速度、热带气旋暴雨可能出现的地区和时间等热带气旋要素。根据探测所得到的数据和各种物理量图表，通过科学综合分析，气象预报员可以预报热带气旋可能登陆的地点、时间和影响区域，及时向有关地区提供防御热带气旋的决策依据，并通过公众媒体向社会公众发布警报或紧急预警，最大限度地减轻热带气旋灾害带来的损失。

3. 台风的预防和应急

热带气旋到来之前，地方政府及相关部门应按照职责做好预防和抢险应急准备工作，水上作业和过往船舶应采取如回港避风或者绕道航行等积极的应对措施，当地群众应做好迎接台风到来的准备工作，如停止露天集体活动和高空、户外危险作业，加固门窗、围板、棚架、广告牌等风吹易动易倒的搭建物，切断危险的室外电源，加固或者拆除易被风吹动的搭建物等，老人小孩留在家中等最安全的地方，及时转移医院危重病人。台风经过之时，相关应急处置部门和抢险单位加强对台风的监视，学校停课，除特殊行业外各行业停止上班，停止一切集会活动。台风中心经过时会出现暂时的风力和降雨减小或静止，这时切记强风将会突然吹袭，应当继续留在安全处避风。热带气旋过后，政府及相关部门按照职责做好应急抢险和灾后重建工作，妥善安置受灾群众，相关地区注意防范强降水可能引发的山洪、泥石流等地质灾害的发生。

4. 积极开展人工消减热带气旋实验研究

理论分析认为，向热带气旋中特定部位的对流云播撒大量的成冰催化剂，改变热带气旋的某些结构，可以使最大风力减弱，实现人工削弱热带气旋、减轻热带气旋危害的目的。一些学者的估算结果表明，如果热带气旋最大风力减弱10%，就会使灾情减轻20%。所以，自始至今所开展人工削弱热带气旋的试验研究，均是以削弱台风眼周围的最大风力为目标。人工消减热带气旋的基本原理，是在台风眼周围的云墙和离台风眼稍远的螺旋状云系内播撒大量的碘化银，使云中产生大量冰晶和冻滴而释放冻结潜热，促进对流云发展，诱导水汽进一步凝结而继续释放潜热，造成该区域的气温上升，低层气压降低，台风眼附近的气压梯度变小，从而使最大风力减弱。同时，由于主要上升气流区向外围扩展，低层入流区也随之外移，根据角动量守恒原理，这将使最大水平风速减小。理论模式的计算结果表明，用催化的方法，能使台风眼壁向外扩展 10km，并使海面最大风速减小 3～4m/s（6%～8%）。美国是开展人工消减热带气旋实验研究最多的国家，1947 年 10 月，美国就对热带气旋进行了首次播云尝试。20 世纪 60～70 年代，美国又先后对 4 个热带气旋进行了 8 次有计划的播云试验，其中 4 次在播撒碘化银后最大风速减小了 10%～30%。但是，由于台风风速的自然变率较大，不能完全肯定最大风速的这种减小是播云的效果。20 世纪 80 年代的进一步探测表明，热带气旋云墙和螺旋状云系内的过冷水含量很少（一般小于 0.5g/m^3），冰晶浓度很高（1～200 个/L），云内垂向气流较弱（一般在 3～5m/s），估计人工播撒成冰剂很难产生明显的热力效应。因此，人工播云法削弱热带气旋的可行性仍存怀疑。

三、龙卷风

（一）龙卷风的概念

龙卷风也称龙卷，是指从积雨云中伸下的猛烈旋转的漏斗状云柱。因为与古代神话里从波涛中窜出、腾云驾雾的东海蛟龙很相像而得名，它还有不少的别名，如“龙吸水”“龙摆尾”“倒挂龙”等。

龙卷风是一个猛烈旋转着的圆形空气柱，它的上端与雷雨云相接，下端有的悬在半空中，有的直接延伸到地面或水面，一边旋转，一边向前移动（图 4.3）。发生在海上，犹如“龙吸水”的现象，称为“水龙卷”；出现在陆上，卷扬尘土，卷走房屋、树木等的龙卷，称为“陆龙卷”。远远看去，它不仅很像吊在空中晃晃悠悠的一条巨蟒，而且很像一个摆动不停的大象鼻子。

图 4.3 龙卷风示意图

龙卷风的范围小，直径平均为 200～300m；直径最小的不过几十米，只有极少数直径大的才达到 1000m 以上。它的寿命也很短促，往往只有几分钟到几十分钟，最多不超过几小时。其移动速度平均 15m/s，最快的可达 70m/s；移动路径的长度大多在 10km 左右，短的只有几十米，长的可达几百公里以上。它造成破坏的地面宽度，一般只有 1～2km。

龙卷风是一种猛烈的天气现象，并常伴有雷雨，有时伴有冰雹，虽然影响范围很小，但破坏力极强。2013 年 5 月 20 日，美国俄克拉荷马城西南地区遭受到了最强级别龙卷风的袭击，最大风速超过 320km/h，释放的总能量估计为第二次世界大战期间广岛原子弹能量的 8～600 倍，并且大部分专家倾向于较高倍数的估计。每个陆地国家都出现过龙卷风，其中美国是发生龙卷风最多的国家。加拿大、墨西哥、英国、意大利、澳大利亚、新西兰、日本和印度等国，发生龙卷风的机会也很多。中国龙卷风主要发生在华南和华东地区，它还经常出现在南海的西沙群岛上。

（二）龙卷风的类型

按照组成龙卷风的气流旋涡数量，可将龙卷风划分为单体龙卷风和多旋涡龙卷风两类。单体龙卷风是指由一个气流旋涡所形成的龙卷风。多旋涡龙卷风是指带有两股以上围绕同一个中心旋转的旋涡的龙卷风。多旋涡结构经常出现在剧烈的龙卷风之上，并且这些小旋涡往往会在主龙卷风所经过地区上造成更大破坏。

按照源地环境，可将龙卷风划分为陆龙卷和水龙卷两类。陆龙卷是指形成于陆地之上的龙卷风。按照陆地环境的性质，可对其作进一步的细分，如大草原龙卷风、平原龙卷风等。水龙卷亦称海龙卷，是指形成于水面之上的龙卷风，常形成和运移于海洋和湖泊水面之上，破坏性一般较小。

按照与云有无关联，可将龙卷风划分为真龙卷和类似龙卷现象两类。真龙卷是指风力巨大、上部与云相连的一类高速旋转气流，如多旋涡龙卷、陆龙卷、水龙卷等。类似龙卷现象是指与云无关联，风力较小，而外观与龙卷风相似的一类小型旋转气流。阵风卷、尘卷等均属此类。阵风卷是一种和阵风锋等有关、与云没有关联的小型垂直方向旋转的气流。由于其与云没有关联，所以它们是否属于龙卷风，目前尚存争议。阵风卷的旋转方向不固定，可顺时针亦可逆时针。尘卷是一种形成于晴朗天气条件下且和云无联系、外观与龙卷风很像的柱状垂直旋转气流。当晴天气温较高时，如果地面因高温形成很强的上升气流，并且此时有足够的低层风切变，上升热气流就可能做小范围的气旋运动，形成尘卷。尘卷的风力比最弱的龙卷风还要弱，破坏力不大。

按照气流的旋转方向，可以把龙卷风划分为气旋式龙卷风和反气旋式龙卷风。气旋式龙卷风的旋转方向同气旋，即北半球逆时针旋转、南半球顺时针旋转。虽然龙卷风的规模较小，受科里奥利力的直接影响不大，但是计算机数值模拟结果表明，即使忽略科里奥利力的影响，大多数的龙卷风仍做气旋式旋转。反气旋式龙卷风的旋转方向同反气旋，即北半球顺时针旋转、南半球逆时针旋转。反气旋方式龙卷风约有全球龙卷风的1%，而且只有陆龙卷风和阵风卷会出现这种气流旋转方式。

（三）龙卷风的成因

龙卷风往往来自于雷暴、超级单体、飑和飓风。通常认为龙卷风形成于冷空气穿过热空气层迫使暖空气急速上升时。

龙卷风大多发生在春天和夏天的正午和午夜之间，造成龙卷风出现的气象条件可以概况为①大气低层有相当温暖潮湿的空气。在龙卷风出现前，天气特别闷热潮湿，人感到沉重压抑；②大气中层空气干冷，这就形成强烈的潜在不稳定。当天气满足上述两个条件时，如果有低压、锋面、台风等天气系统移近，就可触发空气中的不稳定能量大量连续地释放，最后形成龙卷风。

龙卷风的形成过程可以划分为4个阶段：①大气的不稳定性产生强烈的上升气流，由于急流中的最大过境气流的影响，它被进一步加强；②由于与在垂直方向上速度和方向均有切变的风相互作用，上升气流在对流层的中部开始旋转，形成中尺度气旋；③随着中尺度气旋向地面发展和向上伸展，它本身变细并增强。同时，一个小面积的增强辅合，即初生的龙卷在气旋内部形成，产生气旋的同样过程，形成龙卷核心；④龙卷核心中的旋转的强度足以使龙卷一直伸展到地面。当发展的涡旋到达地面高度时，地面气压急剧下降，地面风速急剧上升，形成龙卷。

（四）龙卷风的防御措施

1. 关注天气预报

自19世纪以来，天气预报的准确性大大提高，气象雷达已经能够监测到龙卷风，并及时发出龙卷风警报。因此，大家应该密切关注天气预报，一旦收听到龙卷风预报和警报，立即采取措施防范灾害。

2. 了解紧急防范措施

遇到龙卷风时要镇定自若，积极躲避。在家里务必远离门、窗和房屋的外围墙壁，躲到与龙卷风方向相反的墙壁或小房间内抱头蹲下。地下室或半地下室是躲避龙卷风最安全的地方，如果有这些设施，应立即躲进去。在野外遇到龙卷风时，应就近寻找低洼地伏于地面，但要远离大树、电杆，以免被砸、被压和触电。乘坐汽车外出遇到龙卷风时，应立即离开汽车，到低洼地躲避。在电杆倒、房屋塌的紧急情况下，应及时切断电源，以防止电击人体或引起火灾。

第五节　其他气象灾害

一、雷暴

（一）雷暴的概念

雷暴（thunderstorms），通常称为雷电，是伴有雷击和闪电的局地对流性天气，是指由强积雨云引起的伴有雷电活动和阵性降水的局地风暴。地面观测中，雷暴仅指雷鸣和闪电的天气现象。雷暴通常伴有强烈的阵雨或暴雨，有时伴有冰雹和龙卷风，而在冬季时甚至会随暴风雪而来，属于强对流天气系统。雷暴的持续时间一般较短，单个雷暴的生命史一般不超过2小时；雷暴的水平范围为几公里到几十公里，伸向高空的高度可达8～15km。

雷暴具有极其巨大的破坏力，其破坏作用是综合的，包括热效应、电动力效应、机械效应、冲击波效应、静电感应效应以及电磁场效应的破坏。雷电电荷在传导放电的过程中，产生很强的雷电电流，一般会达到几万安培，也有时会达到几十万安培，能产生几千、几万甚至几百万伏高压，足以让人畜毙命，电气设备毁坏。雷电通道的温度可达到5万华氏度（相当于27760℃），比太阳表面的温度还要高，能使金属熔化，易燃物体高温起火。闪电产生的静电场变化、磁场变化和电磁辐射，严重干扰无线电通信和各种设备的正常工作，是无线电噪声的重要来源，在一定范围内造成许多微电子设备的损坏，引起火灾。另外雷电产生的冲击波，可以使附近的人、畜、建筑物遭到破坏和伤亡。

通过对我国近50年的气象资料统计，全国大多数地区的年平均雷暴日没有明显的增加，但进入信息时代以来，由大规模集成电路组成的各种现代化的“弱电”设备大量进入各行各业，乃至每个家庭和个人，城市高层建筑日益增多，从而使雷电造成的灾害明显增多，雷电灾害的危害程度和造成的经济损失及社会影响越来越大。

虽然全球每年有不少人、畜在雷电下丧生，一些建筑物、设备被毁坏，然而，雷电也有其益于人类之处。第一，在生命起源的早期过程中，雷电曾扮演过重要角色，具有不可磨灭的功劳。第二，在人类进化史上，正是雷击森林起火，启发了人类学会用火。第三，在农业上，雷电具有多方面功劳，如雷雨在生长季节会给农作物带来充足雨水，雷电会使空气中的氧和氮电离并化合成一氧化氮和二氧化氮，它们被雨水溶解，落地后与土壤中的矿物质化合成易被植物吸收的氮肥。第四，雷电可以净化大气环境。雷电产生时，强烈的光化学作用会使空气中的一部分氧气发生化学反应，生出具有杀菌作用的臭氧。另外，伴随雷雨上升的气流，可将停滞于对流层下面的污染大气带到 10km 以上的高空，起到向周围广泛扩散的作用。第五，雷电中储存着巨大的可利用的能量，一次放电能量就达 1 亿～10 亿 J，产生的冲击力可以夯实松软的大面积基地；还可借助其放电产生的数十万大气压的冲击功，进行相应的土木工程和各种放电加工应用。第六，可以通过“人工引雷”，产生的强大电磁辐射，诱发种子基因变异，应用于人工育种技术，则可大大低于太空育种的成本。

雷暴可以发生在世界任何地方的任何时间，甚至发生在两极和沙漠地带，但通常在低纬度的地方（特别是热带雨林地区）会较频繁地发生。在亚热带和温带等中纬度地区，雷暴通常发生于夏季，有时在冬季也会受冷锋影响而有短时性雷暴。除了乌干达及印度尼西亚为全世界雷暴发生最频繁的地方外，在美国中西部及南部各州，因为冰雹或龙卷风现象发生频繁，常会发生威力强烈的雷暴。目前世界上从未发生过雷暴的地区，只有南美洲智利北部的阿他加马沙漠，原因是此地气候过于干燥，难以形成雨云。

（二）雷暴的类型

按照大气的不稳定性及不同层次里的相对风速，雷暴可分为单体雷暴、多体雷暴和超级单体雷暴 3 种类型。单体雷暴是指在大气不稳定，但只有少量甚至没有风切变时发生。这些雷暴通常较为短暂，不会持续超过 1 小时。在平日有很多机会看到这种雷暴，因此亦被称为阵雷。多体雷暴是指由多个单体雷暴所组成，是由单细胞雷暴进一步发展而成的。这时会因为气流的流动而形成阵风带，这个阵风带可以延绵数里，如果风速加快、大气压力加大及温度下降，这个阵风带会越来越大，并且吹袭更大的区域。超级单体雷暴是指在风切变极大时发生的，并由各种不同程度的雷暴组成。这种雷暴的破坏力最大，并且有 30％的可能性会产生龙卷风。

根据雷暴形成时空气对流的强度，可以将其划分为一般雷暴和强烈雷暴两类。一般雷暴是指仅伴有阵雨的雷暴。强烈雷暴是指伴有雷雨、大风、冰雹、龙卷风等严重灾害性天气现象之一的雷暴。

根据雷暴形成的大气和地形条件（冲击力），可以将其划分为热雷暴、地形雷暴和天气系统雷暴 3 类。其中天气系统雷暴又可分为锋面雷暴、冷涡雷暴、空中槽和切变线雷暴、副热带高压雷暴 4 类。在这 4 类天气系统雷暴中，锋面雷暴的出现最为普遍，又可分为冷锋雷暴、静止锋雷暴和暖锋雷暴 3 种。热雷暴是指由热力对流产生的雷暴。此类雷暴常出现于夏季闷热、无风和晴朗的午后，具有范围小、孤立分散、各个雷暴云间通常有间隙等特点。热雷暴发生时，常伴有强烈的突发性暴雨。地形雷暴是指由暖湿不稳定空气受山地迎风强迫性抬升而形成的雷暴。此类雷暴具有形成快、雷暴云沿山脉走向成行出现且很少移动、覆盖面积较大等特点。锋面雷暴是指在气团之间的锋面上发展起来的雷暴。其中，冷锋雷暴亦称寒潮雷，是指冷空气强烈冲击暖湿不稳定空气而形成的锋面雷暴，具有强度大、移动迅速、各种时空条件下均可出现、许多雷暴云沿锋线排列而组成一条狭长的雷暴带等特点；静止锋雷暴是指暖湿不稳定空气沿锋面上升，或由低层气流辐合上升而形成的雷暴，具有范围较广、持续时间较长、雷暴云常隐藏在深厚的层状云溪中、常具有后半夜形成而白天减弱或消散的日变化等特点；暖锋雷暴是指暖空气沿着冷空气斜坡爬升而形成的锋面雷暴，具有强度不大、多出现于夜间等特点。冷涡雷暴是指出现于空中（一般指 700hPa 高度以上）的高空冷性涡旋中形成的雷暴。冷涡雷暴可分为北方冷涡雷暴和南方冷涡雷暴两种，其中前者出现于我国东北地区和华北地区，具有出现突然的特点；后者常出现于我国西南涡东移时的冷涡东部和东南部。空中槽和切变线雷暴是指空气处于暖湿不稳定状态时，槽线和切变线附近出现大范围强烈气流复合上升运动而形成的雷暴。副热带高压（太高）西部雷暴是指发生在北半球副热带高压脊线以北西南气流中的雷暴，副热带高压西进或东退时出现较多。

根据雷暴危害的形成方式，可以将雷暴划分为直击雷、球形雷、感应雷和雷电波侵入 4 种类型。直击雷是云层与地面凸出物之间的放电现象。直击雷可在瞬间击伤击毙人畜。巨大的雷电流流入地下，令在雷击点及其连接的金属部分产生极高的对地电压，可能直接导致接触电压或跨步电压的触电事故。球形雷的出现次数少且不规则，现有资料十分有限，发生原理问题尚未完全解决。球形雷能从门、窗、烟囱等通道侵入室内，极其危险。感应雷亦称雷电感应，分为静电感应和电磁感应两种。静电感应是由于雷云接近地面，在地面凸出物顶部感应出大量异性电荷所致。在雷云与其他部位放电后，凸出物顶部的电荷失去束缚，以雷电波形式，沿突出物极快地传播。电磁感应是由于雷击后，巨大雷电流在周围空间产生迅速变化的强大磁场所致。这种磁场能在附近的金属导体上感应出很高的电压，造成对人体的二次放电，从而损坏电气设备。雷电波侵入是由于雷击而在架空线路上或空中金属管道上产生的冲击电压沿线或管道迅速传播的雷电波。其传播速度为 30 万 km/s。雷电波侵入可毁坏电气设备的绝缘，使高压窜入低压，造成严重的触电事故。属于雷电波侵入造成的雷电事故很多，在低压系统这类事故约占总雷害事故的 70％ 。

此外，也有人把冬季发生的雷暴称为冬季雷暴。在我国南部还常出现所谓旱天雷，亦称干雷暴。这种雷暴发生时降雨极为稀少甚至无雨，但伴随着强烈的大风，大气带电作用已达极端状态，破坏力特别强大。

（三）雷暴的成因

雷暴是由积雨云中冰晶“温差起电”以及其他起电作用所造成的云与地之间或云与云之间的放电现象。一般而言，当云顶发展到－20℃等温线高度以上时，云中就会有足够多的冰晶而出现闪电和雷鸣现象。

形成“雷暴”的积雨云发展旺盛，云的上部常有冰晶。冰晶的淞附、水滴的破碎以及空气对流等过程，使云中产生电荷。云中电荷的分布很复杂，但总的说来，云的上部以正电荷为主，云的中、下部以负电荷为主，云的下部前方的强烈上升气流中还有一范围小的正电区。因此，云的上、下之间形成一个电位差，当电位差大到一定程度后，就产生放电，这就是平常所见的闪电现象。放电过程中，闪道中的温度骤增，使空气体积急剧膨胀，从而产生冲击波，导致强烈的雷鸣。当云层很低时，有时可形成云地间放电，这就是雷击。因此，雷暴是大气不稳定状况的产物，是积雨云及其伴生的各种强烈天气的总称。雷属于大气声学现象，是大气中小区域强烈爆炸产生的冲击波形成的声波，而闪电则是大气中发生的火花放电现象。闪电和雷声是同时发生的，但它们在大气中传播的速度相差很大，因此人们总是先看到闪电，然后才听到雷声。

（四）雷暴灾害的防御

现代防雷技术的原则是强调全方位防护，综合治理，层层设防，把防雷看做是一个系统工程，主要采取以下 5 个防雷措施。

（1）搭接，或称为“均衡连接”“等电位连接”。就是把各种金属物用粗的铜导线焊接起来，或把它们直接焊接起来，以保证等电位。等电位连接是防雷措施中极为关键的一项。对于一座楼房讲，要从楼顶上开始，逐层地做起，现代的高楼顶上有各种金属物，包括各种天线、灯架、广告牌、装饰物等，都要与避雷针等接闪器连接，达到等电位。以下各楼层也要如此，每层楼内处于同一电位，则楼内行走的人就不会有危险了，不论这些金属物电位升得多高，犹如站在高压输电线上的小鸟一样，无触电之忧。同时，完善的等电位连接，也可以消除因地电压骤然升高而产生的“反击”现象，这在微波站天线塔遭到雷击后是常常遇到的。

（2）传导，即为避雷针的装置。避雷针就是一个接地的金属装置，高端比建筑物顶端更高，吸引闪电，把闪电的强大电流传导到大地中去，从而防止闪电电流经过建筑物。避雷针虽然能够保护建筑物，但引导入地的导线流有巨大电流，会产生电磁场，也可能损害设备。所以该措施必须与其他防雷措施联合起来，才是万全之策。很多人认为，在建筑物上安装了避雷针后就万事大吉了，其实不然。第一，避雷针通过引下线和接地装置与大地相连，可以把雷电流泻放到大地，保护建筑物。但是，如果存在避雷针（带）不合格、引下线锈断、接地电阻超标等问题，避雷针不仅难保建筑物，反而会成为“引雷烧身”的祸端，因此强调防雷装置要经过专业验收和定期检测。第二，避雷针只能减低建筑物遭直击雷危害的风险，但它对感应雷和雷电波侵入毫无办法，保护不了建筑物内的电子、电器设备，所以，建筑物必须采用全方位防雷技术，即综合防雷。

（3）分流。把凡是从室外来的导线（包括电力电源线、电话线、信号线或者这类电缆的金属外套等）都要并联一种避雷器至接地线。不仅入户处，在每个需要作防雷保护的仪器设备的机壳处都要装。作用是把沿着导线传入的雷电波在避雷器处经避雷器分流入地，也就是类似把雷电流的所有的入侵通道堵截了，而且不只一级堵截，可以多节堵截。

（4）接地。前面三个措施，都涉及闪电能量泄放入地，所以接地是前面三个措施的基础，接地的妥当与否，成为历来防雷技术中特别受重视的项目，它又是最费工、费钱、费力的防雷措施，是防雷工程的重点和难点。

（5）屏蔽。就是用金属网、箔、壳、管等导体把需要保护的对象包围起来，从物理上说，就是将闪电的脉冲电磁场从空间入侵的通道阻隔起来，力求“无隙可钻”。各种屏蔽都必须妥善接地，所以这 5 项措施是一个有机联系的整体防卫体系，采用全面的防护措施才能达到万无一失的效果。

二、雾霾

（一）雾霾的概念

雾霾是雾和霾的组合词。雾是由大量悬浮在近地面空气中的微小水滴或冰晶组成的气溶胶系统。雾多出现于秋冬季节，它的存在会降低空气透明度，使能见度恶化。如果目标物的水平能见度降低到1000m以内，就将悬浮在近地面空气中的水汽凝结（或凝华）物的天气现象称为雾；而将目标物的水平能见度在1000～10000m的这种现象称为轻雾或霭。由于液态水或冰晶组成的雾散射的光与波长关系不大，因而雾看起来呈乳白色或青白色。霾亦称灰霾、烟雾，是指空气中的灰尘、硫酸、硝酸、有机碳氢化合物等粒子组成的混浊大气。霾是由空气中的灰尘、硫酸、硝酸、有机碳氢化合物等粒子组成的。它的出现可使大气浑浊，视野模糊并导致能见度恶化。如果水平能见度小于10000m，将这种非水成物组成的气溶胶系统造成的视程障碍称为霾或灰霾，香港天文台称之为烟霞。

雾霾是雾和霾的统称。雾霾主要由二氧化硫、氮氧化物和可吸入颗粒物三项物质组成，其中前二者为气态污染物，后者与雾气结合在一起，可导致天空瞬间变得从视觉上看灰蒙蒙的，其是加重雾霾天气污染的罪魁祸首。由于灰尘、硫酸、硝酸等粒子组成的霾，其散射波长较长的光比较多，因而霾看起来呈黄色或橙灰色。一般而言，相对湿度小于80%时的大气混浊视野模糊导致的能见度恶化是霾造成的，相对湿度介于80%～90%时的大气混浊视野模糊导致的能见度恶化是霾和雾的混合物共同造成的，相对湿度大于90%时的大气混浊视野模糊导致的能见度恶化是雾造成的。霾的厚度比较大，可达1～3km。霾与雾、云不同，与晴空区之间没有明显的边界。霾粒子的分布比较均匀，而且灰霾粒子的尺度比较小，从0.001～10μm，平均直径在1～2μm，肉眼看不到空中飘浮的颗粒物。

近年来，由于我国空气质量的恶化，雾霾天气现象出现增多，危害加重，引起了我国民众的极大关注，不少地区把雾霾天气现象并入雾一起作为灾害性天气进行预警预报。颗粒物的英文缩写为PM，表述颗粒物的指标通常PM10和PM2.5这两个。PM10亦称为可吸入颗粒物或飘尘，是指粒径≤10μm的颗粒物。PM2.5亦称细粒、细颗粒物，是指粒径≤2.5μm的颗粒物。人吸入颗粒物后，PM10通常沉积在上呼吸道，甚至可进入呼吸道的深部；PM2.5则可以深入到细支气管和肺泡，故又称为可入肺颗粒。PM10对人体的危害程度取决于颗粒物的理化性质及其来源，其中PM10中的粗粒子主要是人为源产生的原生粒子及自然界尘粒，易沉降，而且容易被阻留在鼻腔和口腔内，而细粒子主要是污染气体经过复杂的多相化学反应转化，或者由高温下排放的过饱和气态物质冷凝，再经碰撞、凝聚、吸附而形成。PM2.5能够进入人体肺泡甚至血液系统中去，直接导致心血管病等疾病。PM2.5的比表面积较大，通常富集As、Se、Pb、Cr等各种重金属元素和PAHs、PCDD/Fs、VOCs等有机污染物，这些多为致癌物质和基因毒性诱变物质，危害极大。已知的PM2.5健康影响，包括增加重病及慢性病患者的死亡率，使呼吸系统及心脏系统疾病恶化，改变肺功能及结构，改变免疫结构等。2000年12月，英国专家的研究结果表明，大气污染物中，SO_2、氮化物和CO等污染物的含量与人类日死亡率并没有显著的相关关系，而细颗粒物则与人类死亡率上升有着密切关系。2013年10月17日，世界卫生组织的国际癌症研究机构发布报告，首次指认大气污染对人类致癌，并视其为普遍和主要的环境致癌物。研究表明，对颗粒的长期暴露可引发心血管病和呼吸道疾病以及肺癌。当空气中 PM2.5 的浓度长期高于 10mg/m^3，就会带来死亡风险的上升；浓度每增加 10mg/m^3，总死亡风险率上升 4%，心肺疾病带来的死亡风险率上升 6%，肺癌带来的死亡风险上升 8%。此外，PM2.5 极易吸附多环芳烃等有机污染物和重金属，使致癌、致畸、致突变的概率明显升高。

中国不少地区将雾并入霾一起作为灾害性天气现象进行预警预报，统称为雾霾天气。雾霾是常见于城市的特定气候条件与人类活动相互作用的结果。高密度人口的经济及社会活动必然会排放大量细颗粒物，一旦排放超过大气循环能力和承载度，细颗粒物浓度将持续积聚，此时如果受静稳天气等影响，极易出现大范围的雾霾。2013 年 1 月，4 次雾霾过程笼罩我国 30 个省、区、市，北京雾霾天数达 27 天。中国最大的 500 个城市中，只有不到 1%的城市达到世界卫生组织推荐的空气质量标准。与此同时，世界上污染最严重的 10 个城市有 7 个在中国。2014 年 1 月 4 日，国家减灾办公室、民政部首次将危害健康的雾霾天气纳入 2013 年自然灾情进行通报。

（二）大气颗粒物的分类与来源

1. 大气颗粒物的分类

目前对大气颗粒物尚无统一的分类方法。按照大气颗粒物在重力作用下的沉降特性，一般将其划分为以下 7 类：①尘粒，是指粒径大于 75μm 的较粗颗粒。②粉尘，是指粒径为 1～75μm 的颗粒，一般是由工业生产上的破碎和运转作业所产生的。③亚微粉尘，是指粒径小于 1μm 的粉尘。④炱，是指粒径小于 1μm 的固体颗粒，由燃烧、升华、冷凝等过程而形成的。⑤雾尘，是指粒径小于 10μm 的颗粒，是工业生产中的过饱和蒸汽凝结和凝聚、化学反应和液体喷雾所形成的液滴。由过饱和蒸汽凝结和凝聚而成的液雾也称霾。⑥烟，是指粒径为 0.01～1μm 的颗粒，是由固体微粒和液滴所组成的非均匀系，包括雾尘和炱。⑦化学烟雾，分为硫酸烟雾和光化学烟雾两种。其中硫酸烟雾是二氧化硫或其他硫化物、未燃烧的煤尘和高浓度的雾尘混合后起化学作用所产生，也称伦敦型烟雾；光化学烟雾是汽车废气中的碳氢化合物和氮氧化合物通过光化学反应而形成，亦称洛杉矶型烟雾。⑧煤烟，是指粒径为 0.01～1μm 的固体颗粒，是煤不完全燃烧产生的炭粒或燃烧过程中产生的飞灰。⑨煤尘，是指颗粒较粗的烟道气所带出的未燃烧煤粒。

根据粒径的大小，常将粉尘划分为飘尘、云尘、浮尘和降尘 4 类。飘尘是指粒径小于 10μm 的颗粒，可以长期飘浮在空中；云尘是指粒径在 10～0.25μm 的颗粒；浮尘是指粒径小于 0.1μm 的颗粒。降尘是指粒径大于 10μm 的颗粒，能较快沉降。

2. 大气颗粒物的来源

大气颗粒物的来源十分复杂，目前尚未得到公认的来源解析成果。据研究，我国 PM10 的主要来源有 6 类，并且它们在不同区域源解析结果存在很大差异（表 4.8）。

1）扬尘

扬尘是指地表松散物质在自然力或人力作用下进入到环境空气中形成的大气颗粒物，主要包括土壤风沙尘、道路扬尘、建筑水泥尘等。土壤风沙尘直接来源于裸露地表的颗粒物，对于某城市而言，除了本地及周边地区的风沙尘外，还包括长距离传输的沙尘。道路扬尘是

表 4.8 中国城市 PM10 源解析结果（胡敏等，2011）

源	代表城市	贡献率（%）
1. 扬尘		20～60
其中：土壤、道路尘、水泥、建筑尘	北方城市：北京、沈阳、济南、乌鲁木齐等	30～50
	南方城市：广州、厦门、成都、南京等	5～34
	北方城市：北京、沈阳、济南、乌鲁木齐等	3～13
	南方城市：广州、杭州等	最高 22
2. 燃煤		15～30
	冬天：北京、沈阳等	20～45
	夏天：北京、沈阳等	5～30
3. 工业排放	鞍山、攀枝花	最高 20
4. 机动车排放	北京、广州、成都、杭州等	5～20
5. 生物质燃烧	广州、北京等	10
6. 二次颗粒物		20～40
	北京、广州等	20～40
	济南、成都、南京	最高 20

道路上的积尘在一定的动力条件的作用下，一次或多次扬起并混合，进入环境空气中的大气颗粒物。建筑水泥尘指在城市市政建设、建筑物建造与拆迁、设备安装工程及装修工程等施工场所和施工过程中产生的大气颗粒物。扬尘源是我国大部分地区可吸入颗粒物（PM10）的重要来源。扬尘源的化学组分含量与尘源和地域有密切关系。总体来讲，Si、Al、Ca 等地壳元素在三种源中含量都很高，其中建筑水泥尘的 Ca 元素比例显著高于其他两种源，而道路扬尘中会存在更多的有机物。土壤风沙尘与道路扬尘是我国城市大气颗粒物中最重要的贡献源。我国北方城市（如北京、天津、沈阳、安阳、太原、济南、乌鲁木齐等）土壤风沙尘与道路扬尘之和可占 PM10 的 30%～50%，个别城市（如银川）更高达 60%以上。南方城市情况稍好，如南京、广州、杭州等城市的土壤风沙尘与道路扬尘在城市 PM10 质量浓度的分担率在 5%～34%范围内。从季节来看，春季是扬尘源比例最高的季节。扬尘源对 PM10 有较大贡献，但是对 PM2.5 贡献不大，对人体健康的负面影响比燃烧源产生的颗粒物小。

2）煤尘

煤烟尘在全国范围内有较大贡献的煤是我国主要的工业和民用燃料，在我国 2008 年的能源消耗结构中，煤炭占 68.7%。煤完全燃烧的产物主要是二氧化碳和水蒸气，而不完全燃烧过程将产生煤烟尘、CO 和挥发性有机物 VOCs 等不完全氧化产物。含有硫的煤在高温燃烧过程中，会产生 SO_2 和 NO_x 等。煤烟尘的化学组成随燃烧状态以及煤炭质量的不同差异很大，主要包括有机物、炭黑以及 Si、Ca、Fe 等元素。在我国，火力发电厂、钢铁厂的大型锅炉，城市采暖季节使用的供暖锅炉，生活用的小炉灶等都是煤烟尘的主要来源。受能源结构影响，煤烟尘对我国城市的 PM10 浓度有重要贡献。我国绝大多数城市煤烟尘对 PM10 的年均贡献在 15%～30%，中小城市的贡献尤为突出，煤烟尘污染呈现明显的冬高夏低的季节变化，采暖期和非采暖期煤烟尘占 PM10 的比例分别为 5%～30%和 20%～45%。

3）工业排放

工业源排放是工业城市 PM10 的重要来源。工业生产过程种类繁多，生产过程都会产生种类不同的大气颗粒物，多数集中在细和超细颗粒物。对于不同的工业类型，污染源排放的颗粒物的特征组分也不尽相同。工业源中某些特征元素或化学组成被用来识别相应的颗粒物来源。例如，钢铁行业排放的颗粒物中富含 Fe、Ca、Si 等元素，并以 Fe、Mn 元素为识别钢铁行业排放的特征组分；有色冶金行业的颗粒物排放则以相应有色金属元素（如 Zn、Cu、Al）为源的特征组分。工业源对大气颗粒物的污染虽然不具有全国性，但却是众多工业城市颗粒物的重要来源。对于钢铁行业占有重要地位的鞍山、攀枝花、重庆、玉溪等城市，钢铁尘在 PM10 或 TSP 的分担量可以达到 8%～20%，其中鞍山市和攀枝花市的钢铁尘都占到 PM10 浓度的 20%。此外，葫芦岛的冶锌工业，哈尔滨的石油化工工业对城市 PM10 的贡献都很高。

4）机动车排放

机动车排放的贡献日趋重要。1990 年以来全国机动车数量猛增，汽车尾气排放也随之成为大气环境的主要污染源之一。机动车排放主要源于燃料在汽缸中的不完全燃烧而产生的有机物、炭黑、CO 等污染物，以及由于大气中的氮气在汽缸中被氧化而成的 NO_x。与煤烟尘相比，机动车排放的颗粒物的炭黑比例更高。1990～2004 年，机动车排放的颗粒物就已占 PM10 的 5%～20%，2005 年以来增长势头更加迅猛，其贡献量更高。此外，由于机动车排放出的 NO_x 和 VOCs 是大气光化学反应的重要前体物，也是城市颗粒物主要二次组分硝酸盐和二次有机气溶胶 SOA 的前体物，因此其对颗粒物浓度的实质贡献量还会更大。

5）生物质燃烧

我国的农业生产每年会产生大量的秸秆等农作物残体，区域生物质燃烧的贡献不容忽视。农作物残体的直接焚烧，会产生大量颗粒态与气态污染物。同时，城市里落叶与城市垃圾的焚烧、森林大火也是生物质燃烧的重要来源。生物质燃烧产生的颗粒物以有机物、炭黑、钾元素为主，其中元素钾、左旋葡聚糖等物质是生物质燃烧的主要示踪物。对北京、广州等城市的源解析研究表明，生物质燃烧的 PM10 浓度贡献率约为 10%，是非常重要的大气颗粒物来源。

6）SO_2、NO_x、VOS 氧化产生的二次颗粒物

二次颗粒物已经成为在主要城市和城市群地区大气颗粒物的重要来源。工业生产、各类燃烧过程都会产生大量气态污染物，如 SO_2、NO_x、挥发性有机物等。二次颗粒物的化学组分主要为硫酸盐、硝酸盐、铵盐以及二次颗粒有机物。在我国城市复合型污染的背景下，大气氧化性不断增强，二次颗粒物污染日益重要。一些特大城市和城市群，如北京、长三角、珠三角等地，二次颗粒物可占 PM10 浓度的 25%～40%。在其他一些大城市，如济南、成都、南京、杭州、厦门等城市，二次组分的比例也可以达到 20%。

（三）雾霾的成因

雾霾的形成需要具备三个要素：一是生成颗粒性扬尘的物理基源。我国有世界上最大的黄土平高原地区，其土壤质地最易生成颗粒性扬尘微粒。二是运动差造成扬尘。例如，道路中间花圃和街道马路两侧的泥土下雨或泼水后若有泥浆流到路上，1 小时干涸后，被车轮一

旋就会造成大量扬尘，即使这些颗粒性物质落回地面，也会因汽车不断驶过，被再次甩到城市上空。三是扬尘基源和运动差过程集聚在一定空间范围内，颗粒最终与水分子结核集聚成霾。目前来看，在我国黄土平高原地区350多座城市中，雾霾构造三要素存量相当丰裕。

霾的产生主要是空气中悬浮的大量微粒和气象条件共同作用的结果，其形成条件主要有三个：一是在水平方向静风现象增多。城市里大楼越建越高，阻挡和摩擦作用使风流经城区时明显减弱。静风现象增多，不利于大气中悬浮微粒的扩散稀释，容易在城区和近郊区周边积累。二是垂直方向上出现逆温。逆温层好比一个锅盖覆盖在城市上空，这种高空的气温比低空气温更高的逆温现象，使得大气层低空的空气垂直运动受到限制，空气中悬浮微粒难以向高空飘散而被阻滞在低空和近地面。三是空气中悬浮颗粒物的增加。随着城市人口的增长和工业发展、机动车辆猛增，导致污染物排放和悬浮物大量增加，直接导致了能见度降低。

（四）雾霾灾害的防御措施

1. 科学编制和执行城市规划

城市热岛效应的存在，可使城市中心大气污染更加严重。因此，应通过科学的城市规划，合理布局工业企业，对可造成严重大气污染的工业企业进行合理的区位安排，以避免大气污染物流向主城区，减轻市区的大气污染。我国大多数城市的主导风向为西北风，在城市规划中，应充分考虑主导风向的影响，把可造成大气污染的企业布局在最小风频的上风向，或与盛行风向垂直的郊外，以避免污染物的流入。同时，还应考虑我国春季风沙较大的气候特点，合理安排城市绿地，提高城市植被覆盖率，充分发挥植被的抑尘作用，降低雾霾形成的几率。

2. 大力发展城市公共交通

机动车尾气是大气颗粒污染物的主要来源之一。统计表明，轿车所排放的大气污染物数量是公共汽车的5倍，是有轨电车的100倍。因此，大力发展城市公共交通，减少机动车数量和出行频次，可有效降低污染物总排放量，减少雾霾发生频次和污染程度。此外，为减轻雾霾污染的危害，公众还应养成良好的驾驶出行习惯，如机动车驾驶人员应增强安全意识，行车时注意放慢速度，下坡时选择低挡位降速行驶，避免空挡或熄火滑行；在雾区行驶时应注意观察交通标示，尽量使用近光灯；浓雾天气在高速公路行驶时，应尽快打开雾灯、示廓灯和尾灯，尽量将车停靠在安全地带。

3. 提高民众的雾霾污染防御知识

为减轻雾霾污染的危害，应通过环境科普教育，使民众掌握基本的雾霾污染防御知识，提高民众雾霾天气下的自我保护意识。例如，在发生雾霾天气时，应尽量减少外出活动，及时洗脸、洗手、漱口；在室内公共场所要禁止吸烟；节庆日应尽量减少烟花爆竹燃放量；平时多饮水，多食用豆制品、牛奶、黄花鱼、动物肝、蛋黄、瘦肉、坚果等，多食用梨、枇杷、橙子、橘子等具有清肺化痰功能的水果等，提高身体免疫力。

三、沙尘暴

（一）沙尘暴的概念

沙尘暴是沙暴和尘暴的统称，是指强风把地面大量沙尘物质吹起并卷入空中，使空气特别混浊，水平能见度小于 1km 的天气现象。其中，沙暴指大风把大量沙粒吹入近地层所形成的挟沙风暴；尘暴则是大风把大量尘埃及其他细粒物质卷入高空所形成的风暴。沙尘暴天气主要发生于干旱地区降水稀少的冬春季节。这时地表干燥松散，抗风蚀能力很弱，遇有大风刮过，就会将大量沙尘卷入空中，形成沙尘暴天气。沙尘暴可以造成生态环境恶化、生产生活受影响、生命财产损失、影响交通安全、危害人体健康等多方面的灾害，其危害的形成因素主要有大风和扬沙两个，危害的方式有以下四个方面：第一，强风。携带细沙粉尘的强风可摧毁建筑物及公用设施，造成人畜伤亡。第二，沙埋。沙尘暴可以风沙流的方式，造成农田、渠道、村舍、铁路、草场等被大量流沙掩埋，尤其是对交通运输设施造成严重威胁。第三，土壤风蚀。沙尘暴可在沙尘源区和影响区形成不同程度的风蚀危害，风蚀深度可达 1～10cm。据估计，中国每年由沙尘暴产生的土壤细粒物质流失量高达 106～107 t，其中绝大部分粒径在 10μm 以下，对沙尘源区农田和草场的土地生产力造成严重破坏。第四，大气污染。沙尘暴可使沙尘源区和影响区大气中的可吸入颗粒物增加，加剧大气污染。1993 年“5·5”特强沙尘暴使甘肃省金昌市室外空气 TSP 浓度高达 1016mg/m^3，室内空气 TSP 浓度高达 80mg/m^3，超过国家标准 40 倍。2000 年 3～4 月，受沙尘暴的影响，北京地区空气污染指数达 4 级以上的日数达 10 天；3 月 24～30 日，包括南京、杭州在内的我国东南地区 18 个城市的日污染指数超过 4 级。

虽然沙尘暴有多方面的危害，但是也有一些对人类有益的影响。沙尘暴过程是自然生态系统所不能或缺的部分。正是沙尘暴把细小却包含养分的尘土携上 3000m 高空，穿越大洋，再播撒于遥远的地区，为其他地区带来了土壤养分。澳大利亚的赤色沙暴中所夹带来的大量铁质，已证明是南极海浮游生物重要的营养来源，而浮游植物可消耗大量的 CO_2，减缓温室效应的危害。许多澳大利亚学者对沙暴提供塔斯曼海养分以及其他诸多效应等的研究表明，澳大利亚沙暴的红色石英沉积物虽然造成了澳大利亚土地的养分损失，但却肥沃了新西兰的土地。资料分析表明，夏威夷当地肥沃的土壤沉积物有许多的养料成分来自遥远的欧亚大陆内部。科学家还发现，亚马孙盆地的雨林也得益于沙尘暴，它的一个重要的养分也是来源于空中的沙尘。沙尘气溶胶含有的铁离子等，有助于植物生长。此外，沙尘暴还有减轻酸雨的作用。沙尘暴多诞生在干燥高盐碱的土地上，沙尘暴所挟带的一些土粒当中也经常带有一些碱性的物质，所以往往可以减缓沙尘暴附近沉降区的酸雨作用或土壤酸化作用。沙尘暴的成分是带有负电荷的硅酸盐，能中和酸雨中的氢离子，碱性沙尘进入大气中，可以中和空气中的酸性物质，达到抑制酸雨的效果，减轻酸雨危害。据测算，沙尘暴的沙尘及土壤粒子的中和作用，使中国北方降水的 pH 提高了 0.18～2.15，韩国的提高了 0.15～0.18，日本的提高了 0.12～0.15。此外，沙尘暴从沙漠地带带走的营养成分落到海洋，为鱼类提供了充足的养料。

（二）沙尘天气的分类

按能见度大小，沙尘天气可以划分为浮尘、扬沙、沙尘暴和强沙尘暴 4 类。浮尘是指尘土、细沙均匀地浮游在空中，使水平能见度小于 10km 的天气现象。扬沙是指风将地面尘沙吹起，使空气相当混浊，水平能见度在 1～10km 以内的天气现象。沙尘暴是指强风将地面大量尘沙吹起，使空气很混浊，水平能见度小于 1km 的天气现象。强沙尘暴是指大风将地面尘沙吹起，使空气模糊不清，浑浊不堪，水平能见度小于 500m 的天气现象。

按沙尘天气的增强过程，沙尘天气可以划分为浮尘天气过程、扬沙天气过程、沙尘暴天气过程、强沙尘暴天气过程 4 类。浮尘天气过程是指在同一次天气过程中，中国天气预报区域内 5 个或 5 个以上国家基本（准）站在同一观测时次出现了浮尘天气。扬沙天气过程是指在同一次天气过程中，中国天气预报区域内 5 个或 5 个以上国家基本（准）站在同一观测时次出现了扬沙天气。沙尘暴天气过程是指在同一次天气过程中，中国天气预报区域内 3 个或 3 个以上国家基本（准）站在同一观测时次出现了沙尘暴天气。强沙尘暴天气过程是指在同一次天气过程中，中国天气预报区域内 3 个或 3 个以上国家基本（准）站在同一观测时次出现了强沙尘暴天气。

按照沙尘暴的强度等级，可将沙尘暴划分为弱沙尘暴、中等强度沙尘暴、强沙尘暴、特强沙尘暴 4 类（表 4.9）。

表 4.9　沙尘暴的强度等级

强度等级	风速	能见度（m）
弱沙尘暴	4～6 级	500～100
中等强度沙尘暴	6～8 级	200～500
强沙尘暴	≥9 级	50～200
特强沙尘暴（黑风暴）	瞬时最大风速≥25m/s	≤50

按照我国沙尘暴发布的国家级标准，可将沙尘暴预警信号划分为 3 级。沙尘暴黄色预警标准：12 小时内可能出现沙尘暴天气（能见度小于 1000m），或已经出现沙尘暴天气并可能出现沙尘暴天气并可能持续。沙尘暴橙色预警标准：6 小时内可能出现强沙尘暴天气（能见度小于 500m），或已经出现沙尘暴天气并可能出现沙尘暴天气并可能持续。沙尘暴红色预警标准：6 小时内可能出现特强沙尘暴天气（能见度小于 50m），或已经出现沙尘暴天气并可能出现沙尘暴天气并可能持续。

（三）沙尘暴的主要发生地区

沙尘暴天气多发生在内陆沙漠地区。世界上共有四大沙尘暴多发区，分别是北美、大洋洲、中亚以及中东地区，源地主要有撒哈拉沙漠，北美中西部和澳大利亚。1933～1937 年，由于严重干旱，北美中西部就发生过著名的碗状沙尘暴。亚洲沙尘暴活动中心主要在约旦沙漠、巴格达与海湾北部沿岸之间的下美索不达米亚、阿巴斯附近的伊朗南部海滨、俾路支到阿富汗北部的平原地带。俄罗斯的中亚地区、哈萨克斯坦、乌兹别克斯坦及土库曼斯坦等都是沙尘暴频繁影响区，但其中心在里海与咸海之间沙质平原及阿姆河一带。

北美洲的沙漠主要分布于美国西部和墨西哥的北部。在与沙漠接壤的荒漠干旱区，沙尘暴时有发生，甚至在大平原上爆发了历史上著名的黑风暴。北美洲沙尘暴发生的原因主要是土地利用不当、持续干旱等。20 世纪 30 年代美国西部大平原发生了一场特大的沙尘暴，被称为黑风暴，在这场美国历史上最严重的沙尘暴中，大平原损失了3亿t的肥沃土壤。浩劫之后，几百万公顷的农田废弃，几十万人流离失所，众多城镇成为了荒无人烟的空城。许多人被迫向加利福尼亚迁移，引发了美国历史上最大的移民潮。

澳大利亚是个干旱国家，陆地面积的74.8%属于干旱和半干旱地区。澳大利亚的中部和西部海岸地区沙尘暴最为频繁，每年平均有5次之多。由于许多地方气候干燥，加上耕作和放牧，土壤表层缺乏植被的覆盖，导致了土地的逐渐沙化，一旦刮起大风，沙尘暴就会发生。

亚洲中部的荒漠区也在不断扩大，中亚五国是荒漠化比较严重的地区，总面积有近400万km^2。由于人口的快速增加、人为过量灌溉用水、乱砍滥伐森林、超载放牧、草场退化，沙漠化十分严重。中亚地区盐土面积非常辽阔，达到15万km^2，所以造成了沙尘暴和盐尘暴的混合发生。中东地区的沙尘暴主要在非洲撒哈拉沙漠南缘地区，从20世纪70年代初到80年代中期，由于连年旱灾以及过量放牧和开垦，造成草场退化、田地荒芜、沙漠化土地蔓延、沙尘暴加剧，人们的生活环境急剧恶化。频繁的沙尘暴还殃及其他地区，有的沙尘被风带过大西洋到达了南美洲亚马逊地区，还有的沙尘被吹到了欧洲。

中国西北地区由于独特的地理环境，也是沙尘暴频繁发生的地区，主要源地有古尔班通古特沙漠、塔克拉玛干沙漠、巴丹吉林沙漠、腾格里沙漠、乌兰布和沙漠和毛乌素沙漠等。中国有两大沙尘暴多发区，第一个多发区在西北地区，主要集中在三片，即塔里木盆地周边地区，吐鲁番-哈密盆地经河西走廊、宁夏平原至陕北一线以及内蒙古阿拉善高原、河套平原及鄂尔多斯高原；第二个多发区在华北以及赤峰、张家口一带，直接影响首都北京的安全。

影响中国的沙尘天气源地，可分为境外和境内两种。1999～2002年春季，中国境内共发生55次沙尘天气，其中31次起源于蒙古国中南部戈壁地区。这充分说明，每年肆虐中国的沙尘，约有60%来自境外。分析表明，我国约2/3的沙尘天气起源于蒙古国南部地区，在途经中国北方时得到沙尘物质的补充而加强；境内沙源仅为1/3左右。发生在中亚（哈萨克斯坦）的沙尘天气，不可能影响中国西北地区的东部乃至华北地区。新疆南部的塔克拉玛干沙漠是中国境内的沙尘天气高发区，但一般不会影响到西北地区东部和华北地区。

中国的沙尘天气路径可分为西北路径、偏西路径和偏北路径3条，其中西北路径又可分为西北1路路径和西北2路路径。西北1路路径的沙尘天气一般起源于蒙古高原中西部或内蒙古西部的阿拉善高原，主要影响中国西北、华北。西北2路路径沙尘天气起源于蒙古国南部或内蒙古中西部，主要影响西北地区东部、华北北部、东北大部。偏西路径沙尘天气起源于蒙古国西南部或南部的戈壁地区、内蒙古西部的沙漠地区，主要影响中国西北、华北；偏北路径沙尘天气一般起源于蒙古国乌兰巴托以南的广大地区，主要影响西北地区东部、华北大部和东北南部。

（四）沙尘暴的成因

沙尘暴的形成需要4个条件，即地面上的沙尘物质、大风、不稳定的空气状态和干旱的气候环境。地面沙尘是沙尘暴形成的物质来源，强风是沙尘暴形成的动力，不稳定的热力条件是风力加大、强对流发展的天气基础，前期干旱少雨、天气变暖、气温回升等是沙尘暴形成的天气气候背景。在极有利的大尺度环境、高空干冷急流和强垂直风速、风向切变及热力不稳定层结条件下，引起锋区附近中小尺度系统生成、发展，加剧了锋区前后的气压、温度梯度，形成了锋区前后的巨大压温梯度。在动量下传和梯度偏差风的共同作用下，使近地层风速陡升，掀起地表沙尘，形成沙尘暴或强沙尘暴天气。

沙尘暴发生与人类活动有对应关系。人为过度放牧、滥伐森林植被，工矿交通建设尤其是人为过度垦荒破坏地面植被，扰动地面结构，形成大面积沙漠化土地，直接加速了沙尘暴的形成和发育。我国沙尘暴日益严重，主要是土地不合理开发和不合理耕作所致。随着人口的增加以及有关方面管理的不到位，西北、华北地区土地大量开垦，草原过度放牧，人为破坏自然植被，形成了大量裸露、疏松土地，为沙尘暴的发生提供了大量的沙尘源，一遇大风便形成影响社会、危害人民健康的沙尘暴。

（五）沙尘暴灾害的防御措施

1. 建立沙尘暴的预报体系

深入研究沙尘暴发生发展的机制，完善和改进沙尘暴的监测手段，提高沙尘暴的监测预警预报水平，有效地监测预警沙尘暴的发生和发展，降低沙尘暴灾害造成的损失。

2. 加强环境治理与环境保护

环境的破坏对沙尘暴的产生起到了很大的作用，因此加强环境的治理对于减轻或减少沙尘暴显得尤为重要。加强环境的保护，控制人口增长，减轻人为因素对土地的压力，保护好环境，这对遏制沙尘暴将起非常重要的作用。通过科学研究寻找比较准确的物质来源，对沙尘暴的源头进行重点治理，显得尤为重要。

3. 加强防止沙尘暴的生物防护体系

实行依法保护和恢复林草植被，防止土地沙化进一步扩大，尽可能减少沙尘源地。在沙漠地区种植适宜沙漠干旱地区生长的植物，如沙棘等，形成地被植物层，从而改善地被环境，固定土壤，降低风速，增加空气湿度，改善小气候环境。在沙漠边缘种植乡土品种的低矮灌木和小乔木，改善植被分布。

4. 完善区域综合防御体系

根据不同地区因地制宜制定防灾、抗灾、救灾规划，积极推广各种减灾技术，并建设一批示范工程，以点带面逐步推广，进一步完善区域综合防御体系。

5. 合理开发利用自然资源

人们对自然资源进行长期掠夺式开发，因而造成对自然生态环境的严重破坏，而环境的恶化又为沙尘暴提供了丰富的沙尘物质来源。干旱化地区生态环境十分脆弱，所以国民经济的发展必须与资源、环境相协调，合理开发利用自然资源，建立适宜的产业结构，以实现经济效益、生态效益和社会效益的统一。

6. 控制人口增长

控制人口增长，减轻人为因素对土地的压力，保护好环境，对治理沙尘暴具有重要意义。

7. 加强群众防灾减灾科学普及工作

加强沙尘暴的发生、危害与人类活动的关系的科普宣传，使人们认识到所生活的环境一旦破坏就很难恢复，不仅加剧沙尘暴等自然灾害，还会形成恶性循环，所以人们要自觉地保护自己的生存环境。

本章主要参考文献

北京气象中心资料室. 1982. 中国异常气象年表（1982 年）. 北京：气象出版社.

陈颙，史培军. 2007. 自然灾害. 北京：北京师范大学出版社.

管华，董庆超，杨永芳，等. 2000. 自然资源学概论. 西安：西安地图出版社.

管华. 2006. 秦岭-黄淮平原交界带自然地理边际效应. 北京：科学出版社.

胡敏，唐倩，彭剑飞，等. 2011. 我国大气颗粒物来源及特征分析. 环境与可持续发展，(5)：15～19.

姜海如. 2007. 气象灾害的危害层次及其防御抗救过程研究. 暴雨灾害，26（3）：193～198.

李克煌，管华，马建华，等. 1996. 自然地理界面理论与实践. 北京：中国农业出版社.

刘引鸽. 2005. 气象气候灾害与对策. 北京：中国环境科学出版社.

陆均天，孙家民. 2013. 中国气象灾害数据分析. http://www.docin.com/p-614500965.html [2013-03-14].

施其仁. 1997. 淮河上游地形对大暴雨的影响. 河南大学学报（自然科学版），27（1）：54～61.

王淑兰，柴发合，周来东，等. 2006. 成都市大气可吸入颗粒物来源解析研究. 地理科学，26（6）：717～721.

谢德寿. 1994. 城市高温灾害及其预防. 灾害学，9（3）：29～33.

延军平. 1990. 灾害地理学. 西安：陕西师范大学出版社.

颜昕. 2009-04-10. 低温冷冻灾害. 中国气象报.

张义军，陶善昌，马明. 2009. 雷电灾害. 北京：气象出版社.

章庆辰. 1994. 中国重大自然灾害及减灾对策. 北京：海洋出版社.

中国农业百科全书编辑部. 1986. 中国农业百科全书（农业气象卷）. 北京：农业出版社.

第五章　水文灾害（水圈灾害）

第一节　水文灾害概述

一、水文灾害及分类

水文灾害是指水圈水体异常变化产生的灾害，即水圈水体性质、水量和运动异常形成的灾害。世界各国每年都要遭受程度不同的水文灾害，中国更是一个饱尝水患之苦的国家，从公元前206年到1949年，共发生1029次较大的洪涝灾害，平均两年一次。

水文灾害多种多样，可以从不同角度按不同标准进行分类。根据其空间分布范围分为陆地水文灾害（洪水、涝灾、内渍、地下水位下降、泥沙淤积、淡水荒等）和海洋水文灾害（风暴潮、海啸、海浪、海冰、海侵、厄尔尼诺现象、海平面升高等），陆地水文灾害也可分为河流水文灾害、湖泊水文灾害、冰川水文灾害、地下水水文灾害等。根据其成因可分为自然水文灾害和人为水文灾害；根据其发生过程的快慢可分为突发性水文灾害和缓发性水文灾害；根据其连发性可分为原生水文灾害和次生水文灾害；还可以按灾情程度、发生年代等分类。

二、水文灾害的基本特征

（一）周期性

由于水文现象的发生具有一定的周期性，灾害性的水文现象和过程也具有一定的周期性变化规律。例如，淮河流域在1887年、1909年、1931年、1954年和1975年都发生过特大洪涝灾害，其周期大约为22年，与太阳黑子活动的双周期一致。

（二）区域性

每种水文灾害都发生于特定的区域，有其特定的发生条件和诱发因素。

第二节　洪水灾害

一、洪水

（一）洪水概念

洪水是一种复杂的自然现象。目前对洪水的定义还不统一。一般地，洪水通常是指由大量降雨或冰雪融化及水库溃坝等引起河流、湖泊、水库、海洋的水量急剧增加，水位突发性上涨的现象，其根本特征是水体水位的突发性上涨，超过正常水位，淹没平时干燥的陆地，使沿岸遭受洪涝灾害。自古以来洪水给人类带来很多灾难，如黄河和恒河下游常泛滥成灾，造成重大损失。我国各河流均有洪水灾害的记载，如1975年8月，河南的“75·8大暴雨”

所造成的特大洪水是历史上罕见的。

洪水是否具有灾害性，与当地的各种自然环境条件以及人为因素有密切关系。一般地讲，洪水灾害的发生与3个因素有关：①存在诱发水灾的因素，如暴雨、地震、火山爆发、海啸等；②存在受危害的对象，如受洪水淹没而遭受损害的人及其财产；③人的防御和抵抗能力。

通常所讲的水灾（洪涝灾害）包括洪水灾害、涝灾和渍灾。涝灾是指因积水过多而造成的灾害。渍灾是指在低洼地区因地下水位过高，土壤水分长期处于饱和状态而造成的灾害。

（二）洪水特性的表示

1. 洪水三要素

将河流某断面流量从起涨至峰顶到退落的整个过程称为一场洪水。定量描述一场洪水的指标很多，主要有洪峰流量与洪峰水位，洪水总量与时段洪量，洪水过程线，洪水历时与传播时间，洪水频率与重现期，洪水强度与等级等。水文学中，常将洪峰流量（或洪峰水位）、洪水总量、洪水历时（或洪水过程线）称为洪水三要素，并通常用洪水过程线来表达这三个要素。

洪水过程线是在普通坐标纸上，以时间为横坐标、流量（或水位）为纵坐标所绘出的从起涨至峰顶再回落到接近原来状态的整个洪水过程曲线。从洪水起涨到洪峰流量出现为涨水段；从洪峰流量出现到洪水回落至接近于雨前原来状态的时段为退水段。洪水过程线有胖、瘦和单峰、多峰的区别，与流域面积、坡度、降水历时以及河道的调蓄能力有关。一般讲，流域面积较小、雨前河道或溪沟流量较小或者断流、降雨历时又很短时，洪水历时较短，洪水过程线比较清晰，呈尖瘦、单峰状；反之，若流域面积很大、河道基流较高且降水又连续不断，则洪水历时很长，过程线呈肥胖、多峰状。

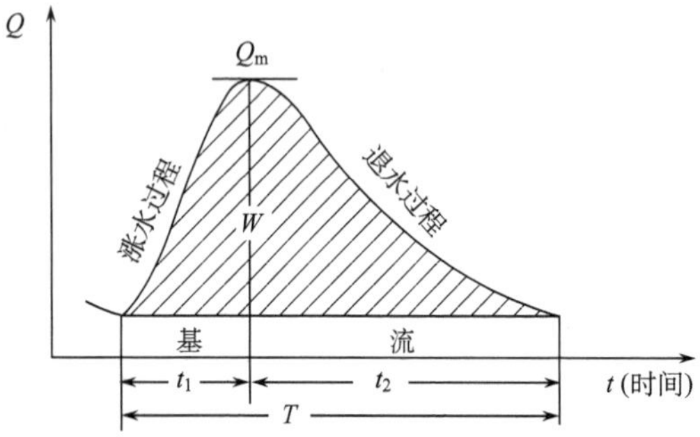

图 5.1 洪水要素示意图

洪峰流量 Q_m 是指一次洪水过程中通过某一个测站断面的最大流量（简称“洪峰”），单位是 m^3/s。洪峰流量在洪水过程线上处于流量由上涨变为下降的转折点。洪峰流量对于研究河道的防洪有重要意义。不同河流洪峰流量差异很大，如长江大通站实测最大洪峰流量为 $92600m^3/s$（1954年8月11日），黄河花园口站最大洪峰流量为 $22300m^3/s$（1958年7月18日）。同一河流、同一断面、不同年份的洪峰流量差异也很大，即使是同一年份，不同场次的洪水的洪峰流量也不同。

洪水总量 W 是指一次洪水过程通过河道某一断面的总水量。洪水总量等于洪水流量过程线所包围的面积（图 5.1）。洪水历时 T 是指河道某断面的洪水过程线从起涨到落平所经历的时间。

2. 洪水频率、重现期与洪水等级

洪水频率是指洪水要素（如洪峰流量或时段洪量）在已掌握洪水资料系列中实际出现次数与总次数之比，常以百分率表示。通常所说的洪水频率一般是指洪水累积频率 P，其值越小，表示某一量级以上的洪水出现的机会越少，则该洪水要素的数值越大；其值越大，表示某一量级以上的洪水出现的机会越多，则该洪水要素的数值越小。重现期是指随机变量大于或等于某数值平均多少年一遇的年距。洪水重现期（T_p）等于洪水（累积）频率（P）的倒数。

洪水等级是类似于里氏地震等级、蒲福风力等级或雨量等级的，能表征洪水大小及其灾情大小的形象而又简易的指标。由于洪水要素的多样性和洪水的复杂性，洪水等级可以从不同角度进行划分。相同强度的暴雨，常常因为流域面积（集水面积）的不同，洪峰流量或时段洪量相差很大，因而不能简单地用洪峰流量或时段洪量来比较不同流域之间的洪水大小。洪水重现期 T（年）或频率 P（%）能科学地反映洪水出现的概率和防护对象的安全程度以及洪水灾情的大小，而且也消除了流域面积这一因素，它既能纵向比较同一断面或防洪点的洪水大小，又能横向地对不同河流或河段（断面）洪水大小进行比较，特别是能大致反映不同区域的洪水灾情程度（损失率、区域受灾率和成灾率等）大小，因此通常是根据洪水重现期（或洪水频率）确定洪水等级。

结合水利部和建设部颁布的国家防洪标准（GB50201—94），考虑历史习惯，并参照地震等级、蒲福风力等级和降雨强度等级的划分，根据洪水重现期可以将洪水大小细分为12个等级（表5.1）。一般地，将洪水等级 $N=1$ 的洪水称为小洪水，二级洪水为一般洪水，三级洪水为较大洪水，四级洪水为大洪水，五级洪水为特大洪水，六级以上为稀遇（非常）洪水。

表 5.1　洪水等级划分标准

洪水频率 P（%）	洪水重现期 T（年）	洪水等级 N
>20	<5	1
20～10	5～10	2
10～5	10～20	3
5～2	20～50	4
2～1	50～100	5
1～0.5	100～200	6
0.5～0.2	200～500	7
0.2～0.1	500～1000	8
0.1～0.05	1000～2000	9
0.05～0.02	2000～5000	10
0.02～0.01	5000～10000	11
<0.01	>10000	12

（三）洪水分类

洪水按出现地区的不同，大致可分为河流洪水、海岸洪水（如风暴潮、海啸等）和湖泊洪水等。其中河流洪水依照成因的不同可进一步分为暴雨洪水（雨洪）、山洪、融雪洪水（雪洪）、溃坝洪水和冰凌洪水等。

（1）暴雨洪水：是最常见、威胁最大的洪水。它是由较大强度的降雨形成的，简称雨洪。我国受暴雨洪水威胁的主要地区有 73.8 万 km^2，分布在长江、黄河、淮河、海河、珠江、松花江、辽河七大江河下游和东南沿海地区。暴雨洪水的主要特点是峰高量大，持续时间长，灾害波及范围广。近代的几次大水灾，如长江 1931 年和 1954 年洪水、珠江 1915 年洪水、海河 1963 年洪水、淮河 1975 年洪水等，都是这种类型的洪水。

（2）山洪：是山区溪沟中发生的暴涨暴落的洪水。由于山区地面和河床坡降都较陡，降雨后产流和汇流都较快，形成急剧涨落的洪峰。所以山洪具有突发性强、水量集中、破坏力强等特点，但一股灾害波及范围较小。这种洪水如形成固体径流，则称作泥石流。

（3）融雪洪水：主要发生在高纬度积雪地区或高山积雪地区。

（4）冰凌洪水（凌汛）：在我国主要发生在黄河、松花江等北方江河上。由于某些河段由低纬度流向高纬度，在气温上升、河流开冻时，低纬度的上游河段先行开冻，而高纬度的下游河段仍封冻，上游河水和冰块堆积在下游河床，形成冰坝，也容易造成灾害。在河流封冻时也有可能产生冰凌洪水。

（5）溃坝洪水：指大坝或其他挡水建筑物发生瞬时溃决，水体突然涌出，给下游地区造成灾害。这种溃坝洪水虽然范围不太大，但破坏力很大。此外，在山区河流上，在地震发生时，有时山体崩滑，阻塞河流，形成堰塞湖。一旦堰塞湖溃决，也会形成类似的洪水。这种堰塞湖溃决形成的地震次生水灾的损失，往往比地震本身所造成的损失还要大。我国幅员辽阔，除沙漠、戈壁和极端干旱区及高寒山区外，大约 2/3 的国土面积存在不同类型和不同危害程度的洪水灾害。如果沿着 400mm 降雨等值线从东北向西南划一条斜线，将国土分为东西两部分，那么东部地区是我国防洪的重点地区。

根据洪水的来源，可将其分为上游演进洪水和当地洪水两类。上游演进洪水是指由上游径流量增大，使洪水自上而下推进，洪峰从上游传播到下游而形成的洪水，上、下游洪水发生的时间有一段时间间隔。当地洪水是指由当地大量降水等原因引起地表径流大量汇聚河槽而形成的洪水。

（四）影响洪水的因素

世界上大多数河流的洪水为暴雨洪水和融雪洪水，全球暴雨洪水量值最高的地区主要分布在北半球中纬度地带，我国绝大多数河流的洪水是由暴雨所形成。流域的暴雨特性、流域特性、河槽特性和人类活动等因素，对洪水大小及其性质都有直接影响。暴雨特性包括暴雨强度、暴雨持续时间和空间分布等，尤其是暴雨中心移动路线和笼罩面积，对洪水有着巨大的影响。例如，暴雨中心向下游移动，雨洪同步，常造成灾害性大洪水。流域特性包括流域面积、形状、坡度、河网密度及湖沼率、土壤、植被和地质条件等。例如，对于流域面积大的流域，暴雨常是局地性的，大面积连续降水是造成洪水的主要原因；而对于小流域，暴雨笼罩整个流域的机会多，易于形成洪水。河槽特性包括河槽断面、河槽坡度、糙率等，是河网调蓄能力的决定因素。人类活动包括修建蓄水工程、植树造林、水土保持等措施，如修建蓄水工程可拦蓄部分洪水，削减洪峰。

二、洪水灾害

（一）洪水灾害类型

洪水给人类正常生活、生产活动带来的损失与祸患称为洪涝灾害（flood disaster）。洪涝灾害是指通常所说的水灾和涝灾的总称。水灾一般是指因河流泛滥淹没田地所引起的灾害；涝灾指的是因过量降雨而产生地面大面积积水或土地过湿使作物生长不良而减产的现象。人们常把地面积水称为明涝，把地面积水不明显而耕作层土壤过湿的现象称为渍涝。由于水灾和涝灾往往同时发生，有时也难于区分，我们把水涝灾害统称为洪涝灾害，简称洪灾或水灾。

洪涝灾害的孕育、发生、发展和消亡的演化过程受天体背景（如太阳活动、月球活动等）、气候、气象、海洋、水文、下垫面和人类活动等众多要素的作用、牵引和制约。从地学角度出发，根据洪涝灾害形成的机理和成灾环境的区域特点，将洪涝灾害分为以下 8 种类型。

（1）溃决型洪灾：泛指江河、湖海、堤防、塘坝等因自然或人为因素造成溃决而形成的洪涝灾害，根据成因又可细分为河堤溃决、大坝溃决、冰坝溃决 3 种。它具有突发性强、来势凶猛、破坏力大的显著特点。例如，1975 年 8 月上、中旬，河南驻马店、许昌、南阳等地普降特大暴雨，雨量之大、雨势之猛为国内外所少见，使汝河、沙颍河、唐白河三大水系各干支流河水猛涨，导致漫溢决堤，板桥、石漫滩水库大坝溃决，造成震惊中外的河南特大暴雨和洪涝灾害，受灾人口达 1029 万人，约有 450 万人被洪水围困，10 万人当即被洪水卷走，淹没毁坏庄稼达 1778 万亩，这是新中国成立以后仅次于 1976 年唐山大地震的第二大死亡灾难；1979 年冬，新疆境内喀喇昆仑冰川向下游伸长，壅塞叶尔羌河上游，形成长 20km、宽 2km 的临时冰坝，翌年春冰坝消融、溃决，洪水下泄，形成水头高达 20m 的洪水。

（2）漫溢型洪灾：指洪水位高于堤防或大坝，水流漫溢，淹没低平的三角洲平原或山前的一些冲积、洪积扇区的现象。漫溢型洪水受地形的控制大，水流扩散速度较慢，洪灾损失与土地利用状况有关。洪泛平原与大江大河河口三角洲地区是漫溢型洪灾的多发地，我国的黄河、长江、淮河、海河、松花江、辽河、珠江等泛滥平原与大河三角洲无一例外。

（3）内涝型洪灾：指地势低洼、紧依江河、仰承江河沿线湖群的水网地区内发生暴雨或洪水，由于区域排水不畅，大面积区域积水造成明涝，或由于长期积水，使区域地下水水位升高造成区域渍涝灾害的现象。内涝型洪灾多发生于湖群分布广泛的地区，如洞庭湖堤垸区和太湖流域。1991 年太湖洪涝灾害就是典型的内涝型洪灾。

（4）行蓄洪型洪灾：指山谷或平原水库以及河道干流两侧的行洪、蓄洪区（它们都是一种天然的洼地或人工湖泊）由于河道来水过大难以及时排出而被迫启用，导致人为的空间转移性的洪涝灾害。从牺牲局部、确保重点地区安全的观点出发，以小的行洪、蓄洪区的淹没损失换取江河堤防的安全，是一种重要的防洪减灾手段。行蓄洪型洪灾是一种可控洪灾，通过洪水的优化调变和管理，达到最大的减灾效益。

（5）山洪型洪灾：泛指发生于山区河流中暴涨暴落的突发性洪涝灾害。它的影响范围较小，但由于山区地势起伏大，具有洪流速度高、冲刷力强、历时短暂、挟带泥石多、来势凶猛、破坏力巨大等特点，常伴生泥石流灾害，是一种危害极大的山地自然灾害。据估计，平常年份因洪灾死亡的人数中，有80%是由山洪造成的。山洪的发生，有暴雨、融雪、冰川消融等多种因素，其中以暴雨山洪最为多见。由于山洪的突然暴发并常在夜间发生，因而更具威胁性。

(6) 风暴潮型洪灾：指台风或热带气旋伴随着大暴雨登临海岸上空并引发海岸洪水，造成堤岸决口、海潮入侵或受高潮影响和潮水顶托、海水倒灌，导致河水漫溢、泛滥的灾害。中国的海岸线长18000余公里，多风暴潮型洪灾，台风每年平均在沿海登陆9次。在渤海湾与黄海沿岸北部，春、夏、秋、冬过渡季节有寒潮大风，均可引发风暴潮。

(7) 海啸型洪灾：指海底地震或近海域火山爆发，使海洋水体扰动引起重力波，波速可达500～700km/h，在近海岸或海湾波峰拥高可达20～30m，由此产生洪灾。

(8) 城市洪灾：泛指城市地区的洪涝灾害。城市具有独特的地表形态和性质，如不透水地面面积大，有天然的和人工的地下管网两套排水系统，导致地面径流系数大，汇流速度快、时间短、下渗少。我国现有100多座大中城市处于洪水水位之下，其安全受到严重威胁。图5.2是洪涝灾害分类的层次结构图。

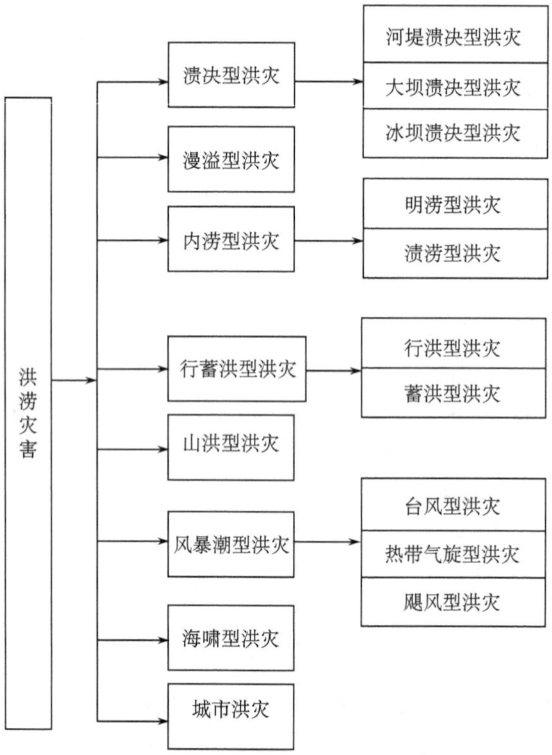

图5.2 洪涝灾害分类层次图

(二) 中国洪涝灾害的成因及特点

我国幅员辽阔，各地气候、地形、地质特征差异很大。如果沿着400mm降雨等值线从东北向西南划一条斜线，将国土分作东西两部分，那么东部地区的洪涝灾害主要是由暴雨和瀚海风暴潮形成；西部地区的洪涝灾害主要是由融冰、融雪和局部地区暴雨形成。此外，北方地区冬季可能出现冰凌洪水，对局部河段造成灾害。

暴雨是我国洪涝灾害的最主要来源。我国大部分地区在大陆季风气候影响下，降雨时间集中，强度很大。全年降雨量，除新疆北部和湖南南部以外，绝大部分地区50%以上集中在5～9月。其中淮河以北大部地区和西北大部，西南、华南南部，台湾大部有70%～90%，淮河到华南北部的大部分地区有50%～70%集中在5～9月。在我国东部地区，有4个大暴雨多发区。①东南沿海到广西十万大山南侧，包括台湾和海南岛，24小时点降雨量可达500mm以上；②自辽东半岛，沿燕山、太行山、伏牛山、巫山一线以东的海河、黄河、淮河流域和长江中下游地区，24小时暴雨量可达400mm以上；太行山东南麓、伏牛山东南坡曾有600～1000mm或者更多一些的暴雨记录；③四川盆地，特别是川西北，24小时暴雨量常达300mm以上；④内蒙古与陕西交界处也曾多次发生大暴雨。高强度、大范围、长时间的暴雨常常形成峰高量大的洪水。在东部地区，有73.8万km^2的国土面积地面处于江河洪水位以下，有占全国40%的人口、35%的耕地、60%的工农业总产值受洪水严重威胁。然而，这些地区为了发展农业，扩大耕地，修筑堤防，围湖造田，与水争地，从而洪水的排泄出路和蓄滞洪场所不断受到限制，自然蓄洪能力日趋减少和萎缩；加上山丘区土地的大量开垦利用，山林植被的破坏，以及居民点、城市、交通道路的形成等，都不断改变着地表状态，使洪水的产生和汇流条件不断发生变化，从而加重了洪水的危害程度。

我国的洪涝灾害具有以下特点。

1）*范围广*

除沙漠、极端干旱地区和高寒地区外，我国约有2/3的国土面积都存在着不同程度和不同类型的洪涝灾害。年降水量较多且60%～80%集中在汛期6～9月的东部地区，常常发生暴雨洪水；占国土面积70%的土地、丘陵和高原地区常因暴雨发生山洪、泥石流；沿海的省、自治区、直辖市每年都有部分地区遭受风暴潮引起的洪水的袭击；我国北方的黄河、松花江等河流有时还会因冰凌引起洪水；新疆、青海、西藏等地时有融雪洪水发生；水库垮坝和人为扒堤决口造成的洪水也时有发生。

2）*发生频繁*

据《明史》和《清史稿》资料统计，明清两代（1368～1911年）的543年中，范围涉及数州县到30州县的水灾共有424次，平均每4年发生3次，其中范围超过30州县的共有190年次，平均每3年1次。新中国成立以来，洪涝灾害年年都有发生，只是大小有所不同而已。特别是20世纪50年代，10年中就发生大洪水11次。

3）*突发性强*

我国东部地区常常发生强度大、范围广的暴雨，而江河防洪能力又较低，因此洪涝灾害的突发性强。1963年，海河流域南系7月底还大面积干旱，8月2～8日，突发一场特大暴雨，使这一地区发生了罕见的洪涝灾害。山区泥石流突发性更强，一旦发生，人民群众往往来不及撤退，造成重大伤亡和经济损失。例如，1991年四川华蓥山一次泥石流死亡200多人，1991年云南昭通一次泥石流也死亡200多人。风暴潮也是如此，如1992年8月31日至9月2日，受天文高潮及16号台风影响，从福建的沙城到浙江的瑞安、敖江、沿海潮位都超过了新中国成立以来的最高潮位。上海潮位达5.04m，天津潮位达6.14m，许多海堤漫顶，被冲毁。

4）损失大

洪涝灾害造成的损失严重。例如，1931年江淮大水，洪灾就涉及河南、山东、江苏、湖北、湖南、江西、安徽、浙江8省，淹没农田1.46亿亩，受灾人口达5127万，占当时8省总人口的25％，死亡40万人。1991年，我国淮河、太湖、松花江等部分江河发生了较大的洪水，尽管在党中央和国务院的领导下，各族人民进行了卓有成效的抗洪斗争，尽可能地减轻了灾害损失，全国洪涝受灾面积仍达3.68亿亩，直接经济损失高达779亿元。其中安徽省的直接经济损失达249亿元，约占全年工农业总产值的23％，受灾人口4400万人，占全省总人口的76％。

5）季节性明显

洪水集中出现的季节时段称为汛期，各大江河每年汛期来临的时间有一定规律，它主要决定于夏季雨带的南北位移和秋季频繁台风暴雨。一般年份4月初至6月初，西太平洋副热带高压脊线位于15°N～20°N，雨带出现在南岭以南，珠江流域进入主汛期。6月中旬至7月初，副高脊线第一次北跳至20°N～25°N，雨带北移至江淮流域，华南前汛期结束，江淮梅雨期开始。7月中下旬副热带高压脊线第二次北跳至30°N附近，江淮梅雨结束，华北和东北地区进入全年雨季全盛期。各地汛期时间有规律自南往北错后。8月下旬副高迅速南撤，在南撤过程中，川东、秦巴山区出现连绵秋雨，形成黄河和长江流域秋汛。此时华南地区受赤道辐合带影响，热带风暴台风不断登陆，出现全年第二次降雨高峰期，形成珠江流域后汛期。

据资料统计，珠江流域西江梧州站，洪峰流量大于40000m^3/s的大洪水，70％的出现在前汛期；长江流域各大支流入汛时间自下而上往上游推迟，鄱阳湖水系和洞庭湖水系的湘江、资水汛期最早，4～5月即进入汛期，沅水、澧水稍迟，上游岷江、沱江、嘉陵江7月初入汛，干流宜昌洪峰流量超过50000m^3/s的洪水，60％出现在7月，30％出现在8月。由于上游川江洪水季节比中游各支流洪水（汉江除外）要晚一个月左右，一般年份上游洪水与中游洪水不会碰头，如果天气气候反常，中下游汛期时间延长，上游洪水提前，就有可能造成全流域性大洪水；淮河流域6～7月受梅雨锋影响，8月又受台风影响，汛期时间较长，大洪水主要发生在6～8月；黄河中游，秋雨影响趋弱，陕县站85％洪水集中在伏汛7～8月，三门峡至花园口区间，洪水季节与海河相近，集中在7月中旬至8月中旬；海河流域洪水出现的季节时段非常集中，大洪水主要出现在7月下旬至8月上旬，普查近300年资料，9月发生大洪水的机会很少；滦河、辽河流域，大洪水主要出现在7月处于高纬度的松花江流域，入汛时间最晚，上游嫩江大洪水主要出现在8月上旬至9月上旬，至松花江哈尔滨河段，大洪水主要发生在8月中旬至9月下旬。

6）洪水峰高量大

受流域暴雨、地形、植被等因素的影响，一些河流常可以形成极大洪峰流量。例如，1935年7月长江中游特大暴雨，暴雨中心五峰站5天降雨量达1282mm，暴雨中心区澧水流域，洪峰流量达31100m^3/s（三江口站，集水面积15240km^2）；1975年8月河南西部特大暴雨，林庄站6小时雨量830.1mm，汝河板桥水库（集中面积768km^2）洪峰流量达13000m^3/s，都接近世界相同流域面积最大记录。

我国洪水量级最高的地区主要分布在沿辽东半岛、千山山脉东段往西沿燕山、太行山、伏牛山、大别山、迎风山以及滨海地带和岛屿，此外还有几处局部高值区，即陕北高原、峨眉山区、大巴山区和武陵山区澧水流域，以上地区每 1000km^2 最大流量均可达到 6000m^3/s 以上，其中以辽西大凌河流域、沂蒙山区、伏牛山区、大别山区、浙闽沿海、台湾岛、海南岛等地区洪水量级最大，每 1000km^2 最大流量在 8000m^3/s 以上，最高的是伏牛山区，每 1000km^2 最大流量达 15000m^3/s。江南丘陵地区洪水量级比上述地区小，每 1000km^2 的最大流量一般在 6000m^3/s 以下，其中位于南岭、武夷山背风区的地区，峰面停滞机会少，受地形影响，暴雨活动较弱，洪水量级比四周地区都小，每 1000km^2 最大流量在 2000～4000m^3/s。西南地区暴雨强度较小，岩溶发育，洪水量级显著减小，每 1000km^2 最大流量一般只达到 1000～2000m^3/s，其量级与东北森林地区相当。

大江大河一次大洪水总水量很大。例如，长江汉口站 1954 年一次洪水总量高达 6000 亿 m^3，相当于全国平均径流总量的 22%；海河“63·8”特大洪水，南系三河 8 月总径流量相当全流域平均年径流量的 1.32 倍。洪水量高度集中，不仅对防洪减灾带来很大困难，而且对水资源的开发利用也很不利。

7）江河洪水年际变化不稳定

暴雨区大洪水年和枯水年洪峰流量变幅很大。例如，海河支流滹沱河黄壁庄站，在实测资料中，最大洪峰流量 13100m^3/s（1956 年），最枯年份，年最大流量仅 140m^3/s（1920 年），相差几乎近 100 倍。从最大洪峰流量多年平均值之比来看，长江及长江以南地区变化幅度较小，一般为 2～3 倍，淮河、黄河中游为 4～8 倍，海河、滦河、辽河最不稳定，一般可达 5～10 倍。

三、防洪减灾措施

防洪措施是指防止或减轻洪水灾害损失的各种手段和对策。防洪措施包括防洪工程措施和防洪非工程措施。减轻洪水灾害，必须重视除害与兴利并举的灾害管理思想，既要研究河流的自然规律使其造福人类，又要注重与水为友，实现人、水的和谐共存，也要注重工程措施与非工程措施的有机结合和流域全局利益与区域利益相协调。

（一）防洪工程措施

防洪工程措施指为控制和抗御洪水以减免洪水灾害损失而修建的各种工程措施。其主要措施有修建水库蓄洪、利用湖泊或洼地蓄洪、滞洪，提高河道的排泄能力、整治河道、整修堤防等。防洪工程设施通常由多种防洪工程组成，它们联合承担防洪任务，构成防洪工程体系，以达到预期的防洪目的。

1）兴建水库，调蓄洪水

水库工程是指在江河上游修筑大坝而形成的拦蓄径流、调节水量的蓄水工程。通过水库调节，即可消减汛期洪水下泄流量、减轻下游洪水灾害，又可以提高水量的利用率，从而获得发电、灌溉、供水、养殖以及发展旅游等综合效益。

水库工程一般有大坝、溢洪道、泄洪间、引水渠以及电站厂房等组成。大坝是用来拦水的建筑物，是水库工程的主体，它根据筑坝材料和施工方法的不同分为混凝土坝、土坝、土石坝、斜墙坝、心墙坝等。其主要作用是拦蓄洪水和调节高水位，在坝上游形成有一定调蓄能力的水库。因此要求大坝，包括坝基、坝肩及库岸等，都要有足够的抗滑稳定性、抗渗稳定性和抗变形稳定性。

水库的另一个主体工程是泄洪建筑物。水库的调蓄能力是有一定限度的，通常要根据库区和坝址的地质地形条件、库区淹没损失、经济能力、洪水大小以及是否经济合理来确定。因此泄洪建筑物的作用就是排泄超过水库调蓄能力的洪水和降低水库水位，以确保大坝的安全。为了使水库安全适用，需要经常对水库进行维护、除险加固。

水库的任务一般除了防洪还要兴利，前者要求在洪水到来前能腾出较充分的库容以接纳洪水，后者则要求水库经常保持较多的蓄水量。因此，水库在防洪时，既要兼顾上下游的要求，又要拦蓄部分洪水以转化为可利用的水资源供非汛期使用，这就要制定出合理的水库工程控制运用方案。在方案实施时还要依靠及时、准确的气象、水文情报与预报，作为决策的依据。

我国最著名的水利水电工程三峡大坝，不仅具有年均 849 亿 kW·h 的发电能力以及 5000 万 t 的航运能力，而且其 221.5 亿 m^3 的防洪库容，也将在长江防洪体系中发挥巨大的作用；荆江河段防洪标准从十年一遇提高到百年一遇，荆江两岸的 1500 万人口和 154 万 hm^2 耕地将更加安全，而武汉地区的防洪安全也将得到保障，洞庭湖区的洪水威胁也会大大减轻，同时长江中下游防洪调度的可靠性和灵活性也将极大地增强。

2）修筑堤防

堤防是为防止洪水泛滥或海潮入侵，沿江、河岸、海岸修筑的挡水建筑物。堤防是平原河道防治洪水灾害的主要工程措施。堤防的主要作用是约束水流、控制河势，防止洪水泛滥成灾，或者抗御风浪、海潮入侵等。

堤防是一项历史悠久的防洪工程，在我国早在春秋、战国时期就开始修筑堤防。目前，沿各江河湖岸、海岸以及洪水威胁比较严重的地区，基本上已为大堤保护，堤防对减轻洪涝灾害起到了重要的作用。虽然河道两岸大堤本为防洪所建，然而意外的后果是大堤建造造成水流归槽，河床淤积，洪水位增加，增加了洪水威胁。因此，对大堤的效益评估是一个复杂的问题，可以说建堤对某些江河的防洪是一项治标的重大工程，但受诸多因素的制约，堤防工程在今后一段时间内仍将是主导防洪工程之一。

3）河道整治工程

为了防洪、航运、供水、排水及河岸洲滩的合理利用，按河道演变的规律因势利导，调整、稳定河道主流位置，以改善水流、泥沙运动和河床冲淤部位的工程措施称为河道整治工程。河道整治分两大类：①山区河道整治，主要有渠化航道、炸礁、除障、改善流态与局部疏浚等；②平原河道整治（含河口段），主要有控制和调整河势、裁弯取直、河道展宽及疏浚等。

4）分洪工程

分洪工程在中国历史悠久。据记载公元前 256～公元前 251 年，李冰主持修建都江堰工程，就有飞沙堰分洪设施。公元前 7 年贾让提出治理黄河的上中下三策即包括分洪方案。唐代在海河流域永济渠（今京杭运河的一段）以东开辟新河入海，在永济渠以西利用洼淀蓄涝，减轻洪水压力。

分洪工程一般由进洪设施与分洪道、蓄滞洪区、避洪设施、泄洪排水设施等部分组成，至少应有进洪设施和分洪道或蓄洪区。以分洪道为主的有时亦称分洪道工程，在中国又称减河。以蓄滞洪区为主的，亦称分洪区或蓄洪区。进洪设施设于河道的一侧，一般是在被保护区上游附近，河势较为稳定的弯道凹岸，用以分泄超过河道安全泄量的超额流量。

分洪道通常在河道的一侧，借用天然河道或利用低洼地带两侧筑堤而成。分洪道的路线选择，一般以地形、地质、洪水特性和社会经济情况等因素为依据，并以洪水演算成果，确定分洪道断面尺寸及两岸堤距和堤顶高程。在适当地点开辟分洪道行洪，可将超出河道安全泄量的峰部流量绕过重点保护河段后回归原河流或分流入其他河流。分洪道的作用是提高其临近的下游重点保护河段的防洪标准。

蓄滞洪区是利用天然洼地、湖泊或沿河地势平缓的洪泛区，加修周边围堤、进洪口门和排洪设施等工程措施而形成分蓄洪区。其防洪功能是分洪削峰，并利用分蓄洪区的容积对所分流的洪量起蓄、滞作用。分蓄洪区只在出现大洪水时才应急使用。对于分洪口门下游临近的重点保护河段而言，启用分蓄洪区可承纳河道的超额洪量，提高该重点保护河段的防洪标准。分蓄洪区内一般土地肥沃，而我国人多地少，许多分蓄洪区已形成区内经济过度开发、人口众多的局面，这将导致分洪损失恶性膨胀的严重后果。因此，必须在分蓄洪区内研究采用防洪非工程措施，以确保区内居民可靠避洪或安全撤离，减小分洪损失。在分洪区运用时，为保障区内人民生命安全、减少财产损失而兴建避洪安全工程。

（二）防洪非工程措施

非工程防洪措施是在肯定工程措施作用的前提下，根据一定的条件，通过法令、政策、行政管理、经济手段、技术手段等，尽可能地减轻洪水灾害损失。其主要内容包括洪水灾害预报、监测与预警，灾害应急，洪水灾害保险，紧急救助，减灾规划，减灾教育与立法等（图 5.3）。

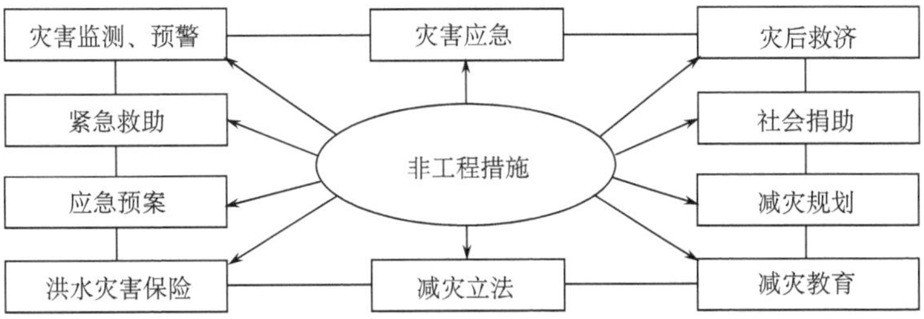

图 5.3　防洪非工程措施示意图

1）洪水灾害监测与预警

全国建有水文站 3450 个、水位站 1263 个、雨量站 16273 个、地下水观测井 13648 处，形成了水文灾害监测网；卫星遥感技术也在洪涝监测中得到越来越广泛的应用，已可以进行比较准确的临灾预报和跟踪预报。

建立洪水预报警报系统。把实测或利用雷达遥感收集到的水文、气象、降雨、洪水等数据，通过通信系统传递到预报部门分析，有的直接输入电子计算机进行处理，作出洪水预报，提供具有一定预见期的洪水信息，必要时发出警报，以便提前为抗洪抢险和居民撤离提供信息，以减少洪灾损失。它的效果取决于社会的配合程度，一般洪水预见期越长，精度越高，效果就越显著。洪水灾害预警是为了在洪水灾害尚未形成时或继续发展前给人们警示和提醒，引起人们重视，并建议采取相应行动，以达到减少灾害损失和人员伤亡等的目的。洪水灾害预警需要有技术支撑，如雷达测雨技术、遥感技术、地理信息系统技术、水文、水力学模型模拟技术等。我国的洪水灾害预警机制自 2006 年 1 月国家防汛抗旱应急预案公布实施以来不断得以完善，普遍采用 4 级预警机制，但与其他国家，尤其是英国、日本等发达国家相比，还存在需要提高和改进的方面，包括如何实现分级预警、精细化预警等。

2）洪水灾害应急

灾害过程中应提高应急响应能力，突出以人为本，尽可能降低灾害性事件造成的人员伤亡和财产损失，最大限度地保护自然资源和环境。为更有效地开展突发事件的管理和救助工作，2006 年 1 月国务院发布了《国家突发公共事件总体应急预案》。该预案根据突发公共事件的发生过程、性质和机理，将突发公共事件分为自然灾害、事故灾难、公共卫生事件、社会安全事件四类。按照各类突发公共事件的严重程度、可控性和影响范围等因素分为特别重大（Ⅰ）、重大（Ⅱ）、较大（Ⅲ）和一般（Ⅳ）四级。同时还根据风险分析结果，将可能发生和可以预警的突发公共事件依次用红色、橙色、黄色和蓝色表示。目前，我国主管防洪的机构分中央和地方两大序列；国务院设立国家防汛抗旱总指挥部，统一指挥全国的防汛工作。国家防汛抗旱总指挥部办公室为其办事机构，负责管理全国防汛的日常工作，办公室设在水利部（图 5.4）。省、地、县设立防汛指挥部，负责所辖地区内的防汛组织和指挥工作，机构设在相应水行政主管部门，总指挥为当地行政领导。各大江河流域也设有防汛指挥部，负责流域内防汛组织和指挥工作。近年来，我国洪水灾害的应急管理工作取得了较大进展，应急队伍建设和技术水平不断加强，人民的生命财产安全得到了较好的保障。

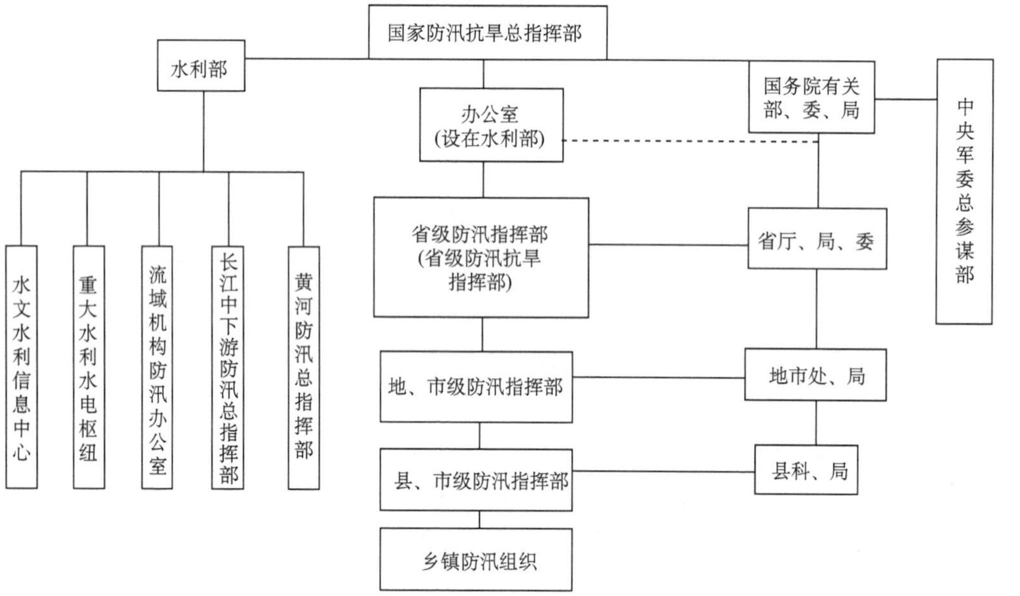

图 5.4　全国防汛抗旱指挥系统图

3）洪水灾害救济与社会捐助

从社会筹措资金、国家拨款或利用国际援助等进行救济，给受灾者以适当补偿，以安定社会秩序，恢复居民生产生活。救灾虽不能减少洪灾损失，但可减少间接损失，增加社会效益。

4）洪水灾害保险与基金

洪水保险是指投保人向承保人（保险公司）缴纳保险费，一旦投保人在保险期内因洪水灾害蒙受损失，承保人按既定契约予以经济赔偿。

洪水保险方式主要有两种：一是法定保险，又称强制保险，即依据国家有关法律、法令而实施的保险；二是自愿保险，即由保险双方当事人在自愿的基础上协商、订立保险合同而成立的保险。或者分为四类：即通用型洪水保险、定向型洪水保险、集资型洪水保险和强制型全国洪水保险，显然，在这种分类方法中，前三类具有自愿性质，而第四类则具有法定意义。

我国现阶段洪水保险机制主要有单保、代办和共保三种模式。

防洪基金是指各级政府专拨的防洪经费和向防洪受益区内从事生产经营活动的工商企业、集体与个人征收的有特定机构或组织管理的专用资金。它主要用于防洪工程的运行管理、维修加固，救灾善后，以及新建防洪工程或实施新的防洪措施等方面。防洪基金的设立不是以营利为目的，而是用于发展防洪事业。

5）减灾立法

灾害立法是最终保障防灾、减灾体制顺利建立和发展的根本出路。只有通过有关法律、法规的颁布，才能从根本上建立起全国统一的防灾体制，明确各级政府的职责，使人们在减灾活动中，有法可依，依法行事。我国已于 1997 年通过了《中华人民共和国防洪法》，但有关法令仍需进一步研究和制定。

6）减灾规划

1998 年国务院颁布实施《中华人民共和国减灾规划（1998～2001 年）》，明确了我国减灾工作的指导方针、主要目标和任务，成为中国减灾工作的基本依据。

7）减灾教育

减灾教育始终是提高减灾能力的基础，亦是全民风险意识养成的重要措施。减灾教育强调学校减灾教育与公众防灾意识养成相结合。学校减灾教育要注重实践，如最基本的应急避灾常识和技能的掌握，要特别关注各种减灾与应急响应“标识”或“标志”的标准化与国际化，以满足不同语言和文化环境条件的灾民应急的需要。

宣传教育要有针对性，因地制宜、因时制宜、因人施教。其形式多种多样，主要有①把自然灾害常识和防洪减灾知识纳入中小学课本，让青少年懂得防洪防灾的基本知识；②通过广播电影电视、报纸杂志书籍、公益广告宣传、网络信息等媒体，向全社会宣传与普及防洪减灾知识；③确立防洪日（周、月），开展多种形式的学习与培训活动，如防洪知识讲座、竞赛，抗洪英模报告，抗洪抢险演习，防汛抢险技术培训与经验交流等；④编写《防洪手册》、《防洪法律法规解读》、《防汛抢险知识》等读物，以及宣传画、宣传单等，在社会上广泛散发与张贴。

8）洪水灾害风险评价

洪灾风险是洪水危险性和社会经济易损性的综合，在 ArcInfo Spatial analyst 模块的支持下，将洪水危险性和社会经济易损性叠加，得到全国洪灾风险区划分级图，将其与中国的行政区划图相匹配，可以得到各风险级别大致分布的省份。

狭义的风险评价：主要针对致灾因子进行风险评价，从对危险的辨识到对危险性的认识，进而开展风险评价，它通常是对风险区遭受不同强度灾害的可能性及其可能造成的后果进行定量分析和评估。

广义的风险评价：对灾害系统进行风险评价，包括致灾因子风险分析、承灾体脆弱性与恢复力评价、孕灾环境稳定性评估等方面。其中，脆弱性和恢复力概念是近年来国际灾害学领域的热点研究内容。

第三节　海洋水文灾害

一、海洋灾害概述

海洋自然环境发生异常或激烈变化，导致在海上或海岸发生的灾害称为海洋灾害(marine disasters)。海洋灾害主要指风暴潮灾害、海浪灾害，海冰灾害、海雾灾害、飓风灾害、地震海啸灾害及赤潮、溢油灾害等突发性的灾害，以及海岸侵蚀、海湾淤积、海水入侵沿海地下含水层、海平面上升、沿海土地盐演化等缓发性灾害。与海洋和大气相关的灾害性现象还有“厄尔尼诺现象”和“拉尼娜现象”等。

引发海洋灾害的原因主要有大气的强烈扰动，如热带气旋、温带气旋、寒潮及冷空气侵袭等；海洋水体本身的扰动或状态骤变，如海水结冰、海洋潮汐、上升流等；海底地震、火山喷发及其伴生之海底塌陷、海底裂缝、海底滑坡等岩石圈运动；以及人类活动的影响等。

海洋灾害主要威胁海上及海岸，有些危及广大纵深地区的城乡经济及人民生命财产的安全。例如，风暴潮所导致的海侵，即海水上陆，在我国少则几公里，多则 20～30km，甚至达 70km。一次海潮所淹没的县多达 7 个，数万乃至十多万人丧生，几十万人受灾。至于海潮溯江河而上，与洪水顶托，则可能导致沿江河更大范围的潮水水患灾害。

许多海洋灾害还会在受灾地区引起一系列次生灾害和衍生灾害，如风暴潮、风暴巨浪引起海岸侵蚀、沿岸土地盐渍化及海水入侵加剧等。

我国海岸线漫长，濒临的太平洋又是产生海洋灾害最严重、最频繁的大洋。加之我国约有 70%以上的大城市，50%以上的人口和近 60%的国民经济，都集中在最易遭受海洋灾害袭击的东部经济带和沿海地区。因此，海洋灾害在我国自然灾害总损失中占有很大的比例。近年来，这个比例已经占到全国自然灾害总损失的 10%以上，一次灾害可能造成多达百亿元的经济损失。

二、风暴潮灾害

（一）风暴潮概念

风暴潮指由强烈大气扰动，如热带气旋（台风、飓风）、温带气旋（寒潮）等引起的海面异常升降现象，又称“风暴增水”“风暴海啸”“气象海啸”等。风暴潮会使受到影响的海区的潮位大大地超过正常潮位。如果风暴潮恰好与影响海区天文潮位高潮相重叠，就会使水位暴涨，海水涌进内陆，造成巨大破坏。例如，1953 年 2 月发生在荷兰沿岸的强大风暴潮，使水位高出正常潮位 3 米多。洪水冲毁了防护堤，淹没土地 80 万英亩①，导致 2000 余人死亡。再如，1970 年 11 月 12～13 日发生在孟加拉湾沿岸地区的一次风暴潮，曾导致 30 多万

① 1 英亩＝0.404856hm^2。

人死亡和100多万人无家可归。

（二）风暴潮的分类

风暴潮的成因主要是大风引起的增水和天文大潮高潮的叠加结果。根据风暴潮性质，可分为由温带气旋引起的温带风暴潮和由台风引起的台风风暴潮。温带风暴潮，多发生于春秋季节，夏季也时有发生。其特点是增水过程比较平缓，增水高度低于台风风暴潮，主要发生在中纬度沿海地区，以欧洲北海沿岸、美国东海岸以及我国北方海区沿岸为多。台风风暴潮，多见于夏秋季节。其特点是来势猛、速度快、强度大、破坏力强。凡是有台风影响的海洋国家、沿海地区均有台风风暴潮发生。

风暴潮的突出特点是出现海面异常升高。因此标示风暴潮强度的基本指标是增水位。据此把风暴潮分为4个等级：风暴增水，增水值小于1m；弱风暴潮，增水值1～2m；强风暴潮，增水值2～3m；特强风暴潮，增水值大于3m。

（三）风暴潮的危害

风暴潮灾主要是由气象因素引起，它不仅在发生时造成沿海居民巨大的生命财产损失，还给沿海的滩涂开发和海水养殖带来严重的破坏，并可能在风暴潮灾过后伴随着瘟疫流行、土地盐碱化，使粮食失收、果树枯死、耕地退化，并污染沿海地区的淡水资源，而使人畜饮水出现危机，生存受到威胁。沿海某些海岸也因风暴潮多年冲刷而遭到侵蚀。这种因潮灾带来的次生灾害，几年内也难消除。在我国，几乎一年四季均有风暴潮灾发生，并遍及整个沿海地区，其影响时间之长，地域之广，危害之重均为西北太平洋沿岸国家之首。

风暴潮能否成灾，主要取决于其最大风暴潮位是否与天文潮高潮相叠，尤其是与天文大潮的高潮相叠。当然，也决定于受灾地区的地理位置、海岸形状、岸上及海底地形，尤其是滨海地区的社会及经济（承灾体）情况。如果最大风暴潮位恰与天文大潮的高潮相叠，则会导致发生特大潮灾，如9216号台风风暴潮。1992年8月28日至9月1日，受第16号强热带风暴和天文大潮的共同影响，我国东部沿海发生了1949年以来影响范围最广且损失非常严重的一次风暴潮灾害。受灾人口达2000多万人，死亡194，毁坏海堤1170km，受灾农田193.3万hm^2、成灾33.3万hm^2，直接经济损失90多亿元。

2007年3月4～5日，受强冷空气和温带气旋的共同影响，渤海湾、莱州湾出现自1969年以来最强的一次温带风暴潮灾害，这次风暴潮造成山东省3人死亡，7人失踪，受灾人口达64.15万人。风暴潮损坏船只2100余艘，使600多间房屋倒塌，农作物受灾面积3.571万hm^2，直接经济损失达19.65亿元。

如果风暴潮位非常高，虽然未遇天文大潮或高潮，也会造成严重潮灾。8007号台风风暴潮就属于这种情况。当时正逢天文潮平潮，由于出现了5.94m的特高风暴潮位，仍造成了严重风暴潮灾害。

随着社会的发展和客观的需要，我国对风暴潮灾的防范工作，也日益得到重视和加强。目前在沿海已建立了由280多个海洋站、验潮站组成的监测网络，配备比较先进的仪器和计算机设备，利用电话、无线电、电视和基层广播网等传媒手段，进行灾害信息的传输。随着沿海经济发展的需要，抗御潮灾已是实施未来发展的一项重要战略任务。

三、海啸

（一）海啸的概念

海啸是指海底地震、火山爆发和海底滑坡、塌陷所产生的具有超大波长和周期的海洋巨浪。水下核爆炸可以形成人造海啸。海啸的波速高达每小时 700～800km，在几小时内就能横过大洋；波长可达数百公里，可以传播几千公里而能量损失很小；在茫茫的大洋里波高不足 1m，不会造成灾害，但当到达海岸浅水地带时，波速减小、波长减短而波高急剧增加，可达数十米，形成含有巨大能量的“水墙”，瞬时侵入滨海陆地，吞噬近岸良田和城镇村庄，造成危害，生命财产遭受毁灭性灾难。海啸的英文词“Tsunami”来自日文，是港湾中的波的意思。

大部分海啸都产生于深海地震。深海发生地震时，海底发生激烈的上下方向的位移，某些部位出现猛然的上升或者下沉，使其上方的海水产生巨大波动，原生的海啸于是就产生了。地震完几分钟后，原生的海啸分裂成为两个波，一个向深海传播，一个向附近的海岸传播。向海岸传播的海啸，受到岸边的海底地形等影响，在岸边与海底发生相互作用，速度减慢，波长变小，振幅变得很大（可达几十米），在岸边造成很大的破坏。

海啸与一般的海浪不一样，海浪一般在海面附近起伏，涉及的深度不大，而深海地震引起的海啸则是从深海海底到海面的整个水体的波动，其中包含的能量惊人。

（二）地震海啸产生的条件

海啸是一种具有强大破坏力、灾难性的海浪，通常由震源在海底下 50km 以内、里氏震级 6.5 以上的海底地震引起。海啸的产生需要满足三个条件：深海、大地震和开阔并逐渐变浅的海岸条件。

1. 深海

地震释放的能量要变为巨大水体的波动能量，地震必须发生在深海，只有在深海海底上面才有巨大的水体。浅海地震产生不了海啸。尤其是横跨大洋的大海啸，发生海底地震的海区水深一般都在 1000m 以上。

2. 大地震

海啸的浪高是海啸的最重要的特征。我们经常用在海岸上观测到的海啸浪高的对数作为海啸大小的度量，叫做海啸的等级（magnitude）。如果用 H（单位为 m）代表海啸的浪高，则海啸的等级 m 为

$$m = \log_2 H$$

各种不同震级的地震产生的海啸高度见表 5.2。

表 5.2　地震震级、海啸等级和海啸浪高的关系

地震震级	6	6.5	7	7.5	8	8.5	8.75
海啸等级	−2	−1	0	1	2	4	5
最大浪高（m）	<0.3	0.5～0.7	1.0～1.5	2～3	4～6	16～24	>24

由表5.2可知，只有7级以上的大地震才能产生海啸灾害，小地震产生的海啸形不成灾害。太平洋海啸预警中心发布海啸警报的必要条件：海底地震的震源深度小于60km，同时地震的震级大于7.8级。值得注意的是，并不是所有的深海大地震都产生海啸，只有那些海底发生激烈的上下方向位移的地震才产生海啸。

3. 开阔并逐渐变浅的海岸条件

尽管海啸是由海底的地震和火山喷发引起的。但海啸的大小并不完全由地震和火山的大小决定。海啸的大小是由多个因素决定的。例如，产生海啸的地震和火山的大小、传播的距离、海岸线的形状和岸边的海底地形等。海啸要在陆地海岸带造成灾害，该海岸必须开阔，具备逐渐变浅的条件。

海啸的产生是一个比较复杂的问题，具备了上述三个条件但只有一部分地震（约占海底地震总数的1/5～1/4）能产生海啸，多数人认为只有伴随有海底强烈垂直运动的地震才能产生海啸。

（三）海啸的类型

海啸通常按成因分为三类：地震海啸、火山海啸、滑坡海啸。地震海啸是海底发生地震时，海底地形急剧升降变动引起海水强烈扰动。其机制有两种形式：“下降型”海啸和“隆起型”海啸。相对受灾现场讲，海啸可分为近海海啸和远洋海啸两类。

1. 近海海啸（本地海啸）

海底地震发生在离海岸几十公里或一二百公里以内，海啸波到达沿岸的时间很短，只有几分钟或几十分钟，海啸预警时间很短或根本无预警时间，因而往往造成极为严重的灾害。如1755年里斯本地震海啸。

2. 远洋海啸

指从远洋甚至横跨大洋传播过来的海啸，又称遥海啸。海啸波属于海洋长波，波长可达几百公里，周期为几个小时，这种长波在传播过程中能量衰减很少，能够传播几千公里以外并造成巨大危害。但由于海啸波到达沿岸的时间较长，有几小时或十几小时，早期海啸预警系统能够有效减轻远洋海啸灾害。例如，2004年年底发生在印尼的大海啸就波及几千公里以外的斯里兰卡，1960年智利海啸也曾使数千公里之外的夏威夷、日本都遭受到严重灾害。

上述分类是相对的。例如，2004年12月26日，印度尼西亚苏门答腊附近海域9级地震，引发巨大海啸。对于印度尼西亚本身是本地海啸，但对于其他国家和地区则是远洋海啸。

（四）海啸的特点

1. 海啸波波长非常长

海啸最大的特点是具有超长波长，其波长一般为几十至几百公里，周期2～200分钟，最常见的是2～40分钟，可以传播几千公里而能量损失很小。在茫茫的大洋里波高不足1m，这种波陡（波高与波长之比）极小的洋波不会被正在航行的船只所感觉到和观测到。因此，海啸不会在深海大洋上造成灾害。

2. 能量大

地震使海底发生激烈的上下方向的位移，某些部位出现猛然的上升或者下沉，使其上方的巨大海水水体产生波动，原生的海啸于是就产生了。我们可以用该水体势能的变化来估计海啸的能量。海啸的能量相当地震波能量的1/10左右。海啸的能量是巨大的。2004年印度洋海啸产生的能量大约相当于3座100万kW的发电厂一年发电的能量。

3. 传播速度快

海啸波的传播速度与海区水深有关，由下式确定。

$$v=\sqrt{gH}$$

式中，v为海啸波速度；g为重力加速度；H为海区水深。

太平洋平均水深5500m，如取H为5000m，则$v=232\text{m/s}$，即约每小时835km，相当于跨洋喷气飞机的速度。如果以近岸H为100m，则$v=31.3\text{m/s}$，即约每小时112.7km，相当于高速公路汽车的速度。可见，波长极长、速度极快的海啸波，一旦从深海到达了岸边，由于深度急剧变浅，前进受到了阻挡，波高骤增，可达20～30m，其全部的巨大能量，将变为巨大的破坏力量，摧毁一切可以摧毁的东西，造成巨大的灾难。

4. 海啸与海浪和风暴潮的不同

（1）成因不同。风暴潮是由海面大气运动引起的，而海啸是海底升降运动造成的，前者主要是海水表面的运动，而后者是海水的整体运动。

（2）波长不同。海啸的波长长达几百公里，而风暴潮的波长不到1km。与海水的平均深度相比，海啸波长要大得多，水深数公里的海洋，对于波长几百公里的海啸，犹如一池浅水，所以海啸波是一种“浅水波”。而风暴潮波长比海水的深度小得多，所以是一种“深水波”。

（3）传播速度不同。海啸传播速度快，可达700～900km/h，而水面波传播速度较慢，风暴潮要快一点，但最快的台风速度也只有200km/h左右，比起海啸还是要慢许多。

（4）激发的难易程度不同。海浪或风暴潮很容易被风或风暴所激发，而海啸是由海底地震产生的，只有少数的大地震，在极其特殊的条件下才能激发起灾难性的大海啸。

（五）海啸灾害

1. 历史上的海啸灾害

地球上2/3的面积是海洋，海洋中，面积最大的是太平洋，它几乎占地球总面积的1/3。太平洋的周围是地球上构造运动最活跃的地带，大量的地震、火山，因此，太平洋是最容易发生海啸的地方，人们对海啸的研究，对海啸灾害的预警系统都集中在太平洋。

在人类的灾害史上，海啸从来就是一种巨大的自然灾害（表5.3）。海啸携带着巨大的能量，以极大速度冲向陆地，并有几米甚至几十米的巨浪，它在滨海区域的表现形式是海面陡涨，骤然形成“水墙”，伴随着隆隆巨响，瞬时侵入滨海陆地，吞没良田和城镇村庄，然后海水又骤然退去，或先退后涨，有时反复多次，有极其巨大的破坏力。1946 年，3700km 外的阿拉斯加的阿留申群岛发生地震，海啸传到夏威夷，破坏极大，159 人死亡。历史记载破坏最大的海啸发生在 1755 年，葡萄牙近海发生大地震，5m 浪高的海啸席卷里斯本，25 万居民中，死亡 60000 人。其 4 个小时后，又袭击了印度的西海岸，由此可以看出其破坏威力的巨大。

表 5.3　历史上破坏巨大的海啸

日期	发源地	浪高（m）	产生原因	备注
1755 年 11 月 1 日	大西洋东部	5～10	地震	摧毁里斯本，死亡 60000 人
1868 年 8 月 13 日	秘鲁—智利	＞10	地震	破坏夏威夷、新西兰
1883 年 8 月 27 日	印度尼西亚 Krakatau	40	海底火山喷发	30000 死亡
1896 年 6 月 15 日	日本本州	24	地震	26000 人死亡
1933 年 3 月 2 日	日本本州	＞20	地震	3000 人死亡
1946 年 4 月 1 日	阿留申群岛	＞10	地震	159 人死亡，损失 2500 万美元
1960 年 5 月 13 日	智利	＞10	地震	智利：909 人死亡，834 人失踪；日本：120 人死亡；夏威夷：61 人死亡
1964 年 3 月 28 日	美国阿拉斯加	6	地震	阿拉斯加州：死亡 119 人，损失 1 亿美元
1992 年 9 月 2 日	尼加拉瓜	10	地震	170 人死亡，500 人受伤，13000 人无家可归
1992 年 12 月 2 日	印度尼西亚	26	地震	137 人死亡
1993 年 7 月 12 日	日本	11	地震	200 人死亡
1998 年 7 月 17 日	巴布亚新几内亚	12	海底大滑坡	3000 人死亡
2004 年 12 月 26 日	印度尼西亚	＞10	地震	28.3 万人死亡

2. 2004 年印度尼西亚地震海啸灾害

2004 年 12 月 26 日 8 时 58 分，印度尼西亚苏门答腊岛附近海域发生里氏 9.0 级深海大地震，震源深度 28.6km，震中坐标为北纬 3.9°，东经 95.9°，震中处水深 1500m 以上，震中为无人居住的海洋，故地震本身造成的死人不多。但地震产生的海啸，袭击了几百、几千公里外的不设防的海岸带，人口密集，故灾害严重。这次印度洋地震引发的海啸波及东南亚和南亚诸多国家和几个非洲国家，在印度尼西亚、斯里兰卡、印度、泰国、马尔代夫、马来西亚、孟加拉国、缅甸等国造成了巨大的人员伤亡，死亡人数超过 28.3 万人，这是南亚 40 年来最大的灾难。海啸灾难之后，灾区又面临痢疾、瘟疫等流行病，救治伤员，解决吃住，家园重建等重大问题，如果没有处理好，死亡人数比海啸本身造成的还要多。

这次印度尼西亚苏门答腊附近海域 9 级地震，是近 50 年来全世界发生的特大地震，是印度洋地区历史上发生的震级最大的地震，而且符合深海、大地震、断层上下错动等产生海啸的条件，因此产生了巨大的海啸。

3. 中国的海啸灾害

海啸是太平洋及地中海沿岸许多国家滨海地区最猛烈的海洋自然灾害之一。实际上，全球海洋都有海啸发生，只是其他地区危害相对较轻或频发程度不高。日本是发生海啸极多的国家，称海啸为“津波”，意思是涌入海湾或海港的破坏性巨浪。我国历史文献中关于海啸的记载，可以追溯到2000多年前的西汉年间，即发生于渤海莱州湾的海啸。以后的海啸记载表明，我国沿海从北到南均有海啸发生，但我国尤其是大陆沿海，并不是海啸灾害非常严重的地区。

中国的近海，渤海平均深度为20m，黄海为40m，东海为340m，它们的深度都不大，只有南海平均深度为1200m。因此，大部分海域产生地震海啸的可能性比较小，只是在南海和东海的个别地方发生特大地震，才有可能产生海啸。

亚洲东部有一系列的岛弧，从北往南有堪察加半岛、千岛群岛、日本列岛、琉球群岛，直到菲律宾。这一系列的天然岛弧屏蔽了中国的大部分海岸线；另外，中国的海域大部是浅水大陆架地带，向外延伸远，海底地形平缓而开阔。因此，中国受太平洋方向来的海啸袭击的可能性不大。1960年，智利发生9.5级大地震，产生地震海啸，对菲律宾、日本等地造成巨大的灾害，但传到中国的东海，在上海附近的吴淞验潮站，浪高只有15～20cm，没有造成灾害。2004年印度尼西亚地震海啸，海南岛的三亚验潮站记录的海啸浪高只有8cm。

4. 海啸早期预警系统

海啸是向外传播的，因此，知道了海中发生地震的地点，或知道了某处实际测得了海啸的发生，则可以利用海啸需要的传播时间，及时向其他地方发出海啸警报。例如，智利附近地震产生的海啸向外传播，海啸传到夏威夷需要12个小时，传到日本则需要22个小时。

建立海啸预警系统的科学依据有两个：一是地震波比海啸波速度快，地震波大约每小时传播3万km，海啸波每小时几百公里；二是海啸波在海洋中传播时，其波长很长，会引起海水水面大面积升高，通过在大洋中建立的一系列观测海面的验潮站观测，就能知道海啸发生情况。

值得指出的是，海啸的产生是个复杂的问题，有的地震会造成海啸，而大部分海洋中的地震不产生海啸，因此，经常发生虚报的情况。例如，1948年，檀香山受到了警报，采取了紧急行动，全部居民撤离了沿岸，结果，根本没有海啸发生，为紧急行动付出了3000万美元的代价。前几年，在海啸警报中，虚报的比例大约有75%。近几年，随着历史资料的深入分析和数值模拟技术的发展，虚报比例有所下降。

四、ENSO

ENSO（El Niño southern oscillation）（恩索）是厄尔尼诺现象（El Niño）和南方涛动（southern oscillation）的总称。它们是热带海洋和大气中孪生的异常现象，是全球海气相互作用的强烈信号，也被认为是年际气候变化中的最强信号，对全球性的大气环流和许多地区的气候异常及海洋状况、生态异常等都有重要的影响。

（一）ENSO的由来

El Niño为西班牙语，意为“圣婴”（the boy or the Christ child），地处南美洲的秘鲁和厄瓜多尔的渔民用来称呼每年圣诞节前后南美沿岸海域季节性增暖的现象，是一种局地的正常季节变化，为地区性名词。后来，气象学家和海洋学家则把赤道中、东太平洋每隔几年发生的大规模海水持续异常偏暖的现象称为 El Niño，而把赤道中、东太平洋表层海水大规模持续异常偏冷的现象称为 anti-El Niño（反厄尔尼诺）或 La Niña（拉尼娜，西班牙语“圣女”），它们是全球性的事件，异常海温海域不仅包括南美沿岸地带，而且包括热带太平洋大部海域。

通常情况下，以塔希提岛（Tahiti）为中心的南太平洋中低纬海区为广阔的冷水区，其海平面气压场为一个高气压区；而在以达尔文（Darwin）为中心，包括印度尼西亚和澳大利亚北部的广大地区为一个低气压区，两者之间组成一个纬向的沃克环流。在厄尔尼诺年份，这一东高西低的气压型被打乱，出现了南太平洋高压和印度尼西亚—澳大利亚低压同时减弱甚至相反（西高东低）的情况，即两地区海平面气压之间出现“跷跷板”式的反位相变化的现象叫做南方涛动（southern oscillation）。研究表明，发生在热带太平洋的 El Niño 和发生在大气中的南方涛动实质上是相互联系的大尺度海气交互作用的事件，是同一现象在两种介质中的不同表现，并把 El Niño 和 southern oscillation 合起来称为 ENSO。由于海洋和大气相互作用的复杂性和两者之间的相互制约，使得 ENSO 现象具有明显的循环特征，因而也称为 ENSO 循环。赤道中、东太平洋在不断地进行着一种冷水—暖水—冷水—暖水的循环，而厄尔尼诺和拉尼娜则是 ENSO 循环变化过程中的两个极端位相。

（二）ENSO 事件的监测与诊断指标

1. ENSO 的监测

20 世纪 80 年代以前，有关太平洋海洋和大气的观测资料相当有限，对 ENSO 的观测数据主要来源于一些有限的途径，如行驶于一些固定航线上船只的测量、沿海和岛屿附近潮汐观测站的记录以及一些有限区域的观测试验，这些观测手段和积累的数据不足以提供对 ENSO 进行全面定量的描述，科学家们还无法可靠地对 ENSO 进行预警报告。例如，1982 年 10 月，正当许多著名气象学家和海洋学家云集于美国普林斯顿召开与厄尔尼诺有关的诊断会议之际，对当时正在发生的强厄尔尼诺事件并没有清楚地认识到。1982～1983 年强厄尔尼诺事件以后，厄尔尼诺的监测和预测问题引起了科学家的高度重视，由世界气象组织（World Meteorological Organization，WMO）负责，开始呼吁在提高能力建设的基础上发展一个实地观测的阵列。1984 年，自治线式温度获取系统（ATLAS）浮标首次得到了应用，开始观测大气温度、海面温度以及海面以下 500m 深的海水温度，并且通过美国大气海洋局（NOAA）的极轨卫星，把所有采集到的数据实时传到陆地上。1985 年开始，国际上组织实施了为期 10 年（1985～1994 年）的热带海洋与全球大气计划（tropical ocean & global atmosphere，TOGA），建立了由海洋浮标、船舶、潮汐观测站、卫星等组成的观测网，对热带太平洋和大气状况进行了密切监视，建立了“热带大气海洋观测阵列”（tropical atmosphere ocean array，TAO），该阵列可能对 El Niño/ La Niña 发生、发展和消亡的过程做出观测，为 ENSO 循环的研究提供更全面的资料。

2. ENSO 的特征值

ENSO 是大尺度海洋与大气交互作用的事件，在监测、诊断、预测和定义 ENSO 事件时，必然涉及热带海洋、大气及其相互作用方面的物理量，包括热带海洋温度（海面温度

SST 指数、表层与次表层温度)、海平面高度、气压场(海面气压 SLP)、风场(对流层低层 850hPa 信风指数、对流层高层 200hPa 信风指数)、向外长波辐射指数(OLR)、对流降水指数(ESPI)和综合指数(MEI)等。以下介绍海表温度指数、海平面气压指数。

(1)ENSO 事件的海温监测区与尼诺指数(Niño 指数)

在监测、预报 El Niño 和 La Niña 事件时,主要根据热带太平洋海表温度(SST)资料,取某一海域的月平均海表温度(SST)与相应月份多年平均海表温度之差值即该海域的月海表温度距平 SSTA 值为指数(Niño 指数),当该海域平均海表温度距平(Niño 指数)超过某一规定的阈值(临界值)时,就定义为一次 ENSO 事件。通常赤道中、东太平洋被划分为 4 个 ENSO 监测区:Niño1 区(5°S～10°S,90°W～80°W)、Niño2 区(0°～5°S,90°W～80°W)、Niño3 区(5°S～5°N,150°W～90°W)和 Niño4 区(5°S～5°N,160°E～150°W)。在美国海洋大气局气候预测中心 CPC 网站(http://www.cpc.ncep.noaa.gov/data/indices)上可以得到各海区的 1950 年以来的 Niño 指数,即 Niño 1+2 区(0°～10°S,90°W～80°W)、Niño 3 区(5°S～5°N,150°W～90°W)、Niño 4 区(5°S～5°N,160°E～150°W)和 Niño 3.4 区(5°S～5°N,170°W～120°W)指数。

Niño1+2 区(0°～10°S,90°W～80°W)位于南美秘鲁和厄瓜多尔沿岸的涌升流区,海区范围小,海面温度的年变化和年际变化明显,东部型 El Niño 常常从该海域最先出现异常增暖,然后异常增暖范围再逐渐向西扩展,如 1976/1977 年事件为较弱的东部型 El Niño 事件。Niño3 区(5°S～5°N,150°W～90°W)涵盖了赤道东太平洋的大部海域,其 El Niño 信号最为突出,通常用这一海区的海表温度距平 SSTA 指数来判定 El Niño 和 La Niña 的发生与结束。一般地,当 Niño3 区海表温度距平指数持续 6 个月偏高 0.5℃时被定义为一次 El Niño 事件;反之,持续 6 个月偏低 0.5℃时被定义为一次 La Niña 事件。海表温度距平指数峰值或整个事件持续期内各月的 SSTA 累积值∑SSTA 的绝对值越大,ENSO 事件的强度越大。事件的长度取决于海温异常持续时间的长短。我国海洋环境预报中心是用 Niño3 区指数来监测和预测 El Niño 的。Niño4 区(5°S～5°N,160°E～150°W)主要包括赤道中太平洋海域,部分海区位于西太平洋暖池区内,海面温度的年际变化很小,但该海域海温高,即使微小的温度变化也会对气候产生较大的影响。1993 年和 1994/1995 年的 El Niño 事件,Niño4 区增温较强,SSTA≥0.5℃的时间持续了 1 年,而 Niño3 区 SSTA≥0.5℃的时间仅持续了 4～5 个月。

一些学者采用其他海区的海表温度持续异常变化来确定 El Niño 和 La Niña。魏松林利用赤道中、东太平洋 Niño C 区(0°～10°S,180°～90°W)57 个网格点的海表温度 SST 距平值的逐月资料系列作为表征 El Niño/La Niña 的指数(ENI)。王绍武等根据 Niño C 区(0°～10°S,180°～90°W)各月海温距平,给出了 1854～1987 年 ENSO 年表,龚道溢、王绍武使用该标准确定了从 1870～1996 年 127 年中的 ENSO 类型,共有 El Niño 年 43 年,La Niña 年 41 年,正常年份 43 年。另外,在 Niño 3 区和 Niño 4 区之间的 Niño 3.4 区(5°S～5°N,170°W～120°W),不仅能很好地监测和反映 El Niño 信号,而且该区微小的温度变化也会对气候产生较大的影响,因此美国 NOAA、NCEP、CPC、IRI 等则是利用 Niño 3.4 区海表温度距平 SSTA 指数来定义 ENSO 事件。据美国 IRI(international research institute for climate prediction)的定义:当 Niño3.4 区指数 5 个月滑动平均值超过 0.4℃的值持续 6 个月以上时为一次 El Niño 事件或 ENSO 暖事件(warm episodes);反之,当 Niño3.4 区指数 5

个月滑动平均值低于－0.4℃的值持续6个月以上时为一次anti-El Niño事件或ENSO冷事件（cold episodes）即La Niña事件。据此定义标准，由图5.5可知，从1950～2001年共发生15次El Niño事件和11次La Niña事件。

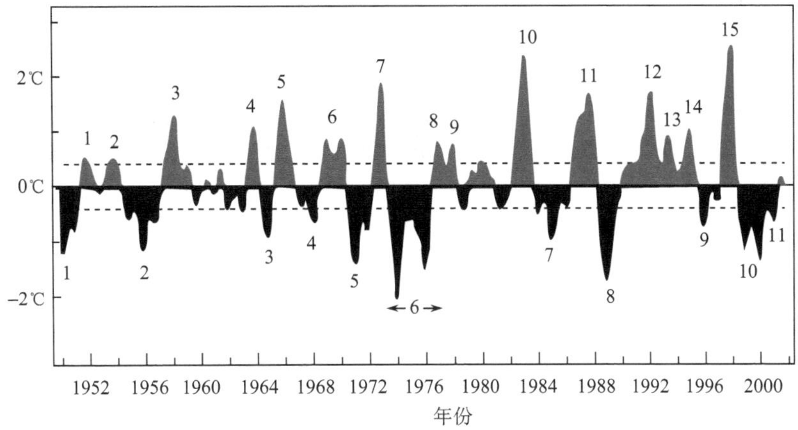

图5.5　1950～2001年各月Niño3.4区指数（点线为＋/－0.4℃界线）
据 http://iri.columbia.edu/

近年来，中国国家气候中心在业务上主要以Niño Z区（亦称Niño综合区，即Niño 1＋2＋3＋4区）的海温距平指数作为判定ENSO事件的依据。Niño Z区海温距平指数SSTA≥0.5℃（≤－0.5℃）至少持续6个月（过程中间可有单个月份未达指标）为一次El Niño（La Niña）事件；若该区SSTA≥0.5℃（≤－0.5℃）持续5个月，且5个月的指数之和∑SSTA≥4.0℃（≤－4.0℃）时，也定义为El Niño（La Niña）事件。美国海洋大气局NOAA近年来在业务上主要利用海洋尼诺指数（oceanic niño index，ONI）定义ENSO：ONI≥0.5℃（或≤－0.5℃）持续5个月以上时称为一次El Niño（或La Niña）事件，而ONI是指基于NOAA扩展重建的海面温度资料（extended reconstructed sea surface temperatures，ERSST），Niño 3.4区海表温度距平SSTA的3个月滑动平均值。

（2）海平面气压指数-南方涛动指数SOI

南方涛动指数（southern oscillation index，SOI）是指塔希提（Tahiti）岛（位于法属玻利尼西亚）与澳大利亚的达尔文（Darwin）站的海平面气压（SLP）差，以此来定量表示南方涛动的强弱。SOI是最早用来反映ENSO的指数，是表征ENSO事件的传统指标，目前也是监测ENSO的常规指数，其计算方法有多种，目前通用SOI是美国气候预测中心（CPC）发布的两次标准化的序列，即对Tahiti与Darwin两站海平面气压（SLP）先分别标准化，相减之后再标准化，同时采用对全年12个月统一标准化而非以前的分月标准化。Tahiti站与Darwin站海平面气压（SLP）值和SOI指数可从美国气候预测中心网站（http://www.cpc.ncep.noaa.gov/data/indices）获得。

近年来，一些新的南方涛动指数开始出现，如赤道太平洋南方涛动指数（Equatorial SOI）采用沿赤道太平洋（5°S～5°N、80°W～130°W和5°S～5°N、90°E～140°E）标准化的海平面气压差计算等，可由网站 http：//www.cpc.ncep.noaa.gov/data/indices/reqsoi.for获得。

一般来说，El Niño 事件或 Warm Episodes（暖事件）发生时，南方涛动指数 SOI 为负值；反之，La Niña 事件或 Cold Episodes（冷事件）发生时则对应 SOI 正值（图 5.6）。

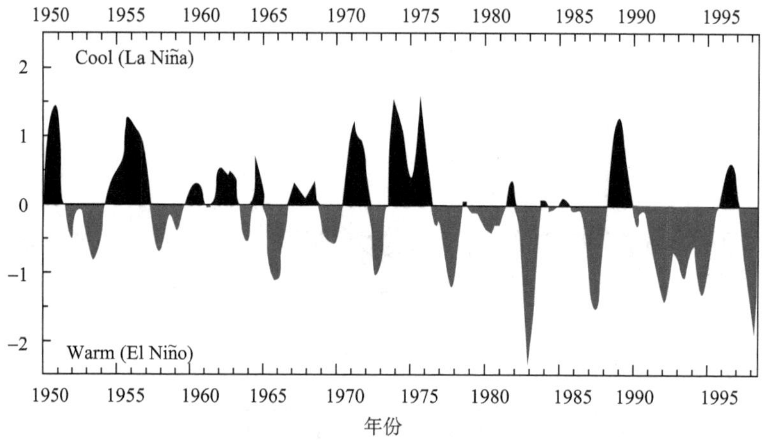

图 5.6 1950～1998 年南方涛动系数 SOI 变化序列

据 http://www.pmel.noaa.gov/

（三）ENSO 事件对全球气候的影响

ENSO 事件的发生和发展必然引起全球大气环流和世界气候的异常，导致一些地方多雨洪涝，另外一些地方少雨干旱；也会造成一些地方的寒冬和另外一些地方的冷夏等。据龚道溢、王绍武对近百年来 ENSO 对全球陆地降水的影响研究表明：在 El Niño 年，全球陆地降水显著减少，而在 La Niña 年全球陆地降水则显著增加。

El Niño 对全球气候影响最显著的区域是低纬度地区，尤其是对热带太平洋地区的影响最为直接和强烈，它与赤道中、东太平洋的增暖和信风的减弱相联系。El Niño 事件发生时，赤道太平洋西部与东部之间的温差和海面高差都将减小，减弱甚至破坏纬向的 Walker 环流，加强中东太平洋经向的 Hadley 环流，导致赤道太平洋对流活跃区东移到中太平洋，造成多雨区东移，中、东太平洋上的岛屿及南美沿岸国家多雨甚至发生暴雨洪涝，不仅南美沿岸的厄瓜多尔、秘鲁和智利等国的降水显著增加，而且巴西南部、巴拉圭、乌拉圭等国以及阿根廷北部降水和美国南部的冬季降水也显著偏多。例如，1982 年年底到 1983 年上半年，厄瓜多尔、秘鲁连降暴雨，发生史无前例的洪水，洪水和泥石流造成各国死亡 300 余人。再如，1997 年 6 月，智利北部两天的降雨量竟相当于过去 21 年降水量的总和。

在西太平洋和印度洋一带，由于海温下降、大气对流活动减弱，则降水减少，印度、印度尼西亚、澳大利亚等国家发生持续干旱，同时在非洲东南部、中美洲和巴西东北部等地也常出现少雨干旱。例如，1997 年，菲律宾、印度尼西亚发生了严重的干旱。此外，在 El Niño年，太平洋和大西洋地区发生的台风和热带风暴都比常年偏少，加拿大西南部和美国北部出现暖冬，东亚（包括中国东北、日本北部和朝鲜等地）夏季易于出现低温，北美大平原和墨西哥湾等地降水增多。

La Niña 对气候的影响与 El Niño 大致相反，与赤道东太平洋异常降温和信风加强相联系，但其强度和影响程度不及 El Niño。La Niña 发生时，西太平洋及其岛屿和沿岸地区雨量增多，印度尼西亚、菲律宾、澳大利亚东部、巴西东北部、非洲南部等地对流活动加强，风暴和降雨增多；而在赤道太平洋中、东部地区却更加干旱少雨，而且西太平洋地区台风和大西洋飓风活动明显增多。

（四）ENSO 事件对中国气候的影响

中国大部分地区处在中纬度的亚热带和温带，又位于最大大陆——亚欧大陆东南部，东临最大大洋——太平洋，再加上国土辽阔，地形复杂，因此影响中国气候的因素众多复杂，季风气候显著，大陆性也明显。ENSO 作为全球海洋和大气相互作用最强的信号，对西太平洋副高、东南季风和西南季风都有重要影响，从而影响中国的降水、气温等气候要素，并对影响我国的台风数和登陆台风数也有重要作用。研究表明，基于 ENSO 发生的不同大的气候背景，ENSO 循环过程的不同位相、发展阶段和 ENSO 的强度、出现时间与地点等，ENSO 对中国气候的影响是不相同的，即使同一事件对不同区域或同一区域的不同季节影响也有差异。

1. ENSO 与中国降水

龚道溢等研究指出：近百年来，El Niño 年，中国东部北方地区夏、秋和冬季降水及年降水都偏少，江南地区秋季降水显著增多，东南地区冬季降水也显著增加；La Niña 年则相反；春季降水情况基本上与 ENSO 没有关系。最新研究发现，20 世纪 70 年代末、80 年代初，全球气温和赤道太平洋海温均有一个明显升高的趋势，即处于不同的大气候背景，80 年代以后的 El Niño 事件比 80 年代以前的 El Niño 事件强度明显偏强；并且 80 年代前、后的 El Niño 年对应的中国东部汛期降水分布是不相同的：80 年代以后为长江、淮河流域降水较常年偏少，南北方偏多；80 年代以前为全国大部分地区降水偏少，但华南、东北部分地区降水偏多。

ENSO 循环的不同位相、开始出现的季节与中国夏季降水均有密切关系。研究表明，El Niño 年的夏季我国大部分地区雨量偏少，一些地区可偏少 3～5 成，多雨区位于长江与黄河之间，且多雨期主要发生在 7 月、8 月；El Niño 次年夏季，长江中下游地区及江南部分地区雨量偏多，而黄河流域大部、华北、华南、西南地区雨量偏少；La Niña 年的夏季，长江与黄河之间、东南及华南大部雨量显著偏少，而黄河流域和西南地区大部雨量偏多。邹力等对 ENSO 对中国夏季降水的影响的研究发现，El Niño（La Niña）发生后的次年夏季，长江中下游地区较易发生洪涝（干旱），而华南地区较易发生干旱（洪涝）；若 El Niño（La Niña）事件结束得晚，不仅在长江中下游地区降水偏多（少），且在华北地区容易出现干旱（洪涝），即是说中国东部地区夏季降水与 ENSO 循环发展的位相有关。另据励申申等的研究，El Niño 增暖期的不同影响东亚夏季风的强弱和爆发时间，进而影响东亚夏季降水的多寡，秋冬季增暖的 El Niño 事件如 1953/1954 年、1968/1969 年、1972/1973 年、1982/1983 年、1986/1987 年等导致次年夏季江淮流域降水偏多，而在春夏季增暖的 El Niño 事件如 1957 年、1958 年、1963 年、1972 年、1977 年等导致当年夏季江淮流域降水偏少。

其他季节的降水变化也与 ENSO 有关。据谌芸等的研究，我国秋季降水的南北降水距平分布形势与 ENSO 有密切关系，El Niño 年我国秋季降水出现南多北少分布型（S 型）的频率增加近 20%，La Niña 年出现南多北少分布型（S 型）的频率减少 20%；El Niño 年和

La Niña 年我国秋季降水的距平分布有显著差异，并且这种显著差异主要表现在长江南北、西北和河套地区。董婕等的研究也得到相似的结论，当赤道东太平洋海温偏高（El Niño）时，我国秋季北方降水偏少、南方降水偏多，往往出现北少南多型（S 型）；反之，赤道东太平洋海温偏低出现 La Niña 时，则常常出现北多南少型（N 型）。冬季，El Niño（La Niña）事件发生时，我国降水容易出现北少南多分布型（北多南少分布型），长江以北大部分地区降水偏少（多），长江以南大部分地区降水偏多（少）。而在春季，赤道东太平洋海温偏高（低）出现 El Niño（La Niña）时，我国东部大部分地区降水偏多（少），尤其华北中南部、黄河流域和华南南部偏多（少）的可能性更大。

从形成机理来看，El Niño 年，由于赤道西、东太平洋海表温差减小，纬向 Walker 环流减弱，东太平洋经向 Hadley 环流增强。但西太平洋海温偏低，Hadley 环流减弱，大气对流活动减弱，西太平洋副高势力较常年增强、位置偏南，导致东亚夏季风偏弱，主要雨带和风带也偏南，因此形成夏秋季南涝北旱的降雨分布型，即北方地区尤其华北地区夏秋季降水和年降水比常年减少，而江南地区降水比常年增多；并且在 El Niño 年的冬季，东亚冬季风也减弱，而青藏高原南侧的南支西风很强、扰动活跃，引起青藏高原上大量降雪和华南地区降水偏多。而 La Niña 年则相反，赤道东太平洋海温降低，西太平洋暖池势力增强，Hadley 环流增强，西太平洋副高势力减弱但位置比常年偏北，夏季风（东南季风和西南季风）势力也较常年增强，对我国天气气候的影响主要表现在夏季汛期的主要降雨带北移，有利于华北、黄河中游一带的降雨；冬季风也较常年强，青藏高原南侧的南支西风偏弱、扰动少，使得冬季中国大陆降水比常年偏少。

2. ENSO 与中国气温

通常在 El Niño 现象发生的当年，我国的夏季风较弱，季风雨带偏南，位于我国中部或长江以南地区，因此，我国北方地区夏季往往容易出现干旱、高温。例如，1997 年强 El Niño 发生后，我国北方的干旱和高温十分明显。但是，在 El Niño 年，我国东北地区常常发生明显的夏季低温，东北地区的 6 次严重夏季低温年（1954 年、1957 年、1964 年、1969 年、1972 年和 1976 年）大都与 El Niño 有关。据王绍武、朱宏研究，中国东北地区只是东亚夏季低温区的西南部分。但从 20 世纪 80 年代以后，由于全球气候变暖，海洋水温升高，尽管 El Niño 事件频率加快，东北地区发生夏季低温的频度却在降低。此外，在 El Niño 现象发生后的冬季，东亚大槽强度比常年偏弱，东亚极锋锋区位置较常年偏北，不利于寒潮爆发，冷空气活动减弱，中国东部大部分地区温度相对常年偏高，容易出现暖冬，如 1950 年以来的 15 次 El Niño 事件中有 14 次是暖冬，占 93%。总之，在 El Niño 年份，中国容易出现冬暖凉夏。

在 La Niña 年份，我国东北地区如沈阳、长春和哈尔滨等地夏季气温往往较常年偏高，出现热夏；而冬季，因冬季风和东亚大槽强度比常年偏强，寒潮活动频繁，东亚地区尤其黄河流域大部、长江中下游及我国东南沿海一带出现冷冬的可能性较大。

3. ENSO 对台风的影响

中国是世界上台风登陆最多的国家。据统计，1949～1997 年，亚太地区 7～9 月的登陆台风有 753 个，而在中国登陆的就有 347 个，占比多于 40%。目前广东是中国登陆台风最多、强度最大、形成灾害最严重的省份，而海南、台湾、福建也是台风登陆的重点地区。

中国登陆台风次数与台风源地海水温度有一定关系。El Niño 年，由于西太平洋海温比常年偏低，空气对流活动减弱，而且横贯在太平洋上的副热带高压位置偏南，紧靠着副热带高压南侧的热带辐合带的位置也偏南，因此，El Niño 现象发生后，西北太平洋（包括南海）热带风暴的发生个数及在我国沿海登陆个数均比常年减少。反之，在 La Niña 期间，西太平洋台风数及登陆我国的台风数较常年偏多。由表 5.4 可知，在 El Niño 年，西太平洋台风数和登陆中国的台风数分别平均为 26.1 个和 6.7 个，较正常年份少；而 La Niña 年则偏多，平均分别为 30.5 个和 9.3 个。

表 5.4　西太平洋台风数及登陆中国的台风数与 ENSO（1950～1989 年）

类型	台风发生个数（个）			登陆中国台风数（个）		
	平均值	最多值	最少值	平均值	最多值	最少值
El Niño 年	26.1	33	20	6.7	9	4
正常年	28.1	35	22	8.0	12	5
La Niña 年	30.5	40	23	9.3	12	5
40 年平均	28.2	—	—	8.0	—	—

五、其他海洋灾害

（一）灾害性海浪

海浪指海面的波动现象。由风产生的海面波动，其周期为 0.5～25 秒，波长为几十厘米至几百米，一般波高为几厘米至 20m，在罕见的情况下，波高可达 30m。

不同强度的海浪对人类威胁程度不同，通常波高达 6m 以上的海浪，能够掀翻船只，破坏海上工程和海岸工程，给海上航行、海上施工、海上军事行动、渔业捕捞、滨海养殖等造成危害，将其称为灾害性海浪。根据形成灾害性海浪的天气系统，将海浪分为 4 类：冷高压型海浪（亦称寒潮型海浪）、台风型海浪、气旋型海浪、冷高压与气旋配合型海浪。根据海浪形态分为风浪、涌浪、近岸浪。

标志海浪强度的要素主要有波高、波周期、波长、波速。在国际上采用波级表示海浪强度。目前波级种类不尽一致，常用的波级表除国际通用波级表外，还有蒲福波级表、道氏波级表、美制波级表。我国于 1986 年 7 月 1 日起采用国际通用波级表划分波浪等级，见表 5.5。按照波级表标准，灾害性海浪属于 7～9 波级的狂浪、狂涛、怒涛。中国灾害性海浪主要分布在南海、东海，其次分布在黄海和台湾海峡。

表 5.5　国际通用波级表

浪级	波高区间（m）	波高中值（m）	风浪名称	涌浪名称	蒲福风级
0	—	—	无浪	无涌	<1
1	<0.1	—	微浪	小涌	1～2
2	0.1～0.4	0.3	小浪	中涌	3～4

续表

浪级	波高区间（m）	波高中值（m）	风浪名称	涌浪名称	蒲福风级
3	0.5～1.2	0.8	轻浪	中涌	4～5
4	1.3～2.4	2.0	中浪	中涌	5～6
5	2.5～3.9	3.0	大浪	大涌	6～7
6	4.0～5.9	5.0	巨浪	大涌	8～9
7	6.0～8.9	7.5	狂浪	巨涌	10～11
8	9.0～13.9	11.5	狂涛	巨涌	12
9	＞14.0	—	怒涛	巨涌	＞12

（二）赤潮

1. 什么是赤潮

赤潮是在特定的环境条件下，海水中某些微小浮游植物、原生动物或细菌爆发性增殖或高度聚集而引起水体变色的一种有害生态现象。赤潮是一个历史沿用名，它并不一定都是红色。赤潮发生的原因、种类和数量的不同，水体会呈现不同的颜色，有红颜色或砖红颜色、绿色、黄色、棕色等。值得指出的是，某些赤潮生物（如膝沟藻、裸甲藻、梨甲藻等）引起赤潮有时并不引起海水呈现任何特别的颜色。赤潮不仅给水体生态环境造成危害，也给渔业资源和生产造成重大经济损失，而且还给旅游业和人类带来了危害，已成为全球性的海洋灾害之一。

2. 赤潮成因

赤潮是一种复杂的生态异常现象，发生的原因也比较复杂。关于赤潮发生的机理至今尚无定论。

1）海水富营养化是赤潮发生的物质基础和首要条件

随着现代化工、农业生产的迅猛发展，沿海地区人口的增多，大量工农业废水和生活污水排入海洋，其中相当一部分未经处理就直接排入海洋，导致近海、港湾富营养化程度日趋严重。海域中氮、磷等营养盐类，铁、锰等微量元素以及有机化合物的含量大大增加，促进赤潮生物的大量繁殖。

有许多迹象表明，富营养化的海域不一定就会发生赤潮。随着研究工作的不断深入，科学家发现，赤潮的发生除有丰富的氮、磷、硅和碳外，还必须有某些特殊的微量物质参与。这些特殊的微量物质，被称作诱发因素，已经知道的诱发因素有维生素 B_{12} 等维生素类，微量重金属铁、锰以及动物组织和脱氧核糖核酸、嘧啶、嘌呤、植物荷尔蒙等。

2）海水养殖的自身污染亦是诱发赤潮的因素之一

随着沿海养殖业的大发展，尤其是对虾养殖业的蓬勃发展。也产生了严重的自身污染问题。一方面，在对虾养殖中，人工投喂大量配合饲料和鲜活饵料。由于养殖技术陈旧和不完善，往往造成投饵量偏大，池内残存饵料增多，严重污染了养殖水质。另一方面，由于虾池每天需要排换水，所以每天都有大量污水排入海中，这些带有大量残饵、粪便的水中含有氨氮、尿素、尿酸及其他形式的含氮化合物，加快了海水的富营养化，这样为赤潮生物提供了适宜的生物环境，使其增殖加快，特别是在高温、闷热、无风的条件下最易发生赤潮。由此可见，海水养殖业的自身污染也使赤潮发生的频率增加。

3）水文气象和海水理化因子的变化是赤潮发生的重要原因

海水的温度是赤潮发生的重要环境因子，20～30℃是赤潮发生的适宜温度范围。海水的化学因子如盐度变化也是促使生物因子——赤潮生物大量繁殖的原因之一，海水盐度在15～21.6时，容易形成温跃层和盐跃层。温、盐跃层的存在为赤潮生物的聚集提供了条件，易诱发赤潮。

由于径流、涌升流、水团或海流的交汇作用，使海底层营养盐上升到海水上层，造成沿海水域高度富营养化。营养盐类含量急剧上升，引起硅藻的大量繁殖。这些硅藻过盛，特别是骨条硅藻的密集常常引起赤潮。这些硅藻类又为夜光藻提供了丰富的饵料，促使夜光藻急剧增殖，从而又形成粉红色的夜光藻赤潮。据监测资料表明，在赤潮发生时，水域多为干旱少雨，天气闷热，水温偏高，风力较弱，或者潮流缓慢等水域环境。

3. 赤潮危害

1）对海洋生态平衡的破坏

海洋是一种生物与环境、生物与生物之间相互依存、相互制约的复杂生态系统。系统中的物质循环、能量流动都是处于相对稳定、动态平衡的。当赤潮发生时这种平衡遭到干扰和破坏。在植物性赤潮发生初期，由于植物的光合作用，水体会出现高叶绿素 a、高溶解氧、高化学耗氧量。这种环境因素的改变，致使一些海洋生物不能正常生长、发育、繁殖，导致一些生物逃避甚至死亡，破坏了原有的生态平衡。

2）赤潮对海洋渔业和水产资源的破坏

赤潮破坏鱼、虾、贝类等资源的主要原因是破坏渔场的饵料基础，造成渔业减产；赤潮生物的异常发展繁殖，可引起鱼、虾、贝等经济生物瓣机械堵塞，造成这些生物窒息而死；赤潮后期，赤潮生物大量死亡，在细菌分解作用下，可造成环境严重缺氧或者产生硫化氢等有害物质，使海洋生物缺氧或中毒死亡；有些赤潮的体内或代谢产物中含有生物毒素，能直接毒死鱼、虾、贝类等生物。

3）对人类健康危害

有些赤潮生物分泌赤潮毒素，当鱼、贝类处于有毒赤潮区域内，摄食这些有毒生物，虽不能被毒死，但生物毒素可在体内积累，其含量大大超过食用时人体可接受的水平。这些鱼虾、贝类如果不慎被人食用，就引起人体中毒，严重时可导致死亡。

由赤潮引发的赤潮毒素统称为贝毒，确定有 10 余种贝毒其毒素比眼镜蛇毒素高 80 倍，比一般的麻醉剂，如普鲁卡因、可卡因还强 10 万多倍。贝毒中毒症状为初期唇舌麻木，发展到四肢麻木，并伴有头晕、恶心、胸闷、站立不稳、腹痛、呕吐等，严重者出现昏迷，呼吸困难。赤潮毒素引起人体中毒事件在世界沿海地区时有发生。据统计，全世界因赤潮毒素的贝类中毒事件 300 多起，死亡 300 多人。

至 2008 年为止，世界上已有 30 多个国家和地区不同程度地受到过赤潮的危害，日本是受害最严重的国家之一。近十几年来，由于海洋污染日益加剧，中国赤潮灾害也有加重的趋势，由分散的少数海域发展到成片海域，一些重要的养殖基地受害尤重。对赤潮的发生、危害予以研究和防治，涉及生物海洋学、化学海洋学、物理海洋学和环境海洋学等多种学科，是一项复杂的系统工程。

4. 赤潮的预防

为保护海洋资源环境，保证海水养殖业的发展，维护人类的健康，就要避免和减少赤潮灾害。结合实际情况，为预防赤潮灾害可采取以下措施及对策。

1）控制污水入海量，防止海水富营养化

海水富营养化是形成赤潮的物质基础。携带大量无机物的工业废水及生活污水排放入海是引起海域富营养化的主要原因。我国沿海地区是经济发展的重要基地，人口密集，工农业生产较发达，因此也导致大量的工业废水和生活污水排入海中。据统计，占全国面积不足5%的沿海地区每年向海洋排放的工业废水和生活污水近70亿t。随着沿海地区经济的进一步发展，污水入海量还会增加。因此，必须采取有效措施，严格控制工业废水和生活污水向海洋超标排放。按照国家制定的海水标准和海洋环境保护法的要求，对排放入海的工业废水和生活污水要进行严格处理。

控制工业废水和生活污水向海洋超标排放，减轻海洋负载，提高海洋的自净能力，应采取如下措施：①实行排放总量和浓度控制相结合的方法，控制陆源污染物向海洋超标排放，特别要严格控制含大量有机物和富营养盐污水的入海量；②在工业集中和人口密集区域以及排放污水量大的工矿企业，建立污水处理装置，严格按污水排放标准向海洋排放；③要克服污水集中向海洋排放，尤其是经较长时间干旱的纳污河流，在径流突然增大的情况下，采取分期分批排放，减少海水瞬时负荷量。

2）建立海洋环境监视网络，加强赤潮监视

我国海域辽阔，海岸线漫长，仅凭国家和有关部门力量，对海洋进行全国监视是很难做到的。有必要把目前各主管海洋环境的单位、沿海广大居民、渔业捕捞船、海上生产部门和社会各方面力量组织起来，开展专业和群众相结合的海洋监视活动，扩大监视海洋的覆盖面，及时获取赤潮和与赤潮有密切关系的污染信息。监视网络组织部门可根据工作计划，组织各方面的力量对赤潮进行全面监视。特别是赤潮多发区、近岸水域、海水养殖区和江河入海口水域要进行严密监视，及时获取赤潮信息。一旦发现赤潮和赤潮征兆，监视网络机构可及时通知有关部门，有组织有计地划地进行跟踪监视监测，提出治理措施，千方百计地减少赤潮的危害。

3）加强海洋环境的监测，开展赤潮的预报服务

为使赤潮灾害控制在最小限度，减少损失，必须积极开展赤潮预报服务。众所周知，赤潮发生涉及生物、化学、水文、气象以及海洋地质等众多因素，目前还没有较完善的预报模式适应于预报服务。因此，应加强赤潮预报模式的研究，了解赤潮的发生、发展和消衰机理。为全面了解赤潮的发生机制，应该对海洋环境和生态进行全面监测，尤其是赤潮的多发区、海洋污染较严重的海域，要增加监测频率和密度。当有赤潮发生时，应对赤潮进行跟踪监视监测，及时获取资料。在获得大量资料的基础上，对赤潮的形成机制进行研究分析，提出预报模式，开展赤潮预报服务。加强海洋环境和生态监测的作用：一是为研究和预报赤潮的形成机制提供资料；二是为开展赤潮治理工作提供实时资料；三是以便更好地提出预防对策和措施。

4）科学合理地开发利用海洋

调查资料表明，近几年赤潮多发生于沿岸排污口，海洋环境条件较差、潮流较弱、水体交换能力较弱的海区，而海洋环境状况的恶化，又是由于沿岸工业、海岸工程、盐业、养殖业和海洋油气开发等行业没有统筹安排，布局不合理造成的。为避免和减少赤潮灾害的发生，应开展海洋功能区规划工作，从全局出发，科学指导海洋开发和利用。对重点海域要作出开发规划，减少盲目性，做到积极保护、科学管理、全面规划、综合开发。另外，海水养殖业应积极推广科学养殖技术，加强养殖业的科学管理。控制养殖废水的排放。保持养殖水质处于良好状态。

5）搞好社会教育和宣传

赤潮一旦发生，其后果相当严重。因此，要经常通过报刊、广播、电视、网络等各种新闻媒介，向全社会广泛开展关于赤潮的科普宣传，通过宣传教育，增强抗灾防灾的意识能力。同时也呼吁社会各方面在全面开发海洋的同时，高度重视海洋环境的保护，提高全民保护海洋的意识。只有保护好海洋，才能不断向海洋索取财富，反之，将会带来不可估量的损失。

（三）海雾

在海洋的影响下，生成于海上和海岸区域的雾，称为海雾。出现海雾时，海面和海岸区域地面能见度降低。一般把水平能见度小于 1km 的雾现象称为雾，能见度在 1～10km 的称为轻雾。

无论在海上还是在海岸带地区，海雾都因其大大降低能见度而对交通运输、渔业捕捞和养殖、海上油气勘探开发以及军事活动等造成不利影响。雾气会极大地减少日照时间，低温高湿会对农作物生长造成很大危害。另外，雾水中的盐分对建筑物的腐蚀也是不可忽视的。因此海雾是一种危害很大的海洋灾害。

船舶在海上航行，常因海雾而受阻，甚至造成海难事故。海雾也会影响海上和海岸区域飞机的飞行、起飞和降落。尽管现代船舶和飞机大都装备了先进的雷达及其他导航、定位设备，因海雾原因造成的海难和空难事故仍层出不穷，有时损失还相当惨重。

（四）海冰

海冰是极地海域和某些高纬度区域最突出的海洋灾害之一。海冰是由海水冻结而成的咸水冰，但也包括流入海洋的河冰和冰山等。大陆冰川或陆架冰滑入海洋后断裂而成的巨大冰块中，露出海面的高度在 5m 以上者称为冰山，高度大者可达几十米，长度一般为几百米至几十公里。海冰，特别是冰山，对航行船舶和海洋资源开发设施的安全构成很大的威胁。

我国海冰灾害主要发生于渤海、黄海北部和辽东半岛沿岸海域，以及山东半岛部分海湾。各海域的盛冰期一般为 1 月下旬至 2 月上旬。海冰可以推倒海上平台，破坏海洋工程设施和船舶，阻碍航行，影响渔业和航运。

本章主要参考文献

陈颙，史培军. 2007. 自然灾害. 北京：北京师范大学出版社.

管华，李景保，许武成，等. 2010. 水文学. 北京：科学出版社.

李树刚. 2008. 灾害学. 北京：煤炭工业出版社.

彭广，刘立成，刘敏，等. 2003. 洪涝. 北京：气象出版社.

许武成，马劲松，王文. 2005. 关于 ENSO 事件及其对中国气候影响研究的综述. 气象科学，25（2）：212～220.

许武成，王文，黎明. 2005. 嘉陵江流域洪水等级的建议划分标准. 自然灾害学报，14（3）：51～55.

许武成，王文，马劲松，等. 2009. 1951～2007 年的 ENSO 事件及其特征值. 自然灾害学报，18（4）：18～24.

许武成，王文. 2003. 洪水等级的划分方法. 灾害学，18（2）：68～73.

延军平. 1990. 灾害地理学. 西安：陕西师范大学出版社.

杨达源，闾国年. 1993. 自然灾害学. 北京：地质出版社.

张家诚，周魁一. 1998. 中国气象洪涝海洋灾害. 长沙：湖南人民出版社.

第六章 生物灾害

第一节 生物灾害概述

生物的特征在于有生命，地球由于充满生命而气象万千。生物包括动物、植物和微生物，世界上目前已知的动物有120万种，植物有25万种。在自然界中，生物圈的几百万种动植物，互相依存，和谐共处，从而使地球显得生机勃勃。然而生态系统一旦受到破坏失去平衡，灾难随之而来，人类常常扮演了破坏者的角色。例如，大量捕杀鸟、蛙、蛇，会招致老鼠泛滥成灾，横行霸道；用化学药剂杀死田间天敌，捕杀害虫，结果害虫增强了抗药性，变得更加猖狂；盲目引进外来植物则会排挤本土植物，造成不同程度的生物灾害，危及生态环境安全。

一、生物灾害的定义

日本山内一也（1981）认为，生物灾害（biohazard）是由于微生物感染使人类直接或间接受到的灾害；遗传基因重组、肿瘤病毒等也可能引发生物灾害，因而应当引起人类的重视。黎益仕等（2005）认为，由于活的生物体暴露在微生物和毒物质中所造成的灾害。然而上述定义只考虑了灾害发生的受体，而忽视了灾害的发生源，面对生物灾害的发生，人类就显得很被动。张国庆（2008）认为，生物灾害应当从灾害源角度出发，结合生态学进行定义，即少数生物偶然抢占生态位，导致原有生物种群之间的共生、竞争、协同等平衡关系遭到破坏，超出了生态系统自身恢复能力，导致人员、财产、环境等产生损失。张国庆（2011）认为，生物灾害还应该突出人为因素，并重新定义了生物灾害：某种生物种群数量突然增加，导致其所在的生态系统失衡，并超出了该生态系统自身的恢复能力，从而对人类的生产生活环境、财产甚至健康或生命造成损失。延军平（1990）认为，生物灾害是指由动、植物的活动和变化造成的灾害，又有狭义和广义之分。狭义生物灾害是由生物体本身活动带来的灾害现象，是纯自然现象，灾源是生物，如蝗灾、鼠灾、兽害等；广义生物灾害包括人类不合理活动导致的生物界异常而产生的灾害，即生态危机问题，包括植被减少、生物退化、物种减少、盲目引种等。2012年10月12日，国家质量监督检验检疫总局和国家标准化管理委员会共同发布了由民政部国家减灾中心牵头起草的《自然灾害分类与代码》国家标准（GB/T28921—2012），该标准将生物灾害定义为：在自然条件下的各种生物活动或由于雷电、自燃等原因导致的发生于森林或草原，或有害生物对农作物、林木、养殖动物及设施造成损害的自然灾害。也就是说，生物灾害不仅指由于各种生物活动（包括动物、植物和微生物活动）引起的对人类健康或生命构成威胁、对生物多样性产生危害、破坏人类生存环境的各种灾害，还包括由雷电、自燃导致的，或在一定有利于起火的自然背景条件下由人为原因导致的，发生于森林或草原，对人类生命财产、生态环境等造成损害的火灾。

总之，生物灾害指生物圈异常变化现象和过程带来的灾害。主要指自然界中有害生物或其毒素的大量繁殖扩散对人类造成的危害。

二、生物灾害的特点

生物灾害属于自然灾害，除了具有一般自然灾害的种类多、频率高、强度大、范围广和区域性等共同特点外，还具有突发性与隐蔽性、区域性与扩散性、生物性与社会性、可预测性与可控制性、直接性与间接性等特点。

1. 突发性与隐蔽性

生物灾害的大暴发具有突发性，但在暴发初期又具有隐蔽性。引起生物灾害的大多有害生物，从生态学角度看，其生态对策属于 r-选择者，即生命周期短，高出生率，在很短的时间内形成数量巨大的群体，从而引发危害，暴发灾难；有害生物通常个体较小，不易察觉，形态又多变，监测困难，从而使得生物灾害在暴发初期很难被人类发现。

2. 区域性与扩散性

有害生物的种类分布具有明显的区域性，再加上有害生物生活与危害行为与自然因子密切相关，有害生物的生命周期与灾害发生的周期、危害程度就具有强烈的区域性。

绝大多数有害生物可以随气流、水流、动物迁徙、人为活动和本身的迁飞等迁移到另外一个地方，在新的地域定居下来后，对生态系统造成危害。有些危险性有害生物侵入到新的地域后，迅速繁殖，排挤本土生物，造成生态灾难。

3. 生物性与社会性

生物灾害具有生物性，是因为带来灾害的灾害源，其自身就是生物，是生态系统中的一员，它有自己的生物活动规律、生活史，但同时与自然条件密切相关，受整个生态系统的影响和制约。生物灾害的社会性是指，大多情况是由于人类活动的不当行为带来的不良后果，打破了生态系统原有的运转秩序，造成了灾害的发生；在带来生态危害的同时，还会危及人类健康，如 SARS、禽流感、艾滋病等，对人类健康会造成严重威胁，甚至危及生命。

4. 可预测性与可控制性

有害生物有特定的生物学-生态学特性，有独特的生命活动周期和生活史，通过人类对其长期的监测与生物学-生态学特性分析，能够建立模型对灾害的发生进行预测，表现出生物灾害的发生具有可预测性的一面。生物灾害的可控性，是指灾害在发生时，或发生的初期或前期，可通过对有害生物的干预措施，如引入天敌、改善生态环境等，将生物灾害的损失降到最低范围。但必须注意的是，在引入天敌时，要能对天敌具有可控性，在生态系统内部平衡各成员之间的关系，避免天敌变成新的灾害源。

5. 直接性与间接性

生物灾害造成成千上万人死亡的案例是数不胜数，后果不亚于洪水、地震、战争。生物灾害的特点也具有直接性和间接性。

生物灾害可以直接导致人畜伤亡。据统计，1907 年，印度的一只老虎在被击毙前共吃掉当地 436 人。20 世纪最大的动物吃人案发生在 1945 年，缅甸兰里岛沼泽的鳄鱼，在一天内吞吃900人。1993年2月5日上午10点，我国内蒙古突泉县某村遭狼群袭击，咬伤17人，咬死牲畜数十只。

生物灾害间接危害人畜。例如，鼠疫，自纪元以来共造成了数亿人死亡。一场大的蝗灾、病虫害或者农作物瘟病，可使几百万公顷庄稼减产绝收，导致几十万人饥饿死亡。全世界农林作物被瘟病、害虫、老鼠、杂草等毁掉的产量约占1/3。动物、微生物传播的瘟疫，每年造成成千上万的人死亡，给畜牧业带来惨重的损失。

另外，生物灾害严重危害农牧林业生产。据联合国粮农组织统计，全球谷物生产因虫害常年损失农作物产量14%，因病害损失10%，因草害损失5.8%，病虫草害可夺去农作物产量的30%。例如，在农业生物灾害方面，生物灾害常会造成农作物面积减产绝收；导致农作物大批量变质；加剧经济损失及灾害扩大甚至毁灭性灾害。

三、生物灾害发生的主要原因

生物灾害发生的诱发因素较多，可以从不同的角度进行分析。以下主要从环境污染、生态破坏、生物入侵、转基因技术等方面对生物灾害进行分析。

1. 环境污染造成生物灾害

由于环境污染、水灾、火灾、冰冻等自然灾害，造成某地原有生态系统内主要生物衰退，使得少数抗逆性较强的生物抢占生态位，造成生物灾害的发生。例如，水体富营养化、赤潮、水俣病等事件均是由于环境污染引起的生物灾害。

苏格兰河流因为污染，水体中雌性激素含量增多，半数雄性鱼变成了雌性鱼，全国十多条河流出现较多的“两性鱼”或叫“阴阳鱼”，而且近半数的雄性鱼可以产卵了。河流污染造成的生物灾害不能不引起人类的重视。

2011年4月5日，日本东京电力公司开始将福岛第一核电站内含低浓度放射性物质的1.15万t受污染水排入海中，对此，东电公司和日本政府均表示，实施这一措施是“万不得已之举”，对海洋生态系统影响不大。然而，研究海洋生态的许多专家认为，日本此举将给海洋生态带来深远的负面影响。美国《纽约时报》报道说，仅在一周时间内，日本东部沿海海水样本中碘-131和铯-137的水平已经明显上升。海洋生物的卵和幼体对核辐射较为敏感，核物质将改变它们的基因，海洋食物链将受到破坏。倘若污染时日延长，海洋生态不可避免地会遭到严重甚至致命的侵害。

2. 生态破坏带来生物灾害

人类不当的生产生活活动，如大量排放温室气体、砍伐原始森林后作为耕地或营造纯林、大量使用化肥农药等，使得生态系统的平衡状态被打破，系统结构简化，功能退化，抗逆性下降，该退化的生态环境有利于某种细菌、微生物、病毒等滋生与泛滥，从而出现危及生态安全的生物灾害。

历史上的黄土高原有大片森林覆盖，而今是植被稀少，水土流失严重，除了一些自然原因外，主要是人类对土地不合理的利用破坏了地表植被和原本稳定的地形。同时由于该区人口过快增长，在干旱的土地上过度放牧、粗放经营、盲目垦荒、水资源的不合理利用、过度砍伐森林、不合理开矿、乱挖中药材、毁林、不合理灌溉方式等人类活动加速了荒漠化扩展，导致人地关系紧张，矛盾突出而尖锐。该区域生态系统非常脆弱，生物多样性低，生物灾害频发。

3. 生物入侵导致生物灾害

生物入侵指的是生物随着商品贸易和人员往来迁移到新的生态环境中，并对新的生态环境造成严重危害的现象。生物入侵的特点是不受时间和国界的限制，并且随着全球贸易的迅速发展和世界各地人们的频繁交往而迅速传播开来，部分生物入侵到其他区域，在新的领地没有了原有的限制因子，从而获得较快的生长和繁殖，对当地土著物种是一种致命的威胁。

引种，从某种角度来讲，也是一种生物入侵方式。引种不当容易造成生物灾害，后患无穷，因此，必须采取有效措施防止盲目引种。外来生物入侵容易引发外来生物灾害，外来生物灾害是指对农作物及其产品造成较大危害和较重损失的迁飞性、暴发性虫害和流行性植物病害及其他生物灾害。

一百多年前，有人将 20 多只英国的家兔带到澳大利亚饲养。在一次火灾中兔舍被毁，幸存的家兔流窜到了荒野。由于澳大利亚的气候适于兔的生存，再加上那里缺少兔的天敌，这些幸存者就以惊人的速度繁殖起来，成了野兔。它们与绵羊争夺食物，破坏草原植被，给畜牧业造成很大损失。

近年来，我国南方某些沿海地区，一种原产南美洲的叫作薇甘菊的“植物杀手”悄悄地登陆了，在气候温暖、雨量充沛的适宜条件下迅速蔓延开来。没过多久，荔枝树、香蕉园，以及花木扶疏的美丽丘陵和原野，很快就长满了薇甘菊。这些入侵者茂密的藤蔓缠绕或覆盖住当地植物，夺走本应属于当地植物的阳光和养料，使当地植被受到严重破坏。20 世纪 80 年代初，福建沿海引种大米草，结果，该草繁殖速度惊人，所到之处，滩涂消失，贝类、蟹类死亡，养殖、航运均受到不利影响，而且，至今还没有找到应对良策；1992 年，福建福鼎市引入福寿螺，结果该螺迅速繁殖，生长失控，农业减产甚至绝收，福寿螺已经泛滥成灾。

目前，松材线虫、湿地松粉蚧、美国白蛾等森林害虫的入侵，每年危害我国森林的面积达 150 万 hm^2。豚草、薇甘菊、紫茎泽兰、飞机草、大米草、水葫芦、空心莲子草等恶性杂草已在我国部分地区大肆蔓延，对我国的生物多样性和农业生产造成破坏，其生物灾害所造成的损失之大难以估量。

2013 年 10 月在青岛召开了第二届国际生物入侵大会，包括多名院士在内的近 800 名中外专家围绕“生物入侵、生态安全与食品安全”主题展开专题交流。会上透露，目前入侵中国的外来生物已经确认有 544 种，其中大面积发生、危害严重的达 100 多种。科技部“973 计划”生物入侵项目首席科学家万方浩表示，目前入侵我国的外来生物种类很多，我国是遭受生物入侵最严重的国家之一，而且有 20 多种危害性入侵物种暴发成灾。

4. 转基因技术的潜在威胁

转基因是指利用现代基因技术，人为地将一种生物的一个或几个基因转移到另一种生物体上，并使其获得新功能的过程。

转基因产品已经进入了我们的日常生活。美国生产和销售的转基因大豆、玉米、油菜、番茄和番木瓜等植物来源的转基因产品超过 3000 个种类和品牌。加上微生物来源的食品，美国国内销售的含转基因成分的食品已经超过5000种。我国许多品牌的色拉油、面包、饼干、薯片、蛋糕、巧克力、番茄酱、鲜食木瓜、酸奶、奶酪等或多或少的含有转基因成分，我们食用的大豆油以及穿的棉制品也是转基因的。

转基因食品的优势明显，可增加作物单位面积产量；可以降低生产成本；通过转基因技术可增强作物抗虫害、抗病毒等的能力；提高农产品的耐储性，延长保鲜期，满足人民生活水平日益提高的需求；可使农作物开发的时间大为缩短；可以摆脱季节、气候的影响，四季低成本供应；打破物种界限，不断培植新物种，生产出有利于人类健康的食品。

转基因食品也有弊端，其弊端如下：第一，所谓的增产是不受环境影响的情况下得出的，如果遇到雨雪的自然灾害，也有可能减产更厉害。第二，食品安全性不确定。虽然现在没有证明出转基因食品不安全，但是大家仍旧担心它会对人体产生影响。且多项研究表明，转基因食品对哺乳动物的免疫功能有损害。更有研究表明，试验用仓鼠食用了转基因食品后，到其第三代，就绝种了。第三，转基因技术容易引起基因污染。例如，抗虫棉的种子里的基因意外进入杂草体内，那么这种杂草就不受虫子约束了。对于转基因食品的潜在危害究竟有多大，目前还难以下定论。

四、生物灾害类型划分

依据不同的标准，生物灾害可以分出不同的类型。

（一）按照有害生物类型分类

按照引起生物灾害的主要生物种类，可以分为植物灾害、动物灾害、微生物灾害3类。

1. 植物灾害

（1）有害植物自身致灾，包括有毒植物、植物致火等。

（2）有害植物的漫延，特别是粗、劣牧草的增加。

（3）天然火灾，包括森林火灾、灌木火灾、牧场火灾等。

（4）人为致灾，包括乱伐森林、开垦草原、人为火灾等。

（5）生态危机，是植物灾害的综合表现，其危害是间接的。

我国已发现有400多种外来植物形成大小不一的灾害。例如，豚草、葛藤、假高粱、加拿大一枝黄花、大米草、水葫芦等泛滥成灾，成为祸害农作物及其他林木的恶性草本植物，这些植物生命力强、繁殖迅猛，有的还有毒性，它们抢夺其他农作物的养分，致其死亡。在热带和亚热带一些地区，每年由于恶性杂草成灾引起的农作物产量减少达50%之多。还有些植物虽不泛滥生长，但其毒性极强，让许多人及食草动物误食而命丧黄泉，如毒蘑菇。更有一些奇怪的植物，从它们身上提取的致瘾性物质被上亿人吸食受毒害而难以解脱，烟草、古柯、大麻、罂粟即是这类植物，不过它们原本是很有益的植物，制成毒品纯粹是人类自己祸害自己。

2. 动物灾害

（1）食肉动物造成的人身伤害，如虎、狼、狗、鲨鱼等。狗是大家熟悉而喜欢的家养动物，但它对人类有很大威胁，其中狂犬病最为常见。例如，1988年年底，陕西省安康市吉河区有 40 多个村庄发现了狂犬病疫，对人畜安全造成威胁。狗对家畜有害，世界上最长的人工建筑物不是中国的万里长城，而是澳大利亚始建于 1888 年的防狗网，绵延 8700km，比长城几乎长了一倍。因为澳大利亚牧草肥美，饲养着不计其数的绵羊，而 1 万只野狗对羊群有极大威胁，故使用防狗网保护羊群。最初防狗网是铁丝网，现在改成了电网。

（2）食草动物与家畜争食造成灾害，如澳大利亚的野兔、袋鼠泛滥等。

（3）与人类争食造成的灾害，如鼠害、蝗虫、麻雀等。

（4）传染疾病的灾害，如老鼠、苍蝇、蚊子等。

（5）有毒动物。经英国、澳大利亚、原苏联、美国、法国、意大利、日本等 19 个国家的科学家评选出 10 种动物属“世界毒王”。①澳大利亚方水母：生活在澳大利亚沿海，人若触及其触手，30 秒后便会死亡；②澳大利亚艾基特林海蛇：它长着一张大嘴，和澳大利亚方水母栖身于同一水域；③澳大利亚蓝环章鱼：这种软体动物的身长仅 15cm，蜿足上有蓝色环节，常在澳大利亚沿海水域出没；④毒鲉：栖身于澳大利亚沿海水域；⑤巴勒斯坦毒蝎：生活在以色列和远东的其他一些地方；⑥澳大利亚漏斗形蜘蛛：生活在澳大利亚悉尼市近郊；⑦澳大利亚泰斑蛇；⑧澳大利亚褐色网状蛇；⑨眼镜王蛇；⑩非洲黑色曼巴蛇。据说，被海蛇咬伤是特别危险的，因为直到出现死亡迹象以前，人们难以发现是被海蛇咬伤。幸运的是海蛇并不十分具有攻击性。毒液保留时间最长的是石鱼的毒液，它很少立即致人死命，而是在好几个月后才致人死命。

（6）人为活动使动物种类减少的灾害，特别是珍稀动物的灭绝。地球上自从 35 亿年前出现生命以来，已有 5 亿种生物生存过，如今绝大多数早已消逝。物种灭绝作为地球上生命进化史的一种自然现象，本是正常事件，如 2.5 亿年前的三叶虫、6500 万年前的恐龙均已灰飞烟灭。但自从人类进入工业社会，目空一切地参与大自然的事务以后，使这个绝灭时间表大大提前。地质时代物种灭绝的速度极为缓慢，鸟类平均 300 年灭绝 1 种，兽类平均 8000 年灭绝 1 种。而到 1600～1700 年，每 10 年灭绝 1 种动物；1850～1950 年，鸟兽的平均灭绝速度为每年 1 种，即有 100 多种动物灭绝，而且这种灭绝还在以加速度的趋势进行着。1600 年以来，记录在案的动物灭绝资料已经够惊人的：120 种兽类和 250 种鸟类已不复存在。据联合国环境规划署的一份报告：目前世界上每分钟有 1 种植物灭绝、每天有 1 种动物灭绝，这种远远高于自然“本底灭绝”速率上千倍的局面是有关地球生命生存状况与质量的严峻警告。

3. 微生物灾害

微生物灾害，这些最为细小最为原始的病原微生物能以各种不同方式传播疾病，引起人或其他动物死亡。粗略统计约有 1000 多种细菌、病毒、立克次体、螺旋体、寄生虫等病原体在威胁着人类的生命。它们所引发的传染病每一次暴发和流行，都给人类带来一场灾难。14 世纪欧亚两洲的鼠疫暴发，18 世纪欧洲的天花、结核病肆虐，1918 年全球流感大流行，死亡人数都在数百万甚至上千万，超过了任何一场其他自然灾害。从人类诞生之日起人们就开始与各种疾病作斗争，人们运用各种药物或手段杀灭病原体，以阻断传染病的传播。各种病原体在适应了旧的药物之后，以更加凶恶的面目卷土重来。几乎每年暴发的流感均是如此。这种病毒使得人们生产的新疫苗总是落后于它的变异，一些新的病原体又不断给人们带来从未见过的传染病。还有一些疾病，人们至今还没有有效治疗的办法，比如艾滋病、埃博拉病等。

除了对人的直接伤害外，一些病原还会对畜禽及其他动物造成疾病和死亡，间接地给人类造成灾害。曾令欧洲人恐惧的疯牛病、被恐怖分子当做武器的炭疽菌，以及口蹄疫、禽流感、猪瘟、鸡新城疫、狂犬病等流行起来，致死率极高，造成的损失十分巨大。其中一些畜禽疾病还能感染给人，置人死地。禽流感病毒中 HSNl 型及其亚型变种就是目前全世界都紧急防范的最危险的病毒。一些科学家预测，这种病毒一旦在人群中传播流行，很有可能造成如同 1918 年全球西班牙流感的灾难性后果。

（二）按照危害对象来划分

生物灾害可以分为农作物生物灾害、森林生物灾害、畜牧业生物灾害和海洋生物灾害。

我国农作物生物灾害主要包括：①农作物病害：主要有水稻病害 240 多种，小麦病害 50 种，玉米病害 40 多种，棉花病害 40 多种及大豆、花生、麻类等多种病害；②农作物虫害：主要有水稻虫害 252 种，小麦虫害 100 多种，玉米虫害 52 种，棉花虫害 300 多种，以及其他各种作物的多种虫害；③农作物草害：约 8000 多种；④鼠害。

森林生物灾害主要包括：①森林病害：2918 种；②森林虫害：5020 种；③森林鼠害：160 余种。

（三）按照致灾因子来划分

根据导致灾害的生物种类，生物灾害可以分为病害、虫害、草害、鼠害。

1. 病害

病害包括农作物病害、养殖业病害、森林病害等种类，每项又分为许多细类，是一个数目众多的灾害家族。

农作物的病害是指病原体使农作物组织发病，导致农作物的器官或者对其生理机能造成破坏，影响其产量。常见的农作物病害有稻瘟病、小麦锈病、棉花枯萎病、烟草炭疽病等。小麦锈病包括条锈、叶锈和秆锈，是中国发生范围最广、危害最严重的一类小麦病害，在各麦区均有发生。黄淮海地区是小麦锈病、玉米斑病等最严重的流行区，每年因病虫害约损失数百万吨粮食。稻瘟病则主要分布在秦岭—淮河以南地区。

常见的森林病害有杨树烂皮病、松疱锈病、溶叶病、泡桐丛枝病等。

2. 虫害

虫害包括农作物虫害、养殖业虫害、森林虫害等种类。虫害亦是一个很大的家族。

农作物的虫害是昆虫直接以农作物的某一个器官为食，导致农作物生理机能或者光合作用物不能够正常积累的危害。据统计，全世界危害庄稼的害虫有 6000 多种。它们每年造成的农业灾害是相当严重的，大灾之时甚至会造成上百万人因饥荒而死。常见的农作物害虫有蝗虫、黏虫、水稻螟、棉铃虫等，其中危害最大的是蝗虫。黄淮海地区是我国历史上最严重的蝗患区，如 1972 年的大蝗灾使山东省 700 万灾民背离家园。

常见的森林虫害有松材线虫、松毛虫、杨树蛀干害虫、泡桐大袋蛾等。其中松材线虫是世界上最具危险性的森林虫害，被列为国际、国内重大检疫对象。危害我国森林的害虫主要有松毛虫，遍布全国，每年松毛虫成灾面积 2000 万亩，减少松树生产量 200 万 m^3。油松毛虫分布在第二级阶梯和第三级阶梯的分界线处，第二级阶梯以上的高海拔地区（除新疆北部外）没有分布。落叶松毛虫分布在中温带，赤松毛虫分布在暖温带，马尾松毛虫分布在热带和亚热带。

3. 草害

草害包括农作物草害、养殖业草害、森林草害等种类。例如，农作物草害约有 8000 多种。

农作物的杂草害是指杂草与农作物都生长在同一块地里，竞争土壤中的养分、水分，在地面上跟农作物竞争光线，对农作物生长发育造成抑制作用。豚草、葛藤、假高粱、加拿大一枝黄花、大米草、水葫芦等生殖力很强，往往泛滥成灾，属于祸害农作物及其他林木的恶性草本植物。

4. 鼠害

鼠害包括农作物鼠害与森林鼠害。例如，农作物鼠害约有 160 多种，森林鼠害亦达 160 多种（两者间有相通的鼠种）。

据了解，我国农区常见的鼠类有 100 多种，其中对农作物构成危害的有 30 多种，这 30 多种鼠类当中，危害频繁的鼠类有 10 余种。在各地农田里对农作物造成严重损害的主要害鼠有黑线仓鼠、褐家鼠、乌尔黄鼠、长爪沙鼠、中华鼢鼠、黄胸鼠、板齿鼠、小家鼠、黑线姬鼠、大仓鼠、黄毛鼠等，这些鼠类繁殖率高，危害范围广泛，破坏性大，给人们的生活和经济发展，特别是农作物的生长带来巨大的损害。

2007 年 6 月下旬，栖息在洞庭湖区 400 多万亩湖洲中的约 20 亿只东方田鼠，随着水位上涨部分内迁。它们四处打洞，严重威胁湖南省 22 个县市区沿湖防洪大堤和近 800 万亩稻田，据粗略统计，从 6 月 21～24 日，灾区共捕杀 90 多吨老鼠，约 225 万只。

在草原上，由于人类生活及捕猎活动使得鼠类的天敌（蛇、鹰等）大幅减少，使得草原生物链失衡，鼠类大量繁殖，形成灾害。例如，2008 年 5 月，内蒙古呼伦贝尔大草原西南部的新巴尔虎右旗，暴发了自 1996 年以来最为严重的鼠灾，全旗受灾面积高达 810 多万亩，约占全旗草场面积的 40%，受灾牧民达 3000 余人。据当地草原工作站监测数据显示，全旗牧场上生存着上亿只老鼠，每天吃掉的牧草上千吨。猖狂的鼠害不仅严重影响了牧民的生产和生活，还对当地生态环境造成了巨大的破坏。

本书主要按照生物灾害出现的不同行业，对生物灾害进行分析，重点讨论林业生物灾害、农业生物灾害、草业生物灾害。

第二节　林业生物灾害

一、林业生物灾害的定义

林业生物灾害（forest biohazard）是由于极端的自然、人为因素或者它们的共同作用，使森林生态系统能量交换、物质循环、信息传递的有序状态遭到破坏，森林生态系统失衡，少数生物抢占生态位，森林资源遭到破坏，所造成的灾害。或者说是由于森林中的病原微生物和有害昆虫、鼠、兔类种群及有害植物流行或泛滥，使得林木减产，造成经济损失或减低森林在生态系统中的作用和地位的现象。2005 年，国家林业局颁发的《突发林业有害生物事件处置办法》中对林业有害生物的定义：指危害森林、林木和林木种子正常生长并造成经济损失的病、虫、杂草等有害生物。林业生物灾害是我国主要自然灾害之一，是“不冒烟的森林火灾”。

林业生物灾害依其致灾有害生物可分为林木病害、林木虫害、林木鼠兔害、林业有害植物和野生动物疫病五大类；依其有害生物来源可分为外来生物灾害和本土生物灾害两类；依其发生频率可分为长发性、周期性、偶发性三类；依其发生范围可分为广布性、区域性、迁移性三类；按发生危害程度可分为特别重大、重大、较大和一般生物灾害四个等级。

我国是世界上林业生物灾害发生面积最大、危害最严重的国家之一。据统计，我国现有林业有害生物有 8000 余种，能造成严重危害的近 300 种；年均发生面积达 1000 万 hm^2 以上，已超过年人工造林面积；年致死树木达 4000 万株，相当于损失了年造林面积的 8%。危害我国森林的害虫主要有松毛虫、杨树蛀干害虫、泡桐大袋蛾等，其中松毛虫危害最大，遍布全国，每年成灾面积达 2000 万亩，减少松鼠生产量 200 万 m^3。病害中主要有杨树烂皮病、松疱锈病、枣疯病、泡桐丛枝病等，仅泡桐丛枝病一项，每年损失 2341 万元。森林鼠害主要发生在西北、华北地区，1990 年鼠害面积为 1200 万亩，损失 3 亿元。

二、林业生物灾害的特征

林业生物灾害致灾因子种类多、种群大，受灾体类型多、分布广，形成的灾害类型复杂，特征差异大，它不仅具有水灾、火灾那样严重的危害性和毁灭性，还具有生物灾害的特殊性和治理上的长期性、艰巨性。除了具有一般自然灾害的共同点外，还具有周期性和突发性、隐蔽性和扩散性、区域性和广域性、自然性和社会性、可防可控性和治理的艰巨性等几对相互对立又相互联系的特点。

1. 周期性和突发性

林业有害生物的种群具有一定的消长周期，有其特定的生命活动规律和生活史，因而其危害性也表现出明显的周期性。由于有害生物的发生发展与其生长环境密切相关，不同的有害生物或同一种有害生物在不同地区所表现的危害周期均是不相同的，因此，林业有害生物的周期性主要表现在单虫种的森林区域性内。

同时，许多林业有害生物生命周期短，繁殖率高，可以在很短的时间内形成数量巨大的群体，危害森林，呈暴发态势。

2. 隐蔽性和扩散性

林业有害生物形态多变，害虫虫态一般要经过卵、幼虫、蛹和成虫等不同虫态；病原微生物个体小，隐蔽发生。还有许多有害生物隐藏林木体内、水中、大气里或地下，不易发现，治理非常困难。

同时，林业有害生物可以随气流、水流、动物迁徙、人为活动和本身的迁飞等而迁移到另外一个地方，在新的地域定居下来后，危害森林。有些危险性林业有害生物侵入到新的地域后，迅速繁殖，排挤本土生物，造成生态灾难。

3. 区域性和广域性

森林是以自然生产力为主导，受经济生产力影响的产物，森林资源的分布具有明显的区域性，林业有害生物的种类分布因此也具有明显的区域性，再加上林业有害生物生活与危害行为与自然因子密切相关，林业有害生物的生命周期与灾害发生的周期、危害程度就具有强烈的区域性。

同时，由于人类频繁远距离活动，打破了地理区域限制，使一些外来生物远距离传播，形成广域的入侵危害。目前发生危害严重的生物灾害多数都是由外来生物引发的。

4. 自然性和社会性

生物灾害的发生很大程度上依赖于自然条件，我国地处温带、亚热带和热带三大气候带，幅员辽阔，生物区系复杂，林业有害生物种类多、分布广、危害大。随着全球气候呈变暖趋势，我国西藏无人直接干扰的天然林区从 20 世纪 70 年代开始出现病害的流行，造成冷杉林大面积带状死亡。由于林木对气候变化的适应速度远远低于林木的有害生物对气候变化的适应速度，气候的微小变化都可能对森林生态系统的结构和演替过程产生巨大影响，其中生物灾害的流行是重要的自然响应过程，这样的气候为多种生物灾害的大发生创造了条件。长期高温干燥的天气会影响树木的生长发育，使森林生态系统失去平衡，一些耐旱喜阳性的食叶害虫和蛀干害虫，以及次期害虫种群数量迅速增加，危害严重。我国的主要生态工程示范区，特别是西部地区，属于生态脆弱区，森林生态环境恶劣，树木长势弱，极易受到病虫害的侵袭，森林的寄主主导性生物灾害发生普遍。

林业生物灾害发生面积大，损失严重，危害具有社会性。生物灾害的发生不仅造成巨大的经济损失，对生态造成极大的危害，甚至于危及人类健康。例如，松毛虫毒毛脱落，会引起松毛虫皮炎、松毛虫关节炎，并能引起耳廓炎、结膜炎、巩膜炎、虹膜睫状体炎等并发症。

5. 可防可控性和治理的艰巨性

林业有害生物具有一定的生物学和生态学特性，都有一定的发生发展规律，通过长期监测和研究其生物学和生态学特性，可以建立预测模型，进行灾害预测。根据有害生物的生态学和生物学特性，可以对产生危害的有害生物进行人为干扰，将生物灾害损失降到经济阈值范围内。林业有害生物一般都有天敌，可以利用天敌实行生物防治，或者通过生态措施，改善生态环境，创造有利于天敌而不利于有害生物的生存环境，实现可持续治理。

林业生物灾害灾害源种类繁多，包括细菌、真菌、病毒等病原微生物和害虫、害草、害鸟、害鼠等。生物灾害受灾体种类多，面积广大，涉及整个全球生态系统，再加上有害生物形态多变，隐蔽发生，治理范围广、难度大。

三、林业生物灾害的成因

1. 森林生态系统生态平衡的破坏

由于人口的增加，人类对林业资源的需求在不断增长，出现了过度砍伐森林、盗猎森林野生动植物的现象。由于人口的增长，部分区域还存在毁林开荒的情况。这些都导致了林业资源的大量破坏，严重破坏了森林生态系统的生态平衡，使得系统稳定性降低，结构简化，功能退化，容易导致生物灾害的发生。

2. 外来物种入侵

李明阳等（2005）研究认为，外来病虫害对森林生态系统服务功能造成的损失非常大，仅 2000～2005 年，平均每年损失达 162209.3 亿元。中国对生物入侵危害森林的研究还较少，缺乏一种权威的量化方法。外来物种入侵越来越严重，原生植被遭到摧残，严重影响到我国森林健康。2013 年 11 月，多家媒体报道，外来入侵种薇甘菊，在全市 110 万亩森林中，约 9 万亩森林被其大量覆盖，侵害深圳森林比例达 1/10。该物种在该区最早被发现是 1984 年，1994 年发现该物种能将其覆盖的植被杀死，1999 年后开始暴发，2000 年深圳薇甘菊发生面积已经达到 3.9 万亩，2013 年更是达到了 9 万亩之多，教训惨痛，眼下已经不可能彻底杀除，只能防控了，而且从 2003 年开始，近 10 年来，防控经费已达 8100 万，但也仅在一定程度上遏制了薇甘菊的快速扩散和蔓延趋势。

3. 气候变化

1982～1983 年，全世界发生了严重的厄尔尼诺现象，澳大利亚、印度尼西亚出项严重的干旱和森林火灾，1986～1987 年，厄尔尼诺现象再次发生。气象学家已经证实，ENSO 与特大风暴潮灾、洪涝灾害、酷暑干旱、气候变暖有密切关系。ENSO 是指厄尔尼诺和南方涛动现象。学界研究认为，ENSO 现象对有害生物种群的暴发起着重要作用，主要是由于通过 ENSO 造成的全球气候异常，在特定地区范围内形成有利于有害生物大量集群或繁殖的生理生态条件，从而形成生物灾害。我国的东亚飞蝗，北美、法国的鼠类等，其生物大暴发与 ENSO 现象之间有极大的相关性。

4. 有害生物种类多，分布广

根据林业有害生物普查资料记载，我国林业有害生物已达 8243 种。其中，害虫 5020 种、病害 2918 种、鼠类 160 种，有害植物 145 种。森林有害生物也是森林生态系统中不可缺少的组成部分，有森林就有林业有害生物，一般情况下，二者能够和谐相处。当生态失去平衡后，某些有害生物种群会剧增，爆发成灾，严重危害森林资源。

5. 监测管理措施不力

目前，技术人员还比较缺乏，管理人员的专业技术水平还需要提高和加强。在加强林区生物灾害的监测研究以及预防治理工作中目前存在的主要问题是，各级组织管理机构还不够健全，队伍实力急需加强，社会参与度不高；科技力量还不够强大，需要加强科技推广工作，加强科研与生产结合能力。

6. 法制不健全，资金投入偏少

在法制方面，林业相关法律法规不够完善，立法滞后，执法力度不大等；在资金投入方面，总体投入还偏少，结构也不合理，资金来源渠道不稳定，投入时效得不到保证。地方政府通常出资很困难，中央投入又多是救灾性质，防治任务确定后，申请逐级上报，防治经费申请程序复杂，等到防治经费到账，通常已经错过了林业灾害的防治季节。

四、林业生物灾害的防治对策

林业生物灾害被称为“不冒烟的火灾”，对森林资源有极大的破坏和危害，而今，林业有害生物的防控已经成为世界各国林业部门的一项重要职能。从种子、苗木、幼林直到成林的整个培育过程中，都可能发生病虫鼠害等生物灾害，严重时能使森林的生长和产量大幅减少，甚至造成大片森林毁坏。为了减少林业生物灾害造成的损失，必须掌握森林生物灾害发生发展的规律，并进行长期跟踪观测，加强预防和治理，最大限度地控制生物灾害的发生。

1. 林业生物灾害基本情况调查

通过对林业生物灾害基本情况的详细调查，可以搞清森林中病虫鼠害等发生的主要种类、病害生物的种群动态及其发生发展趋势、灾情的发展规律，为科学、准确、及时地预测预报灾害、制定及时、合理、高效的防治措施提供科学依据。在调查时，可采用“3S”等新技术结合地学模型、气候模型，实现大尺度森林有害生物发生风险分析，加强林业生物灾害监测和预警。监测情况及时上报，灾情报告格式见表 6.1。预警级别见表 6.2。

表 6.1　××有害生物灾情报告表

县（区）【　　】号

报告单位：（盖章） 签发人： 报告时间：
有害生物灾害级别：
有害生物发生情况（有害生物名称、信息来源、发生区域、发生程度、已采取措施、发生趋势判断等）：
拟采取的处置措施：
报告人：　　　　　　　　　　　　联系方式：
报送：县（区）人民政府

资料来源：国家减灾委员会办公室，2009

表 6.2　林业生物灾害预警级别

林业生物灾害预警级别	颜色表示	危害程度
一	红色	特别重大
二	橙色	比较重大
三	黄色	较大
四	蓝色	一般

资料来源：国家减灾委员会办公室，2009

2. 物理方法防治生物灾害

物理方法防治生物灾害主要是通过人工措施，如捕杀、阻隔、诱杀、高温处理以及现代遥感新技术进行防治灾害的方法，也叫物理机械防治。物理方法防治的优点是，不伤害天敌，不污染环境，而且可以开展群众性大规模防治工作；该方法的局限性在于费工，成本高，效果不显著。该方法主要适合于小区域、单一病害的林区。

3. 化学方法防治生物灾害

化学方法防治生物灾害主要是通过农药杀虫剂的喷洒来杀灭细菌、病虫害等。该方法主要是在林区出现大规模病虫害时使用，优点是可以用飞机等机械化工具大规模作业，治理速度快，效果明显；但不足之处是在杀死有害生物的同时，会杀死大量的有益生物，使得生态系统中的食物链平衡关系遭到破坏，生物多样性减少，系统的稳定性降低，更容易发生新的生物灾害。

4. 生物方法防治生物灾害

第一种方法是天敌防治生物灾害，利用自然界中天敌昆虫、线虫、蜘蛛、食虫鸟等有益生物来控制森林病虫鼠害，对林区病虫害有长期的抑制作用，有利于维持林区生态系统平衡。第二种方法是采用生物、仿生物药剂防治森林病虫鼠害，可以避免化学防治带来的环境污染，提倡无公害防治，有利于实现林业生态文明。

5. 加强林业管理与立法

根据不同的林种，对林业生物灾害防治采取不同的管理措施，尽量减少对生态林的人为干预，尤其要限制生物灾害防治中化学药剂的使用，在必须施药时，采用精准施药、注射等新技术提高施药效率，减少对生态系统的扰动。要以林业生态系统的稳定为主，保证生态林的长期健康为目标，确保森林生态系统发挥较大生态效益。要提高认识，让所有人都要认识到林业生物灾害的危害，尤其是林业工作者，必须深刻认识到，林业生物灾害防治工作对国家生态安全有重要影响，对国民经济和社会可持续发展都有十分重要的意义。要全面开展林业生物灾害风险调查与评估，尤其是区域性生物灾害风险评估更为重要，因为在不同区域，气候、自然条件等有很大的差异，其生物灾害的具体情况完全不同。

另外，尤其要加强基层防治体系和防治能力建设，加强部门、区域间的配合。我国突发林业生物灾害事件分为一级和二级，一级事件由国家林业局负责制定应急预案，二级事件由省、自治区、直辖市负责预案。刘春兴等（2013）以美国、日本、德国、新西兰为例，对国外森林生物灾害立法进行了研究（表 6.3），以期望对我国森林生物灾害立法提供帮助和启示。

表 6.3 美国、日本、德国和新西兰的森林生物灾害立法

名称	美国	日本	德国	新西兰
森林生物灾害现状	严重	严重	严重	较轻
外来森林有害生物风险	高	高	高	极高
所属法系	普通法系	大陆法系	大陆法系	普通法系
森林法典	无	有	有	有
森林生物灾害专门立法	无	有	无	无
生物入侵专门立法	有	有	无	有
农林生物灾害管理体制	统一	统一	统一	统一
已加入的相关国际立法	不多	较多	较多	较多

资料来源：刘春兴等，2013

我国是世界上少数几个森林生物灾害严重的国家之一，每年因为森林生物灾害造成了巨大的环境、经济损失。为应对该类特殊的自然灾害，我国已制定了一系列法律法规，包括《中华人民共和国森林法》、《中华人民共和国进出境动植物检疫法》、《森林病虫害防治条例》、《植物检疫条例》及《中华人民共和国农药管理条例》等法律法规中的部分或全部条款，构成了我国森林生物灾害立法体系，并在森林生物灾害防控中发挥了一定的作用。

第三节 农业生物灾害

一、农业生物灾害的定义

农业生物灾害主要是指严重危害农作物的病、虫、草、鼠等有害生物在一定的环境条件下暴发或流行，造成农作物及其产品巨大损失的自然变异过程。这些生物灾害对农业生产的毁灭性危害主要表现在两个方面：第一，造成农作物大面积的减产甚至绝收；第二，导致农产品大批量变质，造成严重的经济损失。中国常年发生的农业有害生物多达 1700 多种，其中有 100 种可造成严重危害，主要包括小麦条锈病、稻瘟病、白叶枯病、蝗虫、棉铃虫、大豆食心虫等。唐永金（2012）认为，我国农业生物灾害，从其成因上大体可分为农作物病虫害、农田草害和农田鼠害等几大类。

二、农业生物灾害的特征

农业生物灾害除了生物灾害的一般特点外，还具有一些特征。

1. 农业生物灾害发生面积大、危害严重

据中国农业部网站消息，2012 年入夏以来，今年气候极端异常，病虫害偏重发生，特别是黏虫在河北、内蒙古、吉林、黑龙江、辽宁、天津等地暴发危害。截至 8 月 14 日，黏

虫发生面积近5000万亩，严重发生面积650万亩，发生面积之大、危害程度之重是近10年中最重的。同时，南方中晚稻和东北一季稻区稻飞虱、稻瘟病等病虫害发生程度也重于常年，已累计发生3亿亩次。目前，东北春玉米正处于抽雄至灌浆期，华北地区玉米正处于抽穗扬花期，南方中晚稻正处于分蘖拔节至抽穗期，正是产量形成的关键时期，也是病虫防控的重要时期。

如果未能有效控制病虫危害，将会导致粮食大面积减产甚至绝收，导致农产品质量下降，造成严重的经济损失。根据联合国粮农组织估计，世界谷物生产因虫害常年损失14%，因病害损失10%，因草害损失11%；棉花生产因虫害常年损失16%，因病害损失12%，因草害损失5.8%。我国农业生物灾害的现状与这个估计类似。据不完全统计，全国每年防治病、虫、草、鼠的总面积已超过30亿亩次，防治费用逐年增加，仅农药投资一项已高达每年20亿元。由于我国农业有害生物种类繁多，成灾条件复杂，每年都有一些重大病、虫、草、鼠害暴发或流行，呈现出此起彼伏、猖獗为害的严重局面。加之各地对农业生物灾害的监测预报水平和防灾抗灾能力各异，虽经有关部门大力研究和推广综合防治技术以及多方组织力量防治，但我国因农业生物灾害每年损失粮食仍高达400亿kg，损失棉花400万担，并且严重降低水果、蔬菜、油料以及其他经济作物的产量和品质，常年给国家造成近100亿元的经济损失，严重地影响着农业年度的丰歉、国家计划的安排和人民生活的改善。

2. 不同区域不同年份农业生物灾害的主要种类不同

根据唐永金以1999～2007年全国各省份单位播种面积的成灾面积比例与全国的均值相比较得出的研究成果可知，我国不同种类的农业生物灾害分布区有所不同。农作物病虫害受灾情况重于全国平均水平的有10个省份，其中，4个省份重灾，6个省份中灾，最严重的5个省份依次是上海、江苏、浙江、河北、山东；农作物草害受灾情况重于全国平均水平的有16个省份，而且均属于中灾，较严重的6个省份依次是山东、湖南、江苏、河北、北京、浙江；农作物鼠害受灾情况重于全国平均水平的有15个省，其中，1个省份特重灾，3个省份重灾，11个省份中灾，最严重的4个省份依次是北京、吉林、青海、重庆。我国各种农业生物灾害主要分布区和省份变化较大，各地区和省份应当根据当地发生的主要灾害，采取有针对性的防治措施。

3. 部分省份严重灾害超过1种，应该重点防治

根据唐永金的研究表明，江苏、浙江、河北等省份，不但农作物病虫害严重，而且农田草害非常严重，因而，应当加强这几个省份两种灾害的重点防治。也就是说，对于多重灾害严重发生的省份，应当加强几种灾害的综合防治。

4. 外来入侵生物灾害严重

刘年喜（2007）认为，外来生物入侵导致的灾害已经成为当前制约农业生产的重大障碍。如稻水象甲、柑橘大实蝇、柑橘小实蝇、黄花菜V脊菱蜡蝉、黄龙病、假高粱、红火蚁、葡萄根瘤蚜等，都是外来入侵生物，自20世纪50年代传入湖南地区，目前仍在加速扩展、加剧危害，部分地区出现严重灾害，给农业生产带来极大威胁。

三、农业生物灾害的成因

农业生物灾害严重，导致其发生的因素较多。

1. 气候条件

当主要气象因子在偏离同期年均值较大时，常影响病虫害的年度发生等级。由于面对全球变暖的气候条件不断变化，给我国农业带来了很大的影响，在高纬度粮食略增加的同时，中低纬度粮食会大量减产，病虫害更加频繁。例如，1997～1998 年，湖南平均气温持续偏高，使得水稻螟虫等内源性病虫害的越冬存活率显著提高。前涝后旱、前旱后涝、涝旱同年等，为一些突发性病虫害，如蝗虫、田鼠等的猖獗提供了有利条件。另外，台风等异常气候增多，有利于迁飞性害虫的发生和危害。根据霍治国和王石立（2009）的研究，仅农业气象灾害，从灾害源角度可以分出多种类型（表 6.4）。

表 6.4　农业气象灾害按照灾害源分类表

一级灾害源	二级灾害源	农业气象灾害类型
温度因子	低温危害	冷害、冻害、霜害、寒害
	高温危害	高温逼热、雨后暴热
水分因子	水分不足	大气干旱、土壤干旱、作物干旱、草原黑灾
	水分过多	洪水、涝灾、湿害、凌汛、冻涝、白灾
光照因子	光照过强	灼伤和日烧病
	光照不足	阴害
冰雪灾害		雪害、冰凌、冻融、返浆
其他因子		冰雹、大风、雷电、雾灾
复合灾害		沙层暴、连阴雨、干热风、焚风、台风、暴风雪

资料来源：霍治国和王石立，2009

2. 农业种植结构的变化

全世界的农业用地主要种植 12 种谷物、23 种蔬菜、35 种水果和坚果作物，也就是说，在世界现有的大约 14.4 亿 hm^2 农用土地上种植的作物不超过 70 种，生物多样性极低。这与热带雨林每公顷土地上超过 100 种植物形成鲜明对比。现在农业结构变得越来越单一，大多地区种植单一的农作物，如玉米、大豆等作物，使得农业生态系统结构简单，稳定性极差，功能较低，很容易招致病虫害。一旦发生生物灾害使作物受损严重，则容易导致作物减产、质量下降甚至绝收。

3. 栽培制度的变化

作物的栽培制度，是一个地区的作物组成、配置、熟制和种植方式的综合。栽培制度要解决种什么，种在哪里，种多少的问题，基本内容包括作物布局、复种、间混套作、轮作、连作等。由于耕作制度的变化、轻型栽培技术的推广以及优质稻的大面积扩种，农田景观元素发生了大的变动，为有害生物的发生提供了有力的营养和居留条件。如果一个地区栽培制度发生不合理变化，则会导致作物与环境之间的不协调，使得作物容易发生病虫害、草害、鼠害等生物灾害。

4. 质保管理措施

国家和地方在农业重大生物灾害监控方面投入了大量的人力、物力、财力，治理工作也取得了显著成绩，为国家的粮食安全、食品质量安全以及生态安全做出了重大贡献，但仍然存在一些突出的问题。主要有认识不足，责任不明；机制不健全，管理不到位；科研滞后，防控技术薄弱；投入不足，预警监控手段落后等。

5. 其他原因

用药水平不高，施药器械落后，病虫害抗药性提高，农村劳动力大量外出等因素，使得农业生物灾害的防治非常困难。

四、农业生物灾害的防治对策

我国防治农作物病虫害已有2700多年的历史，在20世纪中期以前，防治手段比较落后，技术含量很低。20世纪50年代以后，人类防治农作物生物灾害的技术上升到了新的水平。

1. 更新观念，提高认识

要求人们树立公共植保、绿色植保的新理念。2006年3月31日，全国农业技术推广服务中心在北京举行了“十一五”植物保护发展战略高层论坛，初步形成了对“公共植保、绿色植保”概念的共识。2006年4月13日，农业部在湖北襄樊召开了全国植物保护工作会议，正式提出了“公共植保、绿色植保”的理念。所谓“公共植保”，就性质而言，植保工作主要从事的是公共管理，开展的是公共服务，提供的是公共产品。所谓“绿色植保”，就职能而言，植保工作必须满足绿色消费，服务绿色农业，提供绿色产品。要把植保工作作为农业和农村公用事业的重要组成部分，突出其社会管理和公共服务职能，造成大面积生物灾害要追究责任。要把植保作为人与自然和谐系统的重要组成部分，突出其高产、优质、高效、生态、安全的支撑和保障作用。有力推进环境友好型和资源节约型农业发展，确保绿色田园，生产绿色食品，实现绿色家园，让人们深刻认识到重视农业生物灾害放空的重要性。

2. 增加投入，健全体系，完善治理对策

新型植保体系的建设是一个系统工程，包括协调配套的生物灾害监测预警体系，重大病虫害防控体系，危险性、检疫性病虫检疫、防疫体系，生物灾害抗灾补损的社会保障体系，高新技术研发体系等。为了更好地推动各地开展防治工作，2003～2007年中央财政拨出6.95亿元专款，用于补贴蝗虫以及水稻、小麦等病虫灾害的防治。需进一步增加经费投入，在全国县级以上建立健全日常公共植保机构，在乡镇设立日常公共植保人员，大力发展多元化的农业植保服务组织和新型植保体系。1998～2007年，国家实施了第一、第二期植保工程，对660个国家区域性病虫监控站或中心进行了投资建设，配备了调查车、计算机、诱虫灯等仪器设备，改善了办公条件。针对重大有害生物暴发的实际和防治实践，不断完善了治理对策。例如，对迁飞性害虫稻飞虱、稻纵卷叶螟，采取了“华南稻区加强中、后期防控，减少迁出虫量；江南及长江中游稻区提高防效，减少虫源迁出和当地危害；长江中、下游及江淮稻区压前控后；西南稻区分类指导、适期防治；北方稻区加强虫情监测，做好后期防治”的分区治理对策。

3. 联合攻关，科技创新

绿色植保的技术方向仍然是坚持预防为主、综合防治的植保工作方针。在科技攻关中要注意三个方面的结合：第一，应急防治和可持续生态治理相结合；第二，数量安全与质量安全相结合；第三，技术的先进性与可操作性相结合。充分运用多学科相关知识对农业生物灾害进行可持续综合治理。在抓好高效、低毒、持续期长的农药品种推广和施药机械更新换代的基础上，针对当前生物灾害发生的新特点，结合迅速发展的信息技术，开展重大危险性、暴发性病虫害灾变规律进行研究，提高对生物灾害的应对能力和防治效果。

4. 推广重大科学技术

农业植保质检部门是农业重大有害生物监测、预警、防治、处置的具体技术支撑单位。在推广重大技术方面，主要可以从以下五个方面开展工作：一是推广生物多样性技术来防治生物灾害。例如，四川、云南等地在粳稻田里间作糯稻，不仅能缓减稻瘟病的发生，而且两个品种均能高产。二是利用生物防治技术控制生物灾害。例如，在北方玉米产区，应用赤眼蜂防治玉米螟，在南方茶园应用捕食螨防治害虫等，均取得理想效果。三是利用物理诱控技术保护绿色食物。以佳多频振式杀虫灯诱杀害虫基数为代表，近年来该技术推广到 10 多种作物、31 个省份，并出口到菲律宾、越南等 8 个国家。四是毒饵站灭鼠技术。该技术在 2003～2007 年，累计推广面积 886.67 万 hm^2，成效十分显著。五是现代生物技术，以应用转基因抗虫棉控制棉铃虫为典型代表，使得我国种植的抗虫棉由以美国品种为主转变为以中国品种为主。六是现代信息技术的运用，近年来，3S 技术越来越多地应用到农业生物灾害的检测和防控中，如利用 GIS 绘制病虫害发生信息图，利用 GPS 导航飞机精确施药，利用 RS 监测害虫迁飞情况。

5. 分级预警和发布

根据国家规定，农业重大有害生物发生趋势预报由植保部门发布。依据灾情不同，将农业重大有害生物灾害事件分为四级：特别重大Ⅰ级、重大Ⅱ级、较大Ⅲ级、一般Ⅳ级。预警级别相应分为四级：特别严重Ⅰ级、严重Ⅱ级、较重Ⅲ级、一般Ⅳ级，颜色依次是红、橙、黄、蓝。特别严重、严重预警信息由省政府发布、调整和解除；较重、一般预警信息由市（州）、县（市、区）政府发布、调整和解除。

6. 完善法制，强化管理

要建立诸如防汛抗旱、动物检疫、森林防火等农作物生物灾害应急防控机制，建立重大生物灾害的监测会商机制、灾害预报机制、应急预案机制、应急处置机制、封锁扑灭机制、督导检查机制、责任追究机制等。国家及地方相关部门已经出台了如《重大外来林业有害生物灾害应急预案》、《农业重大有害生物及外来生物入侵突发事件应急预案》、《森林病虫害防治条例》、《植物检疫条例》、《动物检疫条例》、《自然灾害救助条例》等预案和条例，并将进一步完善补充，以法律法规的形式，对农业生物灾害的预防、检测、管理等进行规范约束，确保重大生物灾害能够早发现、早组织，及时准确控制。保证生物灾害的综合防治有法可依。

第四节　草业生物灾害

一、草业生物灾害的定义

草业生物灾害主要是指，严重危害草地的病、虫、草、鼠等有害生物在一定的环境条件下暴发或流行，造成草地生态系统退化、产草数量及其质量下降损失的过程。徐秀霞（2006）研究青海草地后认为，青海省草地主要生物灾害是鼠害、虫害、毒草。2010 年 5 月 7 日，新疆治蝗灭鼠指挥部发布消息，2010 年新疆草原生物灾害偏重发生，预计危害面积 1553.33 万 hm^2，其中，鼠害面积 533.33 万 hm^2，虫害面积 266.67 万 hm^2，毒害面积 666.67 万 hm^2，牧草病害面积 36.53 万 hm^2。我国草业生物灾害，从其成因上大体可分为病虫害、毒草害和鼠害等几大类。

二、草业生物灾害的特征

中国牧区集中分布在北部、西北部干旱、半干旱及西南部青藏高原地区。通常称内蒙古、西藏、新疆、青海、甘肃为我国五大牧区。因而，我国草业生物灾害主要集中分布在五大牧区，其特点主要表现为以下 4 个方面。

1. 分布面积广，灾害严重

我国草地资源丰富，五大牧区面积达 3.93 亿 hm^2，约占国土面积的 41.7%，仅次于澳大利亚，居世界第二位。然而，我国草地生物灾害在五大牧区中广泛分布，生物灾害也非常严重。2011 年，全国草地鼠害危害面积 3872.4 万 hm^2，全国草地虫害危害面积 1765.8 万 hm^2，分别占全国草地总面积的 10%和 4.4%。

2. 灾害种类多样，区域性明显

我国草业所遭受的生物灾害种类多种多样，主要种类有鼠害、虫害、毒草害、病害和突发性草原生物灾害等。在不同的牧区，所遭受的生物灾害种类不同，具有明显的区域性。2011 年，我国草原上发生的鼠害涉及河北等 13 个省（自治区），其中，危害严重的青海、内蒙古、西藏、甘肃、新疆、四川 6 省（自治区）面积达 3480.1 万 hm^2，占全国鼠害危害面积的 89.9%。2011 年，我国草原虫害主要发生在河北等 13 个省（自治区），其中，危害严重的内蒙古、新疆、青海、甘肃、四川、宁夏 6 省（自治区）面积达 1481.5 万 hm^2，占全国草原虫害危害面积的 83.9%。

3. 等级性

草原上发生鼠害、虫害、毒草害、病害等生物灾害时，一般是按照灾害发生的面积和灾情大小，将其分为1、2、3三个等级。在三个等级中，1级表明灾害发生面积最大，灾害最严重；2级表明灾害发生面积相对小些，灾害有些严重；3级表示灾害发生面积小，灾情较轻。灾害发生后，一般是分级响应，并采取相应的应急防治机制。

4. 不确定性与长期性

草原上生物灾害的治理是一项长期性的工作，因为导致生物灾害发生的因素很多，非常复杂。气候的变化、人类活动的影响，有害生物生长环境的变化，以及当前草原生物灾害监测预警工作中存在的技术难题等，都会导致草原上生物灾害发生的不确定性。

三、草业生物灾害成因

草地生物灾害防治中还存在许多问题，这也正是草地生物灾害防治工作依然严峻的根本原因。

1. 过于依赖化学防治，而对综合治理认识不够

人类为了保护植物，而与鼠害、虫害、病害斗争了几千年。然而，在整个防治历史中，大多采用的是单一的化学方法，防治效果并不理想，而且还产生了对人和环境不利的影响。例如，采用化学药物后，污染了环境，杀伤甚至杀死了天敌，产生或增加了抗药性等。我国于1975年确立了“预防为主，综合防治”的植保方针；联合国粮农组织也于1976年在意大利罗马召开“有害生物专家讨论会”，首次提出了有害生物综合治理的概念。然而，我国草原植保工作至今仍是以化学防治为主，让人担忧。

2. 缺乏对草原生物灾害防治技术的系统研究

我国的草原植保工作起步较晚，总体上说，投入少，专业人才少，监测预报防治水平低。尤其是对我国草原上蝗虫灾害体系，如蝗虫活动规律、药物种类与剂量、捕捉器械、安全有效天敌等的研究，还相当薄弱和缺乏。目前所做的一些科研工作，还远远达不到实际防治工作的需要，导致面对草原生物灾害，缺乏防灾救灾的快速高效手段。我国草原上毒草的危害还没有引起重视，治理工作还停留在小面积试验阶段，还没有列入防治计划，毒草的防治难度极大。

3. 基础设施与监测预警体系落后

我国草原广布，但生物灾害也是越来越严重。在牧区各级草原站，基础设施薄弱，设备落后，仪器设备陈旧，专业人才缺乏，预测预报规模小，体系还不够完善，技术落后，预测预报水平低。例如，对草原上蝗虫灾害的预测预报技术明显落后，因而预报预警不准确、不及时，使救灾难度加大。

4. 经费投入不足

我国草原上发生鼠害、虫害、病害的重灾区，大多是我国的少数民族地区、边疆地区、贫穷地区，经济不发达，地方财政十分困难，人民生活水平低，灾区根本拿不出更多经费来防治和解决草原鼠害、虫害等问题。

四、草业生物灾害的防治对策

应对草地生物灾害，可以从以下 4 个方面思考对策。

1. 加强草原管理，积极开展草原综合治理

加强草原管理，通过改变当前牧业的短期行为，实行以草定畜、分区轮牧等方式，坚持草地生态经济社会效益的统一。草的生物灾害治理，是一个涉及生物学、生态学、经济学和社会学的综合问题，需要合理利用化学、物理、生物等方法和手段，防止草地退化，辅以保护天敌等措施，从而促进草地生态系统良性循环。

2. 加强预测预报，提高精准度

目前，全国牧区建立的灾害预测预报站点数量还较少，预测水平也还不高，应当加大科技培训力度，尽快健全和完善生物灾害网络监测平台，做到近期、中期、远期预报结合，健全宏观管理系统，提高预测预报技术水平，从而提高防治对策的适合度，及时采取相应的生物灾害应急预案。

3. 加强组织领导，提高认识

应正确认识草地生物灾害防治的重要性、长期性、复杂性和艰巨性，转变重治轻防、临时突击的被动局面。强化各级政府组织领导，改变观念、提高认识，动员相关社会力量，认真落实预防和防治措施，使草地灾害防治工作制度化、规范化、法制化。

4. 加大投入，积极开展生物防治

积极加大各级财政投入，探索生物灾害防治新技术、新方法和新器械。生物灾害防治是在采用新型、高效、低毒的化学农药快速防治的同时，应当积极采取生物防治为主的可持续治理措施，如采用安全天敌，坚持灭杀效果与环保并重，减少环境污染，促进草地生态系统的良性循环。例如，生物灭鼠、生物治蝗、器械灭鼠、毒草除拔等都是草地生物灾害治理中，值得大家选择的好方法。

第五节 水产业生物灾害

一、水产业生物灾害的定义

水产业灾害是指在水环境中，由于低温冷害、热害、旱害、暴雨、大风以及多个气象因子综合引起的气象性灾害，也包括生物入侵、水环境污染等，对所养殖的水生生物的生长、发育、繁殖、摄食造成影响，或是通过其栖息水环境的改变，对其产生危害。水产业灾害是农业灾害的一个组成部分，是指发生在渔区，给渔业经济、社会发展和渔区人员人身安全带来严重威胁和损害的一种自然社会现象，是自然生态系统与人类物质文化系统相互作用的产物。水产养殖业主要养殖的是各种鱼类，其他种类也有河蟹、小龙虾、甲鱼、大鲵等。

二、水产业生物灾害的特征

1. 受气象因素影响大，灾害强度逐渐增大

我国水产业主要是从事渔业生产，渔业生产赖以生存的水环境容易受气象因素的影响。近年来，我国气象的异常情况更加频繁，如台风、暴雨、洪水、高温、干旱等，种种极端灾害气候经常发生，尤其是在我国东部沿海地区，其经济发达，人口稠密，也是渔业生产集中的地区，极端性气象灾害对渔业生产形成严重的威胁，造成了巨大损失，对渔业生产带来了极大的负面影响。例如，罗非鱼，当水温低至 12～13℃时，会变得呆滞、少动、不进食，如果低温持续或进一步降温，有被冻僵而死亡的可能。

沿海的海水养殖和滩涂养殖比内陆的淡水养殖面临的气象情况更为复杂，更容易受到恶劣气候的袭击。受损后恢复生产困难，渔民返贫现象严重。

2. 灾害种类多种多样

我国水产业灾害类型多种多样，以我国安徽省为例，主要灾害有水灾、旱灾、水产养殖动物灾害、渔业水域污染灾害、风灾、低温等灾害；在其他地区，主要灾害还有热害、水体污染等灾害。

低温冷害对水产生物的影响在春、秋、冬季均可发生，主要是秋冬季降温过快，或春季升温过程中间歇性降温对水环境造成的危害。

热害，是出现高温天气时，超过了水产生物生命活动的温度上限，给水产生物造成高温热害。

旱害，是指由于某种原因，水环境缺水造成对水产业的危害。暴雨会造成高强度降水，容易造成塘池漫顶跑鱼虾，甚至决堤等危害。

风害，主要是大风的危害，通常伴随降温、暴雨等，所以，大风对水产养殖会造成极其不利的影响。

3. 大量减产，损失严重，逐年扩大

水环境的变化对渔业生产来说，是非常敏感的。水环境一旦发生不利的变化，会对渔业生产造成极大的影响，并造成重大损失。尤其是极端气象灾害对海洋渔业生产造成严重的损失。1991 年，江淮地区大面积洪涝灾害，自 6 月开始，金湖县遭受多次大暴雨袭击，全县水产业养殖受灾面积达 4368.1km^2，占当年养殖面积的 87.4%，共逃逸成鱼 466 万 kg，鱼种 28.06 万 kg，螃蟹 7 万 kg，死亡幼蚌 1500 万只，损失精饲料 51 万 kg，直接损失多达 2411 万元。2001 年，金湖县重点渔业镇涂沟镇，高邮湖养殖区遭受特大旱灾，受灾面积占养殖面积的 70%，绝收 296hm^2，经济损失超过 1000 万元。水环境灾害会导致水产品大量减产，对水环境生态安全带来巨大的隐患，对经济社会发展造成重大损失。

4. 灾害突发性强，预报困难，难以预防

随着海洋环境的恶化，海洋环境气象灾害不断增多，人类对台风等突如其来的极端性气候还缺乏准确的预报以及充分的准备，从而不能采取有效的防灾措施。例如，2006 年第 8

号台风桑美，在发生之前，气象部门发出警告，预报台风强度会达到 17 级，而后，据气象部门监测，当时风力最强时高达 19 级，因而造成了巨大损失。

三、水产业生物灾害的成因

1. 气象因素变化大

水产养殖是在一定的气象条件下进行的，不利的气象条件不但会影响水产养殖的丰歉，还会给水产养殖造成灾害。我国地处东亚季风区，是典型的大陆季风气候，季风影响明显，气候灾害频繁。东南部沿海是我国水产业养殖的主要区域，受副热带高压与热带气旋影响极大，主要灾害是台风、风暴潮、洪涝，其次是地震、冰雹、地面沉降等。水环境经济系统承灾能力较低，易受到气象天气变化的影响。

2. 外来生物入侵水环境

外来生物入侵水环境，通过竞争食物、空间等方式，抑制本土物种的生长和繁殖，会使得水生生态系统的种群结构趋于简单，物种多样性下降。例如，人们将新疆额尔齐斯河的河鲈引入到南部的博斯腾湖后，使得原来分布于该湖的本土物种大头鱼基本灭绝。生物入侵后，水环境质量会下降，不利于原有生物生存。2003 年，我国渤海湾爆发大面积赤潮，原因是潮异弯藻、夜光藻和球形棕囊藻等外来藻类过度繁殖导致了赤潮的发生，严重影响了渤海的水环境质量。外来生物入侵水环境，还会导致本土物种基因突变和缺失，造成遗传多样性丧失，生物群落部分功能弱化，生态系统多样性也会降低。我国常见的入侵水生植物物种有水花生、大米草、水葫芦等，常见的入侵水生动物物种有巴西龟、食蚊鱼、清道夫、虾虎鱼、河鲈、大瓶螺、食人鲳、银鱼、草鱼、牛蛙、福寿螺等。

3. 水环境污染严重

水污染是指由于人类活动产生的污染物排入水体，使水和底泥的物理和化学性质以及其中的生物组成发生变化，从而降低水体使用价值的现象。人类活动产生的污染物包括未经处理的工业废水、农业废水和生活污水等。随着我国经济建设步伐的加快和深入，工程建设、经济活动等人类活动带来的水环境污染问题更加突出，给我国水产业带来了严重的危害。污染在改变水环境的同时，水生生物的自然种群结构和数量发生了逆向变化。例如，我国江苏洪泽湖，1956 年时，总捕鱼量 2109 万 kg，1979 年下降到 887 万 kg，而梅鲚等小型鱼类捕捞量从 1969 年的 18.8 万 kg，上升到 1971 年的 86.6 万 kg，1977 年更是高达 158.6 万 kg，螃蟹、鳗鱼等部分种类大幅度减少。

1956 年，日本水俣县发现了一种怪病，也是 20 世纪五六十年代国际公认的八大公害事件之一，轰动世界的水俣病事件。最初出现在猫身上，抽搐、跳水而亡，被称为“自杀猫”，后来出现在人身上，患者脑部中枢神经系统和末梢神经被侵害，精神失常，身体变形，直至痛苦而亡。事件的原因是因为工厂排放的废水中含有大量的汞，含汞废水污染了鱼类、贝类，人和猫食用了鱼类、贝类后患病。

四、水产业生物灾害治理对策

1. 建立渔业气象灾害管理体系

渔业气象灾害发生后，会给渔民的生产生活带来严重的威胁，目前还缺乏完备有序的灾害预防制度和灾后救助补偿措施。因而急需建立专门的灾害管理和保障制度，以保护渔业生产的连续性发展，保障渔民正常生活。具体工作是需要科研部门加强台风等极端气象灾害的研究，提高其监测预警能力，由政府出面牵头建立渔业气象灾害保险制度，使气象灾害风险管理工作制度化、科学化，保障渔业生产的健康持续发展。

2. 积极开展各种工作，减小洪涝灾害对渔业的危害

主要减灾措施如下：第一，加强基础设施建设，增强抗灾能力。首先加强排涝设施建设；然后推进池塘改造升级，完善配套设施，解决池塘的安全隐患，提高抗灾能力。第二，加强抗灾技术研究与推广，提升科技抗灾能力。开展渔业灾害学研究，加强对水环境、水生生物的监测工作，尤其是对养殖水体的水质指标的监测，判断水体对养殖动物及人类的危害程度，采取相应措施，实现抗灾科学化；普及防灾抗灾知识，强化防灾意识；重视气象服务，提高灾害预警能力。第三，加强组织领导，提高抗灾效率。灾害发生后，要在第一时间做出反应，迅速组织社会各界力量抗灾救灾，把灾害损失降到最低限度。第四，因地制宜，调整养殖模式，科学引导，走合作经营之路。

3. 制订相应的预防和控制措施，减少外来物种入侵带来的危害

其具体措施如下：第一，建立外来物种的科学选育评估体系。在引入新的水生生物时，必须对其进行长时间、多指标实验观测，对其进行生物安全评估，确保引入的生物是安全的。第二，完善外来物种的可追溯档案体系。收集外来物种的资料，建立信息库，提高人类对外来生物的预警能力。第三，加强贸易运输和出入境物品检验检疫工作。严格按照我国《进出境动植物检疫法》规定，有效切断一切外来物种的途径，从源头杜绝入侵水生生物传播入我国境内。第四，完善防范生物入侵的法律法规体系。现有涉及水生生物入侵的法律法规，其内容有所不同，缺乏操作性和连续性，使得相关部门不便于开展工作。相关部门应当沟通协作，加强交流，增强相关法律法规的连贯性和有效性，进一步完善监管外来物种入侵水环境方面的法律法规体系，使其具有很好的操作性。

4. 加强水体污染的监测，积极防治水体污染，确保养殖水体安全

我国是一个水资源短缺的国家，人均水资源占有量不足 2200m^3，只有世界平均水平的 1/4。2009 年我国废水排放总量达 536.8 亿 t，水污染严重。水体污染的防治措施主要包括：第一，建立健全水环境保护法规，用法律手段根治工业污染源，减少水环境中污染物的来源，以有利于水生生物安全。第二，严格控制污水排放标准，加大对污水的监控力度，科学适度安全地开展污水利用，充分利用安全水体从事水产养殖业。第三，加大污水处理力度，完善污水处理系统。实行分散与集中相结合的污水处理模式，即工业污水要求各企业就地自行处理，居民生活污水采取集中处理的办法。第四，利用经济手段，如污水处理费、排污费的收取，建立起节约用水和防治污染的价格激励机制。

本章主要参考文献

常原飞，武红敢，董振辉，等. 2011. 国家级林业有害生物灾害监测与预警系统. 林业科学，(6)：93～100.

国家减灾委员会办公室. 2009. 生物灾害紧急救援手册. 北京：中国社会科学出版社.

国家林业局森林病虫害防治总站. 2009. 中国林业生物灾害防治战略. 北京：中国林业出版社.

霍治国，王石立. 2009. 农业和生物气象灾害. 北京：气象出版社.

江河，汪留全. 2010. 安徽水产业的主要灾害及减灾策略. 中国渔业经济，28 (1)：53～59.

李明阳，徐海根. 2005. 外来入侵物种对森林生态系统影响间接经济损失评估. 西北林学院学报，2 (2)：156～159.

刘春兴，侯雅芹，宋冀莹，等. 2013. 国外森林生物灾害立法探析：以美国、日本、德国和新西兰为例. 北京林业大学学报（社会科学版），12 (1)：1～5.

刘年喜. 2007. 农作物生物灾害的形势与对策. 中国植保导刊，27 (6)：41～43.

卢建林，郭中锋. 2010. 林业生物灾害防治基本原理及策略. 现代农业科技，(19)：168～169.

马爱国. 2008. 关于林业生物灾害防治工作的调查报告. 林业经济，(1)：33～36.

马庆丰. 2011. 加强林业生物灾害防治管理研究. 北京农业，(3)：161～162.

毛德华，等. 2011. 灾害学. 北京：科学出版社.

乔恒，高峻崇. 2011. 林业有害生物灾害应急管理. 北京：中国林业出版社.

任谊群，陈洪俊，路常宽. 2006. RS 在我国林业森林有害生物灾害监测中的应用前景. 植物检疫，20 (1)：39～41.

山内一也. 1981. 生物灾害的概念及其防治对策. 日本兽医师会杂志，34 (3)：101～106.

石岩生，柴雅莲，许毅洪. 2003. 草地生物灾害防治中存在的问题及对策. 草业科学，20 (4)：37～39.

宋建设. 1999. 盲目引种所致生物灾害及其防范对策. 植保技术与推广，19 (4)：35～36.

宋玉双，苏宏钧，于海英，等. 2011. 2006～2010 年我国林业有害生物灾害损失评估. 中国森林病虫，30 (6):1～5.

唐永金，潘剑扬. 2012. 我国近年农业气象与农业生物灾害的特点. 自然灾害学报，21 (1)：26～30.

汪官余，于孝东，姚维志. 2006. 外来水生生物入侵对我国渔业水域的影响. 水利渔业，26 (3)：62～64.

夏敬源. 2008. 我国重大农业生物灾害暴发现状与防控成效. 中国植保导刊，28 (1)：5～9.

徐秀霞. 2006. 青海省草地生物灾害现状及应对措施. 草业与畜牧，(8)：36～38.

延军平. 1990. 灾害地理学. 西安：陕西师范大学出版社.

闫峻，王焱. 2009. 林业生物灾害管理. 上海：上海科学技术出版社.

杨磊. 2008. 关注外来物种入侵保护森林健康. 中国林业，(4B)：38～39.

尤民生，刘雨芳，侯有明. 2004. 农田生物多样性与害虫综合治理. 生态学报，24 (1)：117～122.

张国庆. 2011. 生物灾害管理理论研究与生物灾害精确管理. 现代农业科技，(3)：20～23.

第七章　天文灾害

第一节　天文灾害的概念

天文灾害是指来自地球以外宇宙天体和太阳系统的异常状态和运动而形成的灾害，即来自宇宙太空的异常运动和变化导致的灾害。其主要包括太阳活动异常（黑子爆发、耀斑等）、新星爆发、陨击（陨石流）、彗星碰撞、电磁异爆、粒子流冲击、天体引力场变化、太阳辐射变化、宇宙射线异常、地球轨道或者姿态改变等。天文灾害致灾原因主要在于来自宇宙空间的能量和物质，尽管发生几率极低，但如果发生的话，它的后果是毁灭性的，而且随着时间的推移，其威胁将越来越大。地史学和古生物学的研究表明，在地球的漫长演化过程中，已经遭遇过多次地外天体的碰撞，使地表环境发生巨大变化，由此导致地球上生物的大规模绝灭，如许多学者推断恐龙的绝灭源于一颗小行星与地球的强烈碰撞。20世纪初发生于俄罗斯西伯利亚地区的“通古斯大爆炸”，曾使大片森林被毁；1976年我国吉林市附近发生罕见的陨石雨，覆盖数十平方公里的面积，幸好未造成严重危害。还有科学家广泛描绘过的小行星撞击地球事件，这尽管是小概率事件，但比较大的小行星（直径在5km以上）就足以对地球造成毁灭性的灾害。对这类灾害，人类目前难以抵御，只能加强观测与研究，尽早预报，尽早做准备。

空间科学研究表明，在太阳活动高峰期，经常发生太阳黑子大爆发，其间向宇宙空间抛射的电磁辐射、带电粒子流及超音速的太阳风，会引起地球高层大气结构、密度、温度、运动状态、电磁分布等发生急剧变化，进而“骚扰”人类活动。这种空间环境突发性的灾难事件，科学家称为“空间灾害性天气”。

越来越多的事实表明，由太阳活动引发的空间灾害性天气事件，已对现代文明构成严重威胁。例如，1989年3月13日因太阳“骚扰”而引发历史罕见的“空间灾害”事件，造成绕地飞行的人造卫星提前陨落、跟踪识别困难甚至变得六神无主闯入茫茫太空，低纬地区无线通信中断、轮船、飞机导航系统失灵，美国和加拿大北部变压器遭受连锁打击而烧毁，电网瘫痪引起国际社会一片哗然。1998年5月，美国银河4号卫星因受太阳风暴袭击而失灵，北美地区80％寻呼机、对讲机无法使用，金融服务陷入混乱，信用卡交易被迫中断。科学家还发现，一次太阳爆发相当于给地球人进行多次X射线检查，对机组人员及乘客，特别对宇航人员危害最大。因此，太阳剧烈活动期发出的强辐射，被认为是引起某些疫病的重要原因之一。我国卫星所产生的故障40％与空间天气有关，风云一号气象卫星、亚太2号通信卫星的失败就是太阳活动造成的。

第二节　太阳活动及太阳风暴

一、太阳的结构

太阳是太阳系的中心天体，是太阳系里唯一的一颗恒星，也是离地球最近的一颗恒星。

太阳是一颗中等质量的充满活力的壮年星，它处于银河系内，位于距银心约1万秒差距的悬臂内，银道面以北约8秒差距处。太阳的直径为139.2万km，是地球的109倍。太阳的体积为$141\times10^{16}km^3$，是地球的130万倍。太阳的质量近$2000\times10^{24}t$，是地球的33万倍，它集中了太阳系99.865%的质量，是个绝对至高无上的“国王”。太阳是个炽热的气体星球，没有固体的星体或核心。太阳从中心到边缘可分为核反应区、辐射区、对流区和大气层。太阳能量的99%是由中心的核反应区的热核反应产生的。太阳中心的密度和温度极高，它发生着由氢聚变为氦的热核反应，而该反应足以维持100亿年，因此太阳目前正处于中年期。太阳大气的主要成分是氢（质量约占71%）与氦（质量约占27%）。

太阳和地球一样，也有大气层。太阳大气层从内到外可分为光球、色球和日冕三层。光球层厚约5000km，我们所见到太阳的可见光，几乎全是由光球发出的。光球表面有颗粒状结构——“米粒组织”。光球上亮的区域叫光斑，暗的黑斑叫太阳黑子，太阳黑子的活动具有平均11.2年的周期。从光球表面到2000km高度为色球层，它得在日全食时或用色球望远镜才能观测到，在色球层有谱斑、暗条和日珥，还时常发生剧烈的耀斑活动。色球层之外为日冕层，它温度极高，延伸到数倍太阳半径处，用空间望远镜可观察到X射线耀斑。日冕上有冕洞，而冕洞是太阳风的风源。日冕也得在日全食时或用日冕仪才可观测到。当太阳上有强烈爆发时，太阳风携带着的强大等离子流可能到达地球极区。这时，在地球两极则可看见瑰丽无比的极光。

二、太阳活动

太阳活动指太阳大气层中一切活动的总称，包括太阳黑子、光斑、谱斑、耀斑、日珥和日冕物质抛射等。这些活动现象往往在强太阳风暴中全部出现，而在弱太阳风暴中则不一定出现，与空间灾害关系最密切的两种太阳活动分别是太阳耀斑和日冕物质抛射。

1. 太阳耀斑

太阳耀斑（solar flare）是一种最剧烈的太阳活动。一般认为发生在色球层中，所以也叫“色球爆发”。其主要观测特征是，日面上（常在黑子群上空）突然出现迅速发展的亮斑闪耀，其寿命仅在几分钟到几十分钟之间，亮度上升迅速，下降较慢。特别是在太阳活动峰年，耀斑出现频繁且强度变强。

别看它只是一个亮点，一旦出现，简直是一次惊天动地的大爆发。这一增亮释放的能量相当于10万～100万次强火山爆发的总能量，或相当于上百亿枚百吨级氢弹的爆炸；而一次较大的耀斑爆发，在一二十分钟内可释放巨大能量，除了日面局部突然增亮的现象外，耀斑更主要表现在从射电波段直到X射线的辐射通量的突然增强；耀斑所发射的辐射种类繁多，除可见光外，有紫外线、X射线和伽马射线，有红外线和射电辐射，还有冲击波和高能粒子流，甚至有能量特高的宇宙射线。

耀斑对地球空间环境造成很大影响。太阳色球层中一声爆炸，地球大气层即刻出现缭绕余音。耀斑爆发时，发出的大量的高能粒子到达地球轨道附近时，将会严重危及宇宙飞行器内的宇航员和仪器的安全。当耀斑辐射来到地球附近时，与大气分子发生剧烈碰撞，破坏电离层，使它失去反射无线电电波的功能。无线电通信尤其是短波通信，以及电视台、电台广播，会受到干扰甚至中断。耀斑发射的高能带电粒子流与地球高层大气作用，产生极光，并干扰地球磁场而引起磁暴。

此外，耀斑对气象和水文等也有着不同程度的直接或间接影响。正因为如此，人们对耀斑爆发的探测和其预报的关切程度与日俱增，正在努力揭开耀斑迷宫的奥秘。

2. 日冕物质抛射

日全食时，黑暗的太阳外围是银白色的光芒，像帽子似地扣在太阳上，因此称为日冕。日冕是太阳最外围大气。平时要观测日冕，需要用特别的日冕仪。日冕的范围很大，用日冕仪只可以观测到接近太阳表面的那部分日冕，一般叫做内冕。它的边界离太阳表面约有3个太阳半径那么远，或者说约为200万km。在此以外的日冕叫做外冕，它向外延伸到地球轨道之外。日冕的物质非常稀薄。内冕密度稍微大一些，但它的密度也低于地球大气的十亿分之一，几乎接近真空。日冕的形状很不规则，有时候呈圆形，有时候呈扁圆形，结构也很精细，在太阳赤道四周有很多向外流动的“冕流”伸向远处，太阳极区则有一些纤细的羽毛状的“极羽”。

日冕物质抛射（coronal mass ejection，CME）是从太阳的日冕层抛射出来的物质，通常可以使用日冕仪在白光下观察到。抛射出来的物质主要是电子和质子组成的等离子体（此外还有少量的重元素，如氦、氧和铁）伴随着日冕磁场。抛射速度在每秒几百公里至几千公里以上，每次抛射的物质总量可达上百亿吨。

Tousey在1971年12月14日第一次观测到日冕物质抛射。但抛射物抵达地球是被称为行星际日冕物质抛射，这可能会扰乱地球磁层，使地球层压缩延伸成尾状，并将数兆瓦特能量，注入地球上层大气。此过程造成特别强的极光。日冕物质抛射事件伴随着耀斑，会破坏无线电的传输，造成能量耗损（断电），并对人造卫星和电力传输线造成损害。

3. 太阳黑子

太阳黑子（sunspot）是在太阳的光球层上发生的一种太阳活动，是太阳活动中最基本、最明显的标志，是太阳表面温度相对较低、颜色较暗的区域。一般认为，太阳黑子实际上是太阳表面一种炽热气体的巨大漩涡，温度为3000～5000℃。因为其温度比太阳的光球层表面温度要低1000～2000℃（光球层表面温度约为6000℃），所以看上去像一些深暗色的斑点。太阳黑子很少单独活动，通常是成群出现。黑子的活动周期为11年，太阳黑子产生的带电离子，可以破坏地球高空的电离层，使大气发生异常，还会干扰地球磁场，从而使电信中断。

太阳黑子虽然颜色较“深”，但是在观测情况下，与太阳耀斑同样清晰显眼。天文学家把太阳黑子最多的年份称为“太阳活动峰年”，太阳黑子最少的年份称为“太阳活动谷年”。

三、太阳风暴

太阳风暴指太阳在黑子活动高峰阶段产生的剧烈爆发活动，爆发时释放大量带电粒子所形成的高速粒子流，严重影响地球的空间环境，破坏臭氧层，干扰无线通信，对人体健康也有一些的危害。

太阳会在太阳黑子活动的高峰时产生太阳风暴，它是由美国“水手2号”探测器于1962年发现的，它是太阳因能量的增加而使得自身活动加强，从而向广袤的空间释放出大量带电粒子所形成的高速粒子流，科学家把这一现象比喻为太阳打“喷嚏”。由于太阳风中的气团主要内容是带电等离子体，并以每小时 150 万～300 万 km 的速度闯入太空，因此它会对地球的空间环境产生巨大的冲击。

太阳风暴随太阳黑子活动周期每 11 年发生一次，当每 11 年周期终结时，太阳黑子数目将会下降，太阳风暴会衰减，所有都会风平浪静。这个“太阳活动极小期”并不长久，在一年以内，黑子和风暴将逐渐变强，一个新的太阳活动高潮即将降临。截至 2011 年，人类对太阳黑子数量较为完整的记录积累了 23 个周期。

第三节 天 体 撞 击

天体撞击是各种天体发生碰撞的现象。在太阳系中，除了八大行星外，还存在着为数众多的小行星和彗星，这些小天体在运行中不时会接近甚至撞上其他行星。可能会撞上地球的小行星或彗星统称为“近地天体”（near-earth object，NEO)。近地天体撞到地表时，会造成一个比自身直径大 10 倍的洞，而实际破坏的范围更远超于此。天体在空间沿某一轨道运行时，在同一时刻于同一位置与另一运行轨道的天体发生碰撞。例如，在近地空间中大约有 100 颗 Atens 小行星，700±300 颗 Apollos 小行星和约 500 颗 Amors 小行星，其中目前已观测到约有 50 颗的运行轨道可与地球轨道相交，就可能发生相撞。

1994 年 7 月 16～22 日，一颗命名为苏梅克·列维 9 号的彗星断裂成 21 个碎块（其中最大的一块宽约 4km)，以每秒 60km 的速度连珠炮一般向木星撞去。它可能是望远镜发明以来人类所能观察到的第一次大规模天体相撞。

通古斯大爆炸是 1908 年 6 月 30 日上午 7 时 17 分发生在现今俄罗斯西伯利亚埃文基自治区上空的爆炸事件。爆炸发生于通古斯河附近、贝加尔湖西北方 800km 处，北纬 60.55°，东经 101.57°，当时估计爆炸威力相当于 2000 万 t TNT 炸药，超过 2150km^2 内的 6000 万棵树焚毁倒下。通古斯大爆炸六大热门假说：陨石撞击说、核爆炸说、外星人飞船说、反物质撞击说、黑洞撞击说、彗星撞击说。

1976 年 3 月 8 日 15 时 1 分 50 秒左右，一颗重约 4t 的陨石从地球公转轨道的后方以每秒 15～18km 的相对速度追上地球，在吉林市郊区附近县镇，随着一阵震耳欲聋的轰鸣，一个大火球在白天从天而降，由于受到高温高压气流的冲击，吉林陨石不断发生破裂，在 19km 的高空发生了一次主爆裂，大大小小的陨石碎块散落下来，形成了吉林陨石雨。吉林陨石雨降落在吉林市、永吉县及蛟河市近郊附近方圆 500km^2 的范围内。这是世界上最大的石陨石雨。当时共收集到陨石标本 138 块，碎块 3000 余块，总重 2616kg。其中，最大的一块陨石吉林 1 号陨石冲击地面造成蘑菇云状烟尘，并且砸穿冻土层，形成一个 6.5m 深，直径 2m 的坑。这块陨石重达 1770kg，属于 H 球粒陨石，该陨石呈棕黑色，上有气印。

第四节 宇宙射线异常

宇宙射线（cosmic ray）简称“宇宙线”，是从宇宙空间射向地面的高能粒子流。1912 年，德国科学家韦克多·汉斯带着电离室在乘气球升空测定空气电离度的实验中，发现电离室内的电流随海拔升高而变大，从而认定电流是来自地球以外的一种穿透性极强的射线所产生的，于是有人为之取名为“宇宙射线”。宇宙线主要是由质子或氢原子核、氦核、铁核等裸原子核组成的高能粒子流；也含有中性的伽马射线和能穿过地球的中微子流。宇宙线高能粒子应起源于各种高能天体或天体高能过程。太阳和其他恒星表面的高能活动、超新星爆发、脉冲星、类星体和活动星系等，都可能是宇宙线源。

宇宙线高速运动的粒子到达地球后，首先撞击地球外层大气，这些宇宙射线称作原辐射。这时它们同空气分子相碰撞，并把分子击碎，从而产生各种各样能量同原辐射差不多一样的高能粒子。这些空气分子被撞爆炸而形成的这些新粒子就构成了“次级辐射”。这些次级辐射有一部分能到达地面，并穿入地壳好几米深。有一小部分辐射会从人体穿过，这样的辐射有时会对细胞造成偶然性的损害，这可能就是使基因产生突变的因素之一。如果这样的辐射足够多，就会使大量的细胞受到损伤以致使人死亡。

在大气层以外的空间中，宇航员面临着源辐射的十分猛烈的轰击。这时，屏蔽也起不了太大的作用。因为超高能粒子撞击在任何屏蔽物原子上，都会产生次级辐射。这些次级辐射会朝飞船内部像弹片那样向四面八方飞散。如果屏蔽用得不合适，那实际上可能造成更坏的后果。这种危险的大小完全取决于外层空间中宇宙线的活性有多大，特别是些质量确实很大的粒子的数量，因为大多数损害都是这类粒子造成的。

第五节　超新星爆发

超新星，是某些恒星在演化接近末期时经历的一种剧烈爆炸。根据现在的认识，超新星爆发事件就是一颗大质量恒星的“暴死”。对于大质量的恒星，如质量相当于太阳质量的8～20倍的恒星，由于质量的巨大，在它们演化的后期，星核和星壳彻底分离的时候，往往要伴随着一次超级规模的大爆炸。现已证明，1572年和1604年的新星都属于超新星。在银河系和许多河外星系中都已经观测到了超新星，总数达到数百颗。可是在历史上，人们用肉眼直接观测到并记录下来的超新星，却只有6颗。

理论而言，质量介于太阳的8～25倍的恒星会在一场超新星爆炸中结束自己的生命。当这颗恒星耗尽所有可用的燃料，它就会突然失去一直支撑自身重量的压力，它的核心坍缩成为一颗中子星或者黑洞——一颗毫无生气的超致密残骸，外侧的气体包层则会以5%的光速抛射出去。

一颗超新星在爆发时输出的能量可高达10^{43}J，这几乎相当于我们的太阳在它长达100亿年的主序星阶段输出能量的总和。超新星爆发时，抛射物质的速度可达10000km/s，光度最大时超新星的直径可大到相当于太阳系的直径。1970年观测到的一颗超新星，在爆发后的30天中直径以5000km/s的速度膨胀，最大时达到3倍太阳系直径。在这之后直径又开始收缩。

超新星爆炸的破坏力非常可怕，爆炸如此剧烈，即便发生在距离地球几十光年远的地方，爆炸发出的强光也足以烤焦我们的地球。不过可以放心的是，距离地球最近并且在将来可能成为超新星的参宿四也有600光年，这是一个安全距离。

如果一颗超新星爆发的位置非常接近地球以至于它能够对地球的生物圈产生明显的影响，这样的超新星被称为近地超新星，它们到地球的距离粗略为100光年以内。超新星对类地行星所产生的负面影响的主要原因是伽马射线。对地球而言，伽马射线能够在高空大气层中引起化学反应，将氮分子转化为氮氧化物，并破坏臭氧层使地球表面暴露于对生物有害的太阳辐射与宇宙射线之下。根据 2005 年由美国国家航空航天局及肯萨斯大学的科学家作出的共同的研究结果，指出地球于 4 亿 5000 万年前的奥陶纪-志留纪灭绝事件，有可能是一颗极超新星释放出的伽马射线引起的，其过程持续了 10 秒，并摧毁了地球一半的臭氧层，使得太阳释放出的紫外线袭击地球，导致地面及近海面的大量生物死亡，从而破坏食物链。

本章主要参考文献

陈颙，史培军. 2007. 自然灾害. 北京：北京师范大学出版社.

李益敏. 2012. 灾害与防灾减灾. 北京：气象出版社.

徐道一，杨正宗，张勤文，等. 1983. 天文地质学概论. 北京：地质出版社.

第八章　人 为 灾 害

第一节　人为灾害概述

一、人为灾害的概念

纵观人类的历史可以看出，灾害的发生主要有两大原因：一是自然变异，二是人为影响。而其表现形式也有两种，即自然灾害和人为灾害。以人为影响为主因产生的灾害叫做人为灾害。人为灾害是由人类、人群或个人的各种错误、失误、蓄意制造或恶意破坏为主因造成的生命财产损失和生存条件被破坏的事件。人为因素与灾害发生的关系可以是直接的，也可以是间接的；可以是主动的，也可以是非主动的。人为灾害的发生可以是突发的，也可以是缓慢的，都给人类和环境带来严重后果。人为灾害主要包括自然资源衰竭灾害、环境污染灾害、火灾、交通灾害、人口过剩灾害、核灾害和各种生产事故、生活事故以及战争和社会动乱等造成的灾害。

二、人为灾害的分类

人为灾害通常分成行为过失灾害（如海难、空难、车祸、核泄漏、工程事故、医疗事故、生产事故、人为火灾、瓦斯爆炸等），认识灾害（如领导决策失误、思想观念僵化、忽视生态平衡、科技负作用等），社会失控灾害（如宏观经济失控、人口失控、城市失控、环境监测失控、治安失控等），政治灾害（如政治动荡、战争、社会腐败、道德沦丧等），以及生理灾害、犯罪灾害（纵火、人为破坏等），等等。

若按人的活动范围和行为主体分，人为灾害又大致分为以下 3 类：①生产活动型。人类为了生存、繁衍和发展要从事各种各样的生产性活动来创造人类生命及生活所需的物质财富和精神财富，由于人的生理特性和心理特性、人的科技文化素质、掌握生产技能的水平、认识事物判断能力的所限，难免产生人为失误。无论是技术性的、生理性的、心理性的失误都可能使灾害的风险在生产及其经营活动中诱发成灾难，如工业企业及矿山生产中常见的意外伤亡事故等。②社交活动型。也称非生产活动型，它指生活、生存活动领域由于人或群体的失误，破坏了社会活动的正常秩序，危害了和谐的人文环境而诱发了社会性的灾害，如交通车辆伤害、火灾、环境污染、流行疾病等。③人为致灾型。也称人祸天灾型或天灾人祸型，由于人为因素引发了自然灾害。例如，矿山不合理开采，引起地陷或坍塌；错误的开采和堆积诱发了山体滑坡或泥石流灾害；尾矿库垮坝；水库垮坝等。

车安宁等（2011）将认为，人为灾害属于广义的灾害范畴，可以再分为社会灾害、技术灾害、人文灾害、混合灾害等不同类型。社会灾害具有明显的社会属性，是指那些由少数人的恶意的直接主动行为所导致的程度严重的灾难。例如，邪教组织蔓延、谣言引起的恐慌、美国的“911 事件”、日本的地铁毒气事件、英国的汽车炸弹事件、索马里国际海盗现象、网络攻击、大的人为火灾、毒品泛滥、“三鹿奶粉”事件等。技术灾害虽然也是由人的因素所引发，但是完全有别于社会灾害，它是指由于技术因素而引发的各类灾害事故。一般是指由技术设计缺陷或技术操作失误所造成的重大事故或事件。例如，核电站泄漏（如 1986 年的切尔诺贝利事件）、印度重大化学品泄漏事件、大的油田井喷（如 2010 年的美国墨西哥湾重大油井泄漏事故）、海上油轮失事、重大铁路事故（如我国山东 2008 年火车相撞事故）、大面积电网崩溃（如 2003 年美国加州大停电、2005 年莫斯科大停电）、水下潜艇相撞、航天发射事故、空中飞机失事、大的矿难，历史上著名的“泰坦尼克号”沉船事件等，还有 2011 年发生于中国的温州动车脱轨事故，都属于典型的技术灾害。人文灾害是指在人类社会的文明进程中所形成的各类灾害，也是人类文明的“产物”。例如，人口膨胀、资源枯竭、粮食危机、石油危机、金融危机、经济危机、国际冲突、种族（宗教）冲突、战争、难民、政权危机、各类环境污染、水资源短缺、温室气体排放、人类抑郁症的增多、文明疾病增加、失业率增长等，都可以统称为人文灾害。混合灾害一般是指由多种因素引发的某种灾害，其中既有自然因素，也有人为因素或技术因素。混合灾害与人文灾害相类似，是由自然与人的因素叠加而引起的灾害。混合灾害与人文灾害有重叠部分，有相似部分，但是也有区别明显的部分。

三、突发公共事件

（一）突发公共事件的定义

突发公共事件是指突然发生，造成或者可能造成重大人员伤亡、财产损失、生态环境破坏和严重危及社会公共安全的紧急事件。

（二）突发公共事件的分类与分级

1. 突发公共事件的类型

根据突发公共事件的发生过程、性质和机制，主要分为以下 5 类。

(1) 自然灾害。其主要包括水旱灾害、气象灾害、地震灾害、地质灾害、海洋灾害、生物灾害和森林草原火灾等，如 2008 年年初的中国南方冰雪灾害、2008 年“5 · 12”四川汶川大地震等。

(2) 事故灾难。其主要包括工矿商贸等企业的各类安全事故、交通运输事故、危险化学品事故、公共设施和设备事故、核辐射事故、环境污染和生态破坏事件等，如 2006 年 2 月吉林化工厂有毒物质泄漏就给松花江沿岸城市的饮水安全一度带来极大威胁。

(3) 公共卫生事件。其主要包括传染病疫情、群体性不明原因疾病、食品安全和职业危害、动物疫情以及其他严重影响公众健康和生命安全的事件。“食品恐怖”正威胁着中国的老百姓，毒米、毒酒、毒奶粉、苏丹红及受污染的海产品等恶性食品安全事件层出不穷；“SARS”“H1N1”流感等蔓延全世界，造成社会恐慌和安全威胁。

(4) 社会安全事件。其主要包括恐怖袭击事件、民族宗教事件、群体性事件和涉外突发事件等。2001 年美国的“9 · 11”事件，2008 年西藏的“3 · 14”事件，2009 年新疆“7 · 5”严重暴力犯罪事件等。

(5) 经济安全事件。其主要包括金融安全、物价异常波动、因突发事件引起的能源、生活必需品供应严重短缺等事件。

根据突发公共事件的区域性，可分为以下 3 类。

（1）地方性突发公共事件。有限范围发生，影响范围小。一般只需地方政府应急处理机构应对，无需外来协助。但地方政府有责任和义务及时向上级报告，以备在扩大延伸和恶化时提供援助。

（2）区域性或国家性突发公共事件。需要中央政府出面调度资源救援处理，也需要各省或地方政府协调配合，如切尔诺贝利核泄漏、李登辉“两国”论、库尔斯克海难、哥伦比亚号解体。

（3）世界性或国际性突发公共事件，如卢沟桥事件、珍珠港事件、“9·11”事件。

2. 突发公共事件的级别

将突发公共事件划分为不同的级别，从而采取不同的应急措施，这是各国应急管理的共同经验。当前，西方发达国家政府预警系统一般都强调对突发公共事件进行分级预警管理，对程度不同的突发公共事件实行不同级别的认定并采取相应的对策。根据突发公共事件的可控性、严重程度和影响范围，一般分为 4 级。

（1）Ⅰ级（特别重大突发公共事件），是指突然发生，事态非常复杂，对公共安全、政治稳定和社会经济秩序带来严重危害或威胁，已经或可能造成特别重大人员伤亡、特别重大财产损失或重大生态环境破坏，需要国家或省、市统一组织进行应急处置的紧急事件。

（2）Ⅱ级（重大突发公共事件），是指突然发生，事态复杂，对一定区域内的公共安全、政治稳定和社会经济秩序造成严重危害或威胁，已经或可能造成重大人员伤亡、重大财产损失或严重生态环境破坏，需要省、市统一组织协调进行应急处置的紧急事件。

（3）Ⅲ级（较大突发公共事件），是指突然发生，事态较为复杂，对一定区域内的公共安全、政治稳定和社会经济秩序造成一定危害或威胁，已经或可能造成较大人员伤亡、较大财产损失或生态环境破坏，需要调度市多个部门及县、镇的力量和资源进行处置的事件。

（4）Ⅳ级（一般突发公共事件），是指突然发生，事态比较简单，仅对较小范围内的公共安全、政治稳定和社会经济秩序造成一定危害或威胁，已经或可能造成人员伤亡和财产损失，依靠县、镇的力量和资源能够处置的事件。

（三）突发公共事件的特征

（1）突发性。对能否发生，发生的时间、地点、爆发方式、发生程度等都始料未及，难以准确把握。主要源于三方面的原因：一是难以控制的客观因素，二是人们的知觉盲区，三是熟视无睹的细微之处。

（2）复杂性。事件的发生总是各种矛盾激化的结果，往往呈现出一果多因、相互关联、牵一发而动全身的复杂状态。其中隐含着事件发展的多变性，处置不当可加大损失、扩大范围、改变事件的性质。突发事件防治的组织系统也较复杂，至少包括中央、省市及有关职能部门、社区三个层次。

（3）破坏性。以人员伤亡、财产损失为标志，包括直接损害和间接损害，还体现在对社会心理和个人心理造成的破坏性冲击，进而渗透到社会生活的各个层面。

（4）持续性。在人类文明进程中，突发事件从未停止过。无数次突发事件使人类反思人与自然的关系，从而变得更加成熟，行为更加理性。突发事件一旦爆发，总会持续一个过程，表现为潜伏期、爆发期、高潮期、缓解期、消退期。持续性表现为蔓延性和传导性，一个突发事件经常导致另一个突发事件的发生。

（5）可控性。从系统论看控制是对系统进行调节以克服系统的不确定性，使之达到所需要状态的活动过程。

（6）机遇性。突发事件存在机遇或机会，机遇的出现有客观原因，偶然性之后有必然性和规律性。突发事件毕竟是人们不愿看到的，不应过分强调其机遇性。

（四）突发公共事件的危害及灾害链

我国每年因突发公共事件造成的损失惊人。例如，2003 年我国因生产事故损失 2500 亿元，各种自然灾害损失 1500 亿元，交通事故损失 2000 亿元，卫生和传染病突发事件损失 500 亿元，共计 6500 亿元，相当于损失我国 GDP 的 6%。

中国是世界上受自然灾害影响最为严重的国家之一，种类多、频度高、损失严重。受灾害影响人口大体在 2 亿左右，占全国总人口的 1/7 以上，在中国有着较强的社会性。随着经济建设的发展，灾害损失逐步增加。我国有 70%以上的大城市、50%以上人口、75%以上工农业产值分布在气象、海洋、洪水、地震等灾害严重的沿海及东部地区。我国每年因自然灾害造成的损失一般都要超过上千亿元。

国际政治经济格局的最新变化也使得国际间的冲突和危机出现新的特点。如“9・11”事件就显示了国际恐怖主义的巨大威胁。我国目前既是社会经济的关键发展期，同时又是矛盾凸显期，人民内部矛盾出现了一些值得重视的新问题，如果处置失当有可能出现社会危机。

第二节　自然资源衰竭灾害

自然资源通常指自然界中现存的并能为人类开发利用的各种物质、能量和条件。按能否再生的性质，自然资源可分为可更新（可再生）资源（如生物资源、水资源等）和不可更新资源（如矿产资源）；按自然资源在地球圈层中的分布，又可分为气候资源（大气圈）、水资源（水圈）、土地资源（地表）、矿产资源（地壳）和生物资源（生物圈）等。任何自然物质要成为自然资源，必须有两个基本前提：人类的需要和人类的开发利用能力，否则自然物只是“中性材料”，而不能作为人类社会生活的“初始投入”。

自然资源是解决人类衣、食、住、行、用等基本生活需求的物质来源，是人类文明和进步的物质基础，是人类生存和发展的必要条件。随着人口的快速增长和经济技术水平的提高，人类对自然资源的利用强度不断提高，土地、淡水、生物等资源都被过度利用，逐渐衰竭，可以酿成性质和后果极其严重的大灾害。

一、土地资源的衰竭

土地是由地貌、土壤、岩石、水文、气候、植被等所组成的自然综合体。土地资源是人类在生活和生产上已经开发利用和尚未开发利用的土地数量和质量的总和。其类型包括林地、耕地、草地、荒地、滩涂、水面、沼泽、人类居住地等。

土地资源是一切生产部门实现生产过程所不可缺少的生产资源，是人类赖以生存的物质基础中最重要的因素。但是，长期以来，人们没有很好地珍惜它和保护它，而是过度地利用甚至是任意地破坏它，造成了严重的土地资源衰竭问题。土地资源的衰竭主要表现在以下 4 个方面。

1. 耕地急剧减少

由于多种社会经济活动，如城市化、工业、军事、交通等建设占用大量的耕地，加上沙漠化、土地盐碱化和水土流失使耕地退化、废弃，也使耕地减少。

2. 荒漠化面积扩大

造成土地荒漠化的一个最重要的因素是森林的破坏和草原的退化。植被的破坏使土地裸露，容易遭受水蚀和风蚀，从而成为荒漠。同时，植被的破坏造成了大气系统的不稳定性，气象灾害增加，干旱、暴雨、大风频繁，土体被破坏的程度增大。

3. 水土流失严重

全世界各地都存在着严重的土壤侵蚀与水土流失。水土流失基本上是人为因素引起的。人类活动对水土流失的影响主要表现在对土地资源的不合理利用上，概括起来有以下 5 个方面：①乱砍滥伐、放火烧山、破坏森林，使土壤失去保护层，直接遭受风雨的侵蚀而流失；②陡坡开荒，不仅破坏地面植被，且因坡度大，又翻松了土壤，造成了侵蚀的条件；③不合理的耕作方法，如顺坡直耕，种植制度和施肥方法单一，破坏了土壤团粒结构和抗蚀性能；④过度放牧，使山坡和草原植被遭到破坏且得不到恢复，从而加剧水土流失；⑤工业、交通和基本建设中的破坏作用，如开矿、建厂、筑路、伐木、挖渠、建库中开挖土地，直接引起水土流失。

4. 土壤盐碱化，土地肥力下降

土壤盐碱化是土地资源衰竭的又一表现。含盐碱是许多不毛之地的自然特征，但人类从多个方面增加了含盐碱地区的范围和含盐碱的程度。①扩大灌溉以及更广泛地采用各种技术提取水和使用水，能够造成土壤盐碱含量的增高。原因是地下水位的升高将盐分带到了表层而浓缩蒸发的结果；②许多农业用地（特别是水稻田）需要大量灌水，如此广泛的水面大量蒸发，土壤含盐碱量也就相应增加了；③沿海地区则由于过量抽取地下水引起地下水位下降，海水倒灌，造成土壤盐碱化。

盐碱含量的升高破坏了土壤的结构，使之成为不透水的、对植物根部生长不利的没有结构的土壤。由于不良的土壤结构和毒性，盐碱化土地中的植物大批死亡，成为光秃秃的不毛之地。

二、水资源衰竭

水是地球上分布最广和最重要的物质之一，以海洋水、河流水、湖沼和水库水、冰川水、大气水、生物水等形式存在，以气态、液态和固态三种状态分布于地表面、岩石圈内、大气层中和生物体内，在全球形成一个完整连续的水的系统——水圈。水不仅是重要的自然要素，生命的物质基础，而且也是人类生存发展不可缺少的一种自然资源。

（一）全球水资源储量的有限性

由于研究的领域不同或思考的角度不同，专家学者对“水资源”（water resources）一词的理解差异很大，对它的“定义”有四五十种之多。水资源通常是指在现有技术经济条件下，能被人类直接或间接开发利用的那一部分动态淡水水体。地球上的总水量是一定的，约13.86亿km^3，但其中96.5%是含盐量较高的海水，目前不能为人类大量地直接取用。而地球上含盐量不超过1‰的淡水仅占全球总储水量的2.53%，约0.35亿km^3。再加上这一微量比例的淡水中，大部分是固体冰川，被固定在地球两极和高山地带，在目前的技术水平上还难以利用；液态淡水中，又绝大部分是深层地下水，开采利用得也很少。所以目前人类容易利用的淡水有河水、淡水湖泊水、浅层地下水和土壤水等，储量为1065万km^3，只占全球淡水总量的30.4%，全球总储水量的0.77%。由此可见，水资源的储量是极其有限的，是十分宝贵的资源。

（二）水资源的衰竭

水资源的静态储量是极其有限的。尽管水资源是可再生的动态资源，但再生更新需要一定的过程，因此在一定时间和空间范围内，水资源是非常有限的。再加上，限于当前的技术经济条件，大部分洪水未被人类控制，白白地流归海洋，又有相当部分径流流经人烟稀少的热带雨林地区。

随工农业生产的迅猛发展，人口的急剧增长和城市化以及人们生活水平的提高，人类对水资源需求的数量和质量不断提高；与此同时，工业废污水、农业废污水和生活废污水的排放量也相应增加，结果使海洋、河湖和地下水等受到严重污染，使可利用的水资源大大减少，并严重地影响到人类的生活和健康。水资源的有限性以及人类耗水量的剧增与水污染的加剧，导致全球性的水资源危机。用水浪费和盲目开采加剧了水荒；水资源时空分布的不均匀，使得有些地区和有些时间缺水更加严重。

据科学界估计，全世界有半数以上的国家和地区缺乏饮用水，特别是经济欠发达的第三世界国家，已有70%，即17亿人喝不上清洁水，世界已有将近80%人口受到水荒的威胁。我国人均淡水为世界人均水平的1/4，属于缺水国家，全国已有300多个城市缺水，已有29%的人正在饮用不良水，其中已有7000万人正在饮用高氟水。每年因缺水而造成的经济损失达100多亿元，因水污染而造成的经济损失更达400多亿元。联合国就人类饮水问题作过专题研究，研究结果表明，不少儿童因得不到清洁饮水而过早死亡，其死亡人数每天竟多达几万名。国际自来水协会称，每年有2500万5岁以下的儿童因饮服受污染的水生病致死。在发展中国家，每年因缺乏清洁卫生的饮水而造成的死亡人数达1240万人以上。水污染被称作“世界头号杀手”。

我国的“水”存在两大主要问题：一是水资源短缺，二是水污染严重。有资料显示，我国是一个干旱缺水严重的国家。人均淡水资源仅为世界平均水平的1/4，在世界上名列110位，是全球人均水资源最贫乏的国家之一。人均可利用水资源量仅为900 m^3，并且分布极不均衡。20世纪末，全国600多座城市中有400多个城市存在供水不足问题，其中比较严重的缺水城市达110个，全国城市缺水总量为60亿m^3。据监测，全国废污水排放量由1980年的315亿t增加到2002年的631亿t。多数城市地下水受到一定程度的污染，并且有逐年加重的趋势。日趋严重的水污染不仅降低了水体的使用功能，还进一步加剧了水资源短缺的矛盾，而且还严重威胁到城市居民的饮水安全和健康。华北平原地区是我国粮食的主产区，但该地区的水资源严重匮乏，由于常年抽取地下水进行农田灌溉，有的地方地下水位下降迅速，使很多水井干涸。整个地区面临着严重的水资源危机。养育中华民族的母亲河黄河冬季常常断流，全国有 600 多座大中型城市严重缺水。可以说，水资源危机将是我国可持续发展的重要限制因素。

三、生物资源衰竭

由于人类对森林的破坏，对草原的过度放牧，对野生动物的过度捕猎，各种动物和植物资源也逐渐衰竭。

（一）森林资源衰竭灾害

森林资源的减少均是人类社会经济活动的结果。工业伐木、毁林开荒、破坏性森林火灾等都直接造成了森林资源的日渐衰竭。

1. 森林对人类生存的影响

森林是指以乔木为主体，包括灌木、草本植物以及其他生物在内，占有较大的空间，密集生长，并显著影响周围环境的生物群落。森林为原始人类提供了栖息环境和基本的生活条件。人类发展史中，人类绝大部分时间都在陆地上，森林生态系统是养育人类和支撑人类文明的基础，有着重要的生态效益、经济效益和社会效益。

1）森林物质产品为人类社会经济发展提供了物质基础

木材是目前世界四大材料（木材、钢材、水泥、塑料）之一，在经济建设中起到了十分重要的作用；森林是仅次于煤、石油、天然气的第四大能源，在化石能源日益枯竭的未来，森林能源的可再生性与环保性则显示出了其巨大的发展空间，对人类将来的能源发展具有十分重要的战略意义；森林资源中的其他动植物资源，为人类社会的经济发展提供了丰富的、极其重要的森林食品、森林药品和工业原材料。

2）森林生态效益为人类社会发展提供了生态基础

森林是陆地生态系统的主体，健康的森林是实现人与自然和谐的关键。尤其是在生态危机日益突出的今天，森林在应对气候变化、防沙治沙、治理水土流失、保护生物多样性、改善城市环境等方面起到了不可替代的作用，森林是保持生态平衡、维护生态安全的主体，是人类社会发展的基石。

森林是天然制氧厂和消声器，森林有自然防疫作用。树木能分泌出杀伤力很强的杀菌素，杀死空气中的病菌和微生物，对人类有一定的保健作用。例如，1hm^2 桧柏林每天能分泌出 30kg 杀菌素，可杀死白喉、结核、痢疾等病菌。

森林有除尘和对污水的过滤作用。工业发展、排放的烟灰、粉尘、废气严重污染着空气，威胁着人类健康。高大树木叶片上的褶皱、茸毛及从气孔中分泌出的黏性油脂、汁浆能黏结大量微尘，有明显阻挡、过滤和吸附作用。据资料记载，每平方米的云杉，每天可吸滞粉尘 8.14g，松林为 9.86g，榆树林为 3.39g。一般来说，林区大气中飘尘浓度比非森林地区低 10%～25%。另外，森林对污水净化能力也极强，据国外研究介绍，污水穿过 40m 左右的林地，水中细菌含量大致可减少一半，而后随着流经林地距离的增大，污水中的细菌数量最多时可减至90%以上。

3）森林文化为人类提供了文明基础

生态文化是生态文明的主体，森林文化是生态文化的主要源泉。森林文化除了给人类提供了丰富多彩的感官享受文化外，还给人类提供了博大精深的森林精神文化。

森林文化的内涵，随着文明的发展阶段不同而不同，在原始文明、农业文明、工业文明时代，其内涵关键词可以分别概括为“崇敬”“采伐”“征服”。在生态文明阶段，森林文化可以表述为森林文化是以人与森林和谐共荣的所有财富总和。

狭义的森林文化可以理解为人与森林和谐共荣的精神财富。森林精神，是人类在充分体验森林文化快感的同时，将森林人格化，在我们与森林进行精神交流的同时，将其中值得我们学习的东西，作为自己行动的榜样。长此以往，榜样演化成道德规范，深入人的内心世界，形成一种世界观。在自然生态系统中，各非生物因子、各生物间通过物质链、能量链、信息链相互联结构成一个和谐的生命体，这个巨大的生命体为其他生物无私地提供了生存生活空间，各生物间众生平等、自律互利、公平竞争，并充分高效地利用系统中物质、能量与信息，各生物间勤俭合作，使得这个有机生命体不断发展，长荣不衰。我们人类应该从中吸取大自然这种伟大的精神，自觉约束，施万物以博爱，公平竞争，推进人类社会与大自然共同进步与繁荣。

因此，植树造林，扩大森林面积，增加森林资源，已不再是生产木材的单纯性活动，而是关系到经济效益、社会效益、环境效益及人类能否生存的大事。

2. 森林资源的衰竭灾害

历史上，森林曾覆盖了地球陆地面积的2/3，达到76亿hm^2。从1万年前人类发展粗放畜牧业和进行刀耕火种时起，森林便遭受到了极大的破坏而日趋减少。进入20世纪以后森林减少的速度进一步加快。1980年，全球森林面积为43亿hm^2，1985年减少到41亿hm^2。目前，全世界森林约占陆地面积的32.3%。在各类森林中，以热带雨林的消失速度最快，发展中国家的森林资源衰竭尤为严重。

森林减少的主要原因是乱砍滥伐、只伐不植。而砍伐森林是为了取得木材、燃料或耕地。人类社会对这三方面的需求都在迅速增长，因此森林必然还会被大量砍伐。如果继续只伐不植，或多伐少植，则森林资源的衰竭会以加速度进行。

由于人类与森林资源的密切关系，森林资源的衰竭将给人类和人类社会带来多方面的危害，成为一种后果严重的灾害。森林的丧失将使人类取得木材、药材、薪柴等生产和生活原料变得极其困难。森林的大面积丧失使生物圈初级生产生物产量大大降低，次级生产产量也随之降低，从而大大削弱了人类生存和发展的物质基础。森林的大面积丧失将严重危害人们的健康。森林的大面积丧失将使气候恶化，干旱、洪涝加剧，水土流失和土地沙漠化更为严重。

（二）物种资源衰竭灾害

地球自出现生命以来，到现今形成了约1000万种动物、植物和微生物。人类的出现加速了物种的灭绝，特别是进入近代社会以来，这一趋势更加明显。人类的活动使物种绝灭速度加快，造成了物种资源的衰竭。造成物种资源衰竭的原因主要有三个方面：生物栖息环境的改变和破坏、滥捕乱猎和环境污染。物种资源衰竭会产生下述四个方面的严重后果：一是破坏生态平衡；二是影响优良品种的选育；三是减少药物来源；四是危害工业的发展。

生物多样性是指一定范围内多种多样活的有机体（动物、植物、微生物）有规律地结合所构成稳定的生态综合体。这种多样包括动物、植物、微生物的物种多样性，物种的遗传与变异的多样性及生态系统的多样性。其中，物种的多样性是生物多样性的关键，它既体现了生物之间及环境之间的复杂关系，又体现了生物资源的丰富性。我们目前已经知道大约有200万种生物，这些形形色色的生物物种就构成了生物物种的多样性。

生物多样性资源是自然资源的重要组成部分，是可再生的资源。地球上的生物多样性以及由此形成的生物资源构成了人类赖以生存的生命支持系统，是人类生存和发展的基础。人类社会从远古发展至今，都建立在生物多样性的基础上。它为人类提供所需食物、医疗保健药物、生物能源及工业原料，并维系着人类未来生物工程所需的巨大潜在的遗传基因库，对人类物质文明建设具有重要的现实价值，同时还提供了保护生态环境的服务功能；它极其重要的社会、伦理和文化价值，对促进人类精神文明和伦理道德的健康发展也具有极大的意义。

生物多样性正遭受着前所未有的破坏，目前世界上每小时就有一个物种消失。这是地球资源的重大损失，因为物种一旦消失，就永不再生。消失的物种不仅会使人类失去一种自然资源，还会通过食物链引起其他物种的消失。据国外的科学家估计，物种丧失的速度比人类干预以前的自然灭绝速度要快1000倍。据联合国环境规划署估计，在未来的20～30年中，地球总生物多样性的25％将处于灭绝的危险之中。在1990～2020年，因砍伐森林而损失的物种，可能要占世界物种总数的5％～25％，即每年损失15000～50000个物种，或每天损失40～140个物种。在世界自然保护联盟（International Union for Conservation of Nature and Natural Resources，IUCN）2009年公布的红色名录中，2008年全世界有2496种动物、8457种植物受到灭绝威胁。中国的不少特有物种，如小熊猫、大熊猫、东北虎、华南虎、亚洲象、麋鹿、犀牛、藏羚羊、丹顶鹤、扬子鳄、中华鲟、水杉、银杏、红豆杉、阔叶苏铁、长白松等都面临灭绝威胁。

导致物种濒危和灭绝的原因是多方面的。按进化论的观点，生物物种在其长期进化、发展和对环境适应过程中，一些种类生活力差，竞争不过其他种类或者不能适应环境的变化，就会被自然淘汰。地球自然气候的剧烈变化，特别是历史上的冰期和冰期后干热期的出现，使过去许多繁茂的物种完全灭绝，现在只能从化石中找到它们，如恐龙。一些自然灾害，如火山爆发、洪水泛滥、陆地升沉、森林火灾和特大干旱等，都可能导致物种消失。就当前而言，大量物种灭绝或濒临灭绝，更多是由于人类各种生产生活活动引起的，过度的人类活动使得那些适应能力很强的物种也难以生存。

生物多样性消失的人为原因，归纳起来主要有以下5种。

1. 人口剧增

自从有了人类以来，人口的数量就在增长。特别是19世纪工业革命后，人口的增加就成了全球的主流，在经济发展中国家最为明显。1830年全球人口只有10亿人，1930年达到20亿人，1960年达到30亿人，1975年达到40亿人，1987年上升到50亿人，1999年10月12日达到了60亿人，2011年10月31日达到70亿人。

人口增加带来对生存空间和食物需求的增长，这使得许多地区变成了农田、人工林、人工草场、村庄、城镇、工厂、道路等；随着全球人口的急剧增长，对自然资源的需求量日益增多。这是物种灭绝的最主要的原因。

2. 栖息地生境的破坏和改变

生物多样性减少最重要的原因是生态系统在自然或人为干扰下偏离自然状态，造成生境破碎，生物失去家园。一些人为因素，如大面积采伐森林、围湖（海）造田、草地滥垦等，都会破坏和改变生物生存的生态环境，致使物种濒危或灭绝。特别是热带地区，采用刀耕火种、轮歇农业的生产方法，大面积采伐热带森林后，进行炼山、垦殖，种植农作物、其他经济植物或作为牧场，原有的森林环境遭到破坏，大量物种几乎全部被毁。在干旱草原和荒漠地区，过度放牧、不合理的草地开垦，使得大量的原生植被受到破坏，沙漠化和盐碱化面积不断扩展。干旱地区环境一旦遭到破坏，极难恢复，物种灭绝的速度要比森林地区更快。大规模的围湖（海）造田，使沿岸植物毁灭，湖水区域生活的动植物生境及鱼类产卵地极度破坏，使水生生物完全失去了栖息场所。

3. 环境污染

人类生产生活活动排放的大量有害气体、有害物质、粉尘等，都会导致大气、土壤和水体污染。环境污染会导致生物多样性在遗传、种群和生态系统三个层次上的降低。

污染对生物的危害程度，取决于污染物的种类、浓度、受害时间长短及生物体自身的抵抗能力。森林在经受大气污染和酸雨侵袭后，可能产生严重的病虫害，许多敏感的物种种群数量减少或消失。造纸、制糖等产生的大量污水排入江河，使淡水水域和海域生态系统受到污染的影响更为严重。有毒物质，如汞、酚、铅等在水生生物体内富集，最直接的影响就是大量水生生物死去。而城市污水的排入，则大大促进了水域的富营养化，使浮游生物种类单纯化，水草、底栖动物和鱼类锐减，许多物种因而绝迹。

4. 生物资源的过度开发利用

生物资源的过度开发利用也是导致物种灭绝的一个因素。在所有濒危、渐危的脊椎动物中，大约37%是由于过度利用而濒临灭绝境地的。例如，大象、海龟、犀牛、某些猴子、华南虎、东北虎等，因过度捕捉，造成种群数量剧减，迄今尚未得到恢复。一些天然野生药用植物，如人参、天麻、黄芪、砂仁、七叶一枝花、罗汉果等，如果仍然无限制地采收下去，必然要使它们陷入灭绝的境地。

5. 外来物种入侵

外来物种入侵是指对于一个特定的生态系统与栖息环境来说，非本地的生物（包括植物、动物和微生物）通过各种方式，进入此生态系统，并对该生态系统、栖境、物种、人类健康带来威胁的现象。也可以说，生物入侵是指生物由原生存地经自然的或人为的途径侵入到另一个新环境，对入侵地的生物多样性、农林牧渔业生产以及人类健康造成经济损失或生态灾难的过程。截至2013年，确定入侵我国的外来有害生物达到544种，其中危害严重的达100多种。国际自然保护联盟公布的全球100种最具威胁的外来入侵物种中，入侵中国的就有50余种。我国每年因此造成的经济损失超过2000亿元。

第三节　环境污染灾害

一、环境污染概述

人类社会经济活动的广度与深度都在不断扩大，生产出的物质越来越多，其中许多物质对生态环境具有强烈的污染作用。

环境污染是指由于人为的或自然的因素，使得有害物质或者因子进入环境，破坏了环境系统正常的结构和功能，降低了环境质量，对人类或者环境系统本身产生不利影响的现象。其中，引起环境污染的物质或者因子称为环境污染物或者污染因子，简称污染物或者污染因子。它们可以是人类活动的结果，也可以是自然变化的结果，或者是两者共同作用的结果。

按照污染因子的性质可以将污染分为化学污染（有机污染、重金属污染等）、生物污染（细菌、病毒、真菌等）和物理污染（噪声、振动、光、热污染、电磁辐射、核辐射等）；按照环境要素可以分为大气污染、水污染、土壤污染、生物污染、物理环境污染；按照污染产生的原因还可以分为工业污染、农业污染、交通污染、生活污染等。目前比较重要的全球性环境污染问题主要有温室气体过量排放造成的气候变化、广泛的大气污染和酸沉降、臭氧层破坏、有毒有害化学品污染及其越境转移，以及海洋污染等。

环境污染除了本身对人类以及环境造成危害以外，还降低了水、生物和土地等资源中可利用部分的比例，使得资源短缺的局面更加严峻；加重了生态破坏，加快了植被的破坏和物种的灭绝；直接导致一些生态灾难和环境灾难（石油污染、污染公害，污染事故等），环境污染还被怀疑是如厄尔尼诺、拉尼娜等新的“自然灾害”产生的原因。

二、大气污染灾害

（一）大气污染的定义及分类

大气污染，又称空气污染，是指由于人类活动或自然过程引起某些物质进入大气中，呈现足够的浓度，积累至足够的时间，并因此而危害了人体的舒适、健康和福利或环境的现象。所谓人体舒适、健康的危害，包括对人体正常生理机能的影响，引起急性病、慢性病，甚至死亡等；而所谓福利，则包括与人类协调并共存的生物、自然资源，以及财产、器物等。

自然过程包括火山活动、森林火灾、海啸、土壤和岩石的风化、雷电、动植物尸体的腐烂及大气圈空气的运动等。但是，由自然过程引起的空气污染，通过自然环境的自净化作用（如稀释、沉降、雨水冲洗、地面吸附、植物吸收等物理、化学及生物机能），一般经过一段时间后会自动消除，能维持生态系统的平衡。因而，大气污染主要是由于在人类的生产与生活活动中向大气排放的污染物质，在大气中积累，超过了环境的自净能力而造成的。

按污染所涉及的范围，大气污染大体可分为如下 4 类：①局部地区污染，如由某个污染源造成的较小范围内的污染；②地区性污染，如工矿区及其附近地区或整个城市的大气污染；③广域污染，即超过行政区划的广大地域的大气污染，涉及的地区更加广泛；④全球性污染或国际性污染，如大气中硫氧化物、氮氧化物、二氧化碳和飘尘的不断增加和输送所造成的酸雨污染和大气的暖化效应，已成为全球性大气污染问题。

按照能源性质和污染物的种类，可将大气污染分为如下4类：①煤烟型，由煤炭燃烧放出的烟尘、二氧化硫等造成的污染，以及由这些污染物发生化学反应而生成的硫酸及其盐类所构成的气溶胶污染。20世纪中叶以前和目前仍以煤炭作为主要能源的国家和地区的大气污染均属此类污染。②石油型，由石油开采、炼制和石油化工厂的排气以及汽车尾气的碳氢化合物、氮氧化物等造成的污染，以及这些物质经过光化学反应形成的光化学烟雾污染。③混合型，具有煤烟型和石油型的污染特点。④特殊型，由工厂排放某些特定的污染物所造成的局部污染或地区性污染，其污染特征由所排污染物决定。

（二）大气污染物

大气中污染物种类多、成分复杂、影响范围广，其中对大气环境影响较大的主要有颗粒物、氧化硫、氮氧化物、一氧化碳、碳氢化合物、硫氢化物、光化学烟雾、氟化物等。

1. 气溶胶污染物

气溶胶污染物是指固体粒子、液体粒子或它们在气体介质中的悬浮体。从大气污染控制的角度，按照不同的来源和物理性质，可将其分为以下4种。

1）粉尘（dust）

粉尘是指悬浮于气体介质中的小固体粒子，能因重力作用发生沉降，但在某一段时间内能保持悬浮状态。它通常是由于固体物质的破碎、研磨、分级、输送等机械过程，或土壤、岩石的风化等自然过程形成的，粒子的形状往往是不规则的。在气体除尘技术中，粒子的尺寸范围一般为1～200μm。属于粉尘类大气污染物的种类很多，如黏土粉尘、石英粉尘、煤尘、水泥粉尘、各种金属粉尘等。

在大气污染控制中，还根据大气中粉尘（或烟尘）颗粒的大小将其分为飘尘、降尘。飘尘是指大气中粒径小于10μm的固体颗粒，它能较长期地在大气中飘浮，有时也称浮游粉尘。降尘是指大气中粒径大于10μm的固体颗粒，在重力作用下可在较短时间内沉降到地面。大气中粒径小于100μm的所有固体颗粒称为总悬浮颗粒物（TSP）。

2）烟（fume）

烟一般是指由冶金过程形成的固体粒子的气溶胶。它是熔融物质挥发后生成的气态物质的冷凝物，在生成过程中总是伴有诸如氧化之类的化学反应。烟的粒子尺寸很小，一般为0.01～1μm。产生烟是一种较为普遍的现象，如有色金属冶炼过程中产生的氧化铅烟、氧化锌烟，在核燃料处理厂中的氧化钙烟等。

3）飞灰（flash）

飞灰是指随燃料燃烧产生的烟气飞出的、分散得较细的灰分。

4）黑烟（smoke）

黑烟一般是指由燃料燃烧产生的能见气溶胶。

在某些情况下，粉尘、烟、飞灰、黑烟等小固体粒子的气溶胶的界限很难明显区分开，在各种文献，特别是工程中使用得较混乱，根据我国的习惯，一般可将冶金过程或化学过程形成的固体粒子气溶胶称为烟尘；将燃料燃烧过程产生的飞灰和黑烟，在不需仔细区分时也称烟尘，在其他情况或泛指小固体粒子的气溶胶时则通称粉尘。

2. 气体状态污染物

气体状态污染物也称气态污染物，气态污染物包括无机物和有机物两类。

无机气态污染物有硫化物（SO_2、SO_3、H_2S等）、含氮化合物（NO、NO_2、NH_3等）、卤化物（Cl_2、HCl、HF、SiF_4等）、碳氧化物（CO、CO_2）及臭氧、过氧化物等。

有机气态污染物则有碳氢化合物（烃、芳烃、稠环芳烃等），含氧有机物（醛、酮、酚等），含氮有机物（芳香胺类化合物、腈等），含硫有机物（硫醇、噻吩、二硫化碳等），含氯有机物（氯化烃、氯醇、有机氯农药等）等。

直接从污染源排出的污染物称为一次污染物；一次污染物与空气中原有成分或几种污染物之间发生一系列化学或光化学反应而生成的、与一次污染物性质不同的新污染物，称为二次污染物。在大气污染中受到普遍重视的二次污染物主要有硫酸烟雾（sulfurous Smog）、光化学烟雾（photochemical smog）和酸雨。

硫酸烟雾是空气中的二氧化硫等含硫化合物在水雾、重金属飘尘存在时，发生一系列化学反应而生成的硫酸雾和硫酸盐气溶胶。光化学烟雾则是在太阳光照射下，空气中的氮氧化物、碳氢化合物和氧化剂之间发生一系列光化学反应而生成的淡蓝色烟雾，其主要成分是臭氧、过氧乙酰基硝酸酯（PAN）、醛类及酮类等。硫酸烟雾和光化学烟雾引起的刺激作用和生理反应等危害要比一次污染物强烈得多。

监测数据表明，在我国大气环境中，影响普遍的广域污染物为悬浮颗粒物、二氧化硫、氮氧化物、一氧化碳和臭氧等。

（三）大气污染源

大气污染物的来源包括自然过程和人类活动两个方面。人类活动排放的大气污染物主要来自3个方面：①燃料燃烧；②工业生产过程；③交通运输。前两者称为固定源，后者（如汽车、火车、飞机等）则称为流动源。此外，在污染源的调查与评价中，还常按污染物的来源分为工业污染源、农业污染源和生活污染源3类。

根据大气污染源的几何形状和排放方式，污染源可分为点源、线源、面源；按它离地面的高度可分为地面源和高架源；按排放污染物的持续时间可分为瞬时源、间断源和连续源。此外，污染源还可分为稳定源和可变源。冷源和热源等。通常将工厂烟囱的排放当作高架连续点源；将成直线排列的烟囱、飞机沿直线飞行喷洒农药、汽车流量较大的高速公路等作为线源；将稠密居民区中家庭的炉灶和大楼的取暖排放当作面源。大城市或工业区各种不同类型的污染源都有，则称为复合源。污染源的这种划分都是相对于扩散的空间和时间尺度而言的。例如，在研究某城市污染时，一个工厂的烟囱可视为点源，将该城市视为各种类型源的复合源；但当研究一个大的区域或全球污染时，却又把一个城市当作点源。

（四）大气污染的危害

大气污染将造成很多方面的危害，其程度取决于大气污染物的性质、数量和滞留时间。

1. 对人体健康的危害

大气污染对人体健康的危害包括急性和慢性两方面。急性危害一般出现在污染物浓度较高的工业区及其附近。慢性危害是在大气污染物直接或间接的长期作用下对人体健康造成的危害。这种危害短期表现不明显，不易觉察。据我国10个城市统计，呼吸道疾病的患病率和检出率在工业重污染区为30%～70%，而在轻污染区只有其1/2。

2. 居民生活费用的增加

大气污染造成的居民生活费用增加，包括清扫、洗涤和生活物质损坏三方面。根据1985年估算，每年全国损失达16亿元。

3. 物质材料的破坏

排入大气中的二氧化硫、氮氧化物、各种有机物等不仅直接腐蚀建筑物、桥梁、机器和设备，而且衍生的二次污染物光化学氧化剂、酸雨等能对这些物质材料产生更大的破坏。

4. 农林水产损失

大气污染物对我国农业、森林、水产造成严重的危害，其中特别是农业和森林受害最大，导致农业减产、林木衰败。

5. 影响全球大气环境

大气污染物不仅污染低层大气，而且能对上层大气产生影响，形成酸雨、破坏臭氧层、致使气温升高等全球性环境问题，可能给人类带来更严重的危害。

（五）全球性大气污染

1. 温室效应增强和全球气候变暖

1）温室气体与温室效应

大气中的水蒸气、二氧化碳和其他某些微量气体，如氟利昂类（CFCs）、甲烷等，可以让太阳的短波辐射几乎无衰减地通过，同时强烈吸收地面及空气放出的长波辐射。因此这类气体有类似温室的效应，称为“温室气体”。温室气体吸收的长波辐射部分反射回地球，从而减少了地球向外层空间散发的能量，使空气和地球表面变暖，这种暖化效应称为“温室效应”，又称“花房效应”，是大气保温效应的俗称（大气中的温室气体对地球的保温作用）。

已经发现，能产生温室效应的30多种气体中，二氧化碳起最重要的作用，它对暖化效应的贡献率达50%～60%，氟利昂、甲烷、氧化二氮和臭氧也起重要的作用。氟利昂是效应极强的温室气体，大气中其体积分数虽显著低于其他温室气体，但对暖化效应的贡献率却很大，达12%～20%。

自工业革命以来，一方面，由于人口激增、城市化发展、工农业生产及化石燃料使用量大增等原因都引起人为排放的CO_2等温室气体不断增加；另一方面，大量热带雨林和温带森林的破坏，使得森林通过光合作用吸收的CO_2大量减少，而烧毁森林时又释放出大量的CO_2，也使大气中CO_2浓度升高，温室效应不断增强。

2）全球气候变暖

近百年全球气候变暖体现在全球气温升高、海洋变暖、冰雪大范围融化、海平面持续上升等诸多方面。1880～2012年，全球地表平均气温大约上升了0.85℃，在北半球，1983～2012年可能是过去1400年中最暖的30年。1971～2010年，气候系统增加的净能量中有90%以上储存于海洋，造成海洋上层变暖。自1971年以来，全球冰川普遍出现退缩现象，格陵兰冰盖和南极冰盖的冰储量减少，北极海冰面积以每10年3.5%～4.1%的速率缩小。20世纪以来，全球海平面上升19cm，平均每年上升1.7mm。受全球气候变暖的影响，20世纪中叶以来极端天气气候事件的强度和频率发生明显变化。极端暖事件增多，极端冷事件减少；欧洲、亚洲、澳大利亚等地热浪发生频率更高；陆地区域的强降水事件增加，欧洲南部和非洲西部干旱强度更强、持续更长；热带气旋的强度、频率和持续时间存在长期增加趋势。

人类活动导致温室气体排放量不断增加，是全球气候变暖的主要原因。自工业化时代以来，在经济和人口增长的驱动下，人为温室气体排放上升，导致大气中二氧化碳、甲烷、氧化亚氮等温室气体浓度达到了过去80万年以来的最高水平。1750～2011年，人为累积二氧化碳排放达到20400亿t，其中近一半为近40年所排放，47%来自于能源供应、30%来自于工业、11%来自于交通、3%来自于建筑。IPCC综合报告认为，人类活动主要通过排放温室气体影响气候，20世纪中叶以来全球气候变暖一半以上是由人类活动造成的。

2. 臭氧层破坏

1）臭氧层

臭氧层是大气中臭氧浓度较高的层次。一般指高度在10～50km的大气层，也有指20～30km中臭氧浓度最大的大气层。即使在浓度最大处，臭氧对空气的体积比也只有百万分之几，因此它在大气中是痕量成分。将它折算到标准状态（气压力1013.25hPa，温度为273K），在整个大气层中，总累积厚度只有0.15～0.45cm。其含量虽少，却能吸收掉大部分的太阳紫外辐射，对人类和其地生物起着重要保护作用。臭氧吸收太阳紫外辐射而引起的加热作用，还影响着大气温度层结和环流。

臭氧层中的臭氧主要是紫外线制造出来的。大家知道，太阳光线中的紫外线分为长波和短波两种，当大气中（含有21%）的氧气分子受到短波紫外线照射时，氧分子会分解成原子状态。氧原子的不稳定性极强，极易与其他物质发生反应。例如，与氢（H_2）反应生成水（H_2O），与碳（C）反应生成二氧化碳（CO_2）。同样的，与氧分子（O_2）反应时，就形成了臭氧（O_3）。臭氧形成后，由于其比重大于氧气，会逐渐向臭氧层的底层降落，在降落过程中随着温度的变化（上升），臭氧不稳定性越趋明显，再受到长波紫外线的照射，再度还原为氧。臭氧层就是保持了这种氧气与臭氧相互转换的动态平衡。

大气臭氧的分布随纬度和季节的不同而异：对纬度而言，臭氧总量的极个值在赤道附近，极大值在南北纬度63°附近；就季节而言，春季出现极大值，秋季出现极小值。大气臭氧总量还存在着日变化，夜间的浓度比白天大，这是因为白天剩下的氧原子在夜晚与氧分子结合成臭氧，而臭氧的离解过程在夜间却不存在。臭氧浓度随高度的分布，具有不连续或突变现象，大气中臭氧浓度的最高值一般出现在22～25km。

2）臭氧层的破坏

20世纪70年代中期，科学家发现南极上空的臭氧层有变薄现象。80年代观测发现，南极极地上空臭氧层中心地带近90%的臭氧被破坏，与周围相比形成了一个直径达上千公里的“臭氧洞”。2000年，南极上空臭氧洞面积首次超过2800万km^2，相当于4个澳大利亚的面积。2005年9月9～10日，南极上空臭氧洞面积创记录的达到3000万km^2。与20世纪70年代相比，现在北半球中纬度地区冬、春季臭氧减少了6%，夏、秋季减少了3%；南半球中纬度地区全年平均减少了5%；南、北极春季分别减少了50%和15%。

臭氧层破坏是当前全球面临的环境问题之一。自20世纪70年代以来就开始受到世界各国的关注。从1995年起，每年的9月16日被定为“国际保护臭氧层日”。

臭氧减少是由于人类活动向大气中排入氯氟烃（如氟里昂）和含溴卤化烷烃（哈龙）等气体引起的。氟里昂在自然界不会自己产生，而是人类在工业生产过程中制造、扩散出来的。它用于制冷装置的冷冻剂、气溶胶、有机溶剂和泡沫发泡。哈龙用于作灭火剂。目前，我国及世界各国正采取措施，逐步淘汰氟里昂和哈龙等破坏臭氧层的有害物质。

3. 酸雨

1）酸雨及其分布

广义的酸雨即指酸沉降，泛指酸性物质以湿沉降或干沉降的形式从大气转移到地面上。湿沉降即所谓的酸雨，是指pH小于5.6的各种形式的酸性降水，包括雨、雪、霜、雹、雾和露等。干沉降则是酸性颗粒物以重力沉降、微粒碰撞和气体吸附等形式从大气转移到地面的过程。

1872年，英国化学家史密斯在其《空气和降雨，化学气候学的开端》一书中，首先使用“酸雨”这个专有名词，同时指出酸雨对植物和建筑物是有害的。20世纪50年代初，瑞典、挪威渔业减产，原因不明。直到1959年才被挪威科学家揭示，问题是酸雨造成的。20世纪50年代中期，美国水生态学家哥汉姆研究了英国和加拿大的降水化学和河湖化学指出：“工业区降水的酸度是矿物燃烧的排放物造成的，河湖水的酸化是酸性降水造成的，土壤的酸性则是降水中的硫酸引起的”，但一直末受到重视。60年代瑞典土壤学家奥丹对湖沼学、农学和大气化学进行综合性研究，发现酸性降水是欧洲大范围的现象，含硫含氮物质的酸性降水，在欧洲跨国界地迁移、沉降，并有不断发展的趋势。70年代初，瑞典政府向联合国人类环境会议提交了《跨越国界的大气污染》报告，此后酸雨引起各国的广泛关注。1975年5月在美国举行了第一次国际酸性降水和森林生态系统讨论会。1982年6月在瑞典斯德哥尔摩举行了国际环境酸化会议。至此，酸雨才被公认为是当前全球性的重要环境污染问题之一。欧洲和北美洲东部是世界上最早发现酸雨的地区，但亚洲和拉丁美洲有后来居上的趋势。

欧洲是世界上一大酸雨区，主要的排放源来自西北欧和中欧的一些国家。这些国家排出的SO_2有相当一部分传输到了其他国家，北欧国家降落的酸性沉降物一半来自欧洲大陆和英国。受影响重的地区是工业化地区和人口密集的地区，即从波兰和捷克经比利时、荷兰、卢森堡三国到英国和北欧这一大片地区，其酸性沉降负荷高于欧洲极限负荷值的60%，其中中欧部分地区超过生态系统的极限承载水平。

美国和加拿大东部也是一大酸雨区。美国是世界上能源消费量最多的国家，消费了全世界近1/4的能源，美国每年燃烧矿物燃料排出的SO_2和NO_x也占各国首位。从美国中西部和加拿大中部工业心脏地带污染源排放的污染物定期落在美国东北部和加拿大东南部的农村及开发相对较少或较为原始的地区，其中加拿大有一半的酸雨来自美国。

亚洲是 SO_2 排放量增长较快的地区，并主要集中在东亚，其中中国南方是酸雨最严重的地区，成为世界上又一大酸雨区。

我国酸雨污染主要集中在长江以南，青藏高原以东的华中、西南和华东地区。近年来，我国酸雨污染略有变化，西南酸雨区污染有所缓和，但整体污染仍很严重；华南酸雨区总体格局变化不大；华中酸雨区逐渐加重；华东酸雨区局部污染加重；北方部分地区也出现酸雨。目前，我国酸雨区面积约占国土面积的30％。

2）酸雨的危害

酸雨的危害包括以下6个方面：①使淡水湖泊、河流酸化，鱼类和其他水生生物减少。当湖水、河水的pH＜5时，鱼的繁殖和发育受到严重影响；土壤和底泥中的金属可被溶解到水中，毒害鱼类和其他水生生物。②影响森林生长。酸雨损害植物的新生叶芽，从而影响其生长发育，导致森林生态系统退化。③影响土壤特性。酸雨可使土壤释放出某些有害的化学成分（如 Al^{3+}），危害植物根系的生长；酸雨抑制土壤中有机物的分解和氮的固定，淋洗土壤中Ca、Mg、K等营养元素，使土壤贫瘠化。④影响农作物生长，导致农作物大幅度减产，如酸雨可使小麦减产13％～34％，大豆、蔬菜也容易受酸雨危害，使蛋白质含量和产量下降。⑤腐蚀建筑物及金属结构，破坏历史建筑物和艺术品等。⑥影响人体健康。酸雨或酸雾对人的眼角膜和呼吸道黏膜有明显的刺激作用，导致红眼病和支气管炎发病率升高。

3）酸雨的防治

酸雨中的主要成分是硫酸和硝酸，特别是在我国，两者占酸雨中总酸量的90％以上，其中硫酸又占两种酸总量的90％左右。因此，减少酸性物质的排放量是控制酸雨的最根本措施。具体措施包括以下3点：①采用燃料排放控制技术。通常 SO_2 和 NO_x 的排放控制可在燃料燃烧前、燃烧中和燃烧后进行。包括燃烧前对燃料进行清洗或使用低硫燃料及煤的气化；燃烧过程中加入添加剂与目标污染物发生反应，并对燃烧设施进行改造；燃烧后对废气进行脱硫、脱氮处理等。②调整能源结构。减少煤炭、石油等化石能源的使用量，大力提倡新能源、清洁能源的开发利用，进而起到减少酸性物质排放量的作用。③开展国际合作。世界上酸雨最严重的欧洲和北美等许多国家，在遭受多年的酸雨危害之后，终于认识到，大气无国界，防治酸雨是一个国际性的环境问题，不能依靠一个国家单独解决，必须共同采取对策，减少硫氧化物和氮氧化物的排放量。经过多次协商，1979年11月在日内瓦举行的联合国欧洲经济委员会的环境部长会议上，通过了《控制长距离越境空气污染公约》，并于1983年生效。该公约规定，到1993年年底，缔约国必须把二氧化硫排放量削减为1980年排放量的70％。欧洲和北美（包括美国和加拿大）等32个国家都在公约上签了字。为了实现许诺，多数国家都已经采取了积极的对策，制订了减少致酸物排放量的法规。

三、水体污染灾害

（一）水体自净与水体污染概念

1. 水体自净作用

水体是指海洋、江河、湖泊、水库、沼泽、冰川、地下水等地表与地下储水的总称。在环境学中，水体不仅包括水本身，还包括了水中的各种物质（悬浮物、胶体物、溶解物）、底质和水生生物等，实际上它是一个完整的自然综合体，也是一个完整的生态系统。水体可分为海洋水体和陆地水体，陆地水体又有地表水体和地下水体之分。

各类天然水体都有一定的自净能力。污染物质进入天然水体后，经过一系列物理、化学及生物的共同作用，会使污染物在水中的浓度降低，经过一段时间后，水体往往能恢复到受污染前的状态，这种现象称为水体自净作用。水体自净作用按其机理可分为 3 类。

（1）物理净化：天然水体通过扩散、稀释、沉淀和挥发等物理作用，使污染物质浓度降低的过程。

（2）化学净化：天然水体通过分解、氧化还原、凝聚、吸附、酸碱反应等作用，使污染物质的存在形态发生变化或浓度降低的过程。

（3）生物净化：天然水体中的生物，尤其是微生物在生命活动过程中不断将水中有机物氧化分解成无机物的过程。

物理净化和化学净化，只能使污染物的存在场所与形态发生变化，从而使水体中的存在浓度降低，但并不能减少污染物的总量。而生物净化作用则不同，可使水体中有机物无机化，降低污染物总量，真正净化水体。

影响水体自净的因素很多，其中主要因素有受纳水体的地理与水文条件、微生物的种类与数量、水温、复氧能力及水体和污染物的组成、污染物浓度等。

2. 水体污染

虽然天然水体都有一定的自净能力，但是在一定时间和空间范围内，如果污染物质大量进入天然水体并超过了其自净能力，使水体丧失了其原有的利用价值而造成水体污染。水体污染是指由于污染物进入水体，其含量超过了水体的本底含量和自净能力，致使水体的水质、底质及生物群落组成发生变化，从而降低了水体的使用价值和使用功能的现象。

自然界的水的一个突出特征就是具有流动性。在流动过程中，水与水道固体边界、大气之间相接触，将溶解并获得岩石、土壤和大气中的部分物质成分。另外，人类在利用水的过程中，将部分物质成分输入水中，然后又以废水的形式将其排放到自然水体之中。水处于不断的循环之中，水的不断循环和反复利用，使污染物不断地进入水体。当污染物积累到一定的程度，就会引起水体污染。

造成水体污染的因素有自然的和人为的两种。自然因素主要是指可造成某种元素大量富集而引起水体污染的特殊地质条件，如元素氟富集于地下水和泉中，火山喷发导致区域内汞的含量增加，放射性矿床使流经其上的水流的放射性物质作用的增加，干旱地区风蚀作用使水中悬浮物质的增加，河口区海水对淡水的侵入使水的盐分的增加等。人为因素是指可产生并向水体排放“三废”（废水、废气、废渣）从而引起水体污染的人类活动。“三废”之中，废水是水体的主要污染源，主要来源有工业废水、农业废水和生活污水三类。这三类污染源各具特点，对水体的污染程度和类型不尽相同，治理难度也有区别。工业废水中的污染物主要来源于工业生产流程，并随废水通过排污管道排入水体。工业废水量大而集中，种类繁多，成份复杂，可形成的水体污染类型也多种多样，对其收集相对容易，但处理困难。农业废水中的污染物主要是农药和化肥，并随雨水或灌溉水进入水体，造成水体污染。农业废水量大而分散，种类很少，成分单一，处理容易，但收集困难。生活污水量小而集中，种类较少，收集和处理相对较为容易。生活污水的一个突出特征是含有大量的细菌、病毒等致病微生物，可造成慢性流行病的感染和传播。

（二）水体污染分类

根据引起水体污染物质的性质，水体污染可以分为物理污染、化学污染和生物污染三类。物理污染是指污染物进入水体所引起的水的物理性状的改变，如水温、水色、透明度、味道、嗅味、导电性、放射性等的改变。化学污染是指污染物进入水体所引起的水的化学性质的改变，如酸碱度、硬度、矿化度、溶解氧量、重金属含量、无机物质成分、有机物质成分等的改变。化学污染种类多，毒性大，能引起人体急性、亚急性和慢性中毒。生物污染是指排入水体的病原微生物对水体的污染，如大肠杆菌、细菌等引起的污染。

根据污染源的特征，可将水体污染分为点源污染和面源污染两类。点源污染主要是指工业废水和生活污水所引起的污染，其排放量和排放方式在很大程度上受到人为的控制。面源污染主要是指农业废水所引起的污染，其污染物的具体发生地不易明确，只能指出大致发生范围，且污染物的运移在时空上是不连续的和不确定的，故而难以控制。

（三）水体污染的危害

水质优劣与人体健康、工农业生产和环境质量密切相关，水体污染可对人类社会形成多方面的危害，危害程度取决于污染物的浓度、毒性、排放总量、排放地点与时间等多种要素。

1. 对人体健康的危害

水质污染对人体健康的危害大致可以分为 3 种情况。

1）引起传染疾病的蔓延

水源一旦受到携带大量细菌的生活污水或一些工业废水的污染，就会引起多种疾病的传播。通过水媒介而传播的疾病称为介水传染病，如婴儿腹泻、肝炎、伤寒、副伤寒、痢疾、腺病、霍乱、麦纳丝虫病等。上述病菌在水中的生存能力很强，而且许多水生生物会帮助病原菌、病原虫分裂繁殖。由于水的流动性大，流域面广，所以容易造成疾病的蔓延。1897 年，德国汉堡因饮用水带有传染病菌，造成了 16000 人患病、9000 人死亡的重大水污染事件。

2）引起人的急性中毒

生活污水和工农业废水中的污染物种类很多，其中有些是剧毒物质，如氰化钾、有机磷、砷等，饮用水或食品中含有少量此类物质就能够使人急性中毒，甚至死亡。水体中的物质有的是会产生相互作用的。

3）引起人的慢性中毒

人们由于长期食用被污染了的水和食品而受到的各种间接危害就是水污染引起的慢性中毒，它的潜在危害很大。许多污染物，如汞、镉、铅、铬、滴滴涕等，在水环境中的含量极低，不易被人类所发现，但是经过食物链的富集，就会在生物体内积累起来，久之就会引起人体慢性中毒。

2. 对工农业生产的危害

水质污染对工农业生产的危害表现在两个方面。

1）影响产品质量

水质下降会造成某些工业产品质量的下降，与水质关系密切的产品尤其如此，如罐头、酒类、印刷品等。许多例子表明，一些地区的农产品因受到水污染的影响而质量下降，水产品受到水的污染味道变差，一些污水灌溉区的农产品因含有有害物质而不能食用。

2）造成生产损失

水体污染会对一些生产过程产生多方面的影响，从而造成生产损失。例如，水的硬度升高会影响蒸汽锅炉，制革、纺织等工业的生产，水的酸性增大会腐蚀船只、桥梁，水的含盐量增高会影响农作物的正常生长，从而给生产带来损失。

3. 对生态环境的危害

水体污染对生态环境的破坏也有多方面的表现。例如，蛋白质、脂肪、木质素等需氧有机物虽属无毒有机物，但在氧化分解过程中会消耗水中的溶解氧，形成厌氧环境，产生甲烷、氨和硫化氢等有害物质，使水体变黑发臭，还可导致鱼类及其他水生生物因缺氧而死亡以及赤潮和蓝藻爆发等水体污染事件。水中固体悬浮物增多不仅淤塞河道、妨碍航运、洪水季节造成泛滥，而且影响水源利用。悬浮物质还能够截断光线，减少生产植物的光合作用，并能伤害鱼类。固体悬浮物还会增大水体的浑浊度，破坏城乡景观，恶化人类生活环境，降低水体的旅游价值。

（四）水体中主要污染物

水体中的污染物种类繁多，可从不同的角度进行分类。根据污染物的化学性质和毒性，可以简单地分为无机无毒物、无机有毒物、有机无毒物和有机有毒物。根据治理方式的一致性，大致可将水体污染物分为以下 7 类。

1. 固体物质

水中所有残渣的总和称为总固体（TS），总固体包括溶解物质（DS）和悬浮固体物质（SS）。水样经过过滤后，滤液蒸干所得的固体即为溶解性固体（DS），滤渣脱水烘干后即是悬浮固体（SS）。固体残渣根据挥发性能可分为挥发性固体（VS）和固定性固体（FS）。将固体在 600℃的温度下灼烧，挥发掉的量即是挥发性固体，灼烧残渣则是固定性固体。溶解性固体表示盐类的含量，悬浮固体表示水中不溶解的固态物质的量，挥发性固体反映固体中有机成分的量。

固体物质是水体含盐量、悬浮物质多少的标志。水中含有过多的盐量，将会影响生物细胞的渗透压和生物的正常生长；含有过多的悬浮固体，将有可能造成水道淤塞；挥发性固体是水体有机污染的重要来源。

2. 需氧污染物

生活污水和某些工业废水中所含的碳水化合物、蛋白质、脂肪、木质素等有机化合物在微生物作用下，最终将分解为简单的无机物，如二氧化碳和水。这些物质在分解过程中，需要消耗大量的氧，故称需氧污染物。水中需氧污染物过多，将会造成水中溶解氧缺乏，影响鱼类等水生生物的正常生活。需氧污染物是水体中经常和普遍存在的污染物质，主要来源于生活污水、牲畜污水及食品、造纸、制革、印染、焦化、石化等工业废水。从排放量来看，生活污水是这类污染物的主要来源。

实际工作中，一般采用以下指标来表示需氧污染物的含量。

1）溶解氧

溶解氧（dissolved oxygen，DO）是指溶解于水中的分子态氧，通常用每升水中所含氧气的毫克数表示。水中溶解氧主要来源于水生植物的光合作用和大气。它是水生物生存的基本条件。水中溶解氧含量多，适于微生物生长，水体的自净能力也强。当 DO 含量低于 4mg/L 时，可导致鱼类窒息死亡。水中缺氧时，厌氧细菌繁殖，水体将会变臭。水中 DO 值越高，表明水质越好。

2）生化需氧量

生化需氧量是“生物化学需氧量”（biochemical oxygen demand）的简称，常记为 BOD，表示水中有机污染物经微生物分解所需的氧量，以 mg/L 为单位。微生物的活动与温度有关，测定 BOD 时，一般以 20℃作为标准温度。在这样的温度条件下，一般生活污水中的污染物完成分解过程需要 20 天左右。为了省时，一般以 5 天作为标准测定时间，测得的 BOD 称为五日生化需氧量（BOD_5）。BOD 间接反映了水中可被微生物分解的有机物总量，其值越高，水中需氧有机物越多，水质越差。

3）化学需氧量

化学需氧量（chemical oxygen demand，COD）是指用化学氧化剂氧化水中有机污染物时所需的氧量。目前常用的氧化剂为重铬酸钾和高锰酸钾。由于水中各种有机物进行化学反应的难易程度不同，COD 只是表示在规定条件下可被氧化物质的耗氧量总和。如果废水中有机质的组分相对稳定，那么 COD 与 BOD 之间应有一定的比例关系。

4）总有机碳

总有机碳（total organic carbon，TOC）是指水体中有机物含碳的总量。水中有机物的种类很多，目前还不能全部进行分离鉴定。TOC 是一个快速检定的综合指标，它以碳的数量表示水中含有机物的总量。由于它不能反映水中有机物的种类和组成，因而不能反映总量相同的总有机碳所造成的不同污染后果。

3. 含氮化合物

水质分析中的含氮化合物是指水中氨氮、亚硝酸盐氮、硝酸盐氮的含量，是判断水体有机物污染的重要指标。氮是生命的基础，故含氮化合物在环境学中又被称为植物营养物。但是含氮化合物也给人类生活带来负面影响。含氮化合物可导致空气污染，水体中含氮化合物过多可引起水体污染。过多的氮进入水体，可导致水体富营养化。饮用水中硝酸盐过高，进入人体后被还原为 NO_2^-，直接与血液中血红蛋白作用生成甲基球蛋白，引起血红蛋白变性，对 3 岁以下婴儿的危害尤为严重。亚硝酸盐在人体中可与仲胺、酰胺等发生反应，生成致癌的亚硝基化合物。

4. 油类污染物

随着石油的广泛使用，油类物质对水体的污染越来越严重，其中海洋受到的油类污染最为严重。水体中有类污染物主要来源于船舶石油运输，少量来源于海底石油开采、大气石油烃的沉降以及炼油、榨油、石化、化学、钢铁等工业的废水。油类进入水体后所造成的危害是明显的。油的比重小于水，不会与水混合，往往以油膜的形式漂浮于水面，阻止氧向水中扩散，并促使厌氧条件的形成和发展，导致水环境恶化，影响水生生物的正常生长。油类会黏附于固体表面，石油类污染物在岸边积累，降低海滨环境的实用价值和观赏价值，破坏海滨设施，并可影响局部地区的水文气象条件，降低海洋的自净能力。油类可黏附于鸟类的羽毛上和鱼鳃上，使鸟类丧失飞行能力，鱼类因缺氧而窒息。

5. 酚类污染物

酚是一种具有特殊臭味和毒性的有机污染物质，主要来源于炼焦、石化、木材加工、制药、印染、纤维、橡胶回收等工业的废水。另外，动物粪便也是水体酚类污染物的重要来源。进入水体的酚属于可分解有机物，其中挥发性酚更易分解。因此，在可能的条件下，合理利用含酚废水是可能的，但必须以不造成其他污染为前提。高浓度含酚废水必须经过处理后才能排入天然水体。水体受到酚污染后，会严重影响水产品的产量、质量和人体健康。

6. 氰化物

氰化物特指带有氰基（CN）的化合物，其中的碳原子和氮原子通过三键相连接。这一三键给予氰基以相当高的稳定性，使之在通常的化学反应中都以一个整体存在。通常为人所了解的氰化物都是无机氰化物，俗称山奈（来自英语音译“cyanide”），是指包含有氰根离子（CN^-）的无机盐，可认为是氢氰酸（HCN）的盐，常见的有氰化钾和氰化钠。另有有机氰化物，是由氰基通过单键与另外的碳原子结合而成，如乙腈、丙烯腈、正丁腈等。

氰化物的来源较广，主要来源于含氰废水，如电镀、焦炉和高炉的煤气洗涤冷却水、化工厂的含氰废水以及选矿废水。日常生活中，桃、李、杏、枇杷等含氢氰酸，其中以苦杏仁的含量最高，木薯亦含有氢氰酸。氰化物是剧毒物质，正常人只要误服 0.1g、敏感者误服 0.06g 即可致死，水中含量达 0.3～0.5mg/L 即可使鱼类死亡。

7. 重金属

重金属主要是指汞、镉、铅、铬及类金属砷等生物毒性显著的重金属元素，也指具有一定毒性的一般金属，如锌、铜、钴、镍、锡等，目前最为关注的是汞、镉和铬。天然水体中重金属含量很低，大量的重金属来源于化石燃料燃烧、采矿和冶炼。从毒性及对生物体的危害看，重金属污染表现出三个特点，一是天然水中只要有微量重金属即可产生毒性效应；二是水体中的某些重金属可在微生物的作用下转化为毒性更大的金属化合物，如汞可以转化为甲级汞；三是重金属可以通过食物链的生物放大作用，逐级在高级的生物体内成千万倍地富集。

（五）水体污染的综合防治

随着工业的发展、城市规模的扩大和人民生活水平的提高，废水的产生量与日俱增，废水中的污染成分日趋复杂，污染物的数量日益增加。在这种情况下，仅仅强调污染源的治理远远不能彻底解决水体污染问题。因为这样做不仅耗资大、耗能多，而且难以控制污染，不能从根本上解决水体污染问题。因此，采取控制废水排放、充分循环利用、综合处理、区域防治和加强管理等综合措施，成为防治水体污染的发展方向。

2008年2月28日，全国人民代表大会常务委员会修订通过的《中华人民共和国水污染防治法》规定了水污染防治应当坚持预防为主、防治结合、综合治理的原则，优先保护饮用水水源，严格控制工业污染、城镇生活污染，防治农业面源污染，积极推进生态治理工程建设，预防、控制和减少水环境污染和生态破坏。国家鼓励、支持水污染防治的科学技术研究和先进适用技术的推广应用，加强水环境保护的宣传教育。县级以上人民政府环境保护主管部门对水污染防治实施统一监督管理。交通主管部门的海事管理机构对船舶污染水域的防治实施监督管理。县级以上人民政府水行政、国土资源、卫生、建设、农业、渔业等部门以及重要江河、湖泊的流域水资源保护机构，在各自的职责范围内，对有关水污染防治实施监督管理等内容。

(1) 减少和消除污染物排放的废水量。首先，可采用改革工艺，减少甚至不排废水，或者降低有毒废水的毒性。其次，重复利用废水。尽量采用重复用水及循环用水系统，使废水排放减至最少或将生产废水经适当处理后循环利用。例如，电镀废水闭路循环，高炉煤气洗涤废水经沉淀、冷却后再用于洗涤。再次，控制废水中污染物浓度，回收有用产品。尽量使流失在废水中的原料和产品与水分离，就地回收，这样既可减少生产成本，又可降低废水浓度。最后，处理好城市垃圾与工业废渣，避免因降水或径流的冲刷、溶解而污染水体。

(2) 全面规划，合理布局，进行区域性综合治理。第一，在制定区域规划、城市建设规划、工业区规划时都要考虑水体污染问题，对可能出现的水体污染，要采取预防措施。第二，对水体污染源进行全面规划和综合治理。第三，杜绝工业废水和城市污水任意排放，规定标准。第四，同行业废水应集中处理，以减少污染源的数目，便于管理。最后有计划地治理已被污染的水体。

(3) 加强监测管理，制定法律和控制标准。第一，设立国家级、地方级的环境保护管理机构，执行有关环保法律和控制标准，协调和监督各部门和工厂保护环境、保护水源。第二，颁布有关法规，制定保护水体、控制和管理水体污染的具体条例。

四、土壤污染灾害

（一）土壤污染概念

土壤是地球陆地表面具有肥力、植物能够生长的疏松表层，是岩石经风化发育而成的历史自然体。在地球表层环境系统中，土壤系统处于大气圈、水圈、岩石圈和生物圈之间的交界地带，是联系有机界和无机界的中心环节。土壤提供陆生植物所需的营养源和水分，是植物进行光合作用，能量交换的重要场所。工业排放的“三废”能直接污染土壤；大气、水体中的污染物能进入土壤造成二次污染；某些农业生产措施，如施用化肥、农药等，也能造成土壤污染。污染物在土壤中的化学作用、迁移、转化及其对生物、特别是对农作物产量和品质的影响，直接关系到人类健康和社会发展。

土壤污染是指人类活动产生的污染物质通过各种途径进入土壤，并累积到一定程度，引起土壤质量恶化，并影响到作物的生长发育以及产量和质量下降的现象。因此，土壤污染应同时具备两个条件：一是人类活动引起的外源污染物进入土壤，二是外源污染物导致土壤环境质量下降而有害于受体，如生物、水体、空气或人体健康等。土壤污染具有以下4个特点。

1. 土壤污染具有隐蔽性和滞后性

大气污染、水污染和废弃物污染等问题一般都比较直观，有时通过人的感觉器官也能发现。而土壤污染往往是通过农作物，如粮食、蔬菜、水果以及家畜、家禽等食物污染，再通过人食用后身体的健康状况来反映。从开始污染到导致后果，有一段很长时间的逐步积累的间接的隐蔽过程，通常会滞后较长的时间。例如，日本的“骨痛病”经过了10～20年之后才被人们所认识。

2. 土壤污染的累积性

污染物质在土壤中并不像在大气和水体中那样容易扩散、稀释和迁移。因此在土壤中不断积累而超标，同时也使土壤污染具有很强的地域性。

3. 土壤污染具有不可逆转性

重金属对土壤污染基本上是一个不可逆转的过程，许多有机化学物质的污染也需要较长的时间才能降解。例如，被某些重金属污染的土壤可能要100～200年才能够恢复。

4. 污染后果的严重性和难治理性

严重的污染通过食物链危害动物和人体，甚至使人畜失去赖以生存的基础。

土壤污染一旦发生，仅仅依靠切断污染源的方法则往往很难恢复，有时要靠换土、淋洗土壤等方法才能解决问题，其他治理技术可能见效较慢。因此，治理污染土壤通常成本较高、治理周期较长。鉴于土壤污染难于治理，而土壤污染问题的产生又具有明显的隐蔽性和滞后性等特点，因此土壤污染问题一般都不太容易受到重视。

（二） 土壤污染源

土壤是一个开放体系，土壤与其他环境要素间进行着不间断的物质和能量的交换。因而造成土壤污染的物质来源是极为广泛的。大致可将土壤污染源分为以下3类。

1. 工业污染源

在工业废水、废气和废渣中，含有多种污染物，其浓度一般都较高，一旦进入农田造成土壤污染，在短期内即可引起对作物的危害。一般直接由工业“三废”引起的土壤污染仅局限于工业区周围数公里、数十公里范围内。工业“三废”引起的大面积土壤污染往往是间接的，是由于以废渣等作为肥料施入农田，或以污水灌溉等经长期作用使污染物在土壤中积累而引起的。

2. 农业污染源

农业生产本身产生的土壤污染包括化学农药、化肥、除草剂等污染，这些物质的使用范围在不断扩大，数量和品种在不断增加。喷洒农药时，有相当一部分直接落于土壤表面，一部分则通过作物落叶、降雨而进入土壤。农药的经常和大量施用是土壤中污染物的一个重要来源。

3. 生活污染源

人畜禽排出的粪尿及废物长期以来被看作是重要的土壤肥料来源，对农业增产起了重要作用。这些废物，有时除能传播疾病引起公共卫生问题外，也会产生严重的土壤和水体污染问题。含有人畜遗弃、排泄物的生活污水和被污染的河水等均含有致病的各种病菌和寄生虫，将这种未经处理的肥源施于土壤，会引起土壤严重的生物污染。城市垃圾及电子垃圾的不合理处置是居民生活引起土壤污染的另一个主要途径。由于这些垃圾中成分复杂，有害物质含量多，如果未经合理处理，有害物质就进入环境，会严重污染土壤和水源，进而危害人体健康。

此外，某些自然因素有时也会造成土壤污染。例如，强烈火山喷发区的土壤、富含某些重金属或放射性元素的矿床附近地区的土壤，由于含矿物质（岩石、矿物）的风化分解和播散，可使有关元素在自然营力作用下向土壤中迁移，引起土壤污染。

（三）土壤污染物

土壤污染物质指的是进入土壤并影响土壤正常性质、功能、作用的物质，即能使土壤成分发生改变、降低作物生产的数量或质量并对人体健康产生危害的那些物质。按污染物性质大致分为如下 4 类。

1. 化学污染物

化学污染物包括无机污染物和有机污染物。无机污染物主要有汞、铬、铅、铜、锌等重金属，砷、硒等非金属，过量的氮、磷植物营养元素，还有氧化物和硫化物等。有机污染物主要有酚、有机农药、油类和洗涤剂类等，如各种化学农药、石油及其裂解产物，以及其他各类有机合成产物等。

2. 物理污染物

物理污染物指来自工厂、矿山的固体废弃物如尾矿、废石、粉煤灰和工业垃圾等。

3. 生物污染物

生物污染物指带有各种病菌的城市垃圾和由卫生设施（包括医院）排出的废水、废物以及厩肥等。

4. 放射性污染物

放射性污染物主要存在于核原料开采和大气层核爆炸地区，以锶和铯等在土壤中生存期长的放射性元素为主。

（四）土壤污染的危害

土壤污染带来了极其严重的后果。第一，土壤污染使本来就紧张的耕地资源更加短缺；第二，土壤污染给人民的身体健康带来极大的威胁；第三，土壤污染给农业发展带来很大的不利影响；第四，土壤污染也是造成其他环境污染的重要原因；第五，土壤污染中的污染物具有迁移性和滞留性，有可能继续造成新的土地污染；第六，土壤污染严重危及后代子孙的利益，不利于农村经济的可持续发展。

（五）土壤污染防治

土壤污染防治是防止土壤遭受污染和对已污染土壤进行改良、治理的活动。土壤保护应以预防为主。预防的重点应放在对各种污染源排放进行浓度和总量控制；对农业用水进行经常性监测、监督，使之符合农田灌溉水质标准；合理施用化肥、农药，慎重使用下水污泥、河泥、塘泥；利用城市污水灌溉，必须进行净化处理；推广病虫草害的生物防治和综合防治，以及整治矿山防止矿毒污染等。

五、生物污染灾害

生物污染是指由可导致人体疾病的各种生物特别是寄生虫、细菌和病毒等引起的环境（大气、水、土壤）和食品的污染。未经处理的生活污水、医院污水、工厂废水、垃圾和人畜粪便（以及大气中的漂浮物和气溶胶等）排入水体或土壤，可使水、土环境中虫卵、细菌数和病原菌数量增加，威胁人体健康。污浊的空气中病菌、病毒大增，食物受霉菌或虫卵感染都会影响人体健康。海湾赤潮及湖泊中的富营养化，某些藻类等生物过量繁殖，也是水体生物污染的一种现象。

第四节　火　　灾

火的使用是人类最伟大的发明之一，是人类赖以生存和发展的一种自然力。可以说，没有火的使用，就没有人类的进化和发展，也就没有今天的物质文明和精神文明。当然，火和其他物质一样也具有两重性，它给人类带来了文明和幸福，促进了人类物质文明的不断发展。但是火也给人类带来了巨大的灾难，由于人类自身的不慎和其他自然原因，火也会给社会生产和生活带来无法弥补的巨大损失。火灾是各种灾害中最危险、最常见、最具毁灭性的灾种之一。火灾出现的概率之高，以及它对可燃物的敏感性以及燃烧蔓延的快速性都是十分惊人的。

一、火灾概述

火灾是指在时间或空间上失去控制的燃烧造成的灾害，即指失去控制并对人员和财物造成损害的燃烧现象。燃烧是可燃物与氧化剂发生的一种氧化放热反应，通常伴有光、烟、火焰。燃烧有三要素：一是可燃物，即能在空气中燃烧的物质，有气体、液体和固体三态，如煤气、汽油、木材、纸张、布匹、海绵、塑料等。二是助燃物，指能支持和帮助燃烧的物质。如空气、氧气及氧化剂。三是着火源，指能引起可燃物燃烧的热能源，如打火机火、炽热的电灯泡、烟头火、摩擦与撞击产生的火花、电点火源、高温点火源、冲击点火源和化学点火源等。

防火的主要措施就是控制可燃物、隔绝助燃物、消除着火源、阻止火势蔓延。

火灾发生的原因主要有雷击起火、自燃起火、使用明火不慎以及燃气或电器使用不当起火等。

在引起火灾的原因里，有自然因素，如雷击、物质自燃等，但主要还是人为的因素，如用火不慎、电气设备使用不当、乱扔烟头和火柴棒、有意纵火等。人为的火灾与人们的思想麻痹息息相关。2010 年，我国共发生火灾 13.2 万起，死亡 1108 人，受伤 573 人，直接经济损失 17.7 亿元（不包括中央电视台新址火灾损失）。其中，住宅火灾死亡人数最多，占 71%（图 8.1）。

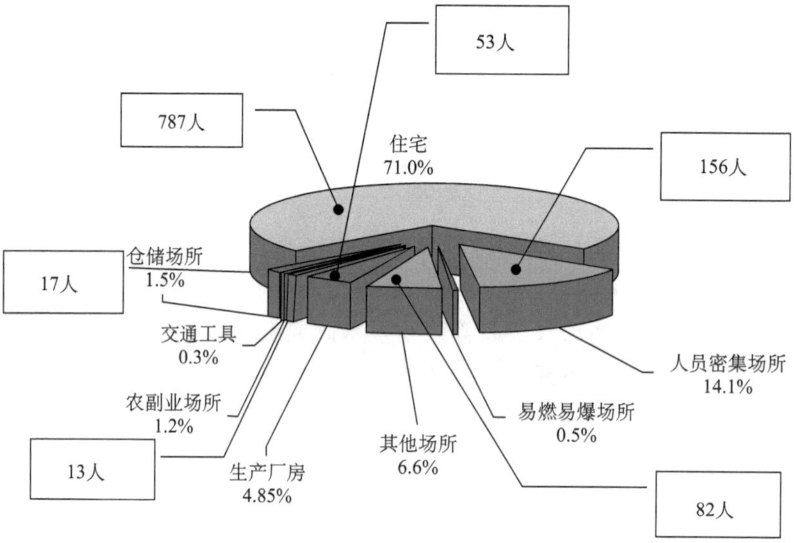

图 8.1　2010 年我国各类火灾死亡人数

我国为什么火灾如此多发，死亡人口如此多，究其原因，主要还是我们的消防安全意识差，逃生自救能力低，平时的无序也是造成伤亡严重的原因。消防安全意识差，突出表现在消防通道被占用、未熄灭的烟头随意丢弃、不分场合吸烟、消防器材缺乏、违章接电源、违章用电等方面非常突出。

近年来，火灾现象呈现出复杂和多样化的趋势，值得关注的是现代城市人口、建筑、生产、物资集中的特点使火灾发生更为集中；各种新型材料的使用使可燃物种类增多，燃烧形式和产物更加复杂，火灾有毒气体危害问题突出；各种新能源电气产品的使用导致火灾起因更为复杂、多样和隐蔽；高层、复杂、超高建筑的增多使火灾扑救和人员疏散的条件恶化等。

二、火灾的分类

（一）根据燃烧对象进行分类

按照国家标准 GB/T 4968—2008《火灾分类》（2008 年 11 月 4 日发布，2009 年 4 月 1 日实施）的规定，火灾根据可燃物的类型和燃烧特性，分为 A、B、C、D、E、F 六大类。

A 类火灾：指固体物质火灾。这种物质通常具有有机物质性质，一般在燃烧时能产生灼热的余烬，如木材、煤、棉、毛、麻、纸张等火灾。

B 类火灾：指液体或可熔化的固体物质火灾，如煤油、柴油、汽油、甲醇、乙醇、沥青、石蜡等火灾。

C类火灾：指气体火灾，如煤气、天然气、甲烷、乙烷、丙烷、氢气等火灾。

D类火灾：指金属火灾，如钾、钠、镁、铝镁合金等火灾。

E类火灾：指带电火灾，如物体带电燃烧的火灾。

F类火灾：指烹饪器具内的烹饪物，如动植物油脂火灾。

（二）根据火灾发生地点进行分类

地上火灾：指发生在地表的火灾。地上火灾包括民用建筑火灾、工业建筑火灾和森林火灾及草原火灾。

地下火灾：指发生在地表面以下的火灾。地下火灾主要包括发生在矿井、地下商场、地下油库、地下停车场和地下铁道等地点的火灾。这些地点属于典型的受限空间，空间结构复杂，受定向风流的作用使火灾及烟气蔓延速度相对较快，再加上在逃生通道上逃生人员和救灾人员逆流行进，救灾工作难度较大。

水上火灾：指发生在水面上的火灾。水上火灾包括发生在江、河、湖、海上航行的客轮、货轮和油轮上的火灾，也包括海上石油平台以及油面火灾等。

空间火灾：指发生在飞机、航天飞机和空间站等航天器中的火灾。特别是发生在航天飞机和空间站中的火灾，由于远离地球，重力作用较小，甚至完全失重，属微重力条件下的火灾。其火灾的发生与蔓延与地上建筑、地下建筑以及水上火灾相比，具有明显的特殊性。

根据火灾发生的地域也可以分成城市火灾、农村火灾、工矿火灾、森林火灾、草原火灾等。

（三）根据火灾发生原因进行分类

导致火灾发生的原因很多，大致可以将火灾原因分为电气火灾、违章操作火灾、吸烟火灾、玩火火灾、放火火灾、自燃火灾、雷击火灾、其他火灾等类别。

1. 电气火灾

电气火灾是指违反电气安装和使用规定及因伪劣电气产品引起的火灾。这类火灾发生率较高，约占火灾总数的25%。从20世纪80年代末起，我国电气火灾所占的比例升至第一位，而且其火灾损失也占最大比例。从发展的角度看，随着我国电力工业的发展，城乡生产、生活用电量的增加，电气火灾仍将保持相当大的比例。造成电气火灾的主要原因是，在电气使用中存在较多问题，如乱拉乱接电线、不按使用要求随意加大负荷、电线绝缘老化、不安全更换电线、长时间超负荷用电导致温度失控等。因此，加强安全用电教育和加强电气安全管理，经常进行电气设备、设施的安全检查，对所有企业、事业单位都是十分必要的。

2. 违章操作火灾

违章操作火灾是指在生产、储存、运输等过程中违反安全规定和操作规程造成的火灾，如违章指挥、冒险作业、违章动火、焊接切割中违反操作规程等。这类火灾约占火灾总数的12%。目前在中小企业火灾中，违章操作造成的火灾往往最多。出现这种情况的原因，大都是由于企业领导单纯追求经济效益而忽视消防安全，职工思想麻痹、劳动纪律松弛、缺乏安全规程、安全制度执行不严造成的。此外，新工人多，未经培训上岗，缺乏专业生产技术知识和安全技术知识，发生事故不知如何处理，也是重要的成灾因素。因此，中小企业应特别加强防火防爆安全管理。

3. 吸烟火灾

吸烟火灾是指由于吸烟入睡、醉酒吸烟、随地乱扔烟头和火柴棍，以及在有爆炸危险场所违章吸烟等引起的火灾，这类火灾约占火灾总数的10%。吸烟引起的火灾一直是造成火灾的重要原因。因此加强对吸烟人员的安全教育，是今后消防宣传教育中的一项重要内容。

4. 自燃火灾

自燃火灾包括易燃易爆危险化学物品自燃，以及煤、稻草麦秸、涂油物、鱼粉等自燃引起的火灾。从统计分析看，自燃火灾多集中在第二三季度，因此只要有针对性地对存放有自燃物质的单位或部位加强防范，就可减少此类火灾。

（四）根据火灾损失的严重性对火灾级别进行划分

根据2007年6月26日公安部下发的《关于调整火灾等级标准的通知》，新的火灾等级标准由原来的特大火灾、重大火灾、一般火灾三个等级调整为特别重大火灾、重大火灾、较大火灾和一般火灾四个等级。

特别重大火灾：指造成30人以上死亡，或者100人以上重伤，或者1亿元以上直接财产损失的火灾。

重大火灾：指造成10人以上30人以下死亡，或者50人以上100人以下重伤，或者5000万元以上1亿元以下直接财产损失的火灾。

较大火灾：指造成3人以上10人以下死亡，或者10人以上50人以下重伤，或者1000万元以上5000万元以下直接财产损失的火灾。

一般火灾：指造成3人以下死亡，或者10人以下重伤，或者1000万元以下直接财产损失的火灾。（注："以上"包括本数，"以下"不包括本数）

三、森林火灾

（一）森林火灾及分级

广义上讲，凡是失去人为控制，在林地内自由蔓延和扩展，对森林、森林生态系统和人类带来一定危害和损失的林火行为都称为森林火灾。狭义上讲，森林火灾是一种突发性强、破坏性大、处置救助较为困难的自然灾害。森林火灾的发生与发展受气候变化、天气条件和地形及植被条件的影响，但多数森林火灾是人为引起的。自地球出现森林以来，森林火灾就伴随发生。全世界每年平均发生森林火灾20多万次，烧毁森林面积约占全世界森林总面积的1‰以上。中国每年平均发生森林火灾约1万次，烧毁森林几十万甚至上百万公顷，占全国森林面积的5‰～8‰。

森林火灾不仅烧死、烧伤林木，直接减少森林面积，而且严重破坏森林结构和森林环境，导致森林生态系统失去平衡，森林生物量下降、生产力减弱，益兽益鸟减少，甚至造成人畜伤亡。高强度的大火，能破坏土壤的化学、物理性质，降低土壤的保水性和渗透性，使某些林地和低洼地的地下水位上升，引起沼泽化；另外，由于土壤表面炭化增温，还会加速火烧迹地干燥，导致阳性杂草丛生，不利森林更新或造成耐极端生态条件的低价值森林更替。

我国按照受害森林面积和伤亡人数，可把森林火灾分为一般森林火灾、较大森林火灾、重大森林火灾和特别重大森林火灾。一般森林火灾：指受害森林面积在 $1hm^2$ 以下或者其他林地起火的，或者死亡 1 人以上 3 人以下的，或者重伤 1 人以上 10 人以下的。较大森林火灾：指受害森林面积在 $1hm^2$ 以上 $100hm^2$ 以下的，或者死亡 3 人以上 10 人以下的，或者重伤 10 人以上 50 人以下的。重大森林火灾：指受害森林面积在 $100hm^2$ 以上 $1000hm^2$ 以下的，或者死亡 10 人以上 30 人以下的，或者重伤 50 人以上 100 人以下的。特别重大森林火灾：受害森林面积在 $1000hm^2$ 以上的，或者死亡 30 人以上的，或者重伤 100 人以上的。

（二）森林火灾成因

发生森林火灾必须具备三个条件：可燃物（包括树木、草灌等植物）是发生森林火灾的物资基础；火险天气是发生火灾的重要条件；火源是发生森林火灾的主导因素。

1. 火源

火源是发生森林火灾的必要条件。当森林中存在一定量的可燃物，并且具备引起森林燃烧的天气条件时，森林能否着火，关键就取决于火源。火源的种类和数量直接关系到森林火灾发生的可能性。火源按性质可分为自然火源和人为火源两大类。自然火源主要有雷击火、火山爆发和陨石降落起火和泥炭自燃等，其中最多的是雷击火，中国黑龙江大兴安岭、内蒙古呼伦贝尔盟和新疆阿尔泰等地区最常见。但绝大多数森林火灾都是人为用火不慎而引起的，约占总火源的 95%以上。人为火源又可分为生产性火源（如烧垦、烧荒、烧木炭、机车喷漏火、开山崩石、放牧、狩猎和烧防火线等）和非生产性火源（如野外做饭、取暖、用火驱蚊驱兽、吸烟、小孩玩火和坏人放火等）。

2. 森林可燃物

森林可燃物是森林燃烧的物质基础，森林中所有有机物质均属于可燃物，如树叶、树枝、树干、树根、枯枝落叶、林地草类、苔藓、地衣和腐殖质、泥炭等。森林可燃物、气象条件和火源被称作森林火灾“三大要素”。

3. 火险天气

在森林可燃物和火源都具备的情况下森林能否着火，着火后能否成灾，主要取决于火险天气。火险天气是指有利于发生森林火灾的气候条件，如气温高、降水少、相对湿度低、大风、干旱等。经中国气象局、林业局发布，全国森林火险天气等级从 1993 年开始实施，主要根据每天气温、湿度、风力、雨后天数等因子来测算，共分为五级。一级：没有危险，林内可燃物不能燃烧；二级：低度危险，林内可燃物难以燃烧；三级：中度危险，林内可燃物较易燃烧；四级：高度危险，林内可燃物容易燃烧；五级：极度危险，林内可燃物极易燃烧。

（三）森林火灾的危害

森林火灾的后果可以概括为以下 4 点。

（1）森林火灾不仅能烧死许多树本，降低林分密度，破坏森林结构；同时还能引起树种演替，向低价值的树种、灌丛、杂草更替，降低森林利用价值。

（2）由于森林烧毁，造成林地裸露，失去森林涵养水源和保持水土的作用，将引起水涝、干旱、山洪、泥石流、滑坡、风沙等其他自然灾害的发生。

（3）被火烧伤的林木，生长衰退，为森林病虫害的大量衍生提供了有利环境，加速了林木的死亡。森林火灾后，促使森林环境发生急剧变化，使天气、水域和土壤等森林生态受到干扰，失去平衡，往往需要几十年或上百年才能得到恢复。

（4）森林火灾能烧毁林区各种生产设施和建筑物，威胁森林附近的村镇，危及林区人民生命财产的安全，同时森林火灾能烧死并驱走珍贵的禽兽。森林火灾发生时还会产生大量烟雾，污染空气环境。此外，扑救森林火灾要消耗大量的人力、物力和财力，影响工农业生产。有时还造成人身伤亡，影响社会的安定。

（四）森林火灾预防

预防和扑救森林火灾，保护森林资源，是每个公民应尽的义务。在日常森林防火工作中，地方人民政府应当组织划定森林防火责任区。加强预防工作、防患于未然是提高森林火灾综合防控能力的重要基础和前提。森林火灾预防包括控制火源、预测预报和地空巡护等。

1. 控制人为火源

森林火灾预防是为了控制人为火源的发生，在林区的防火季节，要利用各种形式广泛宣传护林防火基本知识、有关法令和规章制度，使之家喻户晓；同时要严格执行入山管理和控制野外用火。

2. 建立防火设施

用于隔离火灾蔓延和及时发现火情的各种设施，与各种天然或人工防火屏障，如江河、水塘、陡峭山崖、公路、铁路和农田等连接成网，一旦发生火灾可将林火控制在一定范围内，减少损失。这类设施包括：①防火线。阻止火灾蔓延的设施。主要有国境防火线，在靠近国境无河流、湖泊、公路的地段开设，宽度 50～100m；铁路防火线，在铁路两侧开设，宽度 30～50m；林缘防火线，在森林与草原交接地带或在森林边缘开设，以防草原火、沟塘火等烧入林内，宽度 30～50m；林内防火线，为防止森林火灾在林内无止境蔓延而开设，宽度一般为 20～30m，以不小于主林木高度的 1.5 倍为宜。两条防火线之间距离一般为 5～8km。开设防火线要因地制宜，开设的方法有人工割草法、爆破法、机耕法、火烧法和化学除草法等。②防火沟。将树根、腐殖质或泥炭等切断，是阻止地下火蔓延的主要设施。沟面宽约 1m，沟底宽约 0.3m，深度取决于泥炭层的厚度，一般沟深要比地下水位或土壤矿质层低 0.25m。沟壁喷洒化学灭火剂。沟的方向与当地的主风方向垂直。③防火林带。针叶树的叶、枝、干和果实等一般都含有松脂等易燃物质，容易发生树冠火。在大面积的针叶林内，营造阔叶树防火林带，以代替防火线，是防止树冠火蔓延的一种既省工又有效的设施。

林带一般宽 30～50m 或更大。树种应选择含水分多、不易燃、耐火性强、枝叶茂盛、生长迅速、郁闭快的当地常绿或落叶的阔叶树，如黄柏、杨树、榆树、木荷、茶树、油茶、桤树等。宜适当密植，并营造多层结构林。林带与防火季节主风方向垂直，并应封闭成网。在山地应设在针叶幼林边缘或山脊部分。大面积飞播针叶树种前，要先进行防火林带的规划。④瞭望台。发现林火、观测火情、确定火位的设施，多建立在视野开阔的制高点上，瞭望半径 15～25km 为宜，组设成网，台内配备方位盘、地图、望远镜和通信设备等。一旦发现火情，根据两个瞭望台的观测，用交叉法在地图上确定火场位置，迅速作出火情报告。

3. 航空巡护

在偏远、人烟稀少、交通不便的林区，应用小型飞机或直升飞机进行巡护，及时发现火情，增强报警能力，为森林火灾扑救提供有关火场位置、面积和火灾种类的可靠信息。飞机巡护前根据飞机类型和林区条件划分巡护区。一般在每天白天 10～14 时飞行，巡护森林面积可达 100 万～150 万 hm^2。飞机高度以 1500～1800m 为宜，视程可达40～50km。

确定火场位置一般有 3 种方法：①目测法。即利用地面明显地物标（如道路、河流等）确定火场位置。②交叉法。按出火场地附近两个明显地物标，飞机先后分别通过两个地物标和火场上空，测得两次航线的交叉点即火场位置。③航线法。飞机从一个地物标以直线飞向火场，根据飞行方向、速度和时间确定火场位置。

4. 林火预测预报

在防火季节，根据天气条件（温度、相对湿度、降水、风速等）、植被物候状况、可燃物含水量和火源等进行。林火预报分 3 种：①火险天气预报，主要根据气象因子预报是否可能出现火灾天气；②火灾发生预报，根据气象因子、火源、易燃物的含水量等预报火灾能否发生；③火行为预报，根据气象因子、火源、可燃物类型的干湿程度、立地条件和地形等，预报一旦火灾发生后的林火蔓延速度、火强度和火焰高度等，为扑救林火提供人力、物力的依据。有些国家如美国、加拿大等都已进行火行为预报。中国主要是火险天气预报，但也在研制火灾发生预报和火行为预报。

除上述森林火灾预防措施外，还常有计划、有目的地在沟塘、草原、森林内进行营林用火，以减少杂草、枯枝落叶等可燃物的积累，降低火灾发生的危险程度，并可在一旦发生火灾时降低火的燃烧强度，不致酿成大火。随着林业遥感、电子计算机、无人气象站和卫星火情监测等新技术逐渐应用于森林火灾预防，森林火灾预报正变得更加及时、准确。

第五节　交通灾害

一、交通灾害的概念

交通灾害是指由于人为或自然的原因使正常交通运营受到较大影响，并造成人员伤亡或财产损失的事件。交通事故的产生，既有人为因素，又有自然因素，有时是二者共同作用。在人为因素中，既有责任性因素，也有技术性因素。自然因素有气象、水文、海洋、地质、生物、天文等多个方面。广义的交通事故还包括由交通事故引发的次生灾害，如撞车或翻车导致车载有毒有害物质泄漏，海上油轮失事造成海面被泄漏的原油污染等，也包括各类自然灾害对交通设施的破坏。但总的来看，大多数交通事故的发生是以人为原因为主，因此，通常把交通事故看作人为灾害。

在交通事故中以道路交通事故最为严重，狭义交通事故指道路交通事故。根据2004年5月1日起施行的《中华人民共和国道路交通安全法》，道路交通事故是指车辆在道路上因过错或者意外造成的人身伤亡或者财产损失的事件。车辆包括机动车和非机动车，机动车中有各类汽车、摩托车和拖拉机等，是用发动机或电动马达驱动的车辆。非机动车中有畜力车和自行车等。道路是指公路、街道、胡同、里巷、广场、停车场等供公众通行的地方。其中供车辆行驶的为车行道，供人通行的为人行道。与道路成为一体的桥梁、隧道、轮渡设施以及作业道路用的电梯等通统包括“道路”中，作为道路附属设施。随着社会的发展、进步、旅客和货物的运输量增多，特别是随着机动车拥有量的扩大，道路交通事故日益严重，已成为和平时期严重威胁人类生命财产安全的社会问题。

1886年，德国人卡尔·本茨研制成功世界上第一辆汽车。1899年8月，在伦敦海德公园，一名叫德斯科的妇人被汽车撞倒致死，成为世界上第一位车祸牺牲者，自此拉开了车祸的帏幕。1900～1920年，因车祸死亡100万人；1921～1940年，因车祸死亡200万人；1941～1960年，因车祸死亡500万人；1960～1991年，因车祸死亡1435万人；迄今为止，全世界被汽车夺去的生命已超过3200万人，伤残者难以计数，道路交通事故由此被称为“和平时代的战争”。进入21世纪之后，全世界每年死于汽车事故者已超过75万人。

随着全世界汽车拥有量的增加，全球道路交通事故年死亡人数也在增加。但是向着两极化的方向发展：发达国家的年死亡人数在逐年下降，并将保持在一个较低水平；发展中国家的年死亡人数在逐年增加，一些国家的上升势头较猛，使得世界道路交通事故的年死亡总人数在逐年上升。

与世界平均水平相比，我国的道路交通事故情况比世界平均水平严重。至2002年年底，我国机动车保有量为7178万辆（其中汽车2141万辆，摩托车5037万辆）。我国2002年发生道路交通事故77.3万起，死亡109381人，伤残56.2万人，平均每万辆机动车（其中摩托车占我国机动车总量的70%）年死亡人数为15.24人，直接经济损失达33.2亿元。在我国，平均每4.8分钟有1人死于车祸，每0.9分钟有1人在车祸中伤残。或者说，我国平均每天有299.6人死于道路交通事故，相当于每天坠毁1架满载客人的波音777-200型飞机。我国每万辆车每年的死亡人数是法国的5.8倍，是美国的8.6倍，是澳大利亚和瑞典的10倍，是日本的17.7倍。我国汽车保有量占世界汽车保有量不足3%，但交通事故死亡人数却占世界的15.6%。

二、交通灾害的分类

现代化的交通运输方式主要有铁路运输、公路运输、水路运输、航空运输和管道运输。五种运输方式在其技术上、经济上各有长短，都有适宜的使用范围。与此相应，交通灾害可分为铁路交通灾害、公路交通事故、水路交通事故、航空事故、管道运输事故等。

（一）铁路交通事故

铁路交通事故，是指火车因脱轨、颠覆、碰撞、起火、爆炸等造成人身伤亡或者财产损失的事件；或者铁路机车车辆在运行过程中与行人、机动车、非机动车、牲畜及其他障碍物相撞的事故，包括铁路行车事故、路外伤亡事故、其他运营事故等。

铁路交通事故根据事故造成的人员伤亡、直接经济损失、列车脱轨辆数、中断铁路行车时间等情形分为特别重大事故、重大事故、较大事故和一般事故四个等级。如有下列情形之一的，为特别重大事故：①造成30人以上死亡；②造成100人以上重伤（包括急性工业中毒，下同）；③造成1亿元以上直接经济损失；④繁忙干线客运列车脱轨18辆以上并中断铁路行车48小时以上；⑤繁忙干线货运列车脱轨60辆以上并中断铁路行车48小时以上。有下列情形之一的，为重大事故：①造成10人以上30人以下死亡；②造成50人以上100人以下重伤；③造成5000万元以上1亿元以下直接经济损失；④客运列车脱轨18辆以上；⑤货运列车脱轨60辆以上；⑥客运列车脱轨2辆以上18辆以下，并中断繁忙干线铁路行车24小时以上或者中断其他线路铁路行车48小时以上；⑦货运列车脱轨6辆以上60辆以下，并中断繁忙干线铁路行车24小时以上或者中断其他线路铁路行车48小时以上。有下列情形之一的，为较大事故：①造成3人以上10人以下死亡；②造成10人以上50人以下重伤；③造成1000万元以上5000万元以下直接经济损失；④客运列车脱轨2辆以上18辆以下；⑤货运列车脱轨6辆以上60辆以下；⑥中断繁忙干线铁路行车6小时以上；⑦中断其他线路铁路行车10小时以上。一般事故分为：一般A类事故、一般B类事故、一般C类事故、一般D类事故。

（二）公路交通事故

公路交通事故是指在公路交通系统中，因过失原因引起的交通协调关系的破坏，并造成直接损失后果的事件，它包括普通公路交通事故和高速公路交通事故两大类。

从道路交通事故的对象来分，可分为车辆间事故、车辆对行人的事故、车辆对自行车的事故、车辆单独事故、车辆与固定物的碰撞事故以及铁路道口事故等。车辆间事故即车辆与车辆碰撞的事故，包括正面碰撞型、追赶碰撞型、侧面碰撞型以及接触性碰撞型等。车辆对行人的事故包括车辆在车行道、人行道压死、撞伤行人的事故，也包括车辆闯出路外所发生的压死撞伤人的事故。车辆对自行车的事故包括机动车辆在机动车行车道和自行车道压死、撞伤骑自行车人的事故。车辆单独事故包括翻车事故以及坠入桥下或江河的事故。车辆与固定物碰撞事故是指车辆与道路上的作业结构物、路肩上的灯杆、交通标志杆、广告牌杆、建筑物以及路旁的树木等相撞的事故。铁路道口事故是指车辆或行人在铁路道口被火车撞死、撞伤的事故。

按违反交通规则的对象来分，可分为机动车事故、非机动车事故和行人事故三种。机动车事故是指机动车负主要责任的交通事故，包括机动车单独、机动车与机动车、机动车与摩托车、机动车与自行车、机动车与行人以及机动车与火车六种情况。非机动车事故主要是指自行车事故，指骑自行车人过失或违反交通规则所造成的交通事故，包括自行车单独、自行车与机动车、自行车与自行车、自行车与其他非机动车、自行车与行人以及自行车或其他非机动车与火车七种情况。行人事故是指由于行人过失或违反交通规则而发生的交通事故，包括在行人负主要责任的机动车和非机动车压死或撞死行人的事故，也包括火车在铁路道口撞死撞伤人的事故。

按照事故的危害结果分类可将交通事故分为特大事故、重大事故、一般事故和轻微事故四类。轻微事故是指一次造成轻伤1～2人，或者财产损失机动车事故不足1000元，非机动车事故不足200元的事故；一般事故是指一次造成重伤1～2人，或者轻伤3人以上，或者财产损失不足3万元的事故；重大事故是指一次造成死亡1～2人，或者重伤3人以上10人以下，或者财产损失3万元以上不足6万元的事故；特大事故是指一次造成死亡3人以上，或者重伤11人以上，或者死亡1人，同时重伤8人以上，或者死亡2人，同时重伤5人以上，或者财产损失6万元以上的事故。

（三）水路交通事故

水路交通事故是指在水上和海上的客货运输过程中由于各种意外原因发生的客、货伤害或损害等。水上的范围包括境内的江、河、湖泊、运河等水域。具体说来，指船舶、浮动设施在海洋、沿海水域和内河通航水域发生的交通事故，如碰撞、搁浅、进水、沉没、倾覆、船体损坏、火灾、爆炸、主机损坏、货物损坏、船员伤亡、海洋污染等。根据事故船舶的等级、人员伤亡和造成的直接经济损失情况，可将水运交通事故分为小事故、一般事故、大事故、重大事故、特大事故五个等级。

（四）航空事故

民航事故是指飞机在飞行中发生的各种空难与飞行事故，以及飞机在地面发生的事故等。对各种飞行器包括各种载人航空飞行器在起飞、飞行或降落过程中，由于人为因素或不可抗拒的原因导致的灾难性损失，对此类事件统称为空难。飞机失事的原因大体可分自然因素、人为原因和硬件故障3个方面。

1. 自然因素

1）恶劣天气

与天气原因密切相关的空难数不胜数，如2010年发生的伊春空难、巴基斯坦空难以及波兰总统坠机事件，均伴随浓雾天气。而雷击造成的空难则在夏季时有发生，2010年8月的哥伦比亚空难，就是由于飞机在着陆时被雷电击中后断成三截，造成1人死亡，5人重伤。据统计，全球每年平均发生两起由雷击导致的空难。但由于用作飞机外壳的铝合金是一种良好导体，当飞机遭遇雷击，电流会经由铝合金外壳扩散，一般不会对飞机构成严重影响。此外，由于天冷导致的机翼结冰以及飞机起飞、降落时遭遇风切变，也就是俗称的“怪风”，其导致飞机失事的例子也很多见。

2）电磁波干扰

为什么在飞机上使用手机很危险呢？原来，飞机上的导航设备是利用电磁波来测定方向的，它接收到地面导航站不断发射出的电磁波后，就能测出飞机的准确位置。当手机工作时，也会辐射出电磁波，干扰飞机上的导航设备和操纵系统，会使飞机自动操纵设备接收到错误的信息，从而进行错误的操作，引发险情，甚至使飞机坠毁。除手机外，使用笔记本电脑、游戏机时也会辐射电磁波，因此这些设备也不能在飞机上使用。此外，太阳黑子和北极光等天文现象产生的电磁波也会干扰飞机的正常航行。

2. 人为原因

1）飞行员操纵失误

这种事故屡见不鲜，毕竟飞行员也是人，即使是受过专业训练，也不能保证绝不犯错。例如，1982 年的日本航空 350 号班机空难，就是因为患有精神病的机长故意将飞机发动机的推力反向器打开，意图撞毁飞机，最终导致飞机坠落水中，24 名乘客遇难；1985 年华航 006 次航班因为飞行员失去方向感差点坠入太平洋里；1995 年的罗马尼亚空难是因为机长在飞机落地前突然丧失行动能力；2001 年美航 587 次航班则是飞行员过度使用方向舵把好好一个垂尾弄折；更离奇的则是 1994 年发生的俄航 593 次航班空难，据调查原因可能是机长为让 15 岁的儿子一试飞行体验而酿成的惨剧。

2）地勤人员检修错误

地勤人员检修错误包括地勤人员的装卸不当、违规维修等，这等于在飞机上放了一个定时炸弹，随时都有可能发生事故。例如，1979 年美航 191 次航班因为引擎野蛮装卸导致其在起飞时掉落，最后使飞机坠毁；2000 年阿拉斯加航空公司 261 次航班则因为尾部舵机没有定期更换所以在飞行中失去控制，让客机坠入冰冷的大西洋里。这实在是由于地勤人员工作懈怠、不负责任导致的，让本不应该发生的灾难成为现实。

3）飞行员/地勤人员通信错误

航空史上死亡人数最多的 1977 年特内里费空难，583 条生命因为飞行员和地勤人员之间的语言不通而无辜丧生。由于当天机场大雾弥漫，两架在滑道上候命起飞的波音 747 客机无法看到对方，由于其中一架飞机的飞行员与空中交通管制员语言不通，错听指令发动飞机，导致两机同时起飞，在滑道惨烈相撞。1997 年的印度尼西亚空难是由于空中交通管制中心将飞机引致错误的方向，导致飞机撞山而毁。此外，由于空中交通管制员没有清晰地向飞行员报告高度、表达模糊、违反程序等，导致的空难层出不穷。

4）飞机相撞

您也许会想，天上那么大的地儿，两架飞机怎么偏偏就撞在一起，其实，这种事故还是有可能发生的。天上的空间虽然大，但人们还是划出了“空中走廊”，就是为了防止撞击，一架客机只能在自己的走廊内飞行以免发生碰撞。而机场附近有很多客机在盘旋等待降落，这是碰撞的高发地带。一旦飞机飞偏了，后果就不堪设想。1986 年墨西哥航空公司 498 次航班，在美国加州上空被一架私人飞机撞掉尾翼坠入住宅区，两架飞机上无人生还；1996 年一架波音 747 和一架伊尔 76 在德里上空迎面相撞死亡 349 人；2002 年一架图 154 在德国上空被一架波音 757 的尾翼切成两半……空中撞击非同小可，死亡率可以说是 100%。

3. 硬件故障

1）引擎故障

发动机是飞机提供推力的装置，没有的话飞机就无法飞行。不过实际上引擎故障远没那么可怕，如今的客机都有两个以上的发动机，一个坏掉的话一般不至于造成机毁人亡的事故。波音 747 备有四个发动机，坏掉两个发动机都可以正常降落。当然，不怕一万，就怕万一。例如，2009 年英国米德兰航空 092 航班空难的飞行员误把好的发动机关掉引发悲剧，或者两个以上发动机同时坏掉等概率极小的事情发生，都只能说回天乏力了。

2）液压失灵

在客机上液压管道连接着飞行员的踏板和手柄，到飞机的所有控制面，副翼，升力面等等。可以说飞机完全是靠它的液压系统来控制的。液压就像针管一样，从一头推进去，再从另一头出来。在一般情况下液压系统非常可靠，不过有个缺点，一旦液压管道上有任何裂缝，里面的液体就会很快漏光，整个一套液压系统也就没用了。一架液压失灵的飞机就像一辆没有方向盘的汽车，所以液压失灵是非常可怕的事故。为了防止这样的事故，大型客机上一般装有三套独立的液压系统，以避免一套失灵后无法控制。不过话虽如此，全部液压失灵的事件也是时有发生的。例如，1985 年日航 123 次航班因为后舱门掉落损坏尾翼，三套液压同时失灵，飞机失控坠入山区，524 人只有 4 人生还。如今已经有两种可以避免这类事件发生的技术。第一种是电子控制系统，利用电力代替液压控制飞机的控制面；另一种是引擎推力控制系统，利用变换飞机两边的引擎推力来实现升降和转弯。但不靠谱的是这两种系统至今还都未在客机上得到普及。

3）邮箱失灵

航空燃油在汽化状态非常易爆。听起来很可怕，但事实上，直接由油箱爆炸造成的事故非常少。因为燃油在没有外部因素作用下一般是不会在飞行中起火的，起火主要是在飞机坠落之后。当然，如果飞机真的在飞行中发生爆炸的话，那将是致命的危险。1990 年以来，美国共发生 3 起飞机油箱爆炸事故，其中最严重的是 1996 年 7 月环球航空公司一架波音 747 客机在纽约长岛上空爆炸的事故，共造成 230 人丧生。据分析，事故主要是由于静电火花点燃油箱内燃料蒸气引起的。由此，联邦航空局最近将要求国内各航空公司在飞机上安装一种油箱安全装置，防止油箱起火爆炸事故。新的安全装置将用泵向油箱内灌注不易燃烧的氮气，以减少油箱燃料蒸气中的氧气含量，这种装置几乎可以完全消除油箱起火爆炸的概率。

4）金属疲劳

一架飞机是一整套系统的结合，任何一套系统失灵都可能造成事故。最常见的故障原因是金属疲劳，举个例子，就好像你反复弯曲别针的后果一样。飞机飞行的时候会产生各种频率的震动，再加上每次起降的增压/减压循环，如果哪个部位没有检查到而发生了疲劳断裂的话就会引发事故。1992 年的阿姆斯特丹空难，就是因为发动机架的销钉发生疲劳断裂，两个引擎同时掉落并且栽入住宅区，死亡 47 人；1989 年美国联合航空 232 次航班，尾部发动机叶片发生疲劳断裂导致发动机解体，液压系统失灵，飞机坠毁在跑道上，导致 296 人中 111 人死亡。

第六节　人口过剩灾害

当代世界，人类面临着资源、环境、粮食、能源和人口五大挑战。这里的核心是人口问题，人口过度增长造成的人口过剩已经成为一种后果严重的灾害。

一、世界人口增长动态

大约在 100 万年前，人类的祖先诞生。数千年前，出现了古埃及、古巴比伦、中国等文明古国。人类在恶劣的自然环境中为生存而搏斗，通过狩猎采集为生，而这种生存方法使得人口没有条件快速增长。当人们开始大规模发展农业后，世界人口增长速度有所加快。在距今约8000年前，世界人口不到1000万人。其后，由于农牧业的发展，世界人口稳步增长，到公元初，世界人口达到1.5亿人，当时我国人口大约5000万人，约占世界人口的1/3。在工业革命以后，世界人口又一次较大的增长，至今还在继续，其增长规模是有史以来最大的。据估计，在1492年哥伦布发现新大陆时，世界人口大约为2.5亿人，经1个半世纪，到1650年增加1倍，达5亿人。随着农业革命与工业革命的展开，人们的生活水平显著提高，死亡率下降，婴儿存活率大幅上升，人均寿命也有所延长，人口增长较快。世界在1804年左右突破10亿人。随后用了约123年于1927年突破20亿人；紧接着在1960年突破了30亿人大关，这期间仅用了33年；1975年，世界人口花了15年突破40亿人；1987年花了12年突破50亿人；1999年花了12年突破60亿人；联合国的数据显示2011年10月世界人口突破70亿人；而美国人口调查局则显示全世界在2012年突破70亿人，距离1999年里程碑花了约13年（图8.2）。

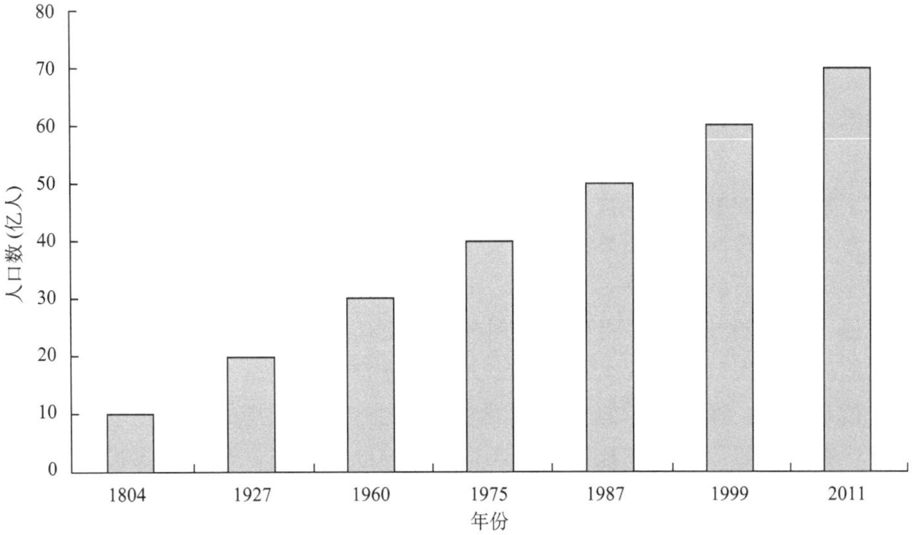

图8.2 世界人口增长历程示意图（注：数据资料来自联合国人口基金会）

联合国人口基金会在《2011年世界人口状况报告》中分析了当今70亿人口世界的有关趋势和变动，同时展示了不同国家及环境下的人们如何在其社区内各尽所能，让我们生活的这个世界变得更加美好。部分趋势较为显著：目前全球60岁以上人口数量达8.93亿人，21世纪中叶将升至24亿人。城市人口已占整体人口的1/2，35年后该比例将增至2/3。25岁以下人口占世界人口的43%，在部分国家该比例已达60%。

过去60年间，世界人口平均寿命预期从20世纪50年代早期的48岁跃升至21世纪头10年的68岁。婴幼儿死亡率从20世纪50年代的133‰下降为2005～2010年的46‰。计划免疫也在全球范围内降低了儿童疾病的患病率。

尽管全球生育率不断下降，但每年新增人口仍达8000万人左右，相当于德国或埃塞俄比亚的人口数量。由于20世纪五六十年代的高出生率导致人口基数扩大，产生了数以百万计的年轻人。几代过后，他们也达到了生育年龄，因此造成目前大量的人口增长。

联合国经济与社会事务部人口司在其《世界人口展望》(2010 修订版，2011 年 5 月出版) 中预计，2050 年全球人口达到 93 亿人，较以往预测有所增加，21 世纪末将达到 100 亿人。2025 年印度人口将达到 14.6 亿人，超过中国的 13.9 亿人，成为世界上人口最多的国家。根据“中位数变量”统计，2050 年中国人口将跌至 13 亿人，但印度将持续上升并在 2060 年达到 17 亿人，之后开始下降。

二、地球的人口承载力

地球是人类居住的场所，地球究竟能容纳多少人口，是全人类共同关心的问题，也是人们正在研究的重大问题。但有一点是毫无疑问的，即地球上的陆地是有限的，地球上的生物产量也是有限的，因此地球上居住和生存的人口数量不可能是无限的。

据研究，人类维持正常生存每天需要能量 2400 kcal，这样一年需要 87.6 万 kcal。而地球植物的生物生产量为 6.4×10^{17} kcal，由此计算地球可以养活 8000 亿人。但实际情况不然，由于以植物为食的不仅是人类，其他各种动物也都直接或间接地以植物为食，再加上还有许多植物和动物是不能供人类食用的，因此，据估计人类只能获得植物总产量的 1%，即整个地球只能养活 80 亿人。根据食物供应有限的原理，近年来提出了人口容量的概念。

人口容量，又称人口承载量，一般理解为在一定的生态环境条件下，全球或地区生态系统所能维持的最高人口数。所以有时又称之为人口最大抚养能力或最大负荷能力。通常人口容量并不是生物学上的最高人口数，而是指一定生活水平下能供养的最高人口数，它随着所规定的生活水平的标准而异。如果把生活水平定在很低的标准上，甚至仅能维持生存水平，人口容量在一定意义上就是经济适度人口。国际人口生态学界曾提出了世界人口容量的定义，即在不损害生物圈或不耗尽可合理利用的不可更新资源的条件下，世界资源在长期稳定状态基础上能供应的人口数量的大小。这个人口容量定义强调指出人口的容量是以不破坏生态环境的平衡与稳定，保证资源的永续利用为前提的。上述所指的一定生态环境条件下、一定区域资源所能养活的最大人口数量，是人口容量的极限状态，这个极限状态受到多种条件的制约，所以在正常情况下是难实现的。因此应把适度人口数量作为容量的基本内涵。

人口容量的制约因素很多，但许多学者认为，自然资源和环境状况是人口容量的主要限制因素。多年来，我国对环境污染的防治和自然生态的保护虽取得了显著成效，但目前我国的环境状况仍不容乐观。对我国环境状况的基本估计是局部有所改善，总体还在恶化，前景令人担忧。因此，如从环境保护的角度来看，目前我国的人口数量已远远超过了环境的承载能力。在未来相当长的时间里，我国的人口数量将进一步增长，而资源和环境的状况基本成定势，人口环境容量超负荷的状况将长期存在下去。这种状况无疑将对我国的社会、经济和环境产生非常深远的影响。

三、人口过剩的危害（人口增长对资源环境的压力）

随着全球人口的不断增长，必然要大量开发和利用土地、森林、草原、水资源、能源和矿产等各种资源，从而对地球上的环境资源产生巨大的影响。

（一）人口增长对土地资源的压力

土地是人类获取生物资源的基地，是人类赖以生存的主要环境因素。在全球 1.49 亿

km^2的大陆土地上，只有1/4的土地适合耕种，1/4适合放牧，而且这些土地分布极不均衡。在人类生存所需的食物来源中，耕地上生长的农作物占88%，草原和牧区占10%，海洋占2%。庞大的人口对粮食等农产品需求产生的压力，迫使人们高强度地使用土地，使得耕地地表土侵蚀严重，肥力急剧下降。此外，由于人口的增加，耕地不断地转为他用，城市的不断扩展，公路、铁路的延伸，开矿山、建工厂等，都无时不在蚕食着宝贵的耕地，导致大量耕地被毁，人均土地逐年下降。1975年世界人均土地0.31hm^2，到2000年人均土地只有0.1hm^2。

为使食物供应跟上人口增长，需要采取各种措施，如施用大量化肥与农药以提高单位面积产量，或开垦荒地以扩大耕地面积等。但是，这些措施都可能以环境的破坏为代价。过量施用化肥与农药会造成土壤板结、水体富营养化、环境污染、抗药性害虫种类和数量增加等，最终反而可能使农、林、牧、副、渔各业的总产量下降；不适当地开垦荒地，必然也会破坏有利的生态平衡，如使土地沙漠化、盐碱化等。这样就更加剧了人口与土地资源的矛盾，这种紧张态势反过来又构成对人类生存和发展的威胁。因此，控制人口和保护耕地，对人类的生存发展具有十分重要的意义。

（二）人口增长对水资源的压力

水是生命的摇篮，是一切生命新陈代谢活动的介质；水是人类和一切生物赖以生存和发展的物质基础。随着经济的发展和人民生活水平的提高，对水的需求量也在急剧增加。

公元前，每人每天耗水12 L，到了中世纪增加到20～40L，18世纪增加到60 L。当前，欧美一些城市每人每天耗水大约500L，每人每年耗水超过104m^3。现在，每年全世界增加用水量800亿～900亿m^3。在现代社会中，人类对水的依赖程度越来越大，每年消耗的水资源数量远远超过了其他任何资源的使用量。据统计，全世界每年用水总量接近3万亿m^3。世界粮农组织指出2000年世界人均占有水量相对减少24%。就世界可用水总量而言，它可以满足人类用水需要，但因水资源分布特有的地区性和时间性差异，2000年许多地区缺水问题非常严重，同时污水排放量在相应增长。

由于人口的急剧增长，工农业生产的迅猛发展和人类生活水平的提高，使得全球用水量不断增加，再加上水资源的有限性和水污染的加剧，导致全球性的水资源危机。世界人口分布极不均匀，降水的分配在空间和时间上也极不均匀，世界上许多地区淡水不足，用水浪费和盲目开采加剧了水荒；水资源时空分布的不均匀，使得有些地区和有些时间缺水更加严重。

（三）人口增长对能源的压力

人类在远古时靠狩猎和采集野果为生，当时他们的能源与其他生物一样，靠的是太阳能。火的使用给人类带来了光明，也带来了文明。人类在利用能源上从木炭到煤炭，从煤炭到石油，以至于原子能的开发和各种新能源的利用，每次能源的更新换代都使濒临停滞的文明带来了生机和希望。人类社会发展的历史表明，每一次新能源的开发和利用，都推动着人类生产技术的变革和生产力的发展。能量消耗的猛增，煤、石油、天然气等化石燃料均属不可再生能源，随着人口增长和消费水平的提高对不可再生能源的利用，而使得不可再生能源总有一天要枯竭，因此能源问题已成为全球普遍关心的问题之一。

人口增长不仅使能源供应紧张，缩短了煤、石油、天然气等化石燃料的耗竭时间，而且还会加速森林资源的破坏。因为发展中国家的燃料主要依靠薪柴。

（四）人口增长对森林和物种资源的压力

森林是陆地生态系统的主体，又是国民经济的基础产业之一。森林在向社会提供木材和大量林副产品的同时，还在调节气候、涵养水源、保持水土、净化大气、防风固沙、保护生物多样性、促进农牧业以及社会经济发展等方面发挥着不可替代的作用。随着人口数量的增长和经济的快速发展，森林所承受的负担不断增加。据相关研究，地球上的森林面积曾达到76亿hm^2，但是随着人口的不断增长，人们不断毁林造田、毁林盖房，使森林面积迅速下降，世界森林已减少了近2/3。随着人口的激增，森林面积还将不断减少。

我国在历史上是一个森林资源丰富的国家，但随着人口的增加，耕地需求的增加，大量森林被砍伐破坏，已使中国变成了一个少林国。2007年，我国森林覆盖率达到18.22%，远远低于世界平均值。由于长期以来我国森林重砍伐轻抚育，使我国的森林资源遭到严重破坏。

在人口急剧增加的情况下，为解决吃饭问题和发展经济，毁林开荒、焚草种地、围湖造田、滥伐森林，向荒野和滩涂进军，大批水利工程、交通建设和开发区兴建等，破坏了生物栖息地，许多珍贵物种的生存环境缩小，再加上乱捕乱猎，物种灭绝速度大大加快。例如，白鳍豚、熊猫等珍贵物种分布区面积和种群数量都显著减小。

（五）人口增长对环境造成的压力

随着人口增加，在相同的社会经济条件和某种生活水平下，食物、水、能源及其他生活资料也必然按比例相应地增加，相应产生的废气、废水、废渣等也增加。人口的激增以及大量人口流向城市，势必造成环境的严重污染，而且会使城市污染更为严重。随着生活水平和消费水平的提高，人类还会向环境排入更多的污染物质，如果不设法消除大量进入环境的污染物质和余能，它们就会成倍地增加，从而造成严重后果。

城市环境的恶化除了大气、水体的严重污染外，还有交通拥挤、噪声扰人、用水紧张、“热岛效应”以及垃圾的堆积等。人口增长过快使住房紧张、居住拥挤以及绿地面积减少，最终导致环境质量恶化，危及人类健康。

第七节　卫生灾害和科技灾害

一、卫生灾害

卫生灾害是指由于医生失职与生活、工作中的其他原因导致的人身伤亡或疾病。

1. 医疗事故

医疗事故是指由于医疗人员的失误或过错、医疗器械和设备的缺陷等造成病员、伤员的伤害。确定是否为医疗事故目前需要医疗事故鉴定委员会鉴定才能认定。根据对患者人身造成的损害程度，医疗事故分为四级。一级医疗事故：造成患者死亡、重度残疾的；二级医疗事故：造成患者中度残疾、器官组织损伤导致严重功能障碍的；三级医疗事故：造成患者轻度残疾、器官组织损伤导致一般功能障碍的；四级医疗事故：造成患者明显人身损害的其他后果的。

2. 职业病

按照2011年12月31日施行的《中华人民共和国职业病防治法》中对职业病的规定，职业病是指企业、事业单位和个体经济组织等用人单位的劳动者在职业活动中，因接触粉尘、放射性物质和其他有毒、有害因素而引起的疾病。2013年12月23日，国家卫生计生委、人力资源社会保障部、安全监管总局、全国总工会四部门联合印发《职业病分类和目录》。该分类和目录将职业病分为职业性尘肺病及其他呼吸系统疾病、职业性皮肤病、职业性眼病、职业性耳鼻喉口腔疾病、职业性化学中毒、物理因素所致职业病、职业性放射性疾病、职业性传染病、职业性肿瘤、其他职业病10类132种。

3. 传染病

各种传染病导致的人身灾害现象，包括鼠疫、血吸虫病、结核病、病毒性肝炎、性病、霍乱等50多种。

传染病（infectious diseases）是由各种病原体引起的能在人与人、动物与动物或人与动物之间相互传播的一类疾病，包括鼠疫、血吸虫病、结核病、病毒性肝炎、性病、霍乱等。病原体中大部分是微生物，小部分为寄生虫，寄生虫引起者又称寄生虫病。有些传染病，防疫部门必须及时掌握其发病情况，及时采取对策，因此发现后应按规定时间及时向当地防疫部门报告，称为法定传染病。中国目前的法定传染病有甲、乙、丙3类，共39种。

传染病是一种可以从一个人或其他物种，经过各种途径传染给另一个人或物种的感染病。通常这种疾病可借由直接接触已感染之个体、感染者之体液及排泄物、感染者所污染到的物体，可以通过空气传播、水源传播、食物传播、接触传播、土壤传播、垂直传播等。

传染病的特点是有病原体、有传染性和流行性、感染后常有免疫性。有些传染病还有季节性或地方性。传染病的分类尚未统一，可以按病原体分类，也可以按传播途径分类。传染病的预防应采取以切断主要传播环节为主导的综合措施。传染病的传播和流行必须具备3个环节，即传染源（能排出病原体的人或动物）、传播途径（病原体传染他人的途径）及易感人群（对该种传染病无免疫力者）。若能完全切断其中的一个环节，即可防止该种传染病的发生和流行。各种传染病的薄弱环节各不相同。在预防中应充分利用。除主导环节外对其他环节也应采取措施，只有这样才能更好地预防各种传染病。

4. 中毒事故

中毒事故包括食物中毒、煤气中毒、药物中毒、沼气中毒、农药中毒、化学污染中毒等。

5. 地方病

地方病又称水土病，由水、土原因引起的地方性疾病。在中国分布广泛的地方病有克山病、大骨节病、地方性氟中毒、地方性甲状腺肿、克汀病等。

地方病是发生在某一特定地区，同一定的自然环境有密切关系的疾病。地方病在一定地区内流行年代比较久远，而且有一定数量的患者表现出共同的病征。地方病分为化学性地方病和生物性地方病。

化学性地方病又称生物地球化学性疾病。人的生长和发育同一定地区的化学元素含量有关，出于地质历史发展的原因或人为的原因，地壳表面的元素分布在局部地区内呈异常现象，如某些元素过多或过少等，因此，在当地居民人体同环境之间元素交换出现不平衡，人体从环境摄入的元素量超出或低于人体所能适应的变动范围时，就会患化学性地方病。例如，一个地区的碘元素分布异常，可引起地方性甲状腺肿或地方性克汀病；氟元素分布过多，可引起地方性氟中毒等。

生物性地方病是在某些特异的地区，由于某些致病生物或某些疾病媒介生物孳生繁殖而造成的。例如，原苏联、美国等国家的一些人烟稀少的草原和荒漠地区，存在着野鼠鼠疫的自然疫源地。人进入疫区，就可能患病。

地方病多发生在经济不发达，同外地物资交流少以及卫生保健条件不良的地区。例如，流行在中国黑龙江省克山县等地区的克山病；流行于某些山区和半山区的大骨节病。

6. 其他疫病

其他疫病包括呼吸系统病等多种。

二、科技灾害

科技灾害是指在科学技术发展进程中尤其是各种高科技发展中出现的各种科技事故。

1. 航天事故

航天事故指卫星及其他人造天体的发射、运行发生的各种事故。

2. 核事故

核事故指核能民用领域发生的事故，主要是核电站事故。

核污染：主要指核物质泄露后的遗留物对环境的破坏，包括核辐射、原子尘埃等本身引起的污染，还有这些物质对环境污染后带来的次生污染，如被核物质污染的水源对人畜的伤害。核污染主要来源有核武器实验、使用，核电站泄露，工业或医疗上使用的核物质丢失等。核爆炸产生的放射性核素可以对周围产生很强的辐射，形成核污染。白细胞和放射性物质长期作用于人体，就能使人患上白血病及遗传障碍。放射性物质不仅沉降在爆炸点附近，还能飘落到非常遥远的地方，而且它对环境的辐射污染时间相当长，几千年甚至上万年都不会消失。核子武器爆炸后通常是以三种杀伤为主：光辐射、冲击波、核辐射。核子武器爆炸瞬间发出的强光会使眼睛出现暴盲失明，所以首先是眼睛不要面对爆炸点，要逃到低于地面的坑洞、地下室等地方，避免冲击波对人体的直接伤害。最后核辐射最简单有效的方法就是尽可能往爆炸中心点以外的地方逃离。

3. 计算机事故

计算机事故包括计算机犯罪、计算机故障、计算机病毒等。

4. 生物工程事故

生物工程事故包括生物工程失败、异化等带来的灾害事故。

5. 医药科技事故

医药科技事故包括新药、新医疗器材等的缺陷所带来的事故等。

6. 其他科技事故

其他科技事故指不在上述科技事故范围内的其他科技事故。

本章主要参考文献

车安宁，尚峰. 2011. 灾害学新论. 北京：中共中央党校出版社.
金磊，等. 1998. 中国21世纪安全减灾战略. 开封：河南大学出版社.
李树刚. 灾害学. 2008. 北京：煤炭工业出版社.
李益敏. 2012. 灾害与防灾减灾. 北京：气象出版社.
林育真，赵彦修. 2013. 生态与生物多样性. 济南：山东科学技术出版社.
罗祖德，徐长乐. 1998. 灾害科学. 杭州：浙江教育出版社.
毛德华，等. 2011. 灾害学. 北京：科学出版社.
申曙光. 1994. 灾害学. 北京：中国农业出版社.
童志权. 2006. 大气污染控制工程. 北京：机械工业出版社.
王玉梅，等. 2010. 环境学基础. 北京：科学出版社.
文彬. 2007. 生物多样性保护基础知识. 昆明：云南民族出版社.
许武成. 2011. 水资源计算与管理. 北京：科学出版社.
延军平. 1990. 灾害地理学. 西安：陕西师范大学出版社.
姚发业，岳钦艳，刘文英. 2001. 人口增长对资源的压力分析. 中国人口·资源与环境，11（51）：90～91.
张荣健，徐兆文. 1993. 灾害医学与救援. 成都：四川科学技术出版社.
左玉辉. 2002. 环境学. 北京：高等教育出版社.

第九章　灾害的区域分异与区划

自然灾害的空间分布存在着差异性，地区之间的分布具有由量变到质变过渡的性质。按此可分为不同的灾害区，并按从属关系得出完整的区域灾害划分的等级系统，即为自然灾害区划。灾害区划是认识自然界灾害多样性的重要方法，它是减灾工作的开始，是灾害学必须研究的重要问题之一。根据灾害地域分异规律，进行科学分类、分区，确定区域大致界线，查清一定区域内灾害特征与危险度，为划分不同等级的灾害综合治理区提供依据。此外，它还阐明一定区域内灾害演变过程，并预测区域内灾害的动态趋势，以便采取准确有效的措施。

第一节　灾害的地域分异

一、灾害的地域分异规律

地域分异规律是自然地理各要素及其综合体在地表按一定的层次发生分化并按确定的方向发生有规律分布的现象。自然灾害也具有这种分布规律。灾害的地域分异规律是自然灾害各要素及各灾害相互作用引发的灾害链在地表上所呈现的分布规律，它是灾害地理学和自然灾害区划的理论基础。灾害的地域分异规律包括 5 种不同规模等级的分异规律。

（1）全球性地域分异规律，包括板块错动性、热力分带性及海陆对比性，即六大陆、四大洋各有不同的自然灾害发生。

（2）全大陆和全海洋地域分异规律，包括大陆地域分异规律和大洋表层的自然灾害纬向地带性分异规律。

（3）区域性分异规律，包括地带性（大陆东岸温带类型）、地区性（大的地貌构造单元如华北平原等）、垂直带性（山灾的垂直分带性）。

（4）地方分异规律，包括系列性和组合分异规律。

（5）局部分异规律，包括微域性和坡向性分异作用等。

形成地域分异的基本因素有两种：一是太阳辐射能，二是地球内能。它们在空间上或时间上的作用都是不平衡的，其作用的效应呈现出显著的矛盾性。两者在地表自然界中的异质的特殊作用，便决定了地域分异的两个最基本、最普遍的规律性，即地带性与非地带性。地带性和非地带性是地域分异规律本质成因的概括。而其他的地域分异规律则是基本规律的具体体现或派生出来的。

（一）灾害的地带性

灾害的地带性是指各单项自然灾害及相互作用产生的自然灾害链，在地表呈近于带状分布，并按一定方向有规律更替的现象。同地理环境的地带性一样，灾害地带性也起因于地球球形、地轴倾斜及由此引起的太阳能沿纬度的不均匀分布。大陆温度带的分异是灾害地带性分异的最直接原因。各热量带如寒带、亚寒带、温带、亚热带和热带相对应，灾害主要类型也呈小角度偏离纬线方向的递变，表现为由高纬到低纬的灾害主要类型的变化为寒冻灾害→旱灾→涝灾→热带气旋灾害。在大陆的大的自然地理单元内，灾害的地带性表现得很明显。例如，在我国的黄淮海平原地区，一般是越北越干旱，越南涝灾发生频率与概率越大。水灾成灾面积在该区随纬度增高而递减，而旱灾则呈相反趋势。

（二）灾害的垂直地带性

灾害的垂直地带性是指山地自然灾害及其灾害链，随海拔高度递变的规律性。大部分山地灾害都具有较明显的垂直地带性，如气温通常随山地高度增加而降低，低温冻害也就随海拔高度增加而逐渐加强。雪灾主要分布在雪线以上陡峭的高山区，如中国的青藏高原、昆仑山、天山、阿尔泰山雪灾分布高度往往在5500～6000m及以上的高寒地区。在山地的最大降水高度内，暴雨灾害一般是随海拔高度增高而越来越重，与此相反，干旱危害则随山地升高而减小。虽然泥石流灾害可以贯穿整个山地垂直带，但造成危害最严重的地区则主要是在河谷的中、下游堆积区。

通常只要有足够的相对高度（一般大于600m），山地就会出现自然灾害的垂直分异。但垂直地带性分异的结构类型，与所在的地理位置和海拔高度有着密切关系。例如，在南极地区，仅有雪灾和风灾分布在海平面以上高度不高的地方，而在世界屋脊青藏高原南缘喜马拉雅山南坡，从高到低有以下几个自然灾害带分布：寒冻灾害带→雪灾带→暴雨泥石流带→洪水灾害带。

灾害三维地带性是灾害的水平地带性和灾害的垂直地带性的综合，即广义的灾害地带性。它包括纬向地带性、海陆地带性和垂直地带性。山地自然灾害的分异，一般均呈三维地带性。一般认为，灾害的垂直地带性受灾害的水平地带性制约，尤其是在山地高原区域，灾害垂直地带性与灾害水平地带性是紧密结合、相互联系的，对自然灾害的地域分异，共同起着制约作用。总之，对山地与高原地区的灾害区域分异，应从三维地带性观点出发来认识。然后按照地表的实际异同，灾种的不同组合类型等来进行灾害分区，从而有助于认识和了解自然条件中的不利因素，以及充分利用自然和改造自然的可能性，为山地与高原区域的国土整治与区域开发提供必要的科学依据。

（三）灾害的非地带性

灾害的非地带性又称灾害的泛域性，与灾害的地带性相对应。各单种灾害及其灾害链，不按或偏离灾害地带性规律的特性，或指不呈带状分布的灾害地方性差异。灾害的非地带性主要是由地貌及其组合、地质构造、岩性、排水条件等因素控制。一般来讲，灾害中小尺度的空间分异，更多地表现为非地带性分异。例如，暴雨灾害多频中心，一般都集中在高大山体的迎风坡和山地之间的喇叭口状地形。寒潮大风灾害高值中心，一般多处在地形中的“隘口”地段。而我国洪涝灾害严重区域，也相对集中在排水条件差、地势低洼的黄淮海平原、长江中下游平原、三江平原及珠江三角洲等地区。

二、全球灾害的空间分布特点

（一）大陆比海洋多灾害

虽然陆地只占地球表面积的29.2％，海洋占70.8％，但大陆的灾害远比海洋多而严重。

造成大陆与海洋灾害差异的主要原因是大陆有人类居住，而海洋不是人类的常居处。灾害是相对于人类而言的，发生在海洋中的大多数运动除了对航行于海上的船只产生影响外，一般不直接影响陆地上的人类，因此不存在“利”与“害”的问题。例如，尽管海洋地震能量占全球地震释放能量的80%以上，但海洋地震造成的损失达不到地震总损失的15%。

此外，大陆表面起伏大，环境复杂，各类物质运动频繁，容易产生灾害，而海洋表面环境单一，相对稳定，物质运动具有恒定性，较难产生极端现象，故灾害较少。例如，冰雹的形成在海洋和陆地差异很大。由于陆地上有高山、平原、沙漠、森林、河流、湖泊，各种下垫面因其热容量不同而受热不均，比热差显著，容易造成旺盛的空气对流，产生空气的热力抬升，有利于冰雹的形成；而海洋下垫面性质单一，水面受热较均匀；不存在比热差，难以造成旺盛的空气对流，即难以形成冰雹。此外，海洋上空零度等温线距海洋面较远，即使形成冰雹，也会在降落过程中被融化掉；而陆地上，特别是高原区，零度等温线离下垫面很近，冰雹在融化之前即已降落到地面。

（二）北半球比南半球多灾害

北半球比南半球多灾，主要原因有三个：首先，北半球陆地面积大，约占全球陆地面积的2/3。其次，大陆板块向北半球汇集，应力集中，各种地质灾害多。例如，印度半岛、非洲大陆和澳大利亚大陆都在向北运动。北半球山地和高原广布、山地灾害多；北半球气候类型多样，季风突出，各种气候要素的季节变化与非周期性变化都大，气象灾害多。可见，北半球自然灾害多。最后，北半球人口众多，主要的工业发达国家都处在北半球，人为灾害多。北半球亚洲灾害多，而南半球的澳大利亚灾害却较少，南极洲则相对无灾害。

（三）温带多灾害

在各种气候带中，以温带灾害最多最重。原因在于温带大陆集中，其中南北纬25°～65°，陆地占48.45%；地应力集中，多地质地貌灾害；大陆性气候区广，气候复杂，气象灾害多；生态环境和资源破坏严重，人口众多，人为灾害多。

（四）环太平洋带和北纬20°～50°地带多灾害

因为自然灾害具有相关性和群发性，所以在发生的空间位置上，大多是相对集中的。就全球而言，自然灾害的多发地区主要是构造板块的边缘地带、海陆水热交换活跃和人口、城市密集的沿江临海的山区、平原。相对集中在两大区域内。

一是环太平洋自然灾害带，在环太平洋沿岸几百公里宽的环形地带里，集中了全球75%的火山，80%以上的地震，67%左右的台风、海啸和风暴潮，以及大量的地质灾害和海岸常发灾害都集中在这里。而环太平洋地带又是世界人口、城市集中、经济最发达地区，所以成为世界上最严重的自然灾害带，有人称为世界的“灾难环”。

二是北纬20°～50°地带，这一地带是环球性的东西向自然灾害带，集中了世界90%的大陆地震和大多数大陆火山，也是全球潮灾、浪灾、台风最严重的地带；沿这一带地表起伏、海拔高度相差大，地形复杂，因此也是世界上地质灾害和冰雪灾害最严重的地区；而且这一地带受信风、季风和西风强烈影响且地表状况复杂，所以冰雹、干旱、洪水、大风、冻害等气象灾害和生物灾害也相当严重。

另外，东非大裂谷和南半球的中低纬度带的大陆内部和岛屿，也是地震、火山、暴风、洪水和地质灾害较严重的地区。

（五）岛屿多灾害

岛屿多数位于大陆边缘与海洋交界；岛屿多数位于地壳活跃地带，多地震火山；岛屿面积小，发生灾害殃及全岛，损失大；外援受限制。

（六）城市比乡村多灾害

城市是一个国家或地区的政治、经济、文化中心和交通中心，也是生态系统中最为复杂的类型之一，在推动人类社会文明和进步的进程中发挥着越来越重要的作用。城市寓于自然之中，各类自然灾害的发生都对城市产生作用。城市自然灾害种类很多，包括地震、地陷、滑坡、泥石流、地裂缝、水灾、旱灾、海啸、风暴潮、台风、龙卷风、海水入侵、海岸侵蚀等。许多城市位于河流两岸或低平的三角洲平原上，极易遭受洪涝灾害。也有许多城市位处沿海地区，容易遭受海啸、风暴潮等灾害的危害。城市的特殊结构，使其具有“热岛效应”，即城市热量难以散发，在高温季节，许多城市居民承受着热浪的袭击。城市内部火源众多而集中，易燃物高度密集，人口活动又十分频繁和强烈，所以极易产生火灾。

城市的特殊结构与功能决定了城市系统中物质运动的特殊性，促成了某些新的灾害种类的产生。自然资源衰竭灾害和环境污染灾害是现代城市中新出现的灾害。特别是水资源衰竭与污染、土体污染和大气污染等实质上主要发生于城市系统之中，其危害的主要对象也是城市。

在城市里，人为灾害比乡村多得多。地面沉降、噪声污染、交通事故等灾害也是城市特有的灾害，在相当程度上是城市化的产物。建设性破坏、城市噪音、疾病、工业事故、交通事故、工程质量事故、人为破坏等灾害在城市发生的概率远高于在非城市地区发生的概率。

随着城市的发展，还会不断出现新的灾害源。例如，超高层建筑、大型公共建筑、地下空间利用、天然气生产和使用、核技术利用中存在的致灾隐患等。

城市人口密集，导致交通运输和通信电力系统、公共服务设施、住宅建筑等高度集中，加大了城市灾害人员伤亡和经济损失的概率。

三、全球各大洲的灾害差异

（一）亚洲的灾害

亚洲是亚细亚洲的简称，面积约 4400 万 km^2，约占世界陆地总面积的 29.4％，是七大洲中面积最大的一个洲。亚洲的大陆地壳古老而又破碎，由三块古陆组成，在古陆之间的褶皱带上多断裂，又处在板块的相撞部分，地应力集中，受环太平洋和地中海—喜马拉雅两大地震带的影响，地质地貌灾害多，是世界上地质地貌灾害最多和最严重的大洲，地震灾害尤为突出，如 2001 年印度古吉拉特邦地震、2003 年伊朗巴姆地震、2008 年中国汶川地震，以及 2011 年东日本大地震等。地震灾害给亚洲各个国家和地区造成巨大的人员伤亡和经济损失，抗御地震灾害、减轻经济损失和人员伤亡已成为亚洲各国的共同行动。

亚洲与太平洋、印度洋和北冰洋相邻，地域辽阔，海陆气相互作用剧烈，是世界上季风气候分布最广、最典型的洲，因此气象灾害也是最频繁的，特别是降水的变率完全受制于季风，因此，旱涝灾害突出。

亚洲是世界上人口最多的一个洲，人口密度大，每一次灾害造成的人员伤亡特别严重，世界上人员伤亡多的灾害大都发生在亚洲。与人口过剩相关联的灾害特别突出，自然资源衰竭灾害和火灾等频繁发生。

亚洲地理环境具有多样性和复杂性，灾害类型齐全，主要有地震、干旱、洪涝、台风、热浪、寒潮、沙漠化、水土流失、资源衰竭及森林火灾等；灾害分布广泛，灾害损失巨大，其中中国、日本、印度、孟加拉国、印度尼西亚等国灾害频繁。同时由于亚洲主要分布着发展中国家，经济相对落后，医疗卫生事业并非十分完善，使得流行病爆发也严重影响着某些地区的经济发展，经济损失严重。

中国网 2012 年 12 月 31 日讯，据日本共同社消息，亚洲开发银行（Asian Development Bank，ADB）近日公布的报告显示，过去 20 年全球自然灾害造成的经济损失中亚洲的损失额约占总额的一半，年均损失额超过 400 亿美元。亚太地区遭受自然灾害的概率是非洲的 4 倍、北美及欧洲的 25 倍。

1. 日本灾害

日本是一个自然灾害频发的国家，地震、海啸、台风、火山喷发随时可能发生。日本把每年的 9 月 1 日定为国民“防灾日”。在每年的这一天，日本全国各地都要举行有日本首相和各有关大臣参加的防灾演习，以提高全民防灾意识和防灾能力。

日本位于环太平洋火山地震带上，全球 6 级及以上地震中的近 1/5 发生在日本，日本附近地区平均每年地震释放的能量约占全球的 1/10，每年平均发生地震 7500 次，其中有感地震 1500 次，破坏性地震 420 次。1923 年 9 月 1 日，以东京—横滨为中心的广阔都市地带发生 7.9 级关东大地震，造成 14.3 万人死亡，20 万人受伤，60 万座建筑物被毁，50 万人无家可归。日本是个多火山的国家，全国有大小火山 270 多座，约有 80 座活火山，约占世界活火山总数的 1/10。

2. 印度灾害

印度位于南亚次大陆，是四大文明古国之一，是世界上国土面积第七大的国家，面积约 297.4 万 km^2，人口约 10.9 亿（2005 年统计），居世界第二位。与亚洲其他国家相比，印度以山脉和海洋为其特色，其北部被喜马拉雅山山脉环绕，向东蜿蜒进入印度洋，处于孟加拉湾和阿拉伯海之间。全国大致分为北部高山区、南部高原区、中部平原区和西部印度沙漠区四大地形区。印度是世界上灾害频发的国家之一，飓风、旱灾、洪灾、地震、山体滑坡和雪崩等自然灾害频发。印度的地理位置和地理特征决定了它对许多自然灾害的抵御能力十分脆弱。

（1）洪灾。洪灾频发在 6～9 月的雨季，大部分受灾地区是布拉马普特拉河和印度河流域、恒河平原的恒河盆地，其他洪灾频发地区则是印度中部德干地区的纳尔马达河流域和塔普蒂河流域。印度每年有大约 370 万 hm^2 土地被淹，1998 年灾害造成的损失达 463 亿卢比。

（2）旱灾。印度 4 亿 hm^2 土地中每年约有 73.7％受到旱灾影响，1987 年印度遇到了百年一遇的严重旱灾，举国上下 58％～60％的农作区和 2.85 亿人受旱灾的影响。

（3）飓风。印度有 5560km 长的海岸线，在孟加拉湾和阿拉伯海每年要遭遇 5 次或 6 次飓风袭击。飓风来袭时间为雨季前的5～6月和雨季后的10～11月。从1891～1991年的100年中在阿拉伯海形成117次飓风，在孟加拉湾形成442次飓风。仅1999年飓风袭击造成了1万人丧生和15亿美元的财产损失。

（4）地震。印度的地震灾害主要在喜马拉雅山脉地区。过去53年间，发生过4起里氏8级地震。

（5）山体滑坡。印度东北部的喜马拉雅山脉地区和西高止山区频发山体滑坡。

印度灾害管理组织体制颇具特色，在国家、邦、县和区一级均有统一的灾害管理机构。按印度联邦制规定，一旦遇到自然灾害，营救和赈灾工作由邦政府负责，组织实施及整个管理以邦为主。

3. 孟加拉国灾害

孟加拉国位于南亚次大陆东北部的恒河和布拉马普特拉河冲击而成的三角洲上，南面濒临孟加拉湾，海岸线长550km，全境85%的地区为平原。全国地势低平，河流密布，在每年6～10月的雨季期间，极易遭受洪水、风暴等自然灾害的袭击。

孟加拉国作为最不发达的国家之一，房屋、堤坝和避难所等基础设施的建设相对落后，这在一定程度上削弱了抵抗自然灾害的能力。全国人口中约有40%生活在贫困线以下，不少房屋是用泥土和茅草盖成的，在暴风雨中不堪一击。

4. 印度尼西亚灾害

印度尼西亚位于亚洲东南部，地跨赤道。由太平洋和印度洋之间17508个大小岛屿组成，其中约6000个有人居住，是全世界最大的群岛国家。陆地面积为1904443km^2，领海面积约是陆地面积的4倍。根据印度尼西亚2010年人口普查结果显示，2010年印度尼西亚人口超过2.38亿人，为世界上人口第四多的国家，是东南亚最大经济体及20国集团成员国。2014年1月10日，印度尼西亚是世界第15大经济体。

印度尼西亚位居太平洋板块、欧亚大陆板块、印度-澳大利亚板块的交界带，因而印度尼西亚具有众多火山且地震发生频繁，是世界火山最多的国家，有“火山国”之称。印度尼西亚全国共有火山400座，其中77座为活火山，包括于19世纪毁灭性爆发的喀拉喀托火山及坦博拉火山，而多巴超级火山于7万年前曾经爆发，为历史上最大规模的爆发之一，并造成全球性灾难。2004年12月26日，印尼苏门答腊岛附近海域发生里氏9.3级强烈地震并引发海啸，波及多个国家，共造成20多万人死亡或失踪，其中印度尼西亚有近17万人死亡或失踪。

（二）欧洲的灾害

欧洲面积1016万km^2，约占世界陆地总面积的6.8%，仅比大洋洲大，是世界上第六大洲。其位处西风带上，气候状况比较稳定，以平原地形为主，欧洲是世界上地势最低的一个洲，平均高度只有340m，冰川地貌分布较广，高山峻岭汇集南部，总体上自然灾害类型较少。但是，低温灾害特别是雪灾比较严重。

欧洲是世界上经济最发达的大洲，绝大多数国家属于发达国家，其中北欧、西欧和中欧的一些国家经济发展水平最高，南欧一些国家经济水平相对较低。人口约有7.28亿人

(2005年)，仅次于亚洲和非洲，是人口密度最大的洲。工农业发达，城市化程度高，各种人为灾害相当严重。特别是环境污染、火灾、交通事故频繁，土地退化、森林资源衰竭比较严重。

pH小于5.6的降水叫酸雨，酸雨是工业高度发展而出现的副产物，由于人类大量使用煤、石油、天然气等化石燃料，燃烧后产生的硫氧化物或氮氧化物，在大气中经过复杂的化学反应，形成硫酸或硝酸气溶胶，或为云、雨、雪、雾捕捉吸收，降到地面成为酸雨。欧洲是世界工业的发源地，也是全球最早发现酸雨的地区，曾是全球最严重的酸雨区。北欧的瑞典和挪威酸雨比较突出，在20世纪70年代，降水pH已经低至4.0～4.5。由于酸雨的影响，瑞典有2500个湖泊酸化，大量鱼类死亡；挪威南部有1750个湖泊里的鱼类绝迹。

（三）非洲的灾害

非洲大陆是冈瓦纳古陆的核心部分，整个大陆地势较为平坦，台地和高原所占比例远大于世界其他各洲，有“高原大陆”之称，地质灾害较少。

非洲大陆赤道中贯，大部分地区处于南、北回归线之间，属于热带。一半以上的地区终年炎热，只有南北两端以及局部山地的年平均气温低于20℃。非洲是地球上干旱区面积最大的一个洲，沙漠面积占全非洲陆地的1/3，撒哈拉沙漠面积占全非洲陆地的1/4，是世界上最大的沙漠。东非、西非地区过度放牧，牧草干枯，沙丘移动加大荒漠化加剧；南非地区载畜量过大，生产力呈下降趋势；北非大部分地区牧草地都有流沙移动，沙丘侵入，饮水不足等导致严重的风蚀、水蚀。

非洲是一个不发达的大陆，世界上最不发达的50个国家中，非洲就占了34个。不少国家政治不稳定，经济困难，灾荒频繁，尤以旱灾最严重。近几十年来，非洲旱灾之严重，后果之惨烈，涉及面之广，死亡人数之多，远非其他大陆能与之相比。1968～1973年，在西非，特别是地处撒哈拉沙漠南缘的萨赫勒地带，曾发生震惊世界的严重旱灾。此间该地区各国的年降雨量一般不到正常年份的一半。乍得湖由于水位降低而裂成若干小湖，大片耕地龟裂，庄稼失收，牧场草木大面积枯死，地面裸露，人畜大量死亡。据统计，在此次旱灾中，约有20万人丧生。

非洲国家自从20世纪60年代独立以后，由于生产发展、医疗进步、教育水平提高、科学技术进步，人口经历了快速增长阶段，1960～2005年，非洲人口的年均增长率在26‰，2006年底，非洲人口总数已经达到9.24亿。人口增长过快，加大了对大自然的索取，再加上缺乏对生态环境的保护，结果造成了土地退化、湿地消失、森林消失、土地沙漠化、生物多样性消失的种种后果。

受全球气候变化影响，非洲一些城市正面临海平面上升和海洋风暴加剧的威胁。而许多非洲国家由于经济和基础设施条件有限，难以采取有效措施加以应对，沿海地区数以百万计居民的生活难以得到保障。在撒哈拉以南非洲地区，海洋风暴引发的风暴潮灾害主要集中在马达加斯加、毛里塔尼亚、莫桑比克和尼日利亚。仅在2009年1～4月，马达加斯加就遭遇了至少3次风暴袭击。在莫桑比克，1980～2007年进入莫桑比克海峡的56次热带风暴和飓风中有15次在该国登陆。位于撒哈拉沙漠和大西洋之间的毛里塔尼亚也在经受气候变化带来的海平面上升、风暴加剧以及土地沙漠化的多重影响。

（四）北美洲的灾害

北美洲与亚洲相似，灾害类型齐全，而且分布广泛，其中以地震、龙卷风、飓风、洪涝等灾害突出。由于工农业生产和交通运输发达、城市化程度高，各种人为灾害，特别是环境污染和交通灾害比较严重。

北美灾害的区域差异显著。西海岸主要为地震、火山灾害为主；东、南部龙卷风、飓风突出；中、南部洪涝灾害严重。

北美洲地广人稀且经济发达，每次灾害造成的人员伤亡较轻，但经济损失较重。

美国是世界上龙卷风最多的国家，平均每天有5个龙卷风发生，每年就有1000～2000个龙卷风，其龙卷风灾害的数量是欧洲的4倍，被称为“龙卷风之乡”，全世界有一半的龙卷风均发生在美国。美国的龙卷风不仅数量多，而且强度大，破坏性强，并可能造成大量人员伤亡。美国独特的地理位置、地形、气候有利于龙卷风生成。美国东濒大西洋，西靠太平洋，南面又有墨西哥湾，大量的水汽不断从东、西、南面流向美国大陆。美国主要处在中纬度，春夏季常受副热带高压控制，即使在秋冬季，也常受其边缘影响，副高的西部边缘，是气流辐合上升最剧烈之处，在副高南部和西部是偏东和东南气流最活跃的地方，它把大西洋和墨西哥湾的大量暖湿空气源源不断地向美国大陆输送，这又是产生雷雨云的充分条件。雷雨云不断地强烈发展，龙卷风就伴随而来。美国龙卷风最多的是中西部，且约有54%发生在春季。5月副热带高气压控制美国，它的西缘正好停留在中西部，这时，东南气流把墨西哥湾的暖湿空气从南向北大量输送。空气中有了充足的水汽，又有了强烈的垂直上升运动，雷雨云就会强烈发展，经常发展成龙卷云而产生龙卷风。6月大量的暖湿空气向北移到堪萨斯州、内布拉斯加州和衣阿华州，7月移到加拿大，从此，美国的龙卷风数量就大大减少了。此外，美国大陆城市星罗棋布，高楼林立，宽广的公路纵横交错，这些全由水泥、柏油构成的建筑物和路面与农田空地之间的温度相差较大，常常造成局地性空气对流或乱流，对龙卷风的生成极为有利。也有部分科学家认为，气候变暖及美国公路干线上经常运行的小汽车太多也是导致美国龙卷风多发的成因。

（五）南美洲的灾害

南美洲主要受到三大灾害的侵袭，分别是地震、火山爆发和厄尔尼诺现象。科迪勒拉山系是太平洋东岸火山带的主要组成部分，安第斯山脉北段有16座活火山，南段有30多座活火山。尤耶亚科火山海拔6723m，是世界上较高的活火山。地震以太平洋沿岸地区最为频繁。1960年5月21日至6月22日在智利发生了20世纪震级最大的震群型地震，该大地震群由7次7级以上地震组成，震中在康塞普西翁，其中8级以上地震两次，最大震级9.5级，共造成6000人死亡，损失6.8亿美元。接连发生的大地震在瑞尼湖区引发了大型滑坡，滑坡体填入湖盆使湖水上涨外溢，淹没了瓦尔的维亚城，造成全城100万人无家可归。

厄尔尼诺现象发生时，因信风减弱，而极强风将热带暖流挤向南美沿岸，水温升高，南美西岸涌升流减弱甚至消失，鳀鱼向南觅食，鱼群减少，在渔场中觅食的海鸟减少，作为磷肥重要原料的鸟粪层亦减少，对当地居民造成经济损失。南美洲西岸由干燥转为潮湿，秘鲁及智利皆曾因此出现罕见的大洪水，造成许多人员伤亡，财物损失难以估计。环境改变后，许多蚊虫、老鼠等病媒增加，散布登革热、鼠疫、疟疾等传染病。

（六）大洋洲的灾害

大洋洲的岛屿处于环太平洋地震带上，地壳构造活动活跃，地震和火山活动较多。

大洋洲是干旱大陆，干旱灾害严重；森林火灾也频繁发生。大洋洲人口密度低，人为灾害很少。

（七）南极洲的灾害

南极洲范围包括南极大陆及其附近的岛屿，面积共1400万km^2，是世界第五大洲。南极洲是地球上最高、最寒冷、最干燥、最多风的洲。全洲平均降水量仅55mm，沿海地区和岛屿略多，但也较少超过200mm，因此被视为荒漠。南极洲有地震和火山活动。但全洲无定居居民，只有来自世界各地的科学考察人员和捕鲸队，灾害损失小。

四、灾害带和灾害区

灾害带和灾害区都是灾害在空间地域分布的属性表现。灾害的空间分布呈带状集中，就称为灾害带，而呈面状分布就称为灾害区。纵观灾害的区域分布，有的灾害空间分布呈带状，如环太平洋火山地震灾害带；也有的呈面状分布，如我国华北地区的旱灾区等。一般来说，灾害带大都是循山脉主轴或构造隆起带或断裂带延伸；灾害区则与盆地拗陷带和块体构造的范围吻合。

中国自东往西有三条灾害带：一是滨海灾害带，以强烈地震发育为特点，海洋灾害也较严重。二是大兴安岭—太行山—武陵山灾害带，以地震、火山地质灾害、水土流失、森林灾害为主。三是贺兰山—龙门山—横断山灾害带，为我国大陆最强烈的地震带，山地地质灾害、雹灾、洪水、森林灾害也较严重。

中国灾害区的划分是相对的。东部灾害区，包括东北平原、华北平原、江汉平原等，此区灾害特点是灾害类型多样、强度大、频度高，受副热带高压与热带气旋影响大，主要有洪涝、干旱、台风、风暴潮、冰雹、泥石流、地面沉降等灾害。中部灾害区，包括呼伦贝尔盆地、伊陕盆地、四川盆地等，水、旱、农作物病虫害和土地沙化最为严重。西部灾害区，包括西北沙漠和西南高原区，地震普遍较多，也是我国沙漠化、冻融、雪灾、冻害、泥石流和旱灾比较严重的地区。此外，南海海域为海洋灾害为主的地区。

第二节　自然灾害区划

区划是地理学的传统工作和重要研究内容，是从区域角度观察和研究地域综合体，探讨区域单元的形成发展、分异组合、划分合并和相互联系，是对过程和类型综合研究的概括和总结。自然灾害区划，是按照自然灾害在时间上的演替和空间上的分布规律，对其空间范围进行区域划分的过程。自然灾害区划的结果是反映区域自然灾害差异性和一致性的图件和相关说明。加强自然灾害综合区划的研究已被列为中国21世纪议程（1994）“防灾减灾”的行动之一，中国国际减灾十年委员会（1997）也在《中华人民共和国减灾规划（1998—2010年）》中将防灾减灾、加强区域自然灾害研究、进行自然灾害区划研究工作作为保障国民经济和社会发展的重要工作。

一、开展自然灾害区划的任务

灾害区划是根据灾害、类型特点和灾害的时空分布规律进行的区域划分。灾害区划是在对自然灾害发生发展的时空规律研究基础上，依据灾害系统时空变化的地域组合类型，在一定的区划原则下，建立灾害各级区域划分的指标体系，进而提出区域灾害系统区划方案，并以此为基础提出各区域的减灾对策。

灾害区划是认识自然界灾害多样性的重要方法，其主要任务如下：①揭示客观存在的地表灾害的地域差异及现代过程，并分类、分区和制图。②分析研究各级灾害区域单元的性质、特点，并进行灾害的经济影响评价。③查明人类活动与灾害形成机制之间的关系，特别是要预见在区域开发中可能出现的加重灾害的消极后果，并在开发之前就要提出合理利用与保护的防灾、减灾对策措施。④经常总结灾害区划经验，引进最新技术手段进行研究。自然灾害区划是灾害学最重要的问题之一，它是灾害研究工作的开始与终结。根据灾害地域分异规律，进行科学分类、分区，确定区域界线，分清一定区域内灾害特征与危险度，为划分不同等级的灾害综合治理区提供依据。此外，它还阐明一定区域灾害演变过程，并预测区域内灾害的动态趋势，以便人类采取对自己有益的措施。

二、自然灾害区划的分类

自然灾害是一个庞大的系统，减灾也是一项复杂的系统工程。为了反映两大系统中某一项内容的地区差异性，都可形成一种区划，因此迄今还很难给灾害区划一个确切的涵义和分类。根据国内外开展的区划工作，至少包括以下类别。

1. 灾类区划

灾类区划指反映灾害种类及其聚类性空间分布差异的区划。

2. 灾情区划

灾情区划指反映灾情地区差异性的区划。灾情包括经济损失程度、人口受灾程度、农作物受灾程度、社会发展影响程度等，可分反映单项灾情的单类区划和反映综合灾情的综合区划。

3. 灾害强度区划

灾害强度区划指反映灾害强度空间分布差异的区划，包括单类灾害强度区划和多种灾害叠加的灾害综合强度区划。

4. 灾害频次区划

灾害频次区划指反映灾害发生次数空间分布差异的区划，包括单类灾害频次区划和多种灾害叠加的灾害综合频次区划。

5. 灾变区划

灾变区划指反映灾害自然变异程度（或危险性）空间分布差异的区划，包括单类灾害灾变区划和多种灾害叠加的综合灾变区划。

6. 孕灾环境区划

孕灾环境区划指反映孕灾环境地区差异性的区划，包括单类灾害孕灾环境区划和灾害综合孕灾环境区划；根据致灾因子的不同，又可分多种孕灾环境区划。

7. 灾度区划

灾度区划指反映灾害损失程度（或危害性）空间分布差异的区划，包括单类灾害灾度区划和多种灾害叠加的综合灾度区划。

表征灾害损失的方法是多种多样的，因此灾度区划的指标和图式也是多种多样的，常见的是以损失模量和相对损失为指标的灾度区划。

8. 减灾能力区划

减灾能力区划指反映减轻自然灾害能力地区差异性的区划，由于减轻自然灾害是一项系统工程，因此可分为反映其中某减灾措施的单项减灾能力区划和反映减灾综合能力的区划。

9. 预测灾变区划

预测灾变区划指反映未来若干年可能的灾害危险性区划，包括单类灾害预测灾变区划与预测综合灾变区划。

10. 灾害风险区划

灾害风险区划指反映社会面临的现状灾害风险或若干年内可能达到的灾害风险程度，包括单类灾害风险区划和综合风险区划。

11. 预测灾度区划

预测灾度区划指反映未来若干年的灾害危害性的区划，包括单类灾害预测灾度区划和预测综合灾度区划。

12. 减灾区划

减灾区划是为减灾管理服务的区划。根据服务对象和目标不同可分社会受灾程度区划、减灾能力综合区划、防灾区划、救灾区划等。

13. 保险区划

保险区划是为保险管理服务的区划。根据保险管理需要，可分为财产保险风险区划、农作物保险风险区划以及地震保险风险区划、洪水保险风险区划等。

14. 其他

三、灾害区划的原则

灾害区划原则是进行灾害区划时所依据的基本指导思想。一般来讲，应遵循以下 5 个原则。

1. 综合因子与主导因子相结合的原则

即在灾害区划时应尽量考虑形成灾害的各因子；同时，由于灾害对人类社会的影响虽然是它的整体造成的，但各因子的作用是不均等的，可以根据不同灾害区划的要求，突出其中某些至关重要的因子。综合因子原则主要着眼于灾害的差异性，往往先有区域的概念，然后排列很多灾害因子指标；主导因子原则着眼于灾害的相似性，一般先确定主导灾害，然后再把灾害相近的区域划在一起，可以按照灾害因子的重要性逐级划分，便于某种目的的应用。在灾害区划中，应尽可能使综合与主导两原则相结合。

2. 经济水平与人为诱发因素相结合的原则

同一能量的自然灾害，在经济水平不同的地区，产生的破坏作用大小不同，有些灾害可由人为诱发，因此应充分考虑人为因素与承灾力因素。

3. 灾害频度与危害程度相结合的原则

有些灾害频率高，但每次灾害的危害程度低；有些灾害频率低，但只要发生就会造成极大危害，只有把二者紧密结合起来考虑，才能充分说明某一区域的灾害特征。

4. 尽可能保持自然区与行政区界的完整性

灾害某一级区划要尽量考虑某一区域综合自然区划大区的完整性。而次一级的划分要照顾行政区划的情况，这样不仅便于灾情统计，进行综合研究，也便于政府制订统一规划与对策。

5. 区域共轭性原则

区域共轭性原则要求所划分的区域在空间上是完整的，既没有空白区，也没有重复区，是在地域分异理论指导下，强调“类型划分”与“区域划分”的结合，“等级划分”与“关键区域划分”的结合。“类型划分”和“等级划分”反映的是最小尺度上的空间分布规律，而“区域划分”与“关键区域划分”是在“类型划分”和“等级划分”的基础上，反映更高一级尺度的空间分布规律。因此，对于不同的空间尺度，采用自下而上合并和自上而下划分相结合，实现“类型划分”与“区域划分”或“等级划分”与“关键区域划分”的共轭。

四、自然灾害区划的步骤与方法

由于自然灾害区划的种类是多种多样的，研究自然灾害区划，编制自然灾害区划图的步骤与方法也不尽相同，大体说来其步骤如下。

(1) 根据区划的目的和目标，建立统一的灾害评价（估）指标体系，确定收集资料的范围与内容。

(2) 收集有关资料，按地理信息系统的框架，根据评价（估）指标体系的要求，编制实际资料表，建立自然灾害空间信息数据库。

(3) 根据区划的目的和要求及资料可能达到的详细程度，确定区划图的比例尺和确定评价单元的大小。

(4) 研究评价（估）方法，建立区域评价（估）模型；确定指标等级，分别计算各个评价单元的指标值。

(5) 采用等值法或地区标度法进行区划，编制各类区划图。

(6) 研究与描述各区划单元的灾害特点与规律，提出减灾对策。

(7) 编写区划报告和软件。

第三节　中国自然灾害综合区划

一、中国自然灾害发生的环境与背景

中国是世界上自然灾害种类多、强度大、频次高、受害严重的国家，这与中国的自然环境与致灾背景条件的多样性、复杂性和脆弱性是密切相关的。

（一）地质构造背景

中国大陆位于世界上最强大的环太平洋构造带与欧亚构造带之间，具有漫长的地质历史，历经多次运动，形成了现今的地质构造轮廓，不但成为地质、地震灾害的基础背景条件，而且控制了地貌、土壤的分布，还作为下垫面制约了气象的变化，从而又对生物生态区系起了重要的控制作用，成为气象、海洋、生物灾害分布的控制因素。

中国的地质构造轮廓，最突出的特点是“南北分区，东西分带，交叉成网”。尽管目前在我国地质学界上活跃着许多学派，他们的立论、观点在许多方面尚存在程度不同的分歧，然而这一特点却是有目共睹，形成共识的。

1. 南北分区

中国大陆从北到南有三条最显著的东西向地质界线，将我国分为北、中、南三个呈东西向伸展的地区。

最北面的一条，为天山—阴山纬向构造带，也有人称作天山晚古生代板块俯冲带—阴山图们晚古生代俯冲带。该带之北为准噶尔盆地和松辽盆地，是在古生代地槽褶皱系基础上发展起来的中、新生代地层沉积区。

中间的一条，为昆仑—秦岭纬向构造带，也有人称作昆仑山晚古生代板块俯冲带—秦岭板块俯冲带。它与天山—阴山带之间称为塔里木中朝地块，实际为一条以太古代变质岩为基底的沉降带，形成巨厚的元古代地层，少量的寒武—奥陶纪海相地层，还发育有晚古生代陆相与海陆交互相地层及盆地型中、新生代厚层堆积物。主要的沉积盆地有塔里木盆地、陕甘宁盆地、华北平原等。

南面的一条，在西部称为雅鲁藏布江—印度河新生代板块缝合线，在东部称为南岭纬向构造带。其北面与昆仑—秦岭带之间，东部称扬子地块，为一个被盆地型中新生代沉积物和古生代海相地层所掩盖的以元古代变质岩为基础的地块，西部则为由中新生代巨厚沉积物组成的地槽褶皱系。该带的南面则通常称为印度板块或印度地块。

2. 东西分带

中国大陆有 3 条显著的北北东至近南北向界线，将我国大陆从东到西分为走向近南北的若干地带。其中最巨大的一条为走向南北的贺兰山—川滇构造带，也有人称之为川滇裂谷或银川昆明深断裂带，其东为地质历史悠久的地台区，其西为活动最强的地槽区。

贺兰山—川滇构造带的东面有两条显著的北北东向构造隆起带，相伴有紫荆关深断裂等一系列断裂。它与贺兰山—川滇构造带之间为由呼伦贝尔—巴音和硕、陕甘宁、四川等中新生代沉积盆地组成的沉降带，之东为一北北东向隆起带，包括大兴安岭、太行山及武陵山和粤、桂边境诸山脉，该带最东面的一条为长白山—辽东半岛、山东半岛—东南沿海诸山脉组成的构造隆起带，即新华夏第一隆起带，相当长乐—诏安及丽水—南丰板块俯冲带以及依兰—伊通、郯城—庐江深断裂的部位，该带以东则为由黄海、东海、南海组成的近海盆地。

贺兰山—川滇构造带以西，被走向北东的阿尔金山分割为东西两部，阿尔金山与川滇带之间，大部为中生代以来剧烈下沉又强烈褶皱的隆起区，阿尔金山以西则为长期下沉区。

3. 交叉成网

南北分区、东西分带纵横交错的结果，使中国大陆构成了具有显著特征的经纬交错的网状构造格局。其中最具界定性的构造是东西向的秦岭—昆仑构造带和南北向的贺兰山—川滇构造带，它们把中国大陆分割为 4 个特点不同的区域。

东北区：即华北地台区，基底最老，但新生代以来活动强烈。地层以深变质岩、古生代碎屑岩、碳酸盐岩和中、新生代碎屑岩为主。

东南区：即扬子地台区，相对而言为现代最稳定的地区。地层以浅变质岩、碳酸盐岩和中、新生代碎屑岩为主。

西北区：即塔里木地块与柴达木地块区，为具有古老基底而中新生代活动强烈的地区。尤其是盆地边缘，运动的强度大于华北。地层主要是古生代火山碎屑岩、碳酸盐岩和中新生代碎屑岩。

西南区：为我国最活动的地槽区。地层以中新生代火山碎屑岩为主。

每一个区域又被次级的构造分割为若干小区。

除了走向近东西和近南北的构造外，北东与北西向构造，尤其是断裂，也十分发育，它们交织在一起，则使我国的地质构造形成了十分复杂的构造格网。这些对区域性或局地性灾害的分布，起着重要的控制作用。

（二）地貌轮廓

我国位于亚洲东部，介于北纬 3°～53°、东经 73°～135°，陆地面积为 960 万 km^2，其中大约 33％为山地，26％为高原，10％为丘陵，19％为盆地，12％为平原。山川纵横，地貌多样。总览全局其总体轮廓有如下 3 个显著的特征和规律。

1. 三大阶梯

中国大陆，西为世界最高的青藏高原，东濒全球最大的海洋太平洋，地势从西向东依次降低，形成了三个显著的阶梯。

（1）第一阶梯。即青藏高原，为最高的一级阶梯，平均海拔在 4000m 以上。其北界为昆仑山，东界为横断山脉。高原上山岭宽谷并列，冰川湖泊众多。

（2）第二阶梯。位于第一阶梯以东与大兴安岭—太行山—武陵山一线以西的地带。该阶梯大体又分为两个部分：东部包括内蒙古东部高原、黄土高原、四川盆地和云贵高原，为一宽 600km、长 4000km 的北北东向狭长地带，海拔平均 1000～2000m。秦岭以北，地势波状起伏，黄土沟壑发育，切割深度达 500m。秦岭以南山岭崎岖，河川纵横，地貌类型复杂。介于第一、第二两个阶梯之间的地带，地形陡峭，河流深切。岷山、大雪山、沙鲁里山、云岭、高黎贡山与大渡河、雅砻江、金沙江、澜沧江、怒江相间出现，相对切割深度多在 500～1000m 及以上，边坡坡度在 30°～60°，甚至达 70°～80°。

第二阶梯的西部位于第一阶梯之北，包括塔里木盆地、准噶尔盆地和内蒙古高原的西部，除天山等山脉外，一般海拔在 2000m 以下，地势较平坦，沙漠戈壁广布，多内陆河流与湖泊。

（3）第三阶梯。在大兴安岭—太行山—武陵山一线以东至海滨，是平均海拔 1000m 以下的丘陵和 200m 以下的平原。这一狭长地带的主体是地势平缓的东北平原、华北平原、长江中下游平原及若干山间盆地。它的西侧为大兴安岭、太行山、巫山、武陵山等，海拔一般在 1000m 左右，有些山峰高达 2000m 以上，切割深度一般数十米至百米。平原带的东侧为张广才岭、长白山、辽东半岛—山东半岛丘陵和东南沿海丘陵，海拔一般为 500～1000m，个别山峰达 1500m 以上，一般属浅切割类型。在东南沿海，地势向东急速降至海平面以下，一些地方切割较深，并形成复杂的峡岬和突兀的岛屿。

2. 三条东西向界山

我国的山脉走向，以北北东、南北向及近东西向者为主。前者大都分布在东、中两大地形阶梯的边缘，后者则往往成为我国地理区域的分界山脉。其中规模最大的界山有以下 3 条。

（1）阴山山脉：是内流水系与外流水系的分界线之一，也是蒙古高原的南部边界。其东延部分为辽河与滦河的分水岭，亦即东北平原与华北平原的分界线。其向西延，为天山山脉。它是我国内陆水系与北冰洋水系的分水岭。

（2）秦岭山脉：为长江与黄河两大水系的分水岭。其向西延，为昆仑山脉。它是我国内陆水系与印度洋水系的分水岭。

（3）南岭山脉：为长江与珠江两大水系的分水岭。由南岭西延，至云南境内被走向南北的横断山脉所截断，太平洋水系与印度洋水系的分水岭似为走向近东西的唐古拉山脉。喜马拉雅山脉走向东西，为青藏高原的南缘，是雅鲁藏布江与恒河的分水岭。

3. 河川定向展布

综上所述不难看出，地貌轮廓是受地质构造所控制的。大量的工作实践证实，河川的展布不是漫无规律的，往往主河道的方向大体反映了主构造的方向；支河道的方向，反映了次要的或级别较低的构造方向；沟谷反映了断裂方向。从统计观点来看，我国河流的主要方向为近东西向，其次为近南北向，再次为东北向和北西向，这与我国纬向构造带的发育、近南北向构造的穿插和北东、北西向构造的交叉分布是息息相关的。许多湖泊则往往出现在拗陷叠加的中心或断裂交叉点。

（三）气候类型和生物分布

众所周知，决定气候和生物（此处主要指植被）地理分布的主要因素是热量和水分。在地球表面热量主要随纬度位置而变化，而水分随距海洋远近及大气环流和洋流特点而变化。水、热结合的综合效应，导致我国气候、植被等的地理分布从南到北、从海洋向内陆方向呈带状发生有规律的更替。前者可称为纬度地带性，后者可称为经度地带性。此外，随着海拔高度的增加，气候和植被等分布也发生有规律的变化，出现按等高线分带的特点，称垂直地带性。

1. 东部地区

东部地区大体为大兴安岭—贺兰山—龙门山—横断山一线以东区域，约占全国陆地总面积的46%。本区为季风区，其主要特点是，季风影响显著，风向、降水随季节更替明显，年降水量在400mm以上，年平均气温除东北地区外，一般在8℃以上。除西南边缘，外流河皆属 太平洋水系，年径流深度在秦岭以北在25mm以上，秦岭以南年降水量在600mm以上。湿润程度较高，利于乔木和农作物生长。天然植被以森林为主，我国现有森林的96.8%集中在这一地区。该区又是麦、稻、玉米、高粱、棉、油菜、花生、豆类、薯类和水果的主要产区。

随纬度的差异和距海的远近，其气候和生物分布状况尚存在很大差异，有明显的纬向和经向变化。从北向南明显地分为4个亚区：①东北亚区；②华北亚区；③华中、华东及西南亚区；④华南亚区。大致以大兴安岭—太行山—武陵山为界，可分东、西两个亚带。

2. 西部地区

西部地区约占我国陆地面积的54%，为大陆性气候，受季风影响微弱，干旱少雨，不利乔木生长，为无林的旱生性草原和荒漠分布区。年降水量在400mm以下，年平均气温因地形高低悬殊而差别很大。除西藏南部边缘和新疆北部边缘外，大部为内流区。昆仑山以北除天山和新疆西部边缘外，降水量大都在25mm以下，昆仑山以南则大都在25～400mm。

根据纬度的不同和距海洋的远近，该区也有纬向与经向变化。大体以天山和昆仑山为界，分为3个亚区：①内蒙古—准噶尔亚区；②塔里木—柴达木亚区；③青藏高原亚区。大体以东经105°、96°为界东西分为3个亚带。除了水平变化和分带外，在山区气候生物的垂直分带现象亦很显著。大体来说，从低向高有与我国东部从南向北类同的水平变化趋势。

（四）承灾体的分布

自然灾害承灾体主要指承受自然致灾因子的社会与经济系统，其类型通常细分为人口、牲畜和家禽、农作物、土地（林地、草地、耕地等）、建筑物、生命线工程（供水、供电、供气、供热、通信等系统）、交通设施（铁路、公路、桥梁、港口、飞机场等）、生产线工程（工厂设施、厂房、生产装备、各类仪器等）、生活和办公场所及用品等。中国自然灾害承灾体主要体现了自东南沿海向西北逐渐降低的人口与经济水平的地带差异；以长江三角洲、珠江三角洲、京津唐等城市群为中心逐渐降低的人口与经济水平的次一级环带分布，以及沿主要交通干线延伸的人口与经济水平呈串珠状的次一级带网分布。我国自然灾害承灾体所呈现出的上述空间格局，在一定程度上反映了中国自然灾害所造成的灾情空间分异的基本状况。

各种自然致灾因子作用于人口、财产、自然资源及生态环境等承灾体上，会造成不同程度的人员伤亡、财产与经济损失以及自然资源与环境破坏，形成灾情。在相同的致灾强度下，灾情的大小一方面取决于承灾体的分布密度和经济价值；另一方面与承灾体自身的抗灾能力直接相关。

1. 人口

人类是自然灾害最主要的承受体，自然灾害能给人类造成死亡、伤残等生理伤害，同时还会由于灾害遭遇断水、缺粮、失去亲人、无家可归等境遇，造成恐慌、忧愁、痛苦等心理和精神伤害。人类还是一种自然灾害放大与缩小的动力因素，对许多自然灾害的成灾程度产生重要影响。倘若人类的减灾意识不强，防灾能力很低，则人口越多往往造成的自然灾害损失越严重。我国人口有如下特点。

1）人口基数庞大，净增人口多

中国人总数和每年净增人口数量居世界首位。至 2005 年，全国人口达 13 亿，约占世界总人口的 20.5%。几十年来，尽管实行有效的计划生育政策，但每年净增人口仍有 809 万人（2000～2005 年平均，第六次全国人口普查），年均增长率为 0.63%。2010 年 11 月 1 日零时为标准时点进行了第六次全国人口普查。2011 年 4 月 28 日，国家统计局发布了第六次全国人口普查主要数据公报，全国总人口为 133972 万人。与 2000 年第五次全国人口普查相比，10 年增加 7390 万人，增长 5.84%，年平均增长 0.57%，比 1990～2000 年的年平均增长率 1.07%下降 0.5 个百分点。如此庞大的人口基数和不断增长的人口为中国自然灾害灾情的严重性，尤其是受灾人口的增长埋下了隐患。

2）人口地域分布不均衡

中国是世界上人口密度较大的国家之一。国土面积占世界陆地面积的 7%，却居住着世界 20%的人口。据 1990 年全国人口普查，我国人口密度高达 118 人/km^2，约为世界平均人口密度的 3 倍。

我国人口的地域分布极不均衡，表现为东南部人口稠密集中，而西北部人口稀少分散。如果从东北黑龙江省的瑷珲，向西南云南腾冲县作为我国人口地理分布线（胡焕庸人口线），中国人口东南部稠密和西北部稀疏的格局稳定存在。第六次全国人口普查结果，东部地区人口占 31 个省（自治区、直辖市）常住人口的 37.98%，中部地区占 26.76%，西部地区占 27.04%，东北地区占 8.22%。按常住人口分，排在前五位的是广东省、山东省、河南省、四川省和江苏省。平原地区人口稠密，山区与高原人口稀少，温暖湿润地区人口多，寒冷干燥地区人口少。

3）人口老龄化进程在加快

国际上通常把 60 岁以上的人口占总人口比例达到 10%，或 65 岁以上人口占总人口的比例达到 7%作为国家或地区进入老龄化社会的标准。随着我国经济社会快速发展，人民生活水平和医疗卫生保健事业的巨大改善，人口死亡率下降、平均预期寿命大幅提高，再加上计划生育政策使生育率保持较低水平，我国人口老龄化进程逐步加快。

1953 年和 1964 年第一、第二次人口普查时，中国的人口年龄结构基本属于年轻型，进入 20 世纪 70 年代以后，尤其是大力推行计划生育政策后，伴随人口出生率和总生育率急剧下降，少儿人口比重下降，老年人口比重升高，使人口年龄结构类型的转变加快。到 1982 年第三次人口普查，人口年龄结构已初步进入成年型，到 1990 年的第四次人口普查，人口年龄结构已变为典型的成年型。此后，人口年龄结构继续老化，特别是进入 20 世纪 90 年代后，人口老龄化进程加快，人口年龄结构开始向老年型转变。到 2000 年第五次人口普查，中国 65 岁以上人口达到 8811 万，占总人口的 6.96%，意味着中国已经进入了老龄化国家行列。而第六次人口普查，0～14 岁人口占 16.60%，比 2000 年人口普查下降 6.29 个百分点；60 岁及以上人口占 13.26%，比 2000 年人口普查上升 2.93 个百分点，其中 65 岁及以上人口占 8.87%，比 2000 年人口普查上升 1.91 个百分点，人口老龄化日趋严重。

中国人口老龄化具有以下三个特点：一是老年人口数量大。2010 年人口普查，我国 60 岁以上人口已达到 1.78 亿人，65 岁人口更是达到了 1.19 亿人。二是人口老龄化的速度快、来势猛。我国人口年龄结构从成年型进入老年型仅用了 18 年左右的时间，与发达国家相比，速度十分惊人。三是人口老龄化超前于经济发展。发达国家的人口老龄化是在经济发达时期出现的，对老龄化的承受力强。同时，由于老龄化速度慢，允许其有一段较长时间的准备和适应。中国人口老龄化是由于生育率急剧下降造成的，老龄化超前于经济发展，即“未富先老”，薄弱的经济基础尚不具备供养老年人口的能力。

中国正迈入老龄化社会，特别是沿海发达地区、人多地少矛盾突出的地区，老龄化问题更加突出。生育率低、人口结构老化、社保制度滞后已成为未来发展的重大隐患。

2. 城市

城市是以非农业产业和非农业人口集聚为主要特征的居民点，是自然灾害的主要受体。在我国包括按国家行政建制设立的市和镇。城市是人口集中、工商业发达、居民以非农业人口为主的地区，通常是周围地区的政治、经济、文化中心。城市化也称作城镇化，是指一个地区的人口在城镇和城市相对集中的过程。城市化的过程是城镇用地扩展，城市文化、城市生活方式和价值观在农村地域不断扩散的过程。城市化的程度是衡量一个国家和地区经济、社会、文化、科技水平的重要标志，也是衡量国家和地区社会组织程度和管理水平的重要标志。

1949 年新中国成立后，由于不同时期的国家指导思想、方针政策和经济社会发展水平不同，中国城镇化经历了曲折发展的道路，城镇化进程具有明显的阶段性。从城镇化进程看，大体可以分为两个阶段：第一阶段是改革开放前，即 1949～1978 年的 30 年；第二阶段是改革开放后城镇快速发展时期。

在第一阶段，我国城镇化经历了从健康发展转为波动较大的发展历程。1949～1978 年的 30 年，城镇化水平仅由 10.6%提高到 17.9%，年均增长不足 0.25 个百分点。1949～1957 年，国家实施了国民经济和社会发展第一个五年计划，开展了大规模的经济建设，极大地推进了城镇化进程；大规模的工业建设吸引了大批农民进入城镇，城镇人口不断增长。1949～1957 年，城镇化水平从 1949 年的 10.6%提高到 1958 年的 16.3%，年均增加 0.6 个百分点。在原有城市得到改造的同时，一批新兴城市迅速发展。1957 年，城市的数量增加到 176 个，平均每年新增 5 个城镇。1958～1978 年，受“大跃进”和“文化大革命”的影响，中国城镇化进入大起大落和停滞不前的发展阶段，20 年间的城镇化水平只提高了 1.6 个百分点，期间全国新建立 33 个市，城市总数达到 208 个，新设建制镇 175 个。

在第二阶段，中国城镇化经历了蓬勃、快速发展的时期。1978 年中国实行改革开放，中国城镇化进程逐步走上持续、快速、健康发展的轨道，随着社会经济发展步伐的加快，城镇化水平迅速提高。1978～2010 年，城镇化水平由 17.9%提高到 49.7%，并在 2011 年城镇人口超过农村人口，城镇化率达到 51.3%。到 2008 年年底，我国设市城市数量已达到 655 个，其中市区人口超过 400 万的城市有 13 个，200 万～400 万人口的城市有 28 个，100 万～200 万人口的城市有 81 个，50 万～100 万人口的大城市有 118 个，20 万～50 万人口的中等城市有 151 个，20 万以下人口的小城市 264 个。建制镇达到 19234 个。与此同时，城镇发展呈区域化集中趋势，城镇密集区城镇群或都市圈逐步形成和发展。东部沿海地区的长江三角洲、珠江三角洲以及京津唐已形成城镇群或大都市经济圈，成为拉动中国经济增长的强势地区和最有条件率先实现现代化的地区。上海、广州、北京等中心城市经济实力进一步提升，现代化、国际化程度明显提高，城市综合功能显著增强。辽中南、山东半岛以及中西部地区的武汉、中原、关中、成渝等地区发展城镇群的趋势不断凸现。中小城市发展加快，人口增量和城镇化重心呈现向中小城市倾斜的趋势。小城镇健康发展，城镇规模不断扩大，非农就业比重增加。

3. 交通运输

自然灾害对交通运输的危害主要表现为破坏机场、铁路和公路的路基、路面（或轨道）、桥梁、涵洞、隧道、车站及通信、供水、供电等设施，阻塞航道，破坏航标、码头、港口等设施，因此造成直接财产损失，或威胁运输安全，甚至造成交通运输事故或导致交通运输中断，并引起一系列间接损失或影响。

中国的交通运输主要有铁路、公路、内河航运、海运、航空运输 5 个部分构成。

1）铁路

中国的铁路建设始于清朝末年，经过一个多世纪的建设和发展，中国目前（2013 年年底）已经拥有仅次于美国的全球第二大铁路网以及全球最大规模的高速铁路网。截至 2013 年 9 月 26 日，中国高铁总里程达到 10463km，“四纵”干线基本成型。中国高速铁路运营里程约占世界高铁运营里程的 46%，稳居世界高铁里程榜首。

我国具有国土辽阔、人口众多、经济发展不平衡等特点，铁路与其他交通运输方式相比，具有大运力、低成本、节能、环保等优点，在综合运输交通体系中发挥着重要的骨干作用。为适应全面建设小康社会的目标要求，铁路网要扩大规模，完善结构，提高质量，快速扩充运输能力，迅速提高装备水平。2004 年 1 月国务院常务会议讨论通过了《中长期铁路网规划》，我国开始了大规模的高速铁路建设。2008 年 10 月，国家发展和改革委员会批准了《中长期铁路网规划（2008 年调整）》。“十二五”期间，将贯通“四纵四横”高速铁路，贯通北京至哈尔滨（大连）、北京至上海、上海至深圳、北京至深圳及徐州至兰州、上海至成都等“四纵四横”高速铁路；有序建设高速铁路延伸线，如北京至呼和浩特、大同至西安、西安至成都、成都经贵阳至广州、合肥至蚌埠、合肥至福州、南京至杭州、吉林至珲春、沈阳至丹东、哈尔滨至齐齐哈尔、哈尔滨至佳木斯、武汉至九江、郑州至万州等，进一步扩大快速铁路网覆盖面；规划建设长江三角洲、珠江三角洲、环渤海地区、长珠潭城市群、中原城市群、武汉城市圈、成渝经济区、关中城市群、海峡西安经济区以及呼包鄂地区、北部湾地区、鄱阳湖生态经济区、滇中地区等城际铁路。到 2015 年，铁路营业里程将达到 12 万 km，其中高速铁路将达到 1.6 万 km。

2）公路

中国的公路按行政等级分为国道、省道、县道、乡道和汽车专用公路，以国道为干线骨架（包括国际公路、国防公路），辅之以省道、跨省公路、高速公路等主干线，将全国重要城市、工业中心、交通枢纽、沿海口岸等连接起来，构成全国公路网体系。国道是在全国公路网中具有政治、经济意义的主干线，包括重要的国际公路、国防公路，连接首都与各省省会（自治区首府）和直辖市的公路，连接各大经济中心、港站枢纽、战略要地等的公路。中国高速公路发展从 1988 年沪嘉高速公路的建成通车实现中国大陆高速公路零的突破，到 2013 年底，高速公路通车总里程达到 10.4 万 km，已超过美国跃居世界第一。

3）内河航运

中国内河运输的重点在“三江两河”——长江、珠江、黑龙江和淮河、京杭大运河。长江是我国内河航运的主体，年客货运输量占全国内河运输量的 70%左右，宜宾以下的 2813km 是航运干线。内河主要港口集中在长江流域的重庆、涪陵、万县、巴东、富昌、枝城、沙市、城陵矶、武汉、九江、黄石、武穴、安庆、池州、铜陵、芜湖、马鞍山、南京、镇江、高港、江阴、张家港、南通。

4）海运

中国东部海岸线漫长，有不少优良海港。改革开放以来，海港吞吐量迅速增长。2004 年底，中国沿海港口共拥有生产性泊位 4858 个，其中万吨级及以上深水泊位 953 个，综合通过能力达到 22×10^8t。吞吐量超过亿吨的大型海港有 10 个，分别为天津、青岛、秦皇岛、大连、上海、宁波、广州、深圳、香港、高雄。2010 年以来，上海港货物吞吐量和集装箱吞吐量持续保持世界第一，2013 年上海港货物吞吐量完成 7.76 亿 t，集装箱吞吐量完成 3361.7 万标准箱。

5）航空运输

民用航空运输是以飞机作为运输工具，以民用为宗旨，以航空港为基地，通过一定的空中航线运送旅客和货物的运输方式。具有快速、机动的特点，是现代旅客运输，尤其是远程旅客运输的重要方式；为国际贸易中的贵重物品、鲜活货物和精密仪器运输所不可缺。它是国家和地区交通运输系统的有机组成部分。

中国的民航业经历了艰难坎坷和腾飞的几个不同历史阶段。至 2004 年年底，中国定期航班航线达到 1200 条，其中国内航线（包括香港、澳门航线）975 条，国际航线 225 条，境内民航定期航班通航机场 133 个（不含香港、澳门），拥有运输飞机 754 架，其中大中型飞机 680 架，均为世界上最先进的飞机。中国航空网形成了以北京、上海、广州机场为中心，以省会、旅游城市机场为枢纽，其他城市机场为支干，连接国内 127 个城市，连接国外 38 个国家 80 个城市的航空运输网络。主要航空港有北京首都机场、广州白云机场、上海虹桥机场、武汉天河机场、桂林机场、成都双流机场、西安咸阳机场、南京禄口机场、昆明巫家坝机场、杭州机场等。

4. 经济

改革开放 30 多年来，中国经济出现了快速发展的过程，GDP 年均增长速度达到 9.8%，这一现象被世人誉为“中国经济奇迹”。2010 年，中国 GDP 超过日本成为仅次于美国之后的世界第二大经济体，2013 年，中国国内生产总值为 568845 亿元。

中国经济密度在地理分布上很不平衡。中国东部地区（特别是沿海地区）人口、城镇密集，经济比较发达；西部地区人口密度较低，经济相对落后。地均 GDP 的高值区普遍位于中国东部的沿海沿江地区，尤其以长江三角洲、珠江三角洲和首都圈等城市群最为密集。而位于这些城市群当中，沿交通干线呈串珠状分布的经济密度极高的大型、特大型城市则成为区域经济的中心，辐射整个区域甚至全国。

5. 土地

土地是人类赖以生存和发展的最基本的自然资源，是人类生存和发展的物质基础。土地资源是自然灾害承灾体中最基本的承灾体，除了保障着居民、交通、工矿企业等的正常运行外，一旦遇到各种自然灾害的袭击，常常造成资源毁坏，进而影响社会经济的正常发展。

中国土地利用类型以耕地、林地、草地和未利用土地为主，其中草地占地面积最大。依据 2004 年的数据，草地比例达 27.37%，林地为 24.48%，耕地为 12.75%，水域为 4.01%，未利用地为 24.26%，而建筑用地占地面积最小，为 3.29%。耕地、林地、草地深受人为作用的影响，其分布最能体现自然与人为因素相互作用的影响。

耕地，主要分布在沿海东部季风区，即大约在年均降水量 400mm 等值线以东的湿润半湿润地区，约占全国耕地面积的 90%以上，尤其集中在东北、华北、长江三角洲等平原、山间盆地以及广大的丘陵地区。耕地中的水田主要分布在秦岭—淮河一线以南，即年降水量 800mm 等值线以南广大南方丰水地区，约占全国水田总面积的 93%。旱耕地则主要分布在秦岭—淮河一线以北地区，约占全国旱耕地总量的 85%，其中以东北平原与黄淮海平原最为集中，占全国旱耕地总面积的 60%左右；其次是黄土高原、内蒙古、甘肃、新疆的山前平原，约占 25%，其余 15%左右的旱耕地则零星分布在江南丘陵与山坡地地区。

林地，主要分布在中国东半部的山地地区，与耕地分布成交错镶嵌状态，即耕地在平地，林地在山地。林地分布比较集中的地区有东北的大兴安岭、小兴安岭、张广才岭、完达山和长白山地，是中国最大的原始林地；其次在西南的川西、滇西北和藏东南一片，是中国第二大原始林地；再次是分布在南方山地，闽浙赣山丘、南岭山丘、雪峰山等地。另外西北的阿尔泰山、天山、祁连山也有林地分布。灌木林地分散分布在全国各山区，但以南方山区占优势，北方干旱、半干旱区也有大片灌木林地分布。

草地，主要分布在中国西部和北部的内蒙古高原，即大约年均降水量 400mm 等值线以西的半干旱、干旱地区，包括东北的西部、内蒙古、宁夏、甘肃、青海、新疆和西藏的广大高原、山地和盆地；其次也分布在 400mm 等值线以东的湿润、半湿润地区，如东北的三江平原和四川的甘孜、阿坝，各地的低平地上也有零星草场分布。

未利用土地主要分布在中国西北戈壁、沙漠集中分布的地区。

二、中国自然灾害综合区划方案

随着联合国“国际减轻自然灾害十年”（1990～1999 年，International Decade for Natural Disaster Reduction，IDNDR）活动和“国际减轻自然灾害战略”（International Strategy for Disaster Reduction，ISDR）活动的开展，我国对自然灾害的区域分异研究蓬勃开展起来，基于对我国自然灾害区域分异的综合分析，不同学者提出了不同的区划方案。这里介绍国家科委全国重大自然灾害综合研究组 1994 年完成的“中国自然灾害综合区划”。该区划方案充分考虑了中国自然灾害发生的环境背景，以灾害源的分布、受灾体的分布、突变界线、自然地理的分带性与分区性为主要依据，进行了以自然条件为基础的自然灾害区划，划分为 4 个一级区和 12 个二级区。由于我国各种计划的实施是以行政单位为主，因此有必要在以自然条件为基础而编制的自然灾害综合区划图的基础上，再结合我国的行政区划、经济区划进行适当的调整，编制以行政区界线为边界的区划图，以利于增强该图的实用性。

（一）以自然条件为主要基础的自然灾害分区

1. 一级灾害区

以南北向的贺兰山—龙门山和秦岭—昆仑山分为四个一级灾害区：Ⅰ区为华北、东北灾害区，Ⅱ区为东南灾害区，Ⅲ区为西北灾害区，Ⅳ区为西南灾害区。

1）华北、东北灾害区（Ⅰ区）

该区年日照时数在 2400h 以上，气温除东北边缘外，一般年平均气温在 0～14℃ 。年降水量大部地区在 400～800mm。受极地反气旋影响较大，也受到热带气旋的一定影响，地壳活动较强。松花江、辽河、滦河、海河、黄河、淮河为其主要水系，土壤以黑壤、黄壤为主，人口稠密，经济发达。

该区主要的自然灾害是旱灾、洪水、寒潮、冷冻害、雪灾、地震、地面沉降、海水入侵、土地盐碱化、温带风暴潮、海冰、赤潮，玉米、小麦、棉花等旱农作物病虫害，落叶松毛虫、油松毛虫、赤松毛虫等虫害，鼠害、防护林病虫害和森林火灾等。

华北、东北灾害区是我国自然灾害损失最严重的地区之一，特别是华北地区。

2）东南灾害区（Ⅱ区）

该区年日照时数大都在 1400 小时以下，年平均气温在 14℃以上，是我国 1 月气温在 0℃以上的地区。受副热带高压与热带气旋影响最大，秋末春初也受寒潮侵袭。除沿海边缘地区外，地壳较稳定。长江和珠江为该区两大水系，土壤以红壤、砖红壤为主，人口稠密，经济发达。

该区最主要的灾害为洪涝、旱灾、台风、风暴潮、水稻病虫害、山地地质灾害；其次是棉、麦、玉米等农作物病虫害、赤潮、地面塌陷、地面沉降和沿海边缘地带的地震，以及山区丘陵地区的以马尾松毛虫、云南松毛虫为特征的用材林病虫害。

就气候条件而言，该区的西南边界应拓宽至横断山脉，这个地区是我国森林火灾最多的地区，也是我国山地地质灾害最发育的地区。该区东南部、四川、长江中下游也是我国灾害损失最严重的地区。

3）西北灾害区（Ⅲ区）

该区年日照时数大都在 2500 小时以上，年平均降水量在 100mm 以下，气温变化很大，主要受极地反气旋控制，是我国最干旱的地区，为典型大陆性气候。河流多属内陆水系，土壤以砂土为主。地壳活动不均衡，某些构造带相当活跃，而一些盆地又较稳定。

该区最主要的自然灾害是干旱、地震、寒潮、冷冻害、雪灾、风沙、土地沙化，其次是滑坡、泥石流和山洪、冻融，以及农作物病虫害。

4）西南灾害区（Ⅳ区）

该区海拔平均在 4000m 以上，大部分地区年平均气温在 0℃以下，为我国最寒冷的地区。年降水量在50～600mm，比华北、东北区略少。只有喜马拉雅山南麓年均温度在16℃以上，年降水量在1800mm以上，属亚热带多雨区。该区河流分属太平洋水系和印度洋水系，常年冻土、冰雪为该区特征。山高坡陡、河流湍急，为我国地壳活动最强烈的地区。

该区主要的自然灾害是冷冻害、雪灾、冻融、滑坡、泥石流、地震，其次是边缘地区的森林病虫害和农区的农作物病虫害。

以上每个一级灾害区都可分为山地灾害区和平原灾害区两个亚区。例如，Ⅰ区的长白山、辽东半岛—山东半岛诸山岭和秦岭；Ⅱ区的东南沿海诸山脉和南岭；Ⅲ区的贺兰山、六盘山和西秦岭、昆仑山；Ⅳ区的龙门山、横断山与喜马拉雅山。在山地灾害亚区，山地地质灾害、山洪、森林病虫害、雹灾、冷冻害等比较严重。平原灾害亚区多为平原、盆地、高原，相对起伏较小。在平原灾害亚区农作物病虫害、旱灾、雨涝、洪水、干热风、平原地质灾害比较严重。而两者相接的地带是地震最为严重的地带。

2. 灾害带与二级灾害区

除了秦岭—昆仑山这一纬向分界线外，阴山—天山及南岭，也为两条重要的自然环境的纬向分界线；除了贺兰山—龙门山这一经向分界线外，大兴安岭—太行山—武陵山及东南沿海山脉亦属两条重要的自然环境分界线。因此，从北到南可以分为①阴山—天山北；②阴山—天山与秦岭—昆仑山之间；③秦岭—昆仑山与南岭间；④南岭以南4个纬向灾害区。从东到西可分为①地形第三阶梯；②地形第二阶梯的东部；③贺兰山—龙门山以西3个经向灾害带。它们相互交叉，将我国分为如下一些二级灾害区（表9.1）。

表9.1　中国自然灾害综合区划二级灾害区

二级灾害区名	主要灾害
Ⅰ—1—①东北灾害区	以水灾、旱灾、农作物病虫害、低温冷冻害为主，森林病虫害、森林火灾、鼠害、地震（部分为深震）为次
Ⅰ—1—②黄淮海灾害区	以旱灾、洪水、地震、农作物病虫害、干热风、地面沉降为主，土地盐碱化、海水入侵、温带风暴潮、海冰、低温冷害为次，是最主要的蝗源地
Ⅰ—2—①内蒙古东部灾害区	以雪灾、冻害、风灾、沙暴、森林病虫害和森林火灾为主，土地沙化、地震为次
Ⅰ—2—②晋、陕灾害区	以干旱、地震为主，其次为农作物病虫害、涝灾、滑坡、土地沙化、水土流失
Ⅱ—1—③长江中下游—东南沿海灾害区	以洪水、干旱、台风、风暴潮、农作物病虫害为主，其次为滑坡、森林病虫害、地面沉降、赤潮和冷害
Ⅱ—1—④两广、海南灾害区	主要灾害是台风、风暴潮、洪涝、干旱、农作物病虫害，其次为地震、森林病虫害
Ⅱ—2—③川贵灾害区	为洪涝、干旱、地震、滑坡、泥石流、农作物病虫害、森林病虫害和森林火灾、雹灾、冷害均很严重的地区
Ⅲ—3—①北疆—阿拉善灾害区	以干旱、土地沙化、雪灾、地震为主，其次为滑坡、山洪、泥石流、农作物病虫害、森林病虫害
Ⅲ—3—②南疆—柴达木灾害区	为全国最干旱的地区，地震、土地沙化、滑坡、雪灾、冻害也很严重
Ⅳ—3—③青藏高原灾害区	为全国最寒冷的地区，主要灾害为冻融、雪灾、冻害、滑坡、泥石流及地震
Ⅳ—3—④喜马拉雅山南坡灾害区	主要灾害是暴雨和洪涝、滑坡、泥石流和地震

除此之外，边缘的阿尔泰山、小兴安岭、台湾都是单独的二级灾害区，共 15 个。每一个二级灾害区，也均可分为山地与平原二个灾害亚区。

（二）结合行政区划的自然灾害分区

研究与划分自然灾害综合区划的主要目的是为制定减灾规划、社会经济发展计划和土地利用计划提供依据。由于我国各种计划的实施是以行政单位为主，因此有必要在以自然条件为基础而编制的自然灾害综合区划图的基础上，再结合我国的行政区划、经济区划进行适当的调整，编制以行政区界线为边界的区划图，以利于增强该图的实用性。

1. Ⅰ区——东北灾害区

本区包括东北三省，东北地区是我国重工业基地之一，是全国最重要的粮豆产区，是重要的天然林区。大小兴安岭和长白山是东北林区集中分布地，在春秋季节，本区干旱多风，易于发生森林火灾。森林病虫害也是本区重要的自然灾害。北部松嫩平原主要农业灾害是低温冷害，平均 4～5 年 1 次。东北地区主要水系有松花江和辽河，历史上水灾不严重。近代以来，由于滥伐森林和毁林开荒，洪涝旱灾害加剧。此外，辽宁南部的地震和山区的滑坡、泥石流也是本区的重要灾害。

2. Ⅱ区——黄淮海灾害区

本区包括河北、河南、山东及北京市和天津市。黄淮海平原是我国仅次于东北平原的第二大平原，面积约 30 万 km^2，占全国平原面积的 1/3，有耕地 1800 万 hm^2，占全国耕地的 1/6。本区地处中原经济发展战略要地，工农业和交通运输业发达，水热资源及社会经济条件优越，农产品产量占全国较大比重。

本区自然灾害在全国占有突出地位。首先，在季风气候影响下，降水季节分布不均，这一地区是我国东部旱灾最严重的地区，水灾危害也很大。水旱灾害范围广、频次高，居于全国各灾害区的前列。

黄河是我国历史上水患最多的河流，过去的 2000 年，竟决口 1500 次。海河在历史上也曾多次发生洪水，淮河也是经常泛滥成灾的河流。黄淮海平原是我国范围最广，强度最大，灾情最重的干旱中心，受旱面积占全国受旱面积的 46.5%。黄淮海地区也是我国严重的地震灾害区。1668 年郯城 8.5 级地震，1679 年平谷 8 级地震，1830 年邯郸 7.5 级地震，1937 年菏泽 7 级地震，1966 年邢台 7.2 级地震，1976 年唐山 7.8 级地震和滦县 7.1 级地震等都发生在这一地区，给人民生命财产造成了巨大的损失。该区也是我国历史上最严重的蝗患区，如 1972 年的大蝗灾使山东省 700 万灾民背离家园。

此外，这个地区干热风、霜冻、雹灾等气象灾害也很严重。海冰、温带风暴潮、赤潮灾害为全国之冠。随着人口的增长和经济建设的发展，长期过量抽取地下水，已引起天津、北京、石家庄、保定、新乡等许多城市地下水漏斗深陷，地面发生沉降，近海地区则引起海水入侵和回灌。燕山、太行山等山区崩、滑、流灾害也很严重。该区是小麦锈病、玉米斑病等最严重的流行区，每年因病虫害损失数十亿斤[①]粮食。

---

① 1 斤＝0.5kg。

3. Ⅲ区——内蒙古东部灾害区

本区包括内蒙古（除西部阿拉善盟外）和宁夏，农牧业历史悠久，是我国重要的畜产品基地。河套平原是北方重要的农业区，是我国少数民族主要聚居区之一。本区处于夏季风的边缘地带，季风势力稍有变化即受到影响，一般降水量变率为30%～50%，大水和小水年的极端变率有达20倍以上者，降水保证率低，是粮食和牧草产量不稳定的根本原因。其主要自然灾害有干旱、风灾、沙暴、霜冻等。

干旱是本区的主要灾害。据近百年资料统计，本区平均2年一小旱，7年一大旱，近30年来旱情发展，几乎年年都有不同程度的干旱发生。本区又是全国有名的大风和沙暴严重危害区。大风与寒潮天气有关，特别是阴山山脉和大兴安岭北侧，风沙频率和强度都明显增大。本区春秋都有霜冻，秋冻危害面积更大，是影响本区粮豆产量的重要原因。此外，冬季的雪灾对于牧业也是重大威胁。降雪过大，掩埋牧草，称作白灾；降雪过少，牲畜无雪可饮，称作黑灾。而对于河套平原来说，土壤的次生盐碱化和土地沙化也有较大的威胁。地震也是本区的重要灾害，主要集中于贺兰山和阴山地带。

4. Ⅳ区——晋陕灾害区

本区包括山西和陕西，大部位于黄土高原上，面积约36万km^2，现有耕地720万hm^2，占全国耕地面积的7.5%，为我国中部地区主要商品粮产区。煤炭储量及金属矿藏均十分丰富，是发展工业，特别是高耗能工业的物质基础。作为发展我国西部经济的前沿，在国土开发中有着重要的地位。

本区主要自然灾害有水土流失、干旱、地震等。陕北和晋西黄土高原是强烈水土流失区，年输沙量达14亿t之多，尤其是陕北高原的8.4万km^2，年输沙量达8.4亿t，即平均土壤侵蚀模数为1万t/km^2。严重的水土流失与本区多暴雨有关，全年土壤侵蚀总量主要是几次特大暴雨所造成的。水土流失是本区农业发展的重要制约因素。同时，流失的土壤汇入黄河，使下游河道淤积抬高，增加了下游洪水威胁。因此，发展坝系农业，治理水土流失是本区发展农业生产和开发资源的一个关键。此外，由于降水量少而且季节分配不均，本区干旱也是农业发展的制约因素，其中陕北高原平均三年两旱，以晚秋干旱为多。本区沙暴和冰雹也时有发生。

渭河平原和汾河河谷平原既是本区主要农业区，也是工业集中分布带。威胁最大的自然灾害主要是干旱和地震。1920年发生于陕西、山西、河南、山东、河北五省的大旱灾，受灾人口达2000多万人，死亡50万人。该区也是地震频繁的地区，其中1556年陕西华县8级地震，灾害殃及9个省近百座县城，死亡83万多人，为世界死亡人数最多的地震。晋陕灾害区是我国滑坡、泥石流最发育的地区，特别是陕南地区。陕北则是我国黄土滑坡严重的地区。此外，陕南的洪水和农作物病虫害也很严重。

5. Ⅴ区——长江中下游—东南沿海灾害区

本区包括上海、江苏、安徽、浙江、江西、福建、湖北、湖南等省市，位于我国亚热带东部，具有世界其他亚热带地区无可比拟的自然资源。经过长期的开发，本区成为全国经济最发达，水陆交通便利，人口密度最大的地区。本区在季风环流影响下，以梅雨为重要天气特征。由于冷暖空气强弱变化不定，以及台风的影响，水旱灾害发生频繁，洪涝危害极为严重。由于地形的影响，一般丘陵地区较易发生干旱，尤其是伏旱。而平原地区，特别是长江中下游平原，由于荆江和汉江河床抬高，湖泊缩小，洪水威胁严重。其中江汉平原和洞庭湖区洪水灾害最严重，太湖和里下河地区由于排水出路不畅，涝灾比较频繁。由于本区气温高，积水洼地多，洪水之后常引发瘟疫流行。1931 年长江中下游大水后，武汉地区农民因肠道传染病死亡 22%。

台风、风暴潮对本区的威胁在全国九大灾害区中仅次于两广、海南、台湾灾害区。每年 6～8 月都可能有台风登陆，对城镇、航运、农业、旅游等有严重影响。以台风影响最轻的上海市而言，在 1884～1985 年的 102 年中，共有 104 次热带气漩造成不同程度的灾害。1915 年台风过境，黄浦江沉船无数，浮尸 200 多具。台风造成的风暴潮灾则以长江口至钱塘江口一带最重，而台风往往带来暴雨，引发洪水。1990 年台风使福建省受灾农田达 93 万 hm^2，倒房 15 万余间，死亡 588 人，直接经济损失 41 亿元。

此外，长江下游到南岭地区雷雨大风和龙卷风较多。上海是国内龙卷风的重灾区，1950～1990 年共发生 85 次，死亡 133 人。该区是我国重要的稻产区，也是水稻病虫害最严重的地区，仅江苏扬州地区，1972 年、1975 年、1980 年即因稻白叶枯病损失稻谷 1.5 亿 kg。太湖地区近年来超量开采地下水，引起地面下沉。1921～1965 年上海市累积下沉 1.76m，最大下沉 2.63m。苏、锡、常等市也分别下沉 1m 左右，近年来沉降速率加大。崩塌、滑坡、泥石流等地质灾害则以鄂西、湘西、福建、江西等省较重，长江三峡滑坡、崩塌灾害举世闻名。该区是我国地震最少的地区，但福建沿海也为一地震带，曾有 8 级地震发生，江、浙、沪的东部也有潜在地震的影响。

6. Ⅵ区——两广、海南、台湾灾害区

本区包括广东、广西、海南、台湾等省份。在全国九大灾害区中，整体经济实力（不包括台湾）仅次于华东和华北区，目前是我国改革开放前沿地区，经济发展迅速，对外贸易发达。

本区灾害以台风最突出，登陆的台风次数以广东最多（占全国总数的 38.6%），台湾次之（20.7%），海南第三（20.5%）。本区降水变率较大，旱涝时有发生。洪水主要由暴雨和台风引起，珠江三角洲和沿海平原损失最大。本区地震以台湾最重，海南及广东次之。本区热带作物园还曾出现多次低温冷害。

7. Ⅶ区——云贵川灾害区

本区包括四川、云南、贵州三省，总面积 114 万 km^2，约占全国总面积的 12%，居住着 30 多个少数民族。本区有丰富的矿产资源，水能蕴藏量占全国的 50%左右。森林蓄积量占全国的 25%。在全国经济发展中占有重要地位。

本区最严重的灾害是干旱。干旱发生频率高，遍及全区，云南高原尤为严重，平均每年有 50 个县次受灾。据统计，1300～1979 年的 680 年中，云南大旱 75 年，平均三年一小旱，九年一大旱。从季节分布来看，云南以春旱为主，四川、贵州则以伏旱和夏旱为重。1923～1925 年的四川大旱，死亡 10 万人。到 1929～1932 年又连续干旱 3 年，灾害波及甘肃、陕西，死亡 1770 万人。本区地震、滑坡、泥石流等地质灾害是国内主要发生区。地震发生的频率仅次于西藏和新疆，而密度则是全国第一，是我国地震强度最大的地区。1949～2013年，我国共发生7级及7级以上地震12次，其中有7次发生在本灾害区。本区崩、滑、流是全国最密集的地区，每年发生滑坡数万次，泥石流数以千计。洪涝也是本区主要灾害之一。四川盆地自1951～1985年共发生较大洪涝21年，大洪涝8年，其中1981年暴雨洪水使138县受灾，倒房153万间，死亡1358人，直接经济损失25亿元以上。云贵川是我国森林火灾最严重的地区之一，农作物病虫草害、低温冷害也经常发生。

8. Ⅷ区——新疆、甘肃、内蒙古阿拉善灾害区

本区包括新疆、甘肃和内蒙古阿拉善盟地区。在诸灾害区中面积最大，人口密度仅高于青藏高原区，为少数民族聚居区。区内高山盆地相间，沙漠面积约占全国沙漠总面积的90%。在全国来说，本区气候最干旱。自然资源丰富，石油储量大，经济相对不发达。

本区大部年降水量在100～200mm，内蒙古阿拉善地区在100mm左右，塔克拉玛干沙漠不足25mm。全区95%以上的耕地需要灌溉，形成围绕水源地的绿洲农业，耕地面积仅563万hm^2，占全国耕地面积的0.63%，所以农业旱涝灾害面积的比重在全国并不大。旱灾的成灾面积与耕地面积分布规律基本吻合。畜牧业同样遭受旱灾威胁。在山麓平原地区也有局部地区暴雨洪水（如甘肃河西走廊等）和融雪洪水发生。中蒙边境和新疆西北部是西北气流强盛地带，平均每年大风日数50～80天，加之沙漠广布，一般风速6～8m/s即可形成风沙天气，并加速土地沙漠化的扩大，这是本区灾害特点之一。此外，雪灾、冻害、地震、滑坡、泥石流和农业病虫害也多有发生。

9. Ⅸ区——青藏高原灾害区

本区平均海拔4500m以上，是世界海拔最高的高原。本区为全国人口密度最低地区，地震十分活跃，但地震损失较轻。本区地质灾害严重，以滑坡、泥石流、土地冻融为主；气象灾害以雪灾为主，干旱、霜冻、冰雹也常有发生。

本章主要参考文献

陈兴民，郭强. 1998. 减灾非工程措施研究. 天津：天津人民出版社.
国家科委国家计委国家经贸委自然灾害综合研究组. 1996. 中国减灾社会化的探索与推动. 北京：海洋出版社.
国家科委国家计委国家经贸委自然灾害综合研究组. 1998. 中国自然灾害区划研究进展. 北京：海洋出版社.
国家科委全国重大自然灾害综合研究组. 1994. 中国重大自然灾害及减灾对策（总论）. 北京：科学出版社.
罗祖德，徐长乐. 1998. 灾害科学. 杭州：浙江教育出版社.
任鲁川. 1999. 自然灾害综合区划的基本类别及定量方法. 自然灾害学报，8（4）：41～48.
申曙光. 1994. 灾害学. 北京：中国农业出版社.
王静爱，史培军，王平，等. 2006. 中国自然灾害时空格局. 北京：科学出版社.
王平. 1999. 自然灾害综合区划研究的现状与展望. 自然灾害学报，8（1）：21～29.
延军平. 1990. 灾害地理学. 西安：陕西师范大学出版社.
张震宇，王文楷. 1993. 自然灾害区划若干理论问题的探讨. 自然灾害学报，2（2）：1～7.

第十章　防灾与减灾

自然界物质和能量的位移与转换是不以人类意志为转移的客观自然现象，而那些给人类社会带来灾难的自然事象我们称之为灾害，因此，自然灾害具自然性和社会性双重属性。对人类社会而言，尽管自然灾害的发生是一种客观存在的，无法避免的，但随着对自然灾害的不断认识和了解，人们可以通过调控自身行为或干预自然进程，从而规避灾害、防御灾害，把灾难减小到最低程度。

第一节　防灾减灾的理念与措施

一、预防为主、以人为本的防灾减灾理念

随着人口的增长和社会财富的积累，自然灾害给人类社会带来的损失也越来越大。有学者通过比较 20 世纪 50 年代以来的全球自然灾害损失及 GDP 数据，发现自然灾害损失的增长比 GDP 增长得更快，因此，如何减轻自然灾害带来的损失成为社会关注的重要内容。我们通常所谓的防灾减灾有“防”和“减”两层意思，防灾是指防止和预防灾害的发生，从而达到规避灾害的目的；减灾则是灾害发生时及发生后人们开展救援与重建工作，尽量减少人员的伤亡和财产的损失，并维护社会的稳定。当前，面对可能发生的自然灾害，我们更多地趋向于预防为主的思想，采取必要的措施，减少灾害的发生，从这个意义上讲，防灾也是减灾。而面对无法避免的或突然发生的自然灾害，强调“以人为本，尊重生命”的减灾理念。

在“人定胜天”“战胜自然”等观念指导下，中国在相当长一段时间面对自然灾害提出的口号是“抗灾”，与自然灾害对抗，甚至宣传诸如“人在大堤在”“立生死状”等抗灾思想。例如，1969 年 7 月 28 日，强台风登陆广东省，平均风力达 12 级以上，造成大部分地区发生洪涝灾害。其中，位于汕头市潮阳县的牛田洋围海造田工程堤坝被风暴冲垮了 2m，仅剩 1.5m，而且堤坝已经被水淹没 1m 以上。即便在这种情况下，为保护堤坝不被完全冲毁，当地领导提出“抗台风”和“人在堤坝在”的号召，命令千余名军人和当地参加“劳动锻炼”的大学生用沙包和“人墙”封堵决口，结果导致 470 多名官兵和 83 名大学生死亡，并被当作“英雄事迹”宣传。显然，从今天的眼光来看，这是一种违背自然规律，不尊重生命的做法。

科学技术的发展使人类对许多自然灾害的发生、发展及演变规律有了更深入的认识，使防范某些自然灾害的发生成为了可能。因此，世界各国普遍把“预防为主”作为减轻自然灾害的重要指导思想。例如，日本自 20 世纪 50 年代以来便以政府预算的 1%用在预防灾害的措施上，在防治自然灾害，特别是地震灾害方面取得了举世瞩目的成绩。预防为主，不仅是政府主导下做好预测和预警等防灾工作，更需要全社会树立“居安思危，防范胜于救灾”的防灾减灾意识。

二、自然灾害的性质与防灾减灾

地球各圈层物质总是在不停地运动着，如地壳圈层中的构造运动和岩浆活动，大气圈层中的降水和气温的变化，地表外营力作用下的物质搬运与沉积等，只有当其中一种或多种运动形式对人类的生命健康、经济活动产生了灾难性影响，我们才称为“灾害”。因此，自然灾害的一个显著特征是自然性，它是自然界部分物质的特殊运动方式，也是一种客观存在的自然现象，地震、火山、滑坡、泥石流、暴雨、干旱、台风等灾害无不如此。也正因为这些自然现象影响了人类的生命、财产及生存环境的安全，制约着社会经济的发展，所以自然灾害兼具社会性特征。

自然灾害的双重属性决定了防灾减灾的前提是正确理解自然灾变的运移规律及成因。对一些特定区域而言，自然灾害的类型往往相对固定，如断裂带地区易发生地震，山区滑坡和泥石流较多，而副热带内陆地区降水偏小而干旱频发。而且，引发灾害的自然现象或自然力往往具有偶发性和不确定性。基于这样的认识，我们在对待具体的自然灾害时应该针对性地选择防灾减灾策略。例如，地震是地壳岩层快速释放能量而引发的地层震动，目前人类的科技水平还达不到对其进行干预，甚至也不能准确预报。我们只能通过规范自身的行为来有效地进行防灾与减灾，如建筑物应尽量避开断裂带、提高建筑物的抗震性以及加强监控等措施进行防范，当地震来临时依靠组织管理开展疏散和救援工作，以达到减灾目的，这些主要是通过干预自然灾害的社会属性来进行防灾与减灾的做法。而对另一些自然灾害，在一定范围内，我们可以通过干预自然界物质与能量的运移方式来进行防灾与减灾。例如，通过植树造林方式防风固沙，减少沙尘暴或水土流失灾害的频次和危害程度；修筑防洪堤坝防止洪灾发生或减轻其损失；在地质灾害易发地点，采取相应的工程措施来达到防灾减灾的效果，如修建排水沟、抗滑垛、抗滑桩、护墙、护坡、挡石墙等来防止滑坡和崩塌的发生；通过修建拦挡坝、导流堤及停淤场等方式达到预防泥石流的目的。

三、防灾减灾的主要途径及措施

人类通过对自然灾害发生、演变的成因、机制和规律的不断认识和探索，以及千百年来积累起来的防灾减灾经验，逐渐形成了以自然灾害的防备、灾害发生时的应急和救援、灾后的恢复和重建为途径的一系列防灾减灾措施。

自然灾害的防备主要通过灾害监测系统、灾害防御工程以及规范人类活动等手段达到防灾减灾。人们可以利用科学技术和管理手段对一些潜在的自然灾害进行密切监控和研究，掌握并预测自然灾变的运行动态，进而采取预报和相应的防御手段。我国目前建有多种灾害的监测系统，如气象灾害监测与预警系统、各地地震观测台网、全国地壳运动监测网、“环境与灾害监测小卫星星座”地面系统、地质灾害监测网、气象卫星和环境监测卫星、风暴潮监测、赤潮灾害监测等。由于自然灾害具有偶发性和不确定性，不同灾害的预测能力存在较大差异。例如，目前可以根据卫星云图较好地预测台风、暴雨可能发生的地区及时间，并提前进行预报，如果监测系统完备，火山、海啸、泥石流等灾害的预测准确率比气象灾害还高。而对于地震灾害的预测通常是不确定的，甚至还属于探索性的。因此，灾害的预测并不能保证完全准确，其结果通常要经过充分评估，权衡预报与否的利弊之后才能经政府或其授权部门进行预报。因为一经预报，就会产生一定的社会影响，如果漏报、错报，往往会造成一定的经济损失，甚至引起社会不安与动乱。

灾害防御工程和规范人类活动就是根据自然灾害的双重性采取的一系列防灾减灾措施，如干预自然界物质与能量运移方式的植树造林、修建地质灾害工程等，以及人类活动场所和建筑物地点的合理选择。此外，灾前的防备还涉及公民的灾害教育（专业性和普及性）、救灾物资储备（涉及种类、数量与储备地点等）、应对各类自然灾害的专业队伍建设等内容。其中，加强灾害教育是一项长期性的基础性工作，良好的全民灾害意识对防灾减灾起着重要的作用。

应急和救援是人们在自然灾害发生时的应对行为。为保证迅速、有序及有效地开展救援工作，特别是第一时间抢救生命和保护财产，最大限度地减轻灾害损失，国家、各级政府和部门制订有自然灾害应急预案，对应急响应的组织、指挥、救援实施诸多环节做出了安排。从近年自然灾害应急和救援情况来看，自然灾害发生时，使民众迅速转移到相对安全的场所是救援的第一要务。而身处危险境地的民众自行开展的自救与互救行动，也能很大程度上减轻灾害损失。1976 年唐山大地震，城区倒塌的房屋较同位于震中区的农村少，但城市死亡人数比例远高于农村。分析其原因在于，农村的一个村庄就是一个小的社区，大家彼此熟悉，很容易形成自救和互救的意识和氛围，能在很短时间内救出大量被埋压在倒塌房屋的人员，从而避免了更多的伤亡。因此，社区和学校结合当地的潜在灾害情况，针对性组织一些必要的自救和互救知识培训以及逃生训练显得尤为重要。除了第一时间抢救生命以外，维护交通和通信的通畅也是救援的重要内容，据此确保灾情传递的时效性、抢险救灾人员与救援装备的快速到达、救援物资的输送和受灾民众的安全撤离。当然，并不是所有的灾害发生后均需要政府或其他形式的外界救援，对于一些小灾或中灾，更多的是依靠灾区民众的自救和互救形式。

灾后恢复和重建是恢复灾区居民生活和生产秩序、维护社会稳定采取的措施，主要内容包括灾后居民的安置、次生灾害的预防、灾区发展规划及其实施等方面。“一方有难、八方支援”，灾后恢复和重建通常需要外界的大力支援，援助形式主要包括政府援助、民间援助和国际援助。

第二节　防灾减灾管理

人类社会的发展进程，也是不断认识自然现象并防御自然灾害的进程。早期人类的聚落选址和宗教的产生均与自然灾害有紧密的联系。自然灾害影响着人类的生存和发展，也是影响社会稳定的一大因素。很多史前文明的中断或毁灭，以及古代政权的更替往往跟地震、洪涝、干旱等自然灾害的发生有关。当前人们认识到自然灾害发生是不可避免的，人类无法阻止灾害发生，但灾害带来的人身伤害和财产损失则可以设法避免或减少到最低程度，同时也认识到个人或小团体面对自然灾害的能力是有限的，如何应对地区性、全国性、区域性乃至世界性灾害的发生，是每个国家和政府必须面对的问题。

一、防灾减灾管理的主要内容

防灾减灾管理就是针对自然灾害发生前的预防、发生时的应对以及发生后的处置等环节，通过建立必要的管理体制和机制，并运用一系列技术手段，提高人们的防灾减灾意识，加强灾害预防与应急措施，尽量防止和避免自然灾害的产生，减少自然灾害损害程度，促进社会和谐发展。具体说来，防灾减灾管理是政府主导下的行为，其大致内容主要包括以下 6 个方面。

（1）防灾减灾的法律法规、管理机构的建立与完善。

（2）自然灾害的预测、预报与预防。

（3）灾情监测与评估。

（4）灾害发生时人员、财产的疏散和救援。

（5）重大自然灾害发生后次生灾害预防、居民安置及灾区重建。

（6）自然灾害及相应防灾减灾知识的普及教育。

二、中国防灾减灾管理概况

新中国成立后，国家对于自然灾害管理的能力有了极大提高，特别是近年来，我国政府在防灾减灾及应急救助管理方面，获得了很大的进步。目前，我国实行的是以统一领导、综合协调、分类管理、分级负责、属地管理为主的自然灾害管理体制。中央统揽全局进行总体指挥，地方各级党委和政府具体领导辖区防灾减灾工作，各职能部门分工负责，强调地方灾害管理主体责任。同时注重中国人民解放军、武警官兵、公安干警的救援抢险的带头作用。实行各级党委和政府统一领导的灾害管理体制，充分发挥政治组织优势，明确各级党政领导责任，调动和协调各种救灾力量和资源，是我国长期积累的成功救灾经验。

国务院组建了国家减灾委员会，且在民政部下设 4 个机构负责不同块面工作，即国家减灾委办室、全国抗灾救灾综合协调办公室、救灾救济司、国家减灾中心。国家减灾委员会负责灾害管理的统一指挥，主要职责如下：研究制定国家减灾工作的方针、政策和规划；组织协调全国抗灾救灾工作，协调并落实有关部门的防灾、减灾及对灾区的援助工作；负责减灾和救灾工作汇报；对灾情、灾区需求和抗灾救灾情况进行收集、汇总、评估和报告；组织会议分析和评估灾情，并提出对策；协调并指导地方深入开展抗灾救灾工作；推进减灾国际交流与合作。同时，各部委密切配合，具体展开相关的防灾减灾工作。

2005 年，国家正式颁布《国家自然灾害救助应急预案》，在总结以往自然灾害救助经验的基础上，制订了四级响应机制。根据各类灾害的灾情程度具体列出相应的响应对策和措施，具有很强的操作性。按照自然灾害发生的紧急程度、发展势态和可能造成的危害程度分为一级、二级、三级和四级，分别用红色、橙色、黄色和蓝色标示，一级为最高级别。2005～2010 年中国自然灾害应急响应整体上呈现“南多北少、西多东少”的空间分异特征。通过预警，对即将可能发生的自然灾害进行警示通告，同时也包含着对相应区域政府、社会单位和民众应该采取相应防灾减灾措施的提示和要求。宣布进入预警期后，政府应当根据即将发生的突发事件的特点和可能造成的危害，采取相应措施，如预案的启动、应急物资的调拨和人员临战的准备等。

目前，中国政府正通过制度建设、增加财力投入等方式加强自然灾害的应急管理，主要措施包括：通过加强教育、媒体宣传等方式提高公众对自然灾害事件的认识；进一步加强地方各级政府和相关部门的自然灾害应急预案建设；改革防灾减灾的管理体制，增强中央政府与地方各级政府之间的合作；做好日常战略物资储备工作，增强自然灾害发生时的应急救援能力；建立健全突发自然灾害应急管理的规章制度，加强防灾减灾工作的法制性；尊重公众的知情权，健全政府信息公开制度；积极动员社会力量支持并参与救灾；重视自然灾害结束后的善后处理工作，特别强调次生灾害的防御、灾区重建等工作，维护并促进社会的和谐与稳定。需特别指出的是，汶川大地震对绵阳市北川羌族自治县造成了巨大灾难，但通过政府有效的灾后重建管理，取得了举世瞩目的成就（图 10.1）。

(a) 震后的老北川县城　　　　(b) 美丽的新北川县城 (据北川政务网)

图 10.1　汶川地震震后与重建后的县城对比图

2008 年“5.12”汶川地震给北川羌族自治县造成了巨大灾难，原县城（a）变成一遍废墟，因地处龙门山断裂带，不宜原址恢复重建。根据党中央统一部署，由山东省组织援建，异地重建了一座新县城（b）

中国各部委主要防灾减灾工作职能

国务院办公厅：安排部署防灾、减灾、抗灾及救灾工作

外交部：灾害期间的国际联络工作

国家发展和改革委员会：灾害期间经济运行协调机制和监控

科技部：抗灾、减灾、恢复生产和重建所急需的科技应用和推广工作

商务部：为灾害救助提供保障工作

教育部：灾害预防和救助安全教育

公安部：灾害事故救援工作

民政部：提供灾害应急和救助，同时承担国家减灾委的具体工作

财政部：提供救灾资金管理

国土资源部：负责全国地质灾害应急防治工作的组织、协调、指导和监督

城乡住房和发展部：建设领域安全和城乡建设防灾工作

铁道部：灾害期间运输保障工作

工业和信息部：在灾害应急和救援中提供通信保障

交通部：交通应急保障的职能作用，建立民政部门和交通部门、海（水）上搜救部门应对突发灾害联动工作机制

水利部：防治水旱灾害、承担国家防汛抗旱总指挥部的具体工作

农业部：农业灾害监测与评估

卫生部：灾害事故医疗救援和卫生防疫、防病工作

国家环境保护部：诊断和规避环境的风险和灾害
国家广播电视总局：媒体宣传工作
安全监督局：安全生产监管监察
国家统计局：收集、统计、整理和提供调查数据
国家林业局：林业灾害监测与评估
中国科学院：遥感、地理信息系统等灾害科研工作
中国地震局：监督检查防震减灾有关工作；对地震震情和灾情进行速报；组织地震灾害调查与损失评估
中国气象局：参与政府气象防灾减灾决策，组织对重大灾害性天气跨地区、跨部门的气象联防，组织指导防御雷电、大雾等气象防灾减灾工作
中国保险监督管理委员会：保险业灾害补偿的社会职责
自然科学基金委员会：设立减灾研究科目
国家海洋局：海洋环境观测预报和海洋灾害预警的责任
国家测绘局：提供减灾基础地理信息系统数据和测绘保障服务
解放军总参谋部：抢险救灾和开展灾后重建等工作
武装警察部队：参加抢险救灾工作和处置突发事件
中国科学技术协会：协助政府部门帮助受灾地区人民群众做好灾后重建和恢复生产；对减灾救灾的关键问题、技术难题，以及如何建立应急机制进行研究；加大灾区受损科普基础设施和基层科技场馆重建修复支持力度，恢复科普能力
中国红十字会：从事应急、救助和恢复重建工作

三、国外防灾减灾管理主要特点

发达国家大都形成了运行良好的防灾减灾管理体系，特别是在法制建设、机构设立、国民教育、保障体系等方面具有许多值得我们借鉴的地方。

（1）重视法制在防灾减灾中的作用。通过完善法律法规，建立以防灾减灾为目的的法制体系，有利于提高灾害管理的效率和规避灾害应急过程中的失误。例如，美国非常重视立法规定政府机构的职责和权限，形成了以联邦法、联邦条例、行政命令、规程和标准为主体的法制体系，其中《全国紧急状态管理法》是最基本的灾害管理总体法案，详细规定了紧急状态的过程、期限及权力，对政府和公共部门作了具体的规范。这一法案与其他相关问题的专项法案构成一个整体，如涉及地震、洪灾、建筑安全、航空、国土安全、军事等相关问题的专项法案，确保灾害危机中政府和职能机构的各项职能运行顺畅，稳定社会秩序。同时，强调灾害应急管理过程中的标准化管理，一切遵循相应的统一标准，确保所有人能识别和接受，以提高效率。

（2）遵循灾害管理统一性和属地原则。发达国家通常设有高度集权的综合性灾害管理机构，如日本有中央防灾会议、俄罗斯的联邦紧急事务部、美国的国土安全部和联邦应急管理局。灾害事故及相关的培训、宣传、演习等工作均由政府应急管理部门统一指挥和负责。灾害事件的应急响应指挥大都由事发地政府负责指挥，而上一级政府仅负责协调与援助工作，

代表性国家为美国和英国。

（3）强调媒体的作用。灾害发生时强调媒体的积极介入，充分体现公众的知情权。例如，英国政府有关机构把配合媒体作为应急反应计划的一部分进行讨论和演习，不仅训练专门的新闻官员负责媒体事务，而且连电话接线员也被要求如何应答记者提问。德国政府要求公务员应遵守“回答传媒提出的每一个问题”的法则，形成为传媒服务、为公众服务的传统。

（4）加强国民灾害教育。良好的国民危机意识能有效提高政府的灾害管理效率，发达国家非常重视对国民开展灾害意识的教育与培训。例如，日本从学前教育便开始着手培养公众的防灾意识、教导自然灾害发生时的应急和逃生要领。德国政府建立了危机预防信息系统，向公众提供各种灾害情况下自我保护的知识。

国际减灾日

1989 年，第 44 届联合国大会经济及社会理事会把每年 10 月的第二个星期三定为“国际减轻自然灾害日”，简称“国际减灾日”，2009 年联合国大会通过决议把日期改为每年 10 月 13 日。以下为历年“国际减灾日”的主题。

1991 年　减灾、发展、环境——为了一个目标
1992 年　减轻自然灾害与持续发展
1993 年　减轻自然灾害的损失，要特别注意学校和医院
1994 年　确定受灾害威胁的地区和易受灾害损失的地区——为了更加安全的 21 世纪
1995 年　妇女和儿童——预防的关键
1996 年　城市化与灾害
1997 年　水：太多、太少——都会造成自然灾害
1998 年　防灾与媒体——防灾从信息开始
1999 年　减灾的效益——科学技术在灾害防御中保护了生命和财产安全
2000 年　防灾、教育和青年——特别关注森林火灾
2001 年　抵御灾害，减轻易损性
2002 年　山区减灾与可持续发展
2003 年　与灾害共存——面对灾害，更加关注可持续发展
2004 年　总结今日经验，减轻未来灾害
2005 年　利用小额信贷和保险手段，提高抗灾能力
2006 年　减灾始于学校
2007 年　防灾、教育和青年
2008 年　减少灾害风险，确保医院安全
2009 年　让灾害远离医院
2010 年　建设具有抗灾能力的城市——让我们做好准备
2011 年　让儿童和青年成为减少灾害风险的合作伙伴
2012 年　女性——抵御灾害的无形力量
2013 年　面临灾害风险的残疾人士
2014 年　提高抵御能力就是拯救生命

第三节　防灾减灾的技术手段

随着人口急剧增长和经济社会的发展，环境污染、生态破坏以及全球变暖等环境问题的出现，未来时期自然灾害将会越来越强烈地影响着人类社会，防灾减灾工作的难度也会随之增大。在以知识经济、信息技术为主导的时代，加强科学技术在防灾减灾中的应用，提倡科技减灾是未来防灾减灾领域发展的必由之路。

一、科技防灾减灾的发展趋势

为了有效推进防灾减灾工作，世界各国普遍重视科技手段的研发与应用，通过实验室和基础数据库的建设，以及增强科研投入等，建立安全与减灾科技体系。例如，美国通过建立研究基地、科研立项、拨款及相关的审查等机制应对自然灾害和社会突发事件，并组织开展大量有关安全理论、风险评估、预防、应急救援及减灾装备的研究；日本建立了全国性的地震、地电、地下流体观测网，实施“国家地震预报推进计划”；英国耗费380多亿英镑建立了伦敦地区的监控预警系统。整体上看，国际防灾减灾科技发展呈现如下趋势。

（1）防灾减灾战略思想的转变。在防灾减灾的指导思想上，由减轻灾害转向灾害风险管理，由单一减灾转向综合防灾减灾，由区域减灾转向全球联合减灾，大力提高公众对自然灾害风险的认识。

（2）强化自然灾害的预测预报研究。重视灾害发生的过程机理和规律研究，加强早期识别、预测预报、风险评估等方面的科技支撑能力建设。

（3）构建灾害监测预警技术体系。利用空间信息技术，建设灾害预测预警系统，实现监测手段现代化、预警方法科学化和信息传输实时化。

（4）加强灾害风险评估技术研究。制定风险评估技术标准和规范，应用计算机、遥感、空间信息等技术，建立灾害损失与灾害风险评估模型，完善综合灾害风险管理系统。

二、空间信息技术在防灾减灾中的应用

所谓空间信息技术，即遥感地理空间信息技术或“3S”技术，就是遥感技术（remote sensing，RS）、地理信息系统（geography information systems，GIS）和全球定位系统（global positioning systems，GPS）的统称。它是将空间技术、传感器技术、卫星定位与计算机技术、通信技术相结合，对空间信息进行采集、处理、分析、管理、传播和应用的现代信息技术。空间技术在地震、洪涝、滑坡、泥石流等自然灾害的防灾减灾工作中具有广泛的应用，特别是在快速响应、应急救助和灾后重建过程中发挥重要作用。例如，空间技术可以分析自然灾害影响范围和灾情状况、监测灾情的动态变化、评估灾害对环境和社会经济的影响等。

目前，我国已初步建成自然灾害常规的遥感监测业务，通过自然灾害的历史记录和灾情数据库系统，应用“3S”技术对地震、洪涝、滑坡、泥石流、沙尘暴等自然灾害进行风险评估并预警，如利用RS和GIS可以制作地质灾害危险区等级分布图，为政府决策提供科学依据（图10.2）。对于突发性自然灾害，国家减灾中心制定了《应对突发性自然灾害响应工作规程》，明确规定在突发性自然灾害发生时，应该利用空间技术进行灾害实时监测评估、恢复重建评估等工作，为救灾物资分发、灾害应急救助和灾后重建工作的有序开展提供科学

依据。例如，在 2008 年汶川地震灾害发生后，空间信息技术在灾情速报、救灾空间信息保障、次生灾害动态监测以及灾区重建规划等方面发挥着重要作用。其中，在唐家山堰塞湖的动态监测和排险工作中，空间信息技术提供了可靠的数据支持（图 10.3）；根据气象卫星对台风的监测数据，国家减灾中心可以提前预判台风可能影响范围及其强度，进而预测风险，为预报、人员转移、有效备灾提供决策依据。

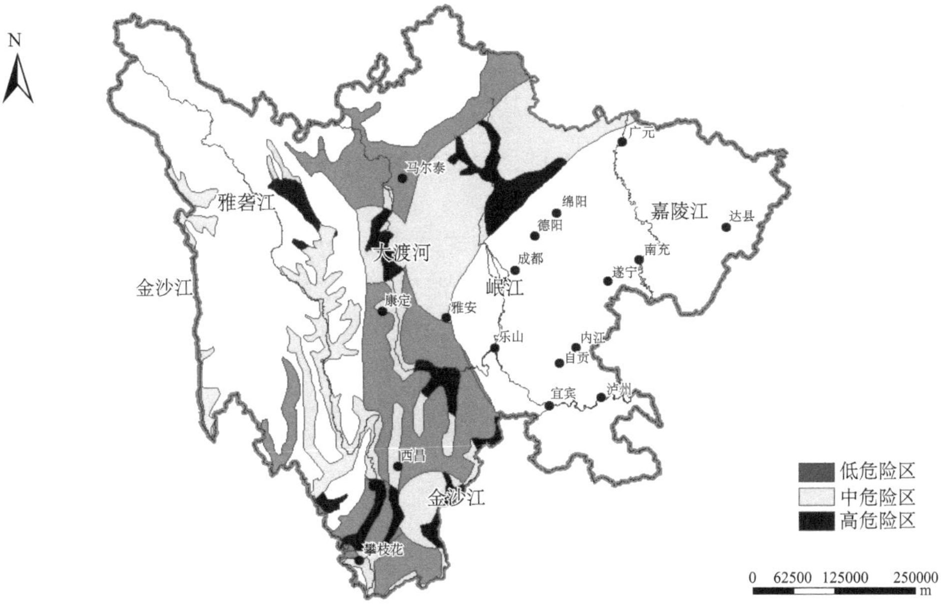

图 10.2　利用遥感和 GIS 技术制作的四川省 2013 年地质灾害危险区分布（据四川省国土资源厅）

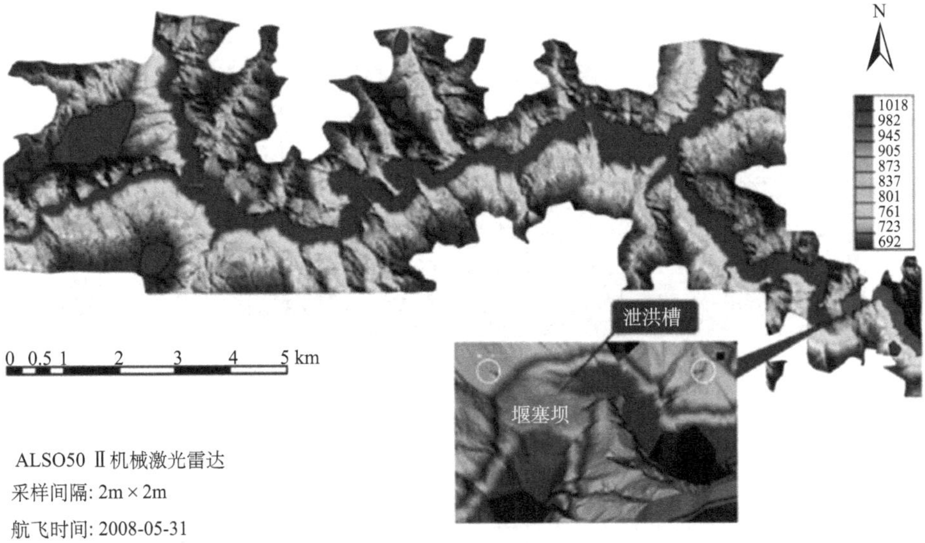

图 10.3　唐家山堰塞湖 ALS50 DSM 影像（李德仁等，2008）

汶川地震救灾过程中，国家参与航摄的总面积近 11 万 km^3。面对唐家山堰塞湖的高风险性，还启用了 Leica ALS50 机载 LIDAR 数据获取其高程数据，水平和垂直精度达到 20～30cm，为排除唐家山堰塞湖险情的科学决策提供了可靠的数据支持

三、防灾减灾工程

自然灾害的灾情与致灾因子和承灾体状况关系密切，针对可能发生的自然灾害的致灾因子和承灾体开展必要的防灾减灾工程和技术准备，能有效地缓解、降低甚至避免自然灾害所带来的损失。中国战国时期李冰父子修建的都江堰大型水利工程，2000多年来一直发挥着防洪灌溉的作用，成就了成都平原“天府之国”的美誉，是世界瞩目的防灾减灾工程典范。当前，为减少风沙和水土流失的危害，保持良好的生态环境，开展绿化工程是重要举措。中国规划并在建了三大防护林体系，即“三北”、长江中上游和沿海防护林体系。其中在西北、华北北部和东北西部地区建设的“三北”防护林体系规模最大，地域范围东起黑龙江省的宾县，西至新疆维吾尔自治区乌孜别里山口，东西长4480km，南北宽560～1460km，总面积达405万km^2，约占国土面积的42%。

为预防和降低流域性的洪涝或干旱灾害，可通过修建大坝、加固河堤湖坝、改良城市防汛设施等工程来实现。三峡大坝（图10.4）、葛洲坝、小浪底等水利工程不仅提供大量的电力，更为重要的是在防洪、抗旱方面发挥着重要作用。此外，建筑物抗震、滑坡和泥石流防护、地面沉降防治措施、分洪蓄洪区规划与建设、避难场所建设等也是常见的防灾减灾工程。

图10.4　三峡大坝（新华社，杜华举摄）

三峡水利枢纽对减轻长江中下游地区的洪涝灾害发挥了重要作用。三峡水库正常蓄水位175m，洪容量达221.5亿m^3

本章主要参考文献

陈颙，史培军. 2007. 自然灾害. 北京：北京师范大学出版社.
楚泽涵，李锋. 2010. 自然灾害：认识和减灾. 北京：中国石油大学出版社.
李德仁，陈晓玲，蔡晓斌. 2008. 空间信息技术用于汶川地震救灾. 遥感学报，12（6）：841～851.
李立国，陈伟兰. 2007. 灾害应急处置与综合减灾. 北京：北京大学出版社.

李宁，吴吉东. 2011. 自然灾害应急管理导论. 北京：北京大学出版社.

马玉玲，袁艺，程姚英. 2013. 2005～2010 中国自然灾害救助应急区域分异特征. 地理研究，32（1）：81～89.

毛德华，等. 2011. 灾害学. 北京：科学出版社.

陶和平，刘斌涛，刘淑珍，等. 2008. 遥感在重大自然灾害监测中的应用前景. 山地学报，26（3）：276～279.

翟永梅，韩新，沈祖炎. 2002. 国内外大城市防灾减灾管理模式的比较研究. 灾害学，17（1）：62～69.

张乃平，夏东海. 2009. 自然灾害应急管理. 北京：中国经济出版社.

张振华，温世亿. 2004. 基于自然灾害本质的防灾减灾对策. 灾害与防治工程，(2)：22～24.

Wen X Y，Bai S，Zeng N，et al. 2013. Interruptions of the ancient Shu Civilization：triggered by climate change or natural disaster? International Journal of Earth Sciences，102（3）：933～947.

附录1 《中国的减灾行动》白皮书

中华人民共和国国务院新闻办公室

二〇〇九年五月·北京

前　　言

近年来，全球频发的自然灾害给人类社会造成了巨大的生命和财产损失，自然灾害成为各国面临的共同挑战。

中国是世界上自然灾害最为严重的国家之一。伴随着全球气候变化以及中国经济快速发展和城市化进程不断加快，中国的资源、环境和生态压力加剧，自然灾害防范应对形势更加严峻复杂。

中国政府坚持以人为本，始终把保护公众的生命财产安全放在第一位，把减灾纳入经济和社会发展规划，作为实现可持续发展的重要保障。近年来，中国全面贯彻落实科学发展观，进一步加强减灾的法制和体制、机制建设，努力推进减灾各项能力建设，大力倡导减灾的社会参与，积极开展减灾领域的国际合作，不断推进减灾事业发展。

2008年5月12日发生的四川汶川特大地震，造成重大人员伤亡和财产损失，给中国人民带来巨大伤痛。中国政府决定，自2009年开始，每年的5月12日为国家“防灾减灾日”。值此四川汶川特大地震发生一周年和首个“防灾减灾日”之际，对中国减灾事业的发展状况做一介绍，使世人更全面地了解中国政府和中国人民为减灾所做的巨大努力。

一、自然灾害状况

中国的自然灾害具有以下几个主要特点。

（1）灾害种类多。中国的自然灾害主要有气象灾害、地震灾害、地质灾害、海洋灾害、生物灾害和森林草原火灾。除现代火山活动外，几乎所有自然灾害都在中国出现过。

（2）分布地域广。中国各省（自治区、直辖市）均不同程度受到自然灾害的影响，70%以上的城市、50%以上的人口分布在气象、地震、地质、海洋等自然灾害严重的地区。三分之二以上的国土面积受到洪涝灾害威胁。东部、南部沿海地区以及部分内陆省份经常遭受热带气旋侵袭。东北、西北、华北等地区旱灾频发，西南、华南等地的严重干旱时有发生。各省（自治区、直辖市）均发生过5级以上的破坏性地震。约占国土面积69%的山地、高原区域因地质构造复杂，滑坡、泥石流、山体崩塌等地质灾害频繁发生。

（3）发生频率高。中国受季风气候影响十分强烈，气象灾害频繁，局地性或区域性干旱灾害几乎每年都会出现，东部沿海地区平均每年约有7个热带气旋登陆。中国位于欧亚、太平洋及印度洋三大板块交汇地带，新构造运动活跃，地震活动十分频繁，大陆地震占全球陆地破坏性地震的三分之一，是世界上大陆地震最多的国家。森林和草原火灾时有发生。

（4）造成损失重。1990～2008 年 19 年间，平均每年因各类自然灾害造成约 3 亿人次受灾，倒塌房屋 300 多万间，紧急转移安置人口 900 多万人次，直接经济损失 2000 多亿元。特别是 1998 年发生在长江、松花江和嫩江流域的特大洪涝，2006 年发生在四川、重庆的特大干旱，2007 年发生在淮河流域的特大洪涝，2008 年发生在中国南方地区的特大低温雨雪冰冻灾害，以及 2008 年 5 月 12 日发生在四川、甘肃、陕西等地的汶川特大地震灾害等，均造成重大损失。

当前和今后一个时期，在全球气候变化背景下，极端天气气候事件发生的几率进一步增大，降水分布不均衡、气温异常变化等因素导致的洪涝、干旱、高温热浪、低温雨雪冰冻、森林草原火灾、农林病虫害等灾害可能增多，出现超强台风、强台风以及风暴潮等灾害的可能性加大，局部强降雨引发的山洪、滑坡和泥石流等地质灾害防范任务更加繁重。随着地壳运动的变化，地震灾害的风险有所增加。

二、减灾战略目标和任务

近年来，中国政府在《国家综合减灾“十一五”规划》等文件中明确提出“十一五”期间（2006～2010 年）及中长期国家综合减灾战略目标，即建立比较完善的减灾工作管理体制和运行机制，灾害监测预警、防灾备灾、应急处置、灾害救助、恢复重建能力大幅提升，公民减灾意识和技能显著增强，人员伤亡和自然灾害造成的直接经济损失明显减少。

中国减灾的主要任务是：

——加强自然灾害风险隐患和信息管理能力建设。全面查明重点区域主要自然灾害风险隐患，基本摸清减灾能力底数，建立自然灾害风险隐患数据库，编制全国灾害高风险区及重点区域灾害风险图。建立自然灾害灾情统计体系，建成国家、省、市、县四级灾情上报系统，健全灾情信息快报、核报工作机制和灾害信息沟通、会商、通报制度，建设灾害信息共享及发布平台，加强对灾害信息的分析、评估和应用。

——加强自然灾害监测预警预报能力建设。在完善现有监测站网的基础上，适当增加监测密度，建设卫星遥感灾害监测系统，构建自然灾害立体监测体系。推进监测预警基础设施的综合运用与集成开发，完善灾害预警预报决策支持系统。注重加强频发易发灾害和极端天气气候事件的监测预警预报能力建设。建立健全灾害风险预警信息发布机制，充分利用各类传播方式，准确、及时发布灾害预警预报信息。

——加强自然灾害综合防范防御能力建设。全面落实各项减灾专项规划，建设好各类减灾骨干工程，提高大中型工业基地、交通干线、通信枢纽和生命线工程的防灾抗灾能力。按照土地利用总体规划要求和节约集约利用土地原则，统筹做好农业和农村减灾、工业和城市减灾以及重点地区的防灾减灾专项规划编制与减灾工程建设，全面提高灾害综合防御能力。

——加强国家自然灾害应急抢险救援能力建设。建立健全统一指挥、综合协调、分类管理、分级负责、属地管理为主的灾害应急管理体制，形成协调有序、运转高效的运行机制。基本形成纵向到底、横向到边的自然灾害救助应急预案体系。加强中央和地方抗灾救灾物资储备网络建设，提升救灾物资运输保障能力，加强各类骨干抢险救援队伍和专业救援队伍建设，改善减灾救灾装备。建立完善社会动员机制，充分发挥民间组织、基层自治组织和志愿者队伍在综合减灾工作中的作用。

——加强流域防洪减灾体系建设。坚持全面规划、统筹兼顾、标本兼治、综合治理的原则，逐步建成以堤防为基础、干支流控制性水利枢纽、蓄滞洪区、河道整治相配合，结合干垸行洪、退田还湖、水土保持等工程措施及防汛抗旱指挥系统和防洪调度管理、洪水风险管理等非工程措施建设，构建较为完善的流域防洪减灾体系，保障流域防洪安全。

——加强巨灾综合应对能力建设。加强对巨灾发生机理、活动规律及次生灾害相互关系的研究，开展重大自然变异模拟和巨灾应急仿真实验。建立健全应对巨灾风险的体制、机制、政策措施和应对方案，开展应对巨灾的演练。推进农业、林业保险试点，探索建立适合中国国情的巨灾保险和再保险体系。加强巨灾防御工程建设。建立亚洲区域巨灾研究中心。

——加强城乡社区减灾能力建设。完善城乡社区灾害应急预案，组织社区居民演练。完善城乡社区减灾基础设施，创建全国综合减灾示范社区。全面开展城乡民居减灾安居工程建设。在多灾易灾的城乡社区建设避难场所。建立灾害信息员队伍。加强城乡社区居民家庭防灾减灾准备，建立应急状态下社区弱势群体保护机制。

——加强减灾科技支撑能力建设。加强减灾关键技术研发，研究制定国家综合减灾中长期科技发展战略。加快遥感、地理信息系统、全球定位系统和网络通信技术的应用。加大综合减灾科技资金投入。加强减灾学科建设和人才培养，建设综合减灾的人才培养基地。建设综合减灾的技术标准体系，提高综合减灾的标准化水平。

——加强减灾科普宣传教育能力建设。强化地方各级人民政府的减灾责任意识。将减灾知识普及纳入学校教育内容，纳入文化、科技、卫生“三下乡”活动，开展减灾普及教育和专业教育，加强减灾科普教育基地建设。建设国家减灾科普教育支撑网络平台。编制减灾科普读物、挂图或音像制品，推广地方减灾经验、宣传成功减灾案例和减灾知识，提高公民防灾减灾意识和技能。

三、减灾法制和体制机制建设

中国注重减灾的法制建设，颁布实施一系列减灾法律、法规，逐步把减灾工作纳入法制化轨道。20 世纪 80 年代以来，颁布了《中华人民共和国突发事件应对法》、《中华人民共和国水土保持法》、《中华人民共和国防震减灾法》、《中华人民共和国水法》、《中华人民共和国防洪法》、《中华人民共和国防沙治沙法》、《中华人民共和国气象法》、《中华人民共和国森林法》、《中华人民共和国草原法》、《中华人民共和国水污染防治法》、《中华人民共和国环境噪声污染防治法》、《中华人民共和国固体废物污染环境防治法》、《中华人民共和国海洋环境保护法》、《中华人民共和国消防法》和《中华人民共和国抗旱条例》、《中华人民共和国水文条例》、《中华人民共和国防汛条例》、《森林防火条例》、《草原防火条例》、《重大动物疫情应急条例》、《森林病虫害防治条例》、《地质灾害防治条例》、《破坏性地震应急条例》、《水库大坝安全管理条例》、《人工影响天气条例》等 30 多部防灾减灾或与防灾减灾密切相关的法律、法规。中国将根据减灾工作的实际需要，进一步加强减灾的法制建设。

多年来，中国政府坚持把减灾纳入国家和地方可持续发展战略。1994 年 3 月，中国政府颁布《中国 21 世纪议程》，从国家层面明确减灾与生态环境保护的关系，把提高对自然灾害的管理水平、加强防灾减灾体系建设以及减少人为因素诱发和加重自然灾害作为议程的重要内容。1998 年 4 月，国家颁布《中华人民共和国减灾规划（1998～2010 年）》，第一次以专项规划的形式提出了国家减灾的指导方针、发展目标、主要任务和具体措施。2006 年 10 月，中国政府颁布《国家“十一五”科学技术发展规划》，把建立国家公共安全应急技术体系、提升国家应对公共安全灾害事故与突发公共事件能力作为未来发展的重点任务之一。2007年8月，中国政府颁布《国家综合减灾“十一五”规划》，明确要求地方政府将减灾纳入当地经济社会发展规划。

中国实行政府统一领导，部门分工负责，灾害分级管理，属地管理为主的减灾救灾领导体制。在国务院统一领导下，中央层面设立国家减灾委员会、国家防汛抗旱总指挥部、国务院抗震救灾指挥部、国家森林防火指挥部和全国抗灾救灾综合协调办公室等机构，负责减灾救灾的协调和组织工作。各级地方政府成立职能相近的减灾救灾协调机构。在减灾救灾过程中，注重发挥中国人民解放军、武警部队、民兵组织和公安民警的主力军和突击队作用，注重发挥人民团体、社会组织及志愿者的作用。

在长期的减灾救灾实践中，中国建立了符合国情、具有中国特色的减灾救灾工作机制。中央政府构建了灾害应急响应机制、灾害信息发布机制、救灾应急物资储备机制、灾情预警会商和信息共享机制、重大灾害抢险救灾联动协调机制和灾害应急社会动员机制。各级地方政府建立相应的减灾工作机制。

——灾害应急响应机制。中央政府应对突发性自然灾害预案体系分为三个层次，即国家总体应急预案、国家专项应急预案和部门应急预案。政府各部门根据自然灾害专项应急预案和部门职责，制定更具操作性的预案实施办法和应急工作规程。重大自然灾害发生后，在国务院统一领导下，相关部门各司其职，密切配合，及时启动应急预案，按照预案做好各项抗灾救灾工作。灾区各级政府在第一时间启动应急响应，成立由当地政府负责人担任指挥、有关部门作为成员的灾害应急指挥机构，负责统一制定灾害应对策略和措施，组织开展现场应急处置工作，及时向上级政府和有关部门报告灾情和抗灾救灾工作情况。

——灾害信息发布机制。按照及时准确、公开透明的原则，中央和地方各级政府认真做好自然灾害等各类突发事件的应急管理信息发布工作，采取授权发布、发布新闻稿、组织记者采访、举办新闻发布会等多种方式，及时向公众发布灾害发生发展情况、应对处置工作进展和防灾避险知识等相关信息，保障公众知情权和监督权。

——救灾应急物资储备机制。已经建立以物资储备仓库为依托的救灾物资储备网络，国家应急物资储备体系逐步完善。目前，全国设立了10个中央级生活类救灾物资储备仓库，并不断建设完善中央级救灾物资、防汛物资、森林防火物资等物资储备库。部分省、市、县建立了地方救灾物资储备仓库，抗灾救灾物资储备体系初步形成。通过与生产厂家签订救灾物资紧急购销协议、建立救灾物资生产厂家名录等方式，进一步完善应急救灾物资保障机制。

——灾情预警会商和信息共享机制。建立由民政、国土资源、水利、农业、林业、统计、地震、海洋、气象等主要涉灾部门参加的灾情预警会商和信息共享机制，开展灾害信息数据库建设，启动国家地理信息公共服务平台，建立灾情信息共享与发布系统，建设国家综合减灾和风险管理信息平台，及时为中央和地方各部门灾害应急决策提供有效支持。

——重大灾害抢险救灾联动协调机制。重大灾害发生后，各有关部门发挥职能作用，及时向灾区派出由相关部委组成的工作组，了解灾情和指导抗灾救灾工作，并根据国务院要求，及时协调有关部门提出救灾意见，帮助灾区开展救助工作，防范次生、衍生灾害的发生。

——灾害应急社会动员机制。国家已初步建立以抢险动员、搜救动员、救护动员、救助动员、救灾捐赠动员为主要内容的社会应急动员机制。注重发挥人民团体、红十字会等民间组织、基层自治组织和志愿者在灾害防御、紧急救援、救灾捐赠、医疗救助、卫生防疫、恢复重建、灾后心理支持等方面的作用。

四、减灾能力建设

中国政府重视减灾的能力建设，在减灾工程、灾害预警、应急处置、科技支撑、人才培养和社区减灾等方面做了大量工作。

（一）实施减灾工程，提高灾害综合防范防御能力

近年来，国家实施防汛抗旱、防震抗灾、防风防潮、防沙治沙、生态建设等一系列重大减灾工程。

——大江大河治理工程。国家通过实施积极的财政政策、发行国债等，大幅增加江河治理投入，加快大江大河大湖治理步伐。目前，长江中下游干堤全部修完修好，黄河下游标准化堤防建设全面展开，治淮 19 项骨干工程基本建成，长江三峡、黄河小浪底、淮河临淮岗等枢纽工程全面发挥效益。中国大江大河防洪能力进一步提高，部分主要河段已基本具备防御 100 年一遇洪水能力。中小河流防洪能力不断提高，重点海堤设防标准提高到防御 50 年一遇的洪水能力。

——农村困难群众危房改造工程。国家注重提高农村居民住房抗灾能力建设。在灾后倒房重建工作中加强房屋选址设计、施工验收等环节的技术指导和质量监督，结合扶贫开发工作推进减灾安居工程建设。自 2005 年以来，全国各地共投入资金 175.35 亿元，完成改造、新建农村困难群众住房 580.16 万间，使 180.51 万户、649.65 万人受益。

——中小学危房改造工程。从 2001 年开始，国家实施对全国中小学危房改造工程。截至 2005 年，中央财政安排专项资金 90 亿元，全国纳入农村中小学危房改造规划的项目学校共 4 万多所。从 2006 年起，将全国农村义务教育阶段中小学校舍维修改造纳入农村义务教育经费保障机制。

——中小学校舍安全工程。从 2009 年起，国家将用三年时间，在全国中小学开展抗震加固、提高综合防灾能力建设，使学校校舍达到重点设防类抗震设防标准，并符合对山体滑坡、岩崩、泥石流、热带气旋、火灾等灾害的防灾避险安全要求。

——病险水库除险加固工程。2008 年 3 月，国家颁布《全国病险水库除险加固专项规划》，提出在三年内完成现有大中型和重点小型病险水库除险加固。2008 年，全国即安排专项规划内病险水库除险加固工程项目 4035 个，占规划内全部 6240 座病险水库的 65%。

——农村饮水安全工程。“十五”期间（2000～2005 年），国家共投入资金 223 亿元，解决了 6700 万人的饮水问题，基本结束了农村严重缺乏饮用水的历史。从 2006 年开始，农村饮水工作进入以保障饮水安全为中心的新阶段。2006～2008 年，安排中央投资 238 亿元，地方自筹配套资金 226 亿元，累计解决 1.09 亿农村人口的饮水安全问题。

——水土流失重点防治工程。20 世纪 80 年代，国家开始在黄河、长江等水土流失严重地区实施水土流失重点防治工程。进入“九五”（1996～2000 年）末期，开始加大投入力度并扩大治理规模，水土流失重点防治工程覆盖了全国七大江河（长江、黄河、淮河、海河、松辽、珠江、太湖）的上中游地区。截至 2008 年，重点防治工程共治理水土流失面积

26 万 km^2，已实施重点区域治理的水土流失治理程度达到 70%，减沙率达 40%以上。长江上游嘉陵江流域土壤侵蚀量减少三分之一，黄河流域每年减少入黄河泥沙 3 亿 t 左右。

——农田灌排工程。自“九五”以来，国家加大投入，开展以大型灌区续建配套与节水改造为重点的农田灌排工程设施建设，农田灌排能力明显提高，抗御干旱、洪涝灾害能力得到加强。

——生态建设和环境治理工程。21 世纪初，国家开始实施天然林资源保护、退耕还林、三北（东北、华北、西北）防护林建设、长江中下游重点防护林建设、京津风沙源治理、岩溶地区石漠化综合治理、野生动植物保护以及自然保护区建设、沿海防护林建设、退牧还草等重点生态建设工程，抑制荒漠化扩张速度，缓解极端气候的危害程度。开展生态补偿试点工作，确定山西省煤炭资源开发等 6 个生态环境补偿试点。组织开展生态省、市、县和环境优美乡镇、生态村建设，推进建设 103 个重点生态环境工程示范县。

——建筑和工程设施的设防工程。国家出台《市政公用设施抗灾设防管理规定》，发布《城市抗震防灾规划标准》、《镇（乡）、村建筑抗震设计规程》。发布国家标准《中国地震动参数区划图》，完善重大建设工程地震安全性评价管理制度，推进全国农村民居地震安全工程的实施，完成约 245 万户抗震安居房的建设和改造加固。四川汶川特大地震后，修订《建筑工程抗震设防分类标准》、《建筑抗震设计规范》。

——公路灾害防治工程。从 2006 年起，结合公路水毁震毁等灾害发生情况，国家开始实施公路灾害防治工程。截至 2008 年，全国各地共投入资金 15.4 亿元，以增设和完善山岭重丘区公路的灾害防护设施为重点，对公路边坡、路基、桥梁构造物和排（防）水设施进行综合处治，普通公路防灾能力全面提高。

（二）构建立体监测体系，提高监测预警预报能力

建立包括地面监测、海洋海底观测和天—空—地观测在内的自然灾害立体监测体系，灾害监测预警预报体系初步形成。

——灾害遥感监测业务体系。成功发射环境减灾小卫星星座 A、B 星，卫星减灾应用业务系统初具规模，为灾害遥感监测、评估和决策提供先进技术支持。

——气象预警预报体系。成功发射“风云”系列气象卫星，建成 146 部新一代天气雷达、91 个高空气象探测站 L 波段探空系统，建设 25420 个区域气象观测站。初步建立全国大气成分、酸雨、沙尘暴、雷电、农业气象、交通气象等专业气象观测网。基本建成比较完整的数值预报预测业务系统，开展灾害性天气短时临近预警业务，建成包括广播、电视、报纸、手机、网络等覆盖城乡社区的气象预警信息发布平台。

——水文和洪水监测预警预报体系。建成由 3171 个水文站、1244 个水位站、14602 个雨量站、61 个水文实验站和 12683 眼地下水测井组成的水文监测网。构建洪水预警预报系统、地下水监测系统、水资源管理系统和水文水资源数据系统。

——地震监测预报体系。建成固定测震台站 937 个，流动台 1000 多个，实现了中国三级以上地震的准实时监测。建立地震前兆观测固定台点 1300 个，各类前兆流动观测网 4000 余测点。初步建成国家和省级地震预测预报分析会商平台，建成由 700 个信息节点构成的高速地震数据信息网，开通地震速报信息手机短信服务平台。

——地质灾害监测系统。从 2003 年起，开展地质灾害气象预警预报工作，已建立群测

群防制度的地质灾害隐患点12万多处。三峡库区滑坡崩塌专业监测网和上海、北京、天津等市地面沉降专业监测网络基本建成。

——环境监测预警体系。组织开展环境质量监测、污染物监测、环境预警监测、突发环境事件应急监测等，客观反映全国地表水、地下水、海洋、空气、噪声、固体废物、辐射等环境质量状况。新建成环境一号A、B星，大范围、快速和动态地开展生态环境宏观监测及评价，初步形成环境监测天地一体化格局。目前，全国共有2399个环境监测站、49335名环境监测技术人员。

——野生动物疫源疫病监测预警系统。建立全国野生动物疫源疫病监测总站，已在候鸟等野生动物重要聚集分布区设立350处国家级监测站、768处省级监测站、1400多处地县级监测站，初步形成国家、省、地县三级野生动物疫源疫病监测预警网络。

——病虫害监测预报系统。建立由3000多个站组成的农作物和病虫害测报网，240多个台（点）组成的草原虫鼠害监测预报网。全国性系统监测预报的农作物有害生物种类由20世纪90年代初的15种增加到目前的26种，重大病虫害由旬报制缩短为周报制。建立国家、县、乡（镇）三级2500多个站点组成的森林病虫害监测预报网络，主测对象35个种（类），涵盖最具危险性的和常发的森林病虫害种（类）。

——海洋灾害预报系统。对原有海洋观测仪器、设备和设施进行更新改造，大力发展离岸观测能力，海上浮标观测能力和断面调查能力进入整体提升阶段。新建改造一批海洋观测站点，对一些中心站进行实时通信系统改造。建设海气相互作用—海洋气候变化观测及评价业务化体系，积极开展对海平面上升、海岸侵蚀、海水入侵、咸潮等与气候变化密切相关的海洋灾害的业务化监测。

——森林和草原火灾预警监测系统。完善卫星遥感、飞机巡护、视频监控、瞭望观察和地面巡视的立体式监测森林和草原火灾体系，初步建立森林火险分级预警响应和森林火灾风险评估技术体系。

——沙尘暴灾害监测与评估体系。建立沙尘暴卫星遥感监测评估系统和手机短信平台，在北方重点区域布设沙尘暴灾害地面监测站，组成国家、省、市、县四级队伍，初步形成覆盖中国北方区域的沙尘暴灾害监测网络。

（三）建立抢险救灾应急体系，提高应急处置能力

以应急救援队伍、应急响应机制和应急资金拨付机制为主要内容的救灾应急体系初步建立，应急救援、运输保障、生活救助、卫生防疫等应急处置能力大大增强。

——应急救援队伍体系。以公安、武警、军队为骨干和突击力量，以抗洪抢险、抗震救灾、森林消防、海上搜救、矿山救护、医疗救护等专业队伍为基本力量，以企事业单位专兼职队伍和应急志愿者队伍为辅助力量的应急救援队伍体系初步建立。国家陆地、空中搜寻与救护基地建设加快推进。应急救援装备得到进一步改善。

——应急救助响应机制。根据灾情大小，将中央应对突发自然灾害划分为四个响应等级，明确各级响应的具体工作措施，将救灾工作纳入规范的管理工作流程。灾害应急救助响应机制的建立，基本保障了受灾群众在灾后24小时内能够得到救助，基本实现“有饭吃、有衣穿、有干净水喝、有临时住所、有病能医、学生有学上”的“六有”目标。

——救灾应急资金拨付机制。包括自然灾害生活救助资金、特大防汛抗旱补助资金、水

毁公路补助资金、内河航道应急抢通资金、卫生救灾补助资金、文教行政救灾补助资金、农业救灾资金、林业救灾资金在内的中央抗灾救灾补助资金拨付机制已经建立。积极推进救灾分级管理、救灾资金分级负担的救灾工作管理体制，保障地方救灾投入，有效保障受灾群众的基本生活。

（四）建立减灾科技支撑体系，提高减灾科技水平

注重科技在防灾减灾中的重要作用，通过制定专门的防灾减灾科技发展规划、建立科技应急机制、实施科技项目等措施，不断提高防灾减灾的科技水平。

——组织制定《国家防灾减灾科技发展规划》。针对自然灾害预警预报、应急响应、恢复重建、减灾救灾、信息平台等各个环节存在的问题，加强顶层设计，统筹布局，强化薄弱环节，逐步建立和完善防灾减灾国家科技支撑体系。

——加强科技应急机制建设。建立国家突发公共事件科技应急机制，明确科技应急体系的建设、科技支撑能力建设、应急技术应用与示范等环节的工作机制和部署安排。

——启动一批防灾减灾科技项目。在国家科技项目、863计划和国家自然科学基金重大项目中安排实施一批气象、地震、地质、海洋、水利、农林、雷电等方面的科技项目。资助一批关于防灾减灾的基础研究项目，深入揭示各类自然灾害的形成机理和演变规律，以及综合风险防范的模式等。开展亚洲巨灾综合风险评估技术及应用研究、中国巨灾应急救援信息集成系统与示范、中国重大自然灾害风险等级综合评估技术研究，以及“汶川地震断裂带科学钻探”（WFSD）等项目。

——加强科研技术机构建设。分别于2003年、2007年、2009年成立民政部国家减灾中心、国际减轻旱灾风险中心和民政部卫星减灾应用中心，2006年成立民政部和教育部减灾与应急管理研究院。

（五）建立人才培养体系，提高减灾工作人员素质

将防灾减灾人才队伍建设纳入国家人才队伍建设发展规划，减灾的国民教育体系和减灾的培训平台逐步建立。

——把减灾纳入国民教育体系。加强人才培养教育，充分利用高校的减灾研究与学科优势培养多层次防灾减灾人才。加强防灾减灾学科体系建设，按照现有的财政管理体制支持防灾减灾技术类本专科院校，以及开设防灾减灾管理和技术专业的院校，提高人才培养质量。

——把防灾减灾纳入干部培训规划。全国各级行政学院、干部学院根据人才队伍建设的需要，开设防灾减灾和应急管理的专门培训课程。筹建国家应急管理人员培训基地，对政府中高级公务员、各类企事业单位高层管理人员、高层次理论研究人员开展防灾减灾和应急管理培训。国家地震灾害紧急救援培训基地已经建立并投入使用。

——开展领导干部灾害应急管理专题培训。举办“省级干部灾害应急管理专题研究班”和“省部级干部突发事件应急管理研讨班”，各省（自治区、直辖市）和国务院有关部门分管防灾减灾及应急管理工作的负责人参加了专题研讨。2005年以来，积极开展公务员灾害应急管理专题培训活动，有效提高各级灾害应急管理人员防范处置自然灾害及各类突发事件的综合素质和能力。2005～2006年，连续举办四期地市级干部灾害应急管理专题培训班，自2006年起连续举办四期地市级防汛抗旱行政首长培训班。

——对各类企业和应急救援队伍开展应急救援能力培训。各级政府会同有关部门采取集中培训和自主培训相结合的办法，组织开展对企业负责人、管理人员和各类应急救援队伍的防灾减灾和应急管理培训工作，提高他们在灾害突发情况下实施救援、自身防护和协同处置的能力。

（六）开展社区减灾工作，提高社区防灾减灾能力

社区减灾能力建设工作全面展开，基层社区抵御灾害风险的能力和水平逐步提高。

——推动社区建立减灾工作机制。在各级政府的推动下，全国社区逐步建立健全负责社区减灾工作的组织，制定规范的减灾工作制度，组织减灾志愿者队伍，制定突发灾害发生时保护儿童、老年人、病患者、残疾人等弱势群体的对策，建立起有效的减灾工作机制。

——指导社区制定灾害应急救助预案并定期演练。基层政府根据《国家突发公共事件总体应急预案》、《国家自然灾害救助应急预案》以及地方政府制定的应急预案，结合社区所在区域环境、灾害发生规律和社区居民特点，指导社区制定社区灾害应急救助预案，明确应急工作程序、管理职责和协调联动机制。社区在政府有关部门的支持、配合下，经常组织社区居民开展形式多样的预案演练活动。

——加强社区减灾公共设施和器材装备建设。通过政府财政支持和社会积极参与，社区利用公园、绿地、广场、体育场、停车场、学校操场或其他空地建立应急避难场所，设置明显的安全应急标识或指示牌，建立减灾宣传教育场所（社区减灾教室、社区图书室、老年人活动室）及设施（宣传栏、宣传橱窗等），配备必需的消防、安全和应对灾害的器材或救生设施工具，使减灾公共设施和装备得到健全和完善。

——组织社区开展减灾宣传教育活动。社区结合人文、地域等特点，定期开展形式多样的社区居民减灾教育活动，在社区宣传教育场所经常张贴减灾宣传材料，制订结合社区实际情况的减灾教育计划，社区居民的防灾减灾意识和社区综合减灾能力得到提高。

——开展减灾示范社区创建活动。2007 年，国家开展了减灾示范社区创建活动。截至 2008 年，国家共授予 284 个社区为“全国综合减灾示范社区”称号。

五、减灾的社会参与

中国重视社会力量在防灾减灾工作中的地位和作用，积极支持和推动社会力量参与减灾事业，提高全社会防灾减灾的意识和能力。中国政府及时发布灾情和灾区需求信息，加强引导，规范管理，提供保障服务，不断完善社会动员机制，统筹安排政府资源和社会力量，形成优势互补、协同配合的抗灾救灾格局。每遇大灾，社会各界积极参与抗灾救灾，香港同胞、澳门同胞、台湾同胞以及海外华侨华人踊跃为灾区提供援助。四川汶川特大地震中，中国接收境内外各类救灾捐赠款物近 760 亿元。社会力量还开展有效的心理抚慰等个性化服务，帮助灾区群众树立战胜灾害的信心。

慈善事业在减灾中发挥重要作用，国家采取措施支持慈善事业发展。在鼓励捐赠的税收优惠制度上，2008 年 1 月起施行的《中华人民共和国企业所得税法》，将企业公益性捐赠的税前扣除标准由年度应纳税所得额 3%以内统一规定为企业年度利润总额 12%以内。四川汶川特大地震发生后，国家规定企业、个人通过公益性社会团体、县级以上人民政府及其部门向受灾地区的捐赠，允许在当年企业所得税前和当年个人所得税前全额扣除。2008 年 12

月，政府有关部门发布通知，明确公益捐赠事业范围、公益性社会团体捐赠税前扣除资格以及捐赠税前扣除资格的认定权限和程序等问题。国家鼓励基金会的正常发展，截至2008年，中国共有各类基金会1531家，比上年增加162家。近年来，国家推进慈善组织社会公信力建设，推广基金会年度检查办法和评级制度。

国家积极推动捐助活动日常化和社会化，鼓励并引导志愿者参与减灾行动。近年来，以捐助活动经常化、募集主体民间化、参与捐助自愿化为特点的经常性社会捐助活动在中国全面展开。截至2008年，在大中城市和有条件的小城市设立接收社会捐助站点和慈善超市3.4万个，初步形成全国经常性社会捐助服务网络。随着国家现代化建设不断取得新成就和人民生活水平的日益提高，减灾志愿者队伍快速发展。截至2008年，中国社区志愿者组织数达到43万个，志愿者队伍规模近亿人，其中仅共青团、民政、红十字会三大系统就比上年增加志愿者1472万人，年增长率达31.8%。四川汶川特大地震发生后，中国公众、企业和社会组织参与紧急救援，深入灾区的国内外志愿者队伍达300万人以上，在后方参与抗震救灾的志愿者人数达1000万以上。

中国政府重视防灾减灾的宣传教育。在每年10月的“国际减灾日”，国家举办内容丰富的减灾宣传教育活动。有关部门和地方政府在公共场所设置减灾宣传专栏，在报纸、杂志、电台、电视台、互联网门户网站等开设减灾知识宣传栏目，制作公益广告，向公众宣传灾害预防避险的实用技能。在中小学开设防灾减灾课程，开展多种演练活动。开发一系列减灾宣传教育产品，编制系列减灾科普读物、挂图、音像制品和宣传案例教材。红十字会等社会团体积极开展急救培训，普及急救知识和技术，在提高全社会防灾减灾意识和能力方面发挥重要作用。

国家重视对灾害保险业防灾减灾作用的政策研究和试点工作。不断总结并完善农业、林业自然灾害保险与财政补贴相结合的农业、林业风险防范与救助机制，统筹考虑农业、林业巨灾风险分散机制，逐步加大保险对灾害损失的经济补偿和转移分担功能。

六、减灾的国际合作

中国本着开放合作的态度，积极参与减灾领域的国际合作，建立和完善国际减灾合作机制，加强国际减灾能力建设，在重大灾害中相互援助。

中国在减灾领域与联合国开发计划署、联合国国际减灾战略、联合国人道主义援助事务协调办公室、联合国亚太经社理事会、联合国世界粮食计划署、联合国粮农组织和联合国外空委等机构建立紧密型合作伙伴关系，积极参与联合国框架下的减灾合作。2006年3月，向联合国成立的“中央紧急应对基金”认捐100万美元。2006年11月，与联合国驻华机构共同举办印度洋海啸紧急援助回顾研讨会，回顾中国多边援助使用情况。与联合国国际减灾战略共建国际减轻旱灾风险中心，参与联合国灾害管理与应急反应天基信息平台（UN-SPIDER），积极筹建北京办公室。派遣专家参与联合国灾害评估队，多次执行灾害评估任务，积极参与联合国搜索与救援咨询国活动，积极推进全球灾害应急救援领域的合作，举办2006年联合国亚太地区地震应急演练。

中国积极推动建立亚洲国家间的减灾对话与交流平台。2005年9月，中国政府在北京主办第一届亚洲部长级减灾大会，会议通过了《亚洲减少灾害风险北京行动计划》，为亚洲各国进一步加强减灾合作奠定基础。中国政府积极参与第二届、第三届亚洲部长级会议，共同推动《2007亚洲减少灾害风险德里宣言》、《2008亚洲减少灾害风险吉隆坡宣言》的形成。2008年12月举办了加强亚洲国家应对巨灾能力建设研讨会。

中国重视与东盟和南亚国家讨论签署双边或多边减灾救灾协定，注重开展减灾人力资源开发合作。2005年5月，中国为印度洋地震海啸受灾国举办了防灾减灾人力资源培训班，2006年5月在北京召开了中国-东盟框架下的防灾减灾研讨会。2007年先后举办了东盟和亚洲国家应急和救助研讨会、灾害风险管理研修班和灾后恢复重建管理研修班。中国积极参与东盟灾害管理各项活动，出席东盟举办的各类研讨会，观摩灾害应急演练，积极探讨中国-东盟合作协议和行动计划。

中国努力推动上海合作组织成员国政府间救灾协作。2002年4月，上海合作组织成员国紧急救灾部门领导人在俄罗斯圣彼得堡举行首次会晤。2003年4月，上海合作组织在北京举行救灾部门专家级会议，对《上海合作组织成员国政府间救灾互助协定》进行磋商。2005年10月，《上海合作组织成员国政府间救灾互助协定》在莫斯科签署。2006年11月，第二次上海合作组织成员国紧急救灾部门领导人会议在北京召开，通过《上海合作组织成员国2007～2008年救灾合作行动方案》，为上海合作组织成员国在救灾联络、信息交流、边境区域救灾、人员研修和技术交流等方面开展活动奠定行动框架。2007年9月，成员国紧急救灾部门领导人第三次会议在比什凯克举行，研究落实救灾合作协定，深化救灾领域合作等问题。成员国商定将建立上海合作组织救灾中心。2008年9月下旬，中方在乌鲁木齐主办了上海合作组织成员国边境地区领导人首次会议。会议就开展成员国边境地区救灾合作，推动建立边境地区联合救灾行动机制，以及开展有关信息交流、人员培训等问题达成共识。

在应对重大自然灾害中，中国和国际社会相互支持、相互援助。2004年12月印度洋海啸发生后，中国向各有关受灾国政府及联合国有关机构提供了中国有史以来最大规模的紧急救援，救灾援助总额达68763万元，并在第一时间派出中国国际救援队和医疗救援队赴印度尼西亚开展紧急救援。2005年8月29日，美国南部地区遭受“卡特里娜”飓风袭击，中国政府向美国提供500万美元救灾援款，并另提供一批救灾急需物资。2005年10月8日，巴基斯坦发生7.8级大地震后，中国政府先后四次向巴提供总价值2673万美元的紧急人道主义援助，自10月9日至11月29日，共向巴空运26批次救灾物资，并派出中国国际救援队、医疗救援队，深入灾区一线，帮助巴方开展救灾行动。2008年，缅甸发生“纳吉斯”热带风暴，中国政府先后提供价值100万美元的紧急援助物资、3000万元援助款和1000万美元援助，并派出医疗救援队救治伤员。

2008年5月，四川汶川特大地震发生后，中国得到国际社会的大力援助。先后有170多个国家和地区、20多个国际组织向中国提供了资金或物资援助。国际社会向中国地震灾区提供了现金援助44亿多元以及大批救灾物资。俄罗斯、日本、韩国、新加坡还派出专业救援队伍，参与地震灾区的紧急救援工作。来自英国、日本、俄罗斯、意大利、法国、古巴、印度尼西亚、巴基斯坦政府和德国红十字会的九支医疗队共223名医疗技术人员参与四川和甘肃两省地震灾区的伤员救治工作。在重灾区之一的四川省北川县，美国、英国和墨西哥等国家的16名志愿者立即投入救援行动。10名英国搜救小组的志愿者到震区开展救灾活动。来自日本ALOS、意大利COSMO-SkyMed、美国LandSat等多颗卫星向中国提供了灾区遥感影像。中国政府和中国人民对此深怀感激，深表感谢。

结束语

中国正处于全面建设小康社会的重要历史时期，经济社会发展的任务繁重而艰巨。面对日益严峻的自然灾害风险，中国的减灾工作任重道远。

中国政府为减灾事业付出了巨大努力，但也清醒地认识到，中国的减灾工作还存在一些亟待加强的薄弱环节：减灾综合协调机制尚不健全、减灾综合性法律法规和相关配套政策不够完善、灾害监测体系还有待健全、防灾减灾基础设施建设亟待加强、社会公众减灾意识仍需提高。中国政府将始终坚持以人为本的理念，以提高全社会的综合减灾能力为核心，以提升城乡基层社区的综合减灾能力为重点，以提高全社会民众的防灾减灾意识和避灾自救水平为基础，全面提高综合防范防御自然灾害的能力和水平。

自然灾害是人类面临的共同挑战，减灾是全球的共同行动。中国愿与世界各国一道，为减轻灾害风险和灾害损失，为促进人类社会的发展进步作出不懈努力。

附录 2　国家综合防灾减灾规划（2011～2015 年）

国办发〔2011〕55 号

各省、自治区、直辖市人民政府，国务院各部委、各直属机构：

《国家综合防灾减灾规划（2011～2015 年）》（以下简称《规划》）已经国务院同意，现印发给你们，请认真贯彻执行。

编制和实施《规划》，是贯彻落实党中央、国务院关于加强防灾减灾工作决策部署的重要举措，是推进综合防灾减灾事业发展、构建综合防灾减灾体系、全面增强综合防灾减灾能力的迫切需要，对切实维护人民群众生命财产安全、保障经济社会全面协调可持续发展具有重要意义。各地区、各有关部门要认真组织好《规划》实施工作，加强组织领导，完善工作机制，加大资金投入，确保《规划》目标的顺利实现。

各省（区、市）人民政府要将本规划内容纳入地方经济社会发展规划，结合实际制定本地区综合防灾减灾规划，逐级落实工作目标和任务。对《规划》中涉及的建设项目，要认真做好前期工作，合理确定建设规模和投资，并按程序报批后实施。各有关部门要根据职能分工，加强对《规划》的指导、支持和协调，共同落实《规划》任务。国家减灾委员会要强化对《规划》实施情况的跟踪分析，中期进展评估和总体实施情况要向国务院报告。

国务院办公厅

二〇一一年十一月二十六日

国家综合防灾减灾规划（2011～2015 年）

为贯彻落实党中央、国务院关于加强防灾减灾工作的决策部署，进一步提高防灾减灾能力，最大程度保障人民群众生命财产安全，依据《中华人民共和国国民经济和社会发展第十二个五年规划纲要》以及有关法律法规，制定本规划。

一、现状与形势

（一）“十一五”期间防灾减灾工作取得显著成效

“十一五”是新中国成立以来自然灾害最为严重的时期之一，南方低温雨雪冰冻、汶川特大地震、玉树强烈地震、舟曲特大山洪泥石流等特大灾害接连发生，严重洪涝、干旱和地质灾害以及台风、风雹、高温热浪、海冰、雪灾、森林火灾等灾害多发并发，给经济社会发展带来严重影响。面对严峻的灾害形势，有关各方密切配合，高效有序开展抗灾救灾工作，大力加强防灾减灾能力建设，取得了显著成效。

一是防灾减灾管理体制机制和法制不断完善。27 个省、自治区、直辖市成立了减灾委员会或减灾救灾综合协调机构，防灾减灾综合协调职能得到充分发挥。修订、公布了《中华人民共和国防震减灾法》、《中华人民共和国突发事件应对法》、《自然灾害救助条例》、《气象灾害防御条例》、《中华人民共和国抗旱条例》等法律法规。

二是自然灾害监测预警体系基本形成。气象、水文、地震、地质、农业、林业、海洋、环境等各类自然灾害监测站网和预警预报系统进一步完善，天气和自动气象观测系统建设初具规模，山洪、地质灾害群测群防体系进一步完善，台风早期预警水平得到提高，农林病虫害和森林草原火灾的监测预警能力进一步加强。环境与灾害监测预报小卫星星座 A、B 星和风云三号 A 星、风云二号 E 星成功发射，卫星减灾应用业务系统初步建立。

三是自然灾害工程防御能力稳步提升。实施了防汛抗旱、危房改造、饮水安全、公路灾害防治等重大工程，大江大河防洪能力进一步提高，重点防洪保护区基本达到规定的防洪标准，人口密集区、大中城市及国家重大工程建设区的地质灾害隐患点得到初步治理，中小学危房改造工程、校舍安全工程全面实施，农村困难群众危房改造工程扎实推进。

四是重特大自然灾害应对能力大幅提升。以应急指挥、抢险救援、灾害救助、恢复重建等为主要内容的救灾应急体系初步建立。应急救援、运输保障、生活救助、医疗救助、卫生防疫等应急能力大大增强，有效应对了地震、干旱、泥石流等一系列重特大自然灾害，最大程度减轻了灾害损失，维护了社会和谐稳定。

五是科学技术的支撑作用明显增强。对自然灾害发生、发展机理和演变规律的研究进一步深入，灾害监测预警、风险评估、应急处置等技术水平不断提高，遥感、卫星导航与通信广播等技术在重特大自然灾害应对过程中发挥了重要作用，有关防灾减灾科研机构相继成立，科技支撑平台逐步形成。

六是防灾减灾人才和专业队伍逐步壮大。防灾减灾人才队伍建设纳入《国家中长期人才发展规划纲要（2010～2020 年）》，专兼结合的防灾减灾人才队伍初步形成，人民解放军、武警部队、公安民警、民兵预备役在防灾减灾中发挥了骨干作用，防汛抗旱、抗震救灾、森林防火等专业队伍不断壮大，建立了 50 余万人的灾害信息员队伍，防灾减灾救灾队伍建设全面推进。

七是防灾减灾社会参与程度显著提高。防灾减灾社会动员能力和社会资源整合能力明显增强。在重特大自然灾害面前，社会各界踊跃奉献爱心，积极投身抢险救援、生活救助、生命救治和恢复重建，海内外和衷共济，形成了合力防灾减灾的良好氛围。国家将 5 月 12 日设立为“防灾减灾日”，防灾减灾宣传教育活动逐步推广，公众防灾减灾意识明显提升。

八是防灾减灾国际合作与交流不断深化。我国与国际组织、机构以及有关国家政府在防灾减灾领域的合作不断深化。在上海合作组织、东南亚国家联盟、中非合作论坛和中日韩区域合作等框架下，建立了防灾减灾合作机制和行动计划。我国政府积极援助遭受重特大自然灾害的国家，履行了防灾减灾国际义务，在防灾减灾领域的国际影响得到进一步提高。

（二）“十二五”时期我国防灾减灾工作面临的形势、挑战和机遇

“十二五”时期，在全球气候变化背景下，自然灾害风险进一步加大，防灾减灾工作形势严峻。干旱、洪涝、台风、低温、冰雪、高温热浪、沙尘暴、病虫害等灾害风险增加，崩塌、滑坡、泥石流、山洪等灾害仍呈高发态势。自然灾害时空分布、损失程度和影响深度广度出现新变化，各类灾害的突发性、异常性、难以预见性日显突出。同时，随着我国工业化和城镇化进程明显加快，城镇人口密度增加，基础设施承载负荷不断加大，自然灾害对城市的影响日趋严重；广大农村尤其是中西部地区，经济社会发展相对滞后，设防水平偏低，农

村居民抵御灾害的能力较弱。自然灾害引发次生、衍生灾害的风险仍然很大。

“十二五”时期防灾减灾工作面临诸多挑战：一是自然灾害监测站网密度、预警预报精度以及信息传播水平和时效性需进一步提高。二是部分城乡基础设施设防标准偏低，避难场所建设滞后，防灾减灾能力仍相对薄弱。三是应急救灾物资储备种类、数量难以满足救灾需要，救灾应急装备、技术手段、通信和应急广播设施等比较落后，防灾减灾科技支撑能力有待进一步提高。四是防灾减灾人才队伍建设滞后，部门之间、区域之间协作机制尚需进一步完善，防灾减灾宣传教育和培训体系亟待完善，公众防灾减灾意识和能力需进一步提高。

面对严峻的灾害形势和挑战，党中央、国务院将防灾减灾工作作为政府社会管理和公共服务的重要组成部分并纳入经济社会发展规划，将减轻灾害风险列为政府工作的优先事项，防灾减灾的地位和作用更加凸显。同时，我国经济保持平稳较快发展，综合国力显著增强，为防灾减灾奠定了坚实的物质基础；社会各界积极主动参与防灾减灾，为开展综合减灾工作创造了良好社会氛围。“十二五”时期，防灾减灾工作需要立足国民经济和社会发展全局，统筹规划综合防灾减灾事业发展，加速推进各项能力建设，不断完善综合防灾减灾体系，切实保障人民群众生命和财产安全。

二、指导思想、基本原则与规划目标

（一）指导思想

以邓小平理论和“三个代表”重要思想为指导，深入贯彻落实科学发展观，按照以人为本、构建社会主义和谐社会的要求，统筹考虑各类自然灾害和灾害过程各个阶段，综合运用各类资源和多种手段，努力推动防灾减灾与经济社会发展相协调、与城乡区域建设相结合、与应对气候变化相适应，充分发挥各级政府在防灾减灾工作中的主导作用，积极调动各方力量，全面加强综合防灾减灾能力建设，切实维护人民群众生命财产安全，有力保障经济社会全面协调可持续发展。

（二）基本原则

政府主导，社会参与。坚持各级政府在防灾减灾工作中的主导作用，加强部门之间的协同配合，组织动员社会各方力量参与防灾减灾。

以人为本，依靠科学。把保护人民群众生命财产安全和保障受灾群众基本生活作为防灾减灾的出发点和落脚点，把科技进步作为全面提高防灾减灾能力的重要支撑。

预防为主，综合减灾。加强自然灾害监测预警、风险调查、工程防御、宣传教育等预防工作，坚持防灾、抗灾和救灾相结合，综合推进灾害管理各个方面和各个环节的工作。

统筹谋划，突出重点。从战略高度统筹谋划防灾减灾工作，着力推进防灾减灾能力建设，夯实基础，循序渐进，讲求实效，优先解决防灾减灾领域的关键和突出问题。

（三）规划目标

（1）基本摸清全国重点区域自然灾害风险情况，基本建成国家综合减灾与风险管理信息平台，自然灾害监测预警、统计核查和信息服务能力进一步提高。

（2）自然灾害造成的死亡人数在同等致灾强度下较“十一五”时期明显下降，年均因灾直接经济损失占国内生产总值的比例控制在 1.5％以内。

（3）防灾减灾工作纳入各级国民经济和社会发展规划，并在土地利用、资源管理、能源供应、城乡建设和扶贫开发等规划中体现防灾减灾的要求。

（4）自然灾害发生 12 小时之内，受灾群众基本生活得到初步救助。自然灾害保险赔款占自然灾害直接经济损失的比例明显提高。灾后重建基础设施和民房普遍达到规定的设防标准。

（5）全民防灾减灾意识明显增强，防灾减灾知识在大中小学生及公众中普及率明显提高。

（6）全国防灾减灾人才队伍规模不断扩大，人才结构更加合理，人才资源总量达到 275 万人左右。

（7）创建 5000 个“全国综合减灾示范社区”，每个城乡基层社区至少有 1 名灾害信息员。

（8）防灾减灾体制机制进一步完善，各省、自治区、直辖市以及多灾易灾的市（地）、县（市、区）建立防灾减灾综合协调机制。

三、主要任务

（一）加强自然灾害监测预警能力建设

加快自然灾害监测预警体系建设，完善自然灾害监测网络，加强气象、水文、地震、地质、农业、林业、海洋、草原、野生动物疫病疫源等自然灾害监测站网建设，强化部门间信息共享，避免重复建设。完善自然灾害灾情上报与统计核查系统，尤其重视县级以下灾害监测基础设施建设，增加各类自然灾害监测站网密度，优化功能布局，提高监测水平。健全自然灾害预报预警和信息发布机制，加强自然灾害早期预警能力建设。

加强国家防灾减灾空间信息基础设施建设，逐步完善环境与灾害监测预报小卫星星座、气象卫星、海洋卫星、资源卫星和航空遥感等系统，推动环境与灾害监测预报小卫星星座在轨“4＋4”星座建设，加强静止轨道灾害监测预警凝视卫星建设，提高自然灾害综合观测能力、高分辨率观测能力和应急观测能力。加强与相关规划的衔接，整合各类卫星应用需求，统筹规划卫星、卫星应用及相关基础设施的发展，提高卫星的复合观测能力和地面系统的综合应用能力。充分利用国内外各类民用、军用对地观测手段和无线传感器网络，提高自然灾害的大范围、全天候、全天时、多要素、高密度、集成化的立体监测能力和业务运行水平。

（二）加强防灾减灾信息管理与服务能力建设

提高防灾减灾信息管理水平，科学规划并有效利用各级各类信息资源，拓展信息获取渠道和手段，提高信息处理与分析水平，完善灾情信息采集、传输、处理和存储等方面的标准和规范。论证建立国家综合防灾减灾数据库，完善灾害信息动态更新机制，提高信息系统的安全防护标准，保障防灾减灾信息安全。

加强防灾减灾信息共享能力，论证建设国家综合减灾与风险管理信息平台，提高防灾减灾信息集成、智能处理和服务水平，加强各级相关部门防灾减灾信息互联互通、交换共享与协同服务。充分利用卫星通信、广播电视、互联网、导航定位等技术和移动信息终端等装备，提高信息获取、远程会商、公众服务和应急保障能力，推进“数字减灾”工程建设。

（三）加强自然灾害风险管理能力建设

加强国家自然灾害综合风险管理，完善减轻灾害风险的措施，建立自然灾害风险转移分担机制，加快建立灾害调查评价体系。以县级为调查单位，开展全国自然灾害风险与减灾能力调查，摸清底数，建立完善数据库，提高现势更新能力。建立国家、区域综合灾害风险评价指标体系和评估制度，研究自然灾害综合风险评估方法和临界致灾条件，开展综合风险评估试点和示范工作。

建立健全国家自然灾害评估体系，不断提高风险评估、应急评估、损失评估、社会影响评估和绩效评估水平，完善重特大自然灾害综合评估机制，提高灾害评估的科学化、标准化和规范化水平。结合重大工程、生产建设和区域开发等项目的可行性研究，开展自然灾害风险评价试点工作，合理利用自然资源，注重生态保护。研究建立减少人为因素引发自然灾害的预防机制。

（四）加强自然灾害工程防御能力建设

加强防汛抗旱、防震抗震、防寒抗冻、防风抗潮、防沙治沙、森林草原防火、病虫害防治、野生动物疫病疫源防控等防灾减灾骨干工程建设，提高重特大自然灾害的工程防御能力。提高城乡建（构）筑物，特别是人员密集场所、重大建设工程和生命线工程的灾害防御性能，推广安全校舍和安全医院等工程建设。

加强中小河流治理和病险水库除险加固、山洪地质灾害防治、易灾地区生态环境综合治理，加大危房改造、农田水利设施、抗旱应急水源、农村饮水安全等工程及农机防灾减灾作业的投入力度。加快实施自然灾害隐患点重点治理和居民搬迁避让。

（五）加强区域和城乡基层防灾减灾能力建设

统筹协调区域防灾减灾能力建设，将防灾减灾与区域发展规划、主体功能区建设、产业结构优化升级、生态环境改善紧密结合起来。提高城乡建筑和公共设施的设防标准，加强城乡交通、通信、广播电视、电力、供气、供排水管网、学校、医院等基础设施的抗灾能力建设。大力推进大中城市、城市群、人口密集区、经济集中区和经济发展带防灾减灾能力建设，有效利用学校、公园、体育场等现有场所，建设或改造城乡应急避难场所，建立城市综合防灾减灾新模式。

加强城乡基层防灾减灾能力建设，健全城乡基层防灾减灾体制机制，完善乡镇、街道自然灾害应急预案并适时组织演练，加强预警信息发布能力建设。继续开展“全国综合减灾示范社区”创建活动，加强城乡基层社区居民家庭防灾减灾准备工作。结合社会主义新农村建设，着力提高农村防灾减灾能力。加大对自然灾害严重的革命老区、民族地区、边疆地区和贫困地区防灾减灾能力建设的支持力度。

（六）加强自然灾害应急处置与恢复重建能力建设

加强国家自然灾害抢险救援指挥体系建设，建立健全统一指挥、综合协调、分类管理、分级负责、属地管理为主的灾害应急管理体制和协调有序、运转高效的运行机制。坚持政府主导和社会参与相结合，建立健全抢险救灾协同联动机制。

加强救灾应急装备建设，研究制定各级救灾应急技术装备配备标准，全面加强生命探测、通信广播、救援搜救以及救灾专用车辆、直升机、船舶、机械设备等装备建设。优先加强西部欠发达、灾害易发地区应急装备配备。

加强救灾物资应急保障能力建设，制定物资储备规划，扩大储备库覆盖范围，丰富物资储备种类，提高物资调配效率。充分发挥各类资源在应急救灾物资保障中的作用，提高重要救灾物资应急生产能力，利用国家战略物资储备、国防交通物资储备和企业储备等，建立健全政府储备为主、社会储备为补充、军民兼容、平战结合的救灾物资应急保障机制。

加强受灾群众生活保障能力建设，推进与国民经济社会发展水平和受灾群众实际生活需求相适应的救助资金长效保障机制建设，完善自然灾害救助政策，充实自然灾害救助项目，适时提高自然灾害救助资金补助标准，提高受灾群众救助质量和生活保障水平。加强重特大自然灾害伤病人员集中收治能力建设。

加强灾后恢复重建能力建设，建立健全恢复重建评估制度和重大项目听证制度，做好恢复重建需求评估、规划选址、工程实施、技术保障等工作，加强受灾群众的心理援助，提高城乡住房、基础设施、公共服务设施、产业、生态环境、组织系统、社会关系等方面的恢复重建能力，提高恢复重建监管水平。

（七）加强防灾减灾科技支撑能力建设

加强防灾减灾科学研究，开展自然灾害形成机理和演化规律研究，重点加强自然灾害早期预警、重特大自然灾害链、自然灾害与社会经济环境相互作用、全球气候变化背景下自然灾害风险等科学研究。编制国家防灾减灾科技规划，注重防灾减灾跨领域、多专业的交叉科学研究。

加强遥感、地理信息系统、导航定位、三网融合、物联网和数字地球等关键技术在防灾减灾领域的应用研究，推进防灾减灾科技成果的集成转化与应用示范。开展防灾减灾新材料、新产品和新装备研发。建设防灾减灾技术标准体系，提高防灾减灾的标准化水平。

加强防灾减灾科学交流与技术合作，引进和吸收国际先进的防灾减灾技术，推动防灾减灾领域国家重点实验室、工程技术研究中心以及亚洲区域巨灾研究中心等建设。推进防灾减灾产业发展，完善产业发展政策，加强国家战略性新兴产业在防灾减灾领域的支撑作用。

（八）加强防灾减灾社会动员能力建设

完善防灾减灾社会动员机制，建立畅通的防灾减灾社会参与渠道，完善鼓励企事业单位、社会组织、志愿者等参与防灾减灾的政策措施，建立自然灾害救援救助征用补偿机制，形成全社会积极参与的良好氛围。充分发挥公益慈善机构在防灾减灾中的作用，完善自然灾害社会捐赠管理机制，加强捐赠款物的管理、使用和监督。

充分发挥社会组织、基层自治组织和公众在灾害防御、紧急救援、救灾捐赠、医疗救助、卫生防疫、恢复重建、灾后心理干预等方面作用。研究制定加强防灾减灾志愿服务的指导意见，扶持基层社区建立防灾减灾志愿者队伍。提高志愿者的防灾减灾知识和技能，促进防灾减灾志愿者队伍的发展壮大。

建立健全灾害保险制度，充分发挥保险在灾害风险转移中的作用，拓宽灾害风险转移渠道，推动建立规范合理的灾害风险分担机制。

（九）加强防灾减灾人才和专业队伍建设

全面推进防灾减灾人才战略实施，整体性开发防灾减灾人才资源，扩充队伍总量，优化队伍结构，完善队伍管理，提高队伍素质，形成以防灾减灾管理和专业人才队伍为骨干力量，以各类灾害应急救援队伍为突击力量，以防灾减灾社会工作者和志愿者队伍为辅助力量的防灾减灾队伍。

加强防灾减灾科学研究、工程技术、救灾抢险和行政管理等方面的人才培养，结合救灾抢险工作特点，加强救灾抢险队伍建设，定期开展针对性训练和技能培训，培育和发展“一队多用、专兼结合、军民结合、平战结合”的救灾抢险专业队伍。充分发挥人民解放军、武警部队、公安民警、医疗卫生、矿山救援、民兵预备役、国防动员等相关专业保障队伍、红十字会和社会志愿力量等在救灾工作中的作用。加强基层灾害信息员队伍建设，推进防灾减灾社会工作人才队伍建设。

加强高等教育自然灾害及风险管理相关学科建设，扩大相关专业研究生和本科生规模，注重专业技术人才和急需紧缺型人才培养。加强各级减灾委员会专家委员会的建设，充分发挥专家在防灾减灾工作中的参谋咨询作用。

（十）加强防灾减灾文化建设

将防灾减灾文化建设作为加强社会主义文化建设的重要内容，将防灾减灾文化服务作为国家公共文化服务体系的重要组成部分，提高综合防灾减灾软实力。强化各级人民政府的防灾减灾责任意识，提高各级领导干部的灾害风险管理和应急管理水平，完善政府部门、社会组织和新闻媒体等合作开展防灾减灾宣传教育的工作机制。

提升社会各界的防灾减灾意识和文化素养。结合全国“防灾减灾日”和“国际减灾日”等，组织开展多种形式的防灾减灾宣传教育活动。把防灾减灾教育纳入国民教育体系，加强中小学校、幼儿园防灾减灾知识和技能教育，将防灾减灾知识和技术普及纳入文化、科技、卫生“三下乡”活动。经常性开展疏散逃生和自救互救演练，提高公众应对自然灾害的能力。

创新防灾减灾知识和技能的宣传教育形式，强化防灾减灾文化场所建设，充分发挥各级公共文化场所的重要作用，推进防灾减灾宣传教育基地和国家防灾减灾宣传教育网络平台建设，发挥重特大自然灾害遗址和有关纪念馆的宣传教育和警示作用。

四、重大项目

（一）全国自然灾害综合风险调查工程

在充分利用已有各类灾害调查成果的基础上，制定灾害综合风险和减灾能力调查指标体系，开展全国自然灾害综合风险和减灾能力调查，建立数据库、模型库、方法库和国家自然灾害综合风险调查评估技术系统；开展典型灾种灾害风险评价、多灾种和灾害链综合风险评价以及区域减灾能力评价等工作，建立国家自然灾害综合风险制图标准规范体系和技术体系。

编制全国、省、市及灾害频发易发区县级行政单元自然灾害风险图和自然灾害综合区划图，建立风险信息更新、分析评估和产品服务机制。编制全国（1∶100 万）、省级（1∶25 万）、地市及灾害频发易发区县级（1∶5 万）自然灾害风险图，为中央和地方各级政府制定区域发展规划、自然灾害防治、应急抢险救灾、重大工程项目建设等提供科学依据。

（二）国家综合减灾与风险管理信息化建设工程

依托国家统一的电子政务网络，以及人口信息库、法人单位信息库、空间地理信息库等基础信息资源，通过信息化手段的建设和完善，实现相关部门涉灾业务的协同与资源共享，提升中央、省两级的灾害风险信息与搜救信息的获取、分析、研判能力，以及救灾、减灾的会商和决策能力，有效支撑国家相关部门防灾减灾协作。

（三）国家自然灾害应急救助指挥系统建设工程

建设灾害应急救助指挥系统，实现灾情、决策、指挥、物资调运等各类信息的及时发送与传递。构建灾害损失评估、预案推演信息系统，为灾害应急救助提供科学决策信息。大幅提升灾害应急救助即时信息高效处理、互联互通与指令信息的快速传达能力。

（四）国家救灾物资储备工程

以统筹规划、合理分布和资源整合为原则，综合利用国家和社会现有储备仓库，新建或改扩建一批中央生活类救灾物资储备库。多灾易灾地区的省、市、县各级人民政府按照实际需要建设本级生活类救灾物资储备库，形成分级管理、反应迅速、布局合理、种类齐全、规模适度、功能完备、保障有力、符合我国国情的中央-省-市-县四级救灾物资储备网络。

完善受灾群众生活救助、医疗卫生防疫、交通应急保障、森林防火等方面的物资储备，特别加强中西部救灾物资储备和信息管理能力，优化救灾物资管理与使用。逐步建立运力集结、资源补给、车辆维修的全国救灾物资交通运输网络，提高物资投送能力。

（五）环境减灾卫星星座建设工程

加强自然灾害信息获取立体监测能力和防灾减灾空间信息基础设施建设，逐步完善环境与灾害监测预报小卫星星座，加强“天、地、现场”一体化技术指标体系论证，推动由 4 颗光学星和 4 颗雷达星组网构成的“4＋4”星座建设，形成机动灵活、高密度、高精度、宽覆盖、多手段组合观测能力，实现 12 小时灾害重访观测，确保卫星在轨运行的连续性和地面应用系统建设与发展的持续稳定性。加强科研试验卫星和减灾业务卫星的有机衔接，充分利用国内外多星资源，提高灾害综合观测、高分辨率观测和应急观测能力。完善灾害遥感应用模型、方法和标准规范，提升业务系统处理、分析与服务水平，完善灾害监测预警、灾害评估、应急响应和恢复重建等业务体系和产品体系，论证建立综合防灾减灾空间信息服务平台。

加强卫星减灾应用技术的示范与推广，提高应用能力和水平。统筹利用国家遥感校验场、目标检测场和综合实验场资源，提高灾害定量化应用水平。完善重大自然灾害卫星和航空遥感应急监测合作机制，推动区域和省级减灾应用能力建设，完善现有区域和省级卫星减灾应用中心，提高卫星减灾应用水平。

（六）国家重特大自然灾害防范仿真系统建设工程

围绕重特大自然灾害开展灾害发生发展机理、情景分析、应急处置等方面的数值模拟研究。重点针对地震-地质、台风-暴雨-洪涝、高温-干旱-沙尘、低温-冰冻-寒潮等灾害链，统筹整合现有资源，建立计算机模拟仿真系统，实现灾害风险预警、应急响应推演和指挥决策优化等多维可视化模拟仿真，为重特大自然灾害影响评估、指挥决策提供条件平台和科技支撑。

开展洪涝、地震等灾害系统实景模拟实验，建设典型自然灾害大型实验平台和运行环境，开展防灾减灾科技研发和交流合作。

（七）综合减灾示范社区和避难场所建设工程

按照全国综合减灾示范社区标准，创建5000个“全国综合减灾示范社区”。城乡社区建设居民就近紧急疏散和临时安置的避难场所，配置应急物资，设置应急逃生指示标识和应急广播设施，配备家庭防灾减灾器材和救生工具，编制城乡社区应急预案和灾害风险图，开展社区救灾演练，建立社区志愿者队伍等。

结合区域和城市建设发展规划，在京津冀、长三角、珠三角地区以及中西部新兴发展区域等城市群或典型城市，根据人口分布和城市布局，充分利用城市中心区或人员密集区的学校、大型公共服务设施和城市大型绿地等场所，建设具备应急指挥、应急避难、医疗救治等功能的应急避难场所。在农村灾害易发区，结合乡村布局、人口分布和灾害隐患分布情况，依托现有学校、体育场等公共场所，新建或改扩建乡村应急避难场所。

（八）防灾减灾宣传教育和科普工程

利用现有设施，在每个省份至少新建或改扩建一个防灾减灾文化宣传教育基地，重点扶持中西部灾害多发地区，配置防灾减灾相关专业器材及多媒体设备，为公众免费提供体验式、参与式的防灾减灾知识文化服务。开发国家防灾减灾宣传教育网络平台，建立资源数据库和专家库，建设国家防灾减灾数字图书馆，实现资源共享、在线交流、远程教育等功能。

开发防灾减灾系列科普读物、挂图和音像制品，编制适合不同群体的防灾减灾教育培训教材，组织形式多样的防灾减灾知识宣传活动和专业性教育培训，开展各类自然灾害的应急演练，加强各级领导干部防灾减灾教育培训，增强公众防灾减灾意识，提高自救互救技能。

五、保障措施

（一）完善工作机制

进一步强化国家减灾委员会的综合协调职能，健全地方各级政府防灾减灾综合协调机制。完善部门协同、上下联动、社会参与、分工合作的防灾减灾决策和运行机制，建立健全防灾减灾资金投入、信息共享、征用补偿、社会动员、人才培养、国际合作等机制，完善防灾减灾绩效评估、责任追究制度，形成较为完善的国家综合防灾减灾体制和机制。

（二）健全法律法规和预案体系

推进防灾减灾法律法规体系建设，各地区要依据国家法律法规制定或修订防灾减灾的地方性规定。加强各级各类防灾减灾救灾预案的制（修）订工作，完善防灾减灾救灾预案体系，不断提高预案的科学性、可行性和操作性。加强灾害管理、救灾物资、救灾装备、灾害信息产品等政策研究和标准制（修）订工作，提高防灾减灾工作的规范化和标准化水平。

（三）加大资金投入力度

完善防灾减灾资金投入机制，拓宽资金投入渠道，加大防灾减灾基础设施建设、重大工程建设、科学研究、技术开发、科普宣传和教育培训的经费投入。完善防灾减灾项目建设经费中央和地方分级投入机制，加强防灾减灾资金管理和使用。完善自然灾害救助政策，健全救灾补助项目，规范补助标准，建立健全救灾和捐赠款物的管理、使用和监督机制。中央财政加强对中西部地区、集中连片贫困地区和农村地区防灾减灾支持力度。研究建立财政支持的重特大自然灾害风险分担机制，探索通过金融、保险等多元化机制实现自然灾害的经济补偿与损失转移分担。

（四）广泛开展国际合作与交流

推动防灾减灾领域信息管理、宣传教育、专业培训、科技研发等方面的国际合作与交流，建立和完善与联合国组织、国际和区域防灾减灾机构、有关国家政府和非政府组织在防灾减灾领域的合作与交流机制，广泛宣传我国防灾减灾的成就和经验，积极借鉴国际先进的防灾减灾理念和做法，引进国外先进的防灾减灾技术。进一步实施《加强国家和社区的抗灾能力：2005～2015 兵库行动纲领》，发挥空间与重大灾害国际宪章机制、联合国灾害管理与应急反应天基信息平台北京办公室和国际减轻旱灾风险中心的作用，深化空间信息技术减灾领域的国际合作。

（五）做好规划实施与评估

本规划的实施由国家减灾委员会统筹协调，通过优化整合各类防灾减灾资源，做好组织协调和实施保障工作。国家减灾委员会各成员单位围绕本规划目标和主要任务，以本部门规划为支撑，与本规划有机衔接；地方政府要结合实际，制定本地区综合防灾减灾规划。民政部、发展改革委员会会同有关部门，按照相关法律法规和基本建设程序要求组织推动规划重大项目建设。

国家减灾委员会建立规划监测评估制度，强化规划实施情况的跟踪分析，国家减灾委员会各成员单位要加强对规划相关领域实施情况的评估。中期进展评估和总体实施情况要向国务院报告。